## 独角兽法考应试宝典

# 国际法·国际私法·国际经济法

独角兽网校◎组编　李毅◎编著

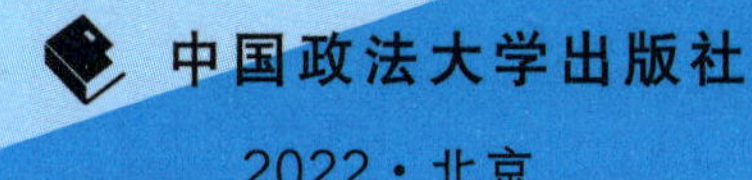


2022·北京

**图书在版编目（CIP）数据**

独角兽法考应试宝典：全八册/独角兽网校组编. —北京：中国政法大学出版社，2022.3
ISBN 978-7-5764-0381-7

Ⅰ.①独… Ⅱ.①独… Ⅲ.①法律－中国－资格考试－自学参考资料 Ⅳ.①D920.4

中国版本图书馆CIP数据核字(2022)第042734号

出版者　中国政法大学出版社
地　址　北京市海淀区西土城路25号
邮寄地址　北京100088信箱8034分箱　邮编100088
网　址　http://www.cuplpress.com (网络实名：中国政法大学出版社)
电　话　010-58908285(总编室) 58908433（编辑部）58908334(邮购部)
承　印　保定市中画美凯印刷有限公司
开　本　787mm×1092mm　1/16
印　张　185
字　数　3840千字
版　次　2022年3月第1版
印　次　2022年3月第1次印刷
定　价　485.00元（全八册）

# PREFACE 前　言

## 一、三国法在法律职业资格考试中的重要性

三国法为国际法、国际私法和国际经济法，在法律职业资格考试之中，国际法题目在客观题的第一卷，国际私法和国际经济法的题目则在客观题的第二卷，题型均为选择题，近几年所占分值一般约为18～20分。总体上，从近年来的命题情况看，三国法真题的特点可以概括为重点恒重、注重热点和新增考点，偶尔考查生僻考点。从历年真题的考查情况来看，很多传统的重点内容在真题中反复出现，很多知识点一再重复出现，只不过个别案例对案情的叙述及人物的称谓稍有差别而已。三国法真题的考点大多相对明确，较少涉及有争议的学术观点问题，往往不会像民法、刑法等其他科目，会因学术争议而出现答案不一的情形。换言之，掌握考点与得分之间是成正比关系的。

## 二、学习方法

法律职业资格考试，是一种应试型的考试，考生学习的目标与教师授课的目标是一致的，就是无限接近并把握命题的思想与规律。为了实现这一目标，我们必须借助正确、有效的学习方法，合理运用各种复习材料。就三国法的复习来说，可供利用的复习资料有三个，即历年真题、基础理论讲义与法条。充分、有效地利用上述三个材料，是我们复习好三国法的基本保证。

1. 合理利用历年真题。很多考生在复习过程中不重视历年真题的研究，只是把历年真题作为检测自己复习效果的试金石，从而习惯性地把真题放到每年考试之前的一个月内进行自我测验。这种方式对真题的利用极不充分，根本没有发挥出真题的价值。如果做真题只关注是否做对、是否记住了真题的答案，哪怕做了100次，也是没有效果的。历年真题是集中体现命题思想和规律的材料，是考生复习当中最重要的材料之一；同时，历年真题也是检验讲义、辅导书的观点是否符合法考的标准。从考生开始准备复习参加法考，到最终走上考场，整个复习过程都要运用历年真题，所以真题的利用是循环进行的，任何阶段的复习过程中，都需要利用真题，在不同的复习阶段，考生研究真题的效果也不一样。

2. 摘取知识点以求系统化、条理化。通读基础阶段讲义，将三国法重点提炼出来。三国法各有特色，提炼方法各有不同。国际公法由于考点分散且量大，适宜在看书的同时做笔记，读一章，总结一章，用精练的关键词来概括大段的知识点，“将书读薄”方能提高后

期复习速度。国际私法则主要将重要知识点理解弄清，“去糟取精”，只留下有考试价值的知识点。国际经济法分值较重，通读教材十分必要，尤其是国际贸易法，但重在理解，理清知识体系，因为考题大多侧重灵活运用。

3. 结合法条提高应试能力。除了国际私法要记忆法条外，国际经济法需要看的法条很少，主要是《对外贸易法》、《反倾销条例》、《反补贴条例》、《保障措施条例》和《海商法》的部分法条，国际公法的国际条约部分无需看法条，有关国际公约（如《联合国宪章》《海洋法公约》《条约法公约》《外交关系公约》等）中比较重要的内容都在教材上作了要点归纳，但也有几部比较重要的国内立法需要掌握其要点，例如《国籍法》《出境入境管理法》《引渡法》《缔结条约程序法》等。我国没有专门的国际私法法典，国际私法的法条分散在各有关法律文件中，如《涉外民事关系法律适用法》及其《司法解释（一）》；《海商法》第 268 条 ~ 第 276 条；《票据法》第 94 条到第 101 条；《民用航空法》第 184 条 ~ 第 190 条；《民事诉讼法》第 266 条 ~ 第 290 条；《民诉解释》第 522 条 ~ 第 551 条；《仲裁法》及其司法解释中有关涉外仲裁的法条；内地与香港特别行政区、澳门特别行政区，祖国大陆与我国台湾地区的区际司法协助的双边安排和司法解释等。这些规定在考试时一般通过两种方式来考：一是直接将法条原文编成考题；二是通过小案例的形式考法条，因此记忆和理解运用需要兼备。

## 三、本书特点

基于多年从事三国法学研究和司法考试（现“法考”）三国法教学辅导的经验，笔者认为面对三国法学科的基本规律，法律职业资格考试中要想在三国法上有所突破，在全面通读教材、熟悉法条的基础上，抓住重点、突破疑难点势在必行，实现教材内容、法条规定与相关解释完美结合、融为一体确有必要。本书即是此认识的载体和努力的结晶。

1. 三位一体。本书力求将三国法“基本知识点”、所涉有代表性的“经典真题”和该知识点“相关法条”结合起来进行三位一体的编排，便于读者一书在手即可直击考试重点。每章之首的“真题统计”，因 2018 年起司法部未公布真题，故统计数据截止于 2017 年。

2. 详略得当。在参照法律职业资格考试三国法大纲的基础上，去芜存菁，剔除一些无关紧要的内容，简要介绍次要内容，对重点知识点予以详解，力求做到详略得当。

3. 编写思路。在编写思路方面，本书以大纲为基础，每门课程在开始部分附有知识体系结构图，在结尾部分附有考点重要性分级说明的附录。在各章中以考点为基本单位组织内容，各章主要内容依次为“导学”“近十年真题统计”“重点知识详解”，在详解中选择各知识点的相关“经典真题”予以简要解析，便于读者用以检验和巩固复习效果。

李　毅

CONTENTS 目　录

## 国际经济法

# 国际法

**国际法知识体系结构图**

- **国际法渊源**
  - 国际条约：原则上只约束缔约国
  - 国际习惯：反复实践的产物；一旦形成，约束所有的国际法主体
  - 一般法律原则：从司法判例、学说和国际组织决议中抽象
- **国际法主体**
  - 国家：四要素、基本权利、管辖权和国家主权豁免、国家承认和继承
  - 政府间国际组织：法律人格、成员、联合国的组织机构
  - 民族解放组织
  - 国际法主体的国际法律责任
    - 国际不法行为的责任
    - 国际法不加禁止的行为的责任
- **国际法上的空间**
  - 领土：构成、各部分的基本制度、领土主权的取得和限制
  - 海洋法（水域和底土）：构成、各部分界限和基本法律制度
  - 空间法：领空和外层空间
  - 国际环境法
- **国际法上的人**
  - 本国人：国籍制度（取得、丧失、冲突）
  - 外国人
    - 入境、出境
    - 待遇
    - 特殊制度：外交保护、庇护和引渡
  - 国际人权法
- **外交关系和领事关系**
  - 外交关系
    - 外交机关
    - 使馆特权与豁免
      - 外交特权和豁免
      - 外交人员的特权与豁免
  - 领事关系：领馆馆舍及领馆人员的特权与豁免
- **条约法**
  - 条约的缔结程序
  - 条约的保留
  - 条约的效力和适用
  - 条约的修订、条约的暂停实施或终止
- **国际争端解决**
  - 和平解决国际争端的方式
    - 政治方法
    - 法律方法
  - 战争和武装冲突法
    - 战争的开始和结束、战时中立
    - 被禁止和限制的作战方式和手段
    - 对平民和战争受难者的保护
    - 战争罪行及国际刑事法院

# 第一章 国际法概述

本部分内容主要涉及国际法的一些基本理论问题，如国际法的概念、国际法的渊源、国际法与国内法的关系以及国际法的基本原则等，其中核心考点是国际法的渊源、国际法的基本原则，同时也应注意国际法与国内法的关系在实践中的处理方法，尤其是我国关于条约在国内适用的做法。本部分常考考点包括：国际法的渊源；国际法的基本原则；条约在中国的适用。

★【本部分考点近年真题统计】

| 题型 | 年份 | 考点 | 分值 |
| --- | --- | --- | --- |
| 单项选择题 | 2009 年卷一第 31 题 | 国际法的渊源——国际习惯法 | 1 |
| | 2007 年卷一第 32 题 | 条约在中国的适用 | 1 |
| | 2005 年卷一第 29 题 | 国际法和国内法的关系 | 1 |
| | 2007 年卷一第 30 题 | 和平解决国际争端原则、民族自决原则 | 1 |
| 多项选择题 | 2013 年卷一第 75 题 | 国际法的基本原则 | 2 |
| | 2012 年卷一第 74 题 | 条约在中国的适用 | 2 |
| 不定项选择题 | 2006 年卷一第 92 题 | 国际法和国内法的关系 | 2 |

## 重点知识详解

### 考点 1　国际法的概念、特点和渊源

#### 一、国际法的概念

国际法主要是国家在其相互交往中形成的，主要调整国家间关系的有法律拘束力的原则、规则和规章制度的总和。

#### 二、国际法的特点

国际法在几个方面都与国内法有所区别，这体现为国际法的特点：

1. 法律关系的主体和调整对象与国内法不同。国际法主要是国家间的法律，因此国际

法的主体主要是国家。个人不是国际法的主体，但却是国内法的主要主体。就调整对象而言，国际法主要调整国家间关系，而国内法则主要调整国内的个人、法人及政府等主体间的相互关系。

2. 立法方式与国内法不同。由于各国主权平等，因此，在国际上没有，也不应该有凌驾于国家之上的国际立法机关来制定国际法。国际法的原则、规则和规章制度只能由国家之间在平等的基础上以协议的方式制定。国内法则是由国家立法机关依一定程序来制定的。

3. 强制力的依据与国内法不同。国际法强制力的依据是国家之间的协议，而国内法强制力的依据是统治阶级以国家机关的强制力为后盾的意志。

4. 强制方式与国内法不同。国际上没有超越于国家之上的强制机关来执行强制实施国际法的职能，国际法的强制实施，主要依靠国家本身单独或集体的行动。国内法则主要依靠有组织的国家强制机关，如军队、警察、法院等加以维护，并保证其实施。

## 三、国际法的渊源

国际法的渊源通常是指国际法规范作为有拘束力的法律规则所形成的方式或第一次出现的地方。国际法的独立渊源包括国际条约、国际习惯和一般法律原则。司法判例、权威国际法学者的学说和国际组织的决议等，则一般被视为确立国际法渊源的辅助资料。

| | | |
|---|---|---|
| 国际法的独立渊源 | 国际条约 | 原则上只对当事国有约束力 |
| | 国际习惯（惯行 + 法律的确信） | 原则上对所有的国家均具有约束力 |
| | 一般法律原则：各国法律体系共有的原则 | |
| 国际法渊源的辅助资料 | 国际组织的决议 | |
| | 司法判例 | |
| | 各国权威国际法学家学说 | |

### （一）国际条约

国际条约是现代国际法最重要的渊源之一。尽管国际法不否认口头条约的效力，但国际条约在形式上通常为成文条约。条约原则上只对当事国有拘束力。

### （二）国际习惯★★★

国际习惯，亦称国际习惯法，指长期的国际交往中逐渐形成的不成文的行为规则。国际习惯是因国家默示的共同同意而对所有国家产生拘束力的，它是创立具有普遍法律拘束力规则的方式。

国际习惯由两个要素构成，一是各国重复的类似行为，即物质因素，或称客观因素，指惯例的出现和国家在相当长时期内“反复”和“前后一致”的实践；二是被各国认为具有法律拘束力，即心理因素，或称主观因素，指这项惯例被接受为法律，得到“法律确信”。两个因素缺一不可。国际习惯是比国际条约更古老、更原始的国际法渊源，在国际条约之前就出现了国际习惯。国际习惯原则上对各国均具有法律拘束力。

### （三）一般法律原则

《国际法院规约》第38条规定，法院裁判案件时可适用“一般法律原则为文明各国所承认者”。该渊源一般作为辅助性、补充性适用，很少单独适用，如善意、禁止反言、公允、善良等。

★特别提示　**确立国际法渊源的辅助资料不是国际法的渊源**

需要注意的是，一些确立国际法原则的辅助资料本身并不是国际法的渊源，例如司法判例、权威国际法学者的学说和国际组织的决议等。

## 考点2　国际法的基本原则★★★

国际法基本原则是指被各国公认的、具有普遍意义的、适用于国际法一切效力范围内的、构成国际法基础和核心，并具有强行法性质的国际法原则。

| 基本原则 | 内容 |
|---|---|
| 1. 国家主权平等原则 | （1）对内最高权<br>（2）对外独立权<br>（3）自保权 |
| 2. 不干涉内政原则 | （1）该事项本质上属于国内管辖<br>（2）国家在该事项中的行为不违反国际法 |
| 3. 禁止使用武力和以武力相威胁原则 | 例外：自卫、根据安理会的决议采取武力行动 |
| 4. 民族平等和自决原则 | 适用于在外国殖民统治之下的被压迫民族，不适用于主权国家内部的民族分裂活动 |
| 5. 和平解决国际争端原则 | 国家之间在发生纠纷或争端时，应通过和平方法予以解决，使用武力或武力威胁的办法来解决争端，是违反国际法的 |
| 6. 善意履行国际义务原则 | 一个国家应善意履行由公认的国际法原则和规则产生的、其作为缔约国参加的国际条约所规定的各项义务 |

### 【经典真题】

关于国际法基本原则，下列哪些选项是正确的？[1]（2013－1－75）

A. 国际法基本原则具有强行法性质

B. 不得使用威胁或武力原则是指禁止除国家对侵略行为进行的自卫行动以外的一切武力的使用

C. 对于一国国内的民族分离主义活动，民族自决原则没有为其提供任何国际法根据

D. 和平解决国际争端原则是指国家间在发生争端时，各国都必须采取和平方式予以解决

【考点】国际法基本原则

【解析】不得使用威胁或武力原则有例外，例如自卫，根据安理会的决议采取武力行动等。故B错误。

---

〔1〕【答案】ACD

### 考点3 国际法与国内法的关系及条约在中国的适用★★★

#### 一、条约在国内的适用方式——纳入、转化、混合

从实践角度来看，国际法和国内法的关系可以分为两个层面，在国际层面，国内立法不能改变国际法的原则、规则；国家不得以其国内法规定来对抗其承担的国际义务，或以国内法规定作为违背国际义务的理由来逃避其国家责任。同时，国际法不得干预一国国内法的制定，除非该国承担了相关的特殊义务。

在国内层面，典型的条约在国内适用的方式有两种：一种称为“转化”，采取这种方式的国家，要求条约内容必须经过相应的国内立法程序转化成为国内法，才能在国内适用；另一种称为“并入”或“采纳”，即原则上条约可以在国内直接适用。许多国家一般都是两种方式兼用。

如果一国国内法与应遵守的国际法发生冲突，就对该国国内而言，该国内法在被依法废止之前在其国内仍然有效，但就对外而言，由于该国内法违背了该国的国际条约义务，该国应对此承担相应的国家责任。

#### 二、条约在中国的适用

条约在我国国内的适用规则，可以总结如下：①我国坚持和遵守以和平共处五项原则为核心的国际法基本原则，并将其写入宪法中；②对于条约在国内的适用和地位，目前我国宪法没有作出统一明确的规定；③目前一般认为，在民商事范围内，中国缔结的条约与国内法有不同规定的部分，在国内可以直接、优先适用，但是我国参加的知识产权领域的条约，在我国已经转化或者需要转化为国内法的，不能直接适用；④民商事以外的条约，能否在中国国内直接适用，需要根据与该条约相关的法律规定，结合条约本身的情况进行具体考察才能作出恰当的结论；⑤对于 WTO 规则，原则上在我国不能直接适用。

**条约在中国的适用**
1. 中国宪法就此未作统一规定
2. **民商事领域，条约优先于国内法，但保留的条款除外**
3. 民商事以外的领域的条约如何适用，个案处理
4. 某些条约和国内法并行适用（如外交、领事特权与豁免）
5. WTO 规则原则上不能在中国直接适用
6. 民商事条约优先适用——**我国参加的知识产权领域的条约，已经或需要转化的除外**

**关联法条**

**《最高人民法院关于审理国际贸易行政案件若干问题的规定》**

**第9条** 人民法院审理国际贸易行政案件所适用的法律、行政法规的具体条文存在两种以上的合理解释，其中有一种解释与中华人民共和国缔结或者参加的国际条约的有关规定相一致的，应当选择与国际条约的有关规定相一致的解释，但中华人民共和国声明保留的条款除外。

**【经典真题】**

根据国际法有关规则和我国有关法律，当发生我国缔结且未作保留的条约条款与我国

相关国内法规定不一致的情况时，下列哪一选项是正确的？[1]（2007－1－32）

A. 如条约属于民事范围，则由全国人民代表大会常务委员会确定何者优先适用

B. 如条约属于民事范围，则优先适用条约的规定

C. 如条约属于民事范围，则由法院根据具体案情，自由裁量，以公平原则确定优先适用

D. 我国缔结的任何未作保留的条约的条款与中国相关国内法的规定不一致时，优先适用条约的规定

【解析】关于条约在我国国内的适用规则，本文考点中已经作了总结。根据该规则，当发生我国缔结且未作保留的条约条款与我国相关国内法规定不一致的情况时，如条约属于民事范围，则优先适用条约的规定，故B正确。但对于民事以外的条约，究竟如何适用，则是需要具体问题具体分析，有时直接适用，有时需经转化才能适用。我国虽然是WTO规则的缔约国，但不能视其为一般的民商事条约，在我国应属于转化适用之列。

---

〔1〕【答案】B

# 第二章 国际法的主体

导学

本章内容中，国际法主体之中的国家、国际组织中的联合国安理会及大会属于常考的传统重点，其中国家的管辖权和豁免权、承认和继承、安理会的职权和表决制度往往也是热点问题所涉及的知识点，因此应特别予以重视。

★【本部分考点近年真题统计】

| 题型 | 年份 | 考点 | 分值 |
| --- | --- | --- | --- |
| 单项选择题 | 2016 年卷一第 32 题 | 联合国安理会的表决机制、职权 | 1 |
| | 2015 年卷一第 32 题 | 联合国安理会及大会的职权及表决制度 | 1 |
| | 2014 年卷一第 32 题 | 国际法上的承认 | 1 |
| | 2011 年卷一第 33 题 | 国家的豁免权 | 1 |
| | 2010 年卷一第 29 题 | 国际法上的承认 | 1 |
| | 2010 年卷一第 29 题 | 国家的豁免权 | 1 |
| | 2009 年卷一第 31 题 | 安理会的职能、不干涉内政原则 | 1 |
| | 2008 年卷一第 33 题 | 国家债务的继承 | 1 |
| | 2008 年卷一第 29 题 | 联合国的法律地位 | 1 |
| | 2006 年卷一第 29 题 | 联合国大会、安理会、秘书长 | 1 |
| | 2006 年卷一第 31 题 | 联合国安理会的职权和表决制度 | 1 |
| 多项选择题 | 2014 年卷一第 75 题 | 国家主权豁免 | 2 |
| | 2006 年卷一第 78 题 | 非政府组织的性质 | 2 |
| | 2005 年卷一第 78 题 | 国际法上的承认 | 2 |

## 重点知识详解

### 考点 1　国际法主体的概念和范围

国际法主体，是指具有独立参与国际法律关系的能力，在国际法上直接享受权利或承担义务的当事者或人格者。通常认为，国际法主体主要包括：

1. 作为国际法基本主体的主权国家。

2. 作为派生性的国际法的主体的政府间国际组织。

3. 其他主体：某些特定的民族解放组织或民族解放运动，在殖民地民族争取民族独立的过程中，被国际社会接受为国际法的主体。但是其作为国际法主体，由于其权利能力和行为能力与国家相比尚有局限性，因此是有条件的和不完全的。

此外应注意，根据我国的通说，个人尚不被认为是国际法的主体。

国际法主体的范围：
- 主权国家
- 政府间国际组织
- 特定民族解放组织

### 考点2　国家的类型和基本权利

## 一、国家的类型

现代国家的主要类型包括单一国和复合国。

单一国是由若干行政区域组成的统一的主权国家。它拥有单一的宪法，其人民拥有单一的国籍。单一国是一个国际法主体，由中央政府代表国家参与国际关系，各地方区域都没有国际法主体地位。

复合国是两个或两个以上成员组成的国家或国家联合体，目前有联邦和邦联两种形式。联邦国家是指由两个或两个以上的成员单位根据联邦宪法组成的国家，是复合国中最主要、最典型的形式。联邦国家有统一的联邦宪法，并设立联邦立法、司法和行政机构。联邦政府与各组成成员之间的职权范围由宪法划定。联邦国家的人民拥有统一的联邦国籍。联邦国家的对外权力主要由联邦政府行使，其本身是国际法主体，其各成员单位（州或成员国）不是国际法主体。邦联是两个或两个以上主权国家由于特殊的目的，根据条约组成的国家联合体，其本身没有统一的立法、行政、司法机关，其人民也没有统一的国籍。邦联的各成员是独立的主权国家，分别是国际法主体，而邦联本身不是国际法主体。

## 二、国家的基本权利

国家的基本权利指国家作为国际法主体所固有的、根本性的权利。一般认为国家的基本权利包含以下四项：独立权、平等权、自卫权和管辖权。

### （一）独立权

指国家可以按照自己意志处理其内政外交事务，而不受外力控制和干涉的权利。独立权包括两个方面的内容：一是自主性，即国家行使主权完全自主；二是排他性，即国家在主权范围内处理本国事务不受外来干涉。

独立权既包括政治独立，也包括经济独立，政治独立是经济独立的前提，而经济独立是政治独立的保障。

### （二）平等权

指国家在国际关系中具有的同其他国家处于完全平等地位的权利。主权国家在国际关系中互不隶属、互不管辖。国家不仅平等地参与国际法的制定，还平等地享有国际法权利和承担国际法义务。

### （三）自卫权

指国家为保卫自己的生存和独立发展，进行国防建设和自卫的权利。其包括两方面的内容：一方面是国家有权进行国防建设，防备可能来自外国的侵略；另一方面是当国家受到外国的武力攻击时，可以进行单独自卫和集体自卫。

按照宪章的有关规定和国际实践，有权进行自卫的是遭受侵害的国家和国家联合体。宪章对自卫权的行使附加了限制条件：①自卫权的行使限于在安理会采取维持国际和平与安全的办法以前，一旦必要的行动已采取，自卫即应停止；②自卫权必须在安理会监督下进行，且行使自卫权的国家有义务将采取的自卫措施立即向安理会报告。

### （四）管辖权★★★

国家的管辖权是国家对特定的人、物和事件进行管理和处置的权利。一般管辖权分为：属地管辖权、属人管辖权、保护性管辖权、普遍性管辖权。

1. 属地管辖权，又称属地优越权，是指国家对于其领土及其领土内的一切人、物和事件，都有进行管辖的权利。属地管辖权是现代国家行使管辖权的普遍形式和首要依据，除非另有国际法规定，属地管辖权相对于其他管辖权类型被认为具有优越权。同时，属地管辖权的行使受国际法及国家承担的相关国际义务的限制。如属地管辖权不适用于领域内依法享有特权与豁免的外国人或外国财产。

2. 属人管辖权，或称国籍管辖权，是指国家对于具有其国籍的人，具有管辖的权利，无论他们是在其领土范围内还是领土范围外。除自然人外，国家行使属人管辖权的对象，在不同程度上还包括具有该国国籍的法人以及船舶、航空器或航天器等获得国籍的特定物。

3. 保护性管辖权，是指国家对于在其领土范围以外，从事严重侵害该国或其公民重大利益行为的外国人进行管辖的权利。行使保护性管辖权一般基于以下条件：一是该外国人所犯罪行的后果危及本国或公民的重大利益；二是根据犯罪地法律也应受到刑事处罚的罪行；三是法定之罪或按规定应处一定刑期以上的罪行。

4. 普遍性管辖权，是指对于危害国际安全与和平及全人类利益的某些国际犯罪行为，不论行为人国籍及行为发生地，各国都有进行管辖的权利。目前，战争罪、破坏和平罪、违反人道罪、海盗罪、灭绝种族罪、贩卖毒品罪、贩卖奴隶罪、种族隔离罪、实施酷刑、航空器劫持等行为，已被认为是各国应合作惩治的罪行。

★特别提示　**管辖权的冲突及其协调**

上述的各种管辖权相互之间也许会产生冲突，即出现几个国家都对同一个人或同一事项主张管辖权的情形，一般来说，除条约另有规定外，各种管辖权发生冲突时，应以属地管辖权为优先。

## 考点3　国家的主权豁免★★

### 一、绝对豁免主义和相对豁免主义

国家主权豁免是指国家的行为及其财产不受或免受他国管辖。在该问题上存在绝对豁免主义和相对豁免主义（也称为限制豁免主义）两种理论。传统上对国家一切行为和财产都给予豁免的原则或主张被称为绝对豁免主义。相对豁免主义则主张将国家行为分为商业行为（管理权行为、非主权行为）和非商业行为（统治权行为、主权行为），认为国家的商业行为不应享有豁免权。然而，在国际社会就限制豁免达成有拘束力的公约以坚持相对豁免主义规则之前，传统的绝对主权豁免原则仍然被认为是一项有效的国际习惯法规则。

## 二、国家主权豁免的内容：管辖豁免、诉讼程序豁免、执行豁免

1. 管辖豁免

即未经一国同意，他国法院不得受理以该外国国家为被告或者以该外国国家财产为诉讼标的的纠纷。根据国际社会的一般做法，一国法院可以受理以外国国家作为原告提起的民事诉讼，且该外国法院也可以审理该诉讼中被告提起的同该案直接有关的反诉。

2. 诉讼程序的豁免

即未经一国同意，即使该国放弃管辖豁免，外国法院也不得对该国财产采取诉讼保全措施，不得让该国强制出庭作证以及对其实施其他诉讼程序上的强制措施。

3. 强制执行的豁免

指一国同意在他国法院中作为被告或主动作为原告参加民事诉讼，在未经该国同意时，他国法院不得根据本国判决对该国财产实行强制执行。

## 三、国家豁免的放弃

国家也可以自愿地对其某个方面或某种行为放弃在外国法院的管辖豁免。这种放弃是国家的一种主权行为，必须是自愿、特定和明确的：①豁免的放弃可以分为明示放弃和默示放弃两种形式。明示的方式主要是指国家通过条约等明白的语言文字表达方式放弃豁免，默示方式通常是指国家通过在外国法院的与特定诉讼直接有关的积极行为表示放弃豁免而接受外国法院的管辖，包括作为原告起诉、正式出庭应诉、提起反诉、作为利害关系人介入诉讼等。国家或其授权的代表为主张或重申国家的豁免权，对外国法院的管辖作出反应，出庭阐述立场，或要求外国法院宣布判决或裁决无效，都不构成豁免的默示放弃。②国家在外国领土范围内从事商业行为本身不意味着豁免的放弃。③把国家本身的活动和国有公司或企业的活动区别开来，国有公司或企业是具有独立法律人格的经济实体，不享受豁免。④放弃豁免是针对个案进行的，不能因在某一案件中放弃了豁免，就视为在以后所有的案件中都放弃了豁免。⑤国家对于管辖豁免的放弃，并不意味着对执行豁免的放弃。

## 四、国家豁免规则之总结

<table>
<tr><td rowspan="2">国家主权豁免的理论</td><td>绝对豁免主义</td><td>多数发展中国家采取</td><td>国际习惯法</td></tr>
<tr><td>相对豁免主义</td><td>多数发达国家采取</td><td></td></tr>
<tr><td>国家主权豁免的内容</td><td colspan="3">管辖豁免、诉讼程序豁免、执行豁免</td></tr>
<tr><td rowspan="2">国家主权豁免的放弃</td><td>明示放弃</td><td colspan="2">声明放弃豁免权</td></tr>
<tr><td>默示放弃</td><td colspan="2">起诉、应诉、反诉、介入</td></tr>
<tr><td rowspan="3"></td><td rowspan="3">其他规则</td><td colspan="2">（管辖、执行、诉讼程序）豁免之放弃须分别为之</td></tr>
<tr><td colspan="2">曾放弃不意味永远放弃</td></tr>
<tr><td colspan="2">出庭主张豁免权不等于放弃</td></tr>
<tr><td>中国立场</td><td colspan="3">坚持绝对豁免主义；主张国企不享有豁免权、对等限制</td></tr>
</table>

### 考点4 国际法上的承认★★★

#### 一、概念

国际法上的承认一般是指既存国家对于新国家、新政府或其他事态的出现，以一定的方式表示接受或同时表明愿意与其发展正常关系的政治法律行为。它有如下特征：

1. 承认的主体是国家、政府间国际组织。

2. 承认的客体主要是新国家、新政府、民族解放组织及交战团体、叛乱团体。此外，有时某些领土情势、国际情势和条约，也被作为承认的对象。

3. 承认是一种单方行为。原则上承认或不承认被承认者是承认者自由决定的事情，无需被承认者作出积极反应，因为它是行为的被动者。

4. 承认的方式可以分为明示承认和默示承认。其中，默示承认包括：建立外交关系、正式接受领事、支持新国家参加政府间国际组织、与新国家签订双边的政治性条约等，但是与新国家一起参加国际会议，或参加缔结一项多边条约，并不因此而构成对该新国家的默示承认。

★特别提示 **法律上的承认和事实上的承认**

承认还可以分为法律上的承认和事实上的承认。法律上的承认是指永久的、正式的、不可撤销的承认，一般的明示承认和默示承认都属于法律上的承认。事实上的承认则是指暂时的、可撤销的承认，一般表现为与对方进行某些具体方面的交往，例如签订双边贸易协定等。

#### 二、对新国家的承认和对新政府的承认

对新国家的承认，一般源于新国家的产生，新国家产生主要有以下四种情况：独立、合并、分立和分离。

对新政府的承认，一般源于社会革命或政变导致成立新政府，对新政府的承认，以该新政府能够有效控制本国领土和行使国家权力为前提。对新政府的承认意味着对旧政府承认的撤销。

#### 三、承认的性质和法律后果

承认是承认者作出的一种单方面行为，承认本身也并不是新国家成为国际法主体的条件。对新国家和新政府的承认表示愿意与其建立或保持正常关系，但承认不等于建交，建交是双方行为，需要双方达成协议。对新国家的承认，还意味着双方可缔结政治、经济、军事等各个方面的条约或协定。一旦承认新国家或新政府，就产生追溯力，即意味着也承认新国家或新政府自成立以来的立法、司法和行政行为的效力及主权豁免。

按照现代国际法，国家一经出现，就在事实上和法律上存在，就具有国际法主体资格，可以承受国家的基本权利和义务；而承认实质上不过是既有国家以一定方式对新国家或新政府存在的认识，从而表明愿意与之建立正常交往关系，而绝不是对新国际法主体具有构成或创立、确认或否定等法律意义，承认不能创造一个国家，也不能产生一个新的国际法主体。另外，承认引起的法律关系是有限的，只限于一定的范围，只有在双方建立外交关系后，才能产生全面的权利义务关系。

**国际法上的承认（单方行为）：**

<table>
<tr><td rowspan="2">承认的方式</td><td>明示承认</td><td colspan="2">如正式通知、照会、声明或在缔结的条约或其他正式文件中进行表述。</td></tr>
<tr><td>默示承认</td><td colspan="2">包括：①接受对方派驻的使领馆；②缔结双边的政治性条约；③正式投票支持参加政府间国际组织。<br>不构成默示承认的情形：①共同参加多边国际会议或国际条约；②建立非官方或非完全外交性质的机构；③某些级别的官员接触。</td></tr>
<tr><td rowspan="2">承认的性质</td><td>法律上的承认</td><td colspan="2">永久、正式、不可撤销的承认。</td></tr>
<tr><td>事实上的承认</td><td colspan="2">与新国家仅在某些范围内交往，临时的、可撤销的承认。</td></tr>
<tr><td rowspan="4">承认的对象</td><td rowspan="2">对新国家的承认</td><td>产生原因</td><td>基于新国家的出现：合并、分离、分立、独立等。</td></tr>
<tr><td>法律后果</td><td>①为建立正式外交及领事关系奠定基础；②双方可以缔结各方面条约或协定；③承认国尊重新国家作为国际法主体享有的一切权利，包括尊重其立法、行政、司法和豁免权。</td></tr>
<tr><td rowspan="2">对新政府的承认</td><td>产生原因</td><td>因社会革命或政变而产生新政府。</td></tr>
<tr><td>法律后果</td><td>①意味着对旧政府承认的撤销；②承认者必须尊重新政府拥有的作为国家合法代表的一切资格和权利，包括位于国内外的国家财产上的权利，在国际组织或国际会议中的代表权等。</td></tr>
</table>

**【经典真题】**

甲乙二国建立正式外交关系数年后，因两国多次发生边境冲突，甲国宣布终止与乙国的外交关系。根据国际法相关规则，下列哪一选项是正确的?[1]（2010－1－29）

A. 甲国终止与乙国的外交关系，并不影响乙国对甲国的承认

B. 甲国终止与乙国的外交关系，表明甲国不再承认乙国作为一个国家

C. 甲国主动与乙国断交，则乙国可以撤回其对甲国作为国家的承认

D. 乙国从未正式承认甲国为国家，建立外交关系属于事实上的承认

【解析】承认分为法律承认与事实承认，法律承认是承认国给予新国家或新政府以一种完全的、永久的、不可撤销的正式承认。事实承认是不完全、非正式和暂时性的，可以随时撤销的承认。甲乙二国建立正式外交关系，属于法律承认的方式，故答案为A。

### 考点5　国际法上的继承

国际法上的继承是指由于某种具有国际法律意义的事实或情形的出现，引起国际法上有关的权利和义务由一个承受者转移给另一个承受者所引起的法律关系的改变。

在国际法中，依据继承的主体，可把国际法上的继承分为国家继承、政府继承和国际

〔1〕【答案】A

组织继承，其中以国家继承最为重要。

国家继承是指由于领土变更的事实而引起的国家之间权利和义务的转移。国家继承必须具备两个条件：一是合法性；二是领土性。引起国家继承的情况主要是领土变更的事实。领土变更情况主要有：独立、合并、分离、分立、部分转移。

国家继承的对象一般可以分为条约继承、财产继承、档案继承和债务继承几个方面。

1. 条约继承★★

按照国际惯例，条约继承的一般原则是：政治性条约不予继承，诸如同盟条约、友好条约、中立条约、共同防御条约等；经济性条约酌情继承，诸如贸易协定、投资保护协定等；与领土、资源相关的条约予以继承，诸如边界条约、有关自然资源和道路交通的条约等。

2. 国家财产继承

国家对国家财产的继承有“一个标准两个原则”。一个标准是被转属的国家财产与领土之间有关联；两个原则是：一是随领土转移原则，即一国的国家财产随着领土的转移，而由被继承国转移给继承国；二是所涉领土的实际生存原则，即国家财产的转移应考虑到该领土居民的实际情况，维持其起码的生存条件。

3. 国家债务继承★★

国家债务的继承，一般应继承国家债务、地方化债务，但不继承地方债务、私人债务和“恶债”。国家债务是指以国家的名义对外举借的债务。地方化债务是指以国家的名义举借，但用于地方的债务。地方债务是指以地方自己的名义举借的，用于地方的债务。恶债是指尽管该债务是国家举借的，但该债务的产生违反国际法基本原则或继承国根本利益的债务，如征服债务、战争债务等。应注意地方债务与地方化债务的区别。

4. 国家档案继承

国家档案继承的一般规则是，除新独立国家作为继承国的这一特殊情况外，其余各种类型的国家继承，首先由继承国与被继承国协议解决国家档案的转属，如无协议，则按国家档案与所涉领土有关联原则，确定档案的转属。由于档案的不可分割性，在解决其转属时，应注意保持档案的完整。但其他继承国有复制权。

**【经典真题】**

甲国与乙国1992年合并为一个新国家丙国。此时，丁国政府发现，原甲国中央政府、甲国南方省，分别从丁国政府借债3 000万美元和2 000万美元。同时，乙国元首以个人名义从丁国的商业银行借款100万美元，用于乙国1991年救灾。上述债务均未偿还。甲、乙、丙、丁四国没有关于甲、乙两国合并之后所涉债务事项的任何双边或多边协议。根据国际法中有关原则和规则，下列哪一选项是正确的？[1]（2008－1－33）

A. 随着一个新的国际法主体丙国的出现，上述债务均已自然消除

B. 甲国中央政府所借债务转属丙国政府承担

C. 甲国南方省所借债务转属丙国政府承担

D. 乙国元首所借债务转属丙国政府承担

**【解析】** 甲国与乙国合并为一个新国家丙国，则甲、乙两国此前承担的国家债务或者

---

〔1〕【答案】B

地方化债务应当由丙国继承，例如甲国中央政府所借债务即属国家债务，应转属丙国政府承担，因此A选项错误，B选项正确。甲国南方省所借债务属于地方债务，由该南方省自己负责，不应转属丙国政府继承。乙国元首以个人名义从丁国的商业银行借款100万美元，虽然用于乙国1991年救灾，但该债务在性质上属于私人债务，故不应由丙国政府继承，C、D选项错误。

### 考点6　国际法的派生主体——国际组织

## 一、国际组织的一般制度

1. 国际组织的权利能力和行为能力主要表现在：

（1）享有缔约能力；

（2）有权派遣与接受常驻或临时的外交使团（节）；

（3）作出国际承认或作为国际承认的对象；

（4）构成国际法中继承或被继承的主体；

（5）提出国际索赔和承担国际责任等。

2. 国际组织的机构

国际组织的机构由其职能和成员国约定而设立。通常包括三个主要机构：

（1）权力和决策机构。通常称为大会、代表大会、全体会议等，一般由所有成员代表参加。

（2）执行机构。通常称为理事会、执行局或执行委员会，它由部分成员国的代表依该组织的章程组成，负责相关事项的执行和处理。

（3）行政机构。一般多称为秘书处。

3. 国际组织的表决制度

| | |
|---|---|
| 全体一致同意 | 也称一国一票一致同意制，它采取一国一票，并要求议案经所有成员一致同意方可通过。 |
| 多数同意制 | 采用一国一票，要求议案经成员中多数同意票即可通过。多数通过制又分为简单多数通过、特定多数通过、多数加特定成员通过等三种。 |
| 加权表决制 | 也称一国多票制，它具有某些股份制表决的特点，多用于金融等经济性组织。各成员国由其对组织的贡献或责任的不同，根据组织章程规定的分配标准，享有不同的投票权，在此基础上进行表决。 |
| 协商一致通过 | 在成员国间进行广泛协商后，不采用投票表决方式，而采取对议案达成一致或不持异议则通过。 |

## 二、联合国体系★★★★★

1. 联合国概述

联合国组织是根据1945年在美国旧金山签订的《联合国宪章》成立的。依照《联合国宪章》，联合国由六个主要机构组成：大会、安全理事会、经济及社会理事会、托管理事会、国际法院、秘书处。

联合国会员国包括创始会员国和纳入会员国，创始会员国为包括中国在内的51个国家，以后的成员国均是纳入会员国。被接纳为新会员国的条件是：①被接纳的是一个爱好和平的国家；②其接受《宪章》规定的义务，愿意并能够履行《宪章》的义务；③经安理会推荐。申请国首先向秘书长提出申请，秘书长将其申请交由安理会，安理会审议并通过后向大会推荐；④获得大会准许。经大会审议并2/3多数通过。

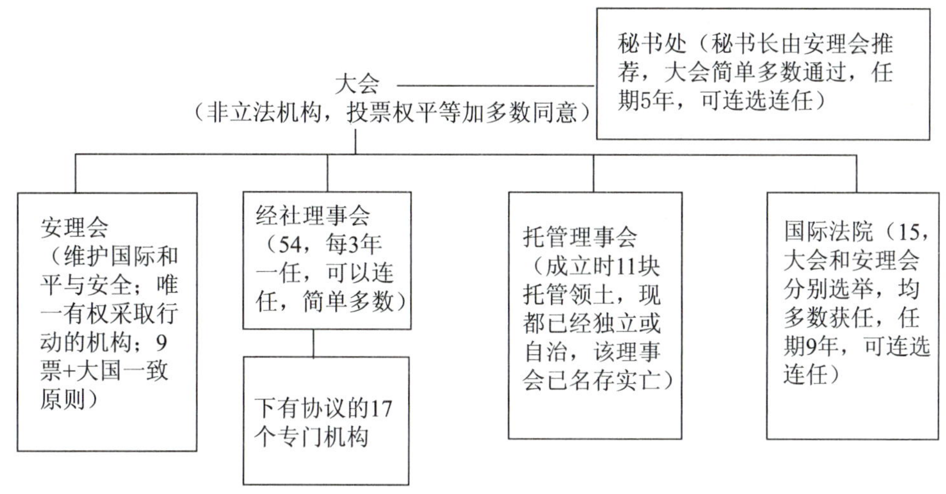


2. 联合国大会的职权及表决制度

大会由全体会员国组成，具有广泛的职权，可以讨论《宪章》范围内或联合国任何机关的任何问题，但安理会正在审议的除外。大会不是一个立法机关，而主要是一个审议和建议机关。大会表决实行会员国一国一票制。对于一般问题的决议采取简单多数通过；对于重要问题决议采取2/3多数通过。实践中也常常采取协商一致方法通过决议。上述重要问题包括：与维持国际和平与安全相关的建议；安全理事会、经社理事会和托管理事会中需经选举的理事国的选举；新会员国接纳；会员国权利中止或开除会籍；实施托管的问题；联合国预算及会员国应缴费用的分摊等。

根据宪章，大会对于联合国组织内部事务通过的决议对于会员国具有拘束力；对于其他一般事项作出的决议属于建议性质，不具有法律拘束力。

3. 联合国安理会职权及表决制度

安理会由15个理事国组成，其中中、法、俄、英、美五国为常任理事国。其他理事国按照地域分配名额由大会选出，任期2年，不得连任。安理会是联合国在维持国际和平与安全方面负主要责任的机关，也是联合国中唯一有权采取行动的机关。

安理会的主要职权包括：①促使争端和平解决；②制止侵略行为，断定任何对于和平的破坏或侵略行为是否存在，作出制止的建议或抉择；③其他方面：负责拟定军备管制方案；在特定战略性地区实行联合国托管职能；建议或决定为执行国际法院的判决而采取的强制措施；《宪章》规定的其他程序性的相关职能，包括在新会员接纳、秘书长推荐等方面的职能等。

安理会的表决制度：根据《宪章》规定，安理会表决采取每一理事国一票。对于程序事项决议的表决采取9个同意票即可通过。对于非程序事项或称实质性事项的决议表决，要求包括全体常任理事国在内的9个同意票，此又称为“大国一致原则”，即任何一个常任理事国都享有否决权。对于一个事项是否为程序性事项发生争议，同样按照上述“大国一致”表决方式决定。常任理事国在安理会表决中的上述权利，也被称为“双重否决权”，它确保了大国之间的一致。否决权制度是安理会表决制度的核心。安理会在向大会推荐接纳新会员国或秘书长人选、建议中止会员国权利和开除会员国等问题上，也适用非程序性事项表决程序。安理会为制止和平的破坏、和平的威胁和侵略行为而作出的决定，以及依《宪章》规定在其他职能上作出的决定，对于当事国和所有的成员国都具有拘束力。

<table>
<tr><th>机构</th><th colspan="2">表决制度</th></tr>
<tr><td>联合国大会</td><td colspan="2">（1）实行一国一票制；<br>（2）一般问题采用简单多数通过，重要问题采用2/3多数通过，实践中也采用协商一致的方式；<br>（3）对于联合国组织内部事务通过的决议对会员国具有拘束力，对于其他一般事项作出的决议属于建议性质，不具有法律拘束力。</td></tr>
<tr><td rowspan="3">安理会</td><td>（1）程序性事项</td><td>9个同意票即可通过。</td></tr>
<tr><td>（2）非程序性事项</td><td>“大国一致原则”：<br>①同意票必须达到9票；<br>②不得有常任理事国的反对票；<br>③常任理事国的弃权或缺席不影响决议的通过。</td></tr>
<tr><td>（3）双重否决权</td><td>①决定是否属于程序性事项，五大国拥有否决权；<br>②对非程序性事项进行表决，五大国拥有否决权。</td></tr>
</table>

| 机构 | 表决事项的范围 |
| --- | --- |
| 联合国大会的重要问题 | （1）与维持和平相关的建议；（2）安理会、经社理事会和托管理事会须经选举的理事国之选举；（3）新会员国的接纳、会员国权利的中止、开除会员国；（4）实施托管；（5）联合国的预算及会员国应缴会费的分摊等。<br>重要问题采用2/3多数通过的规则。 |
| 安理会的实质性事项 | （1）向大会推荐接纳新的会员国或秘书长；（2）建议中止会员国的权利或开除会员国；（3）为维护和平与安全而通过采取行动的决议。<br>常任理事国可以行使否决权。 |

**【经典真题】**

**1.** 甲、乙两国为陆地邻国。由于边界资源的开采问题，两国产生了激烈的武装冲突，战火有进一步蔓延的趋势。甲、乙均为联合国成员国。针对此事态，如果拟通过联合国安理会采取相关措施以实现停火和稳定局势，那么，根据《联合国宪章》有关规定，下列哪一选项是正确的？[1]（2006－1－31）

A. 只有甲、乙两国中的任一国把该事项提交安理会后，安理会才有权对该事项进行审议

B. 在对采取措施的决议草案进行表决时，若获得全体理事国中1/2多数的同意，其中

〔1〕【答案】C

包括常任理事国的一致同意，该决议即被通过

C. 在对采取措施的决议草案进行表决时，安理会常任理事国中任何一国投弃权票，不妨碍该决议的通过

D. 只有得到甲、乙两国的分别同意，安理会通过的上述决议才能对其产生拘束力

【解析】安理会是联合国在维持国际和平与安全方面负主要责任的机关，也是联合国中唯一有权采取行动的机关。本题中，甲国和乙国爆发了武装冲突，属于安理会职权范围内的事项，对此，当事国可以提请安理会注意，但当事国请求审议并非必要条件，安理会如果认为有必要，也有权直接对该事项予以审议，故 A 错误。如果安理会采取执行措施，则属于安理会的实质性事项，其决议需要包括全体常任理事国在内的 9 个国家的同意票才能通过，安理会共有 15 个理事国，8 个国家同意也属于过半数，故 B 错误。在对实质性的事项表决时，常任理事国的弃权票不影响通过决议，只要没有常任理事国反对，且总数达到 9 个国家以上即可，故 C 正确。安理会的决议一经通过即产生拘束力，并不以争端当事国是否同意为前提，故 D 错误。

2. 联合国大会由全体会员国组成，具有广泛的职权。关于联合国大会，下列哪一选项是正确的？[1]（2015－1－32）

A. 其决议具有法律拘束力

B. 表决时安理会 5 个常任理事国的票数多于其他会员国

C. 大会是联合国的立法机关，2/3 以上会员国同意才可以通过国际条约

D. 可以讨论《联合国宪章》范围内或联合国任何机关的任何问题，但安理会正在审议的除外

【解析】联合国大会的决议除关于内部事项的问题外，在一般意义上并无法律拘束力，故 A 错误。安理会所有理事国都享有的是一票表决权，常任理事国享有双重否决权但并不享有更多的投票权，故 B 错误。联合国并不存在立法机关，故 C 错误。联合国大会理论上有权审议《联合国宪章》范围内的一切事项，但安理会正在审议者，除安理会请求外，大会不得提出建议，即安理会对维护国际和平与安全承担主要责任，故 D 正确。

4. 联合国专门机构

联合国专门机构是指根据特别协定同联合国建立固定关系，或根据联合国决定成立的负责特定领域事务的政府间国际组织。它们通过与经社理事会签订、并经大会核准的关系协定成为专门机构。专门机构是成员具有普遍性的全球性组织，而不包括区域性组织。专门机构有其独立的法律地位，不是联合国的附属机构。非政府组织可以在经社理事会取得咨询地位，但不是联合国专门机构。

目前，联合国专门机构有 17 个。另外，国际原子能机构一般也被认为是专门机构，源于《关贸总协定》的世界贸易组织，有时也被作为专门机构来考虑。中国是所有联合国专门机构的成员。

5. 获得联合国咨商地位的非政府组织

目前，联合国经社理事会专门给予一些非政府组织以咨商地位，分为普遍咨商、特殊咨商、注册咨商地位，分别意味着这些非政府组织可以在多数领域、某些领域和某一方面给联合国提供有用的咨询，但这并不能改变非政府组织的性质，它们仍然不是国际法主体。

---

[1] 【答案】D

# 第三章
# 国际法律责任

导学

国际法律责任部分，应重点掌握国际不法行为责任的构成要件，特别是能够判断哪些行为属于可归因于国家的行为。此外，应注意除了不法行为的责任之外，还有国际法不加禁止的行为的损害赔偿责任。

★【本部分考点近年真题统计】

| 题型 | 年份 | 考点 | 分值 |
| --- | --- | --- | --- |
| 单项选择题 | 2011 年卷一第 32 题 | 国际（损害）赔偿责任 | 1 |
|  | 2004 年卷一第 30 题 | 国际法律责任 | 1 |

## 重点知识详解

### 考点 1　国际法律责任的概念、特点和构成要件

#### 一、国际法律责任的概念和特点

国际法律责任是指国际法主体对其国际不法行为或国际损害行为所应承担的法律责任。换言之，国际法律责任包括国际不法行为的责任和国际法不加禁止的行为引起的损害赔偿责任。

国际法律责任具有以下特征和要件：

1. 国际法律责任的主体是国际法主体。

国际法主体是国际法上的权利和义务的承受者，当国际法律责任发生时，自然也是该责任的承担者，亦即国际法律责任的主体。

2. 国际法律责任的起因是国际不当行为或损害行为。

这里不仅强调了国际不当行为引起国际法律责任，还强调了国际法不加禁止的行为（简称损害行为）所产生的损害性后果的责任。

#### 二、国际不法行为的责任的概念、构成要件、免责的理由、承担责任的形式★★★

国际不法行为，亦称国际不当行为，是指国家违背国际法义务的行为。

**1. 国际不法行为的责任的构成要件**

根据《国家责任条文草案》，国际不法行为的责任的构成要件有二：一是，该行为可以

归因于国家；二是，该行为违背了该国所承担的国际义务。

**（1）属于可归因于国家的行为**

下列行为，包括作为和不作为，被国际法认为是可以归因于国家的行为：①国家机关的行为，如立法机关、司法机关、行政机关的行为。此外，国家元首、政府首脑、外交部部长及外交使节，由于其在对外交往中的特殊地位及享有的在外国的特权与豁免，对于他们在国外私人身份的不法行为，除非行使该私人行为时另行作了不代表国家的特别声明，否则也应视为可归因于国家的行为；②经授权行使政府权力的其他实体的行为；③实际上代表国家行事的人的行为；④别国或国际组织交与一国支配的机关的行为；⑤上述可归因于国家行为的国家机关和国家授权人员的行为，一般也包括他们以此种资格执行职务内事项时的越权或不法行为；⑥组成新国家或者新政府的叛乱运动机关的行为；⑦一个行为可以归因于几个国家时，相关国家对于其各自相关的行为承担单独或共同的责任。

一般私人或私人团体本身对外国或外国人的不法侵害不引起国家责任，但是如果该行为是由于国家的失职造成，或国家对该行为进行纵容，则可能引起国家对本身失职或放纵行为的责任，这也称为间接责任。

**（2）该行为违背了该国所承担的国际义务**

一国违背国际义务是指一国行为不符合对其有效的国际义务的要求，不论其所承担的该国际义务来源于条约、国际习惯或国际法的其他渊源。构成一国不当行为所违背的义务必须是对其有效的国际义务。

**2. 排除国家违背义务行为的不当性的情况**

即便满足了国际不法行为的构成要件，但如果存在排除行为不当性的情况，则该国可以不必承担国际责任。

（1）同意，一国不符合该国国际义务的行为，如经与该义务直接有关的权利方以正式有效的方式表示同意，然后实施，则排除了该行为的不当性。应注意对同意的限制有二：首先，受害国应当以明确的方式事先自愿表示同意；其次，被违反的义务不属于国际强行法规则。

（2）对抗与自卫，对抗与自卫作为排除其行为不当性的理由，应符合以下条件：对抗的对方必须是首先有被对抗国违背义务的行为；对抗措施必须必要和适度，其结果要与对方造成的侵害成比例；除自卫外，对抗措施不得行使武力。

（3）不可抗力和偶然事故，如果实际上的不可能履行是由于行为者本身引起的，则不能援引不可抗力和偶然事故排除其不当性。

（4）危难或紧急状态，对危难和紧急状态下违背义务行为的不当性的排除，除要求情况紧急别无他法之外，还要求危难或紧急状态不是该国本身或协助造成，并且所违背义务的行为，不得造成比危难同样或更大的灾难或危及他国的根本利益，不得违背国际法强行性规则。否则其不当性不能排除。

**3. 国际法律责任的形式**

从国际实践看，国际法律责任的形式主要有：限制主权、恢复原状、赔偿以及道歉等。

| 种类 | 内容 |
| --- | --- |
| 终止不当行为 | 当不当行为是一个持续行为时，责任国首先应该停止该不当行为，如终止非法占领、释放扣留人质等。终止不当行为不影响被终止的行为已经引起的国际责任，只是可能减轻该责任。 |
| 恢复原状 | 这种责任形式适用于被侵害的事物尚存并保持完好或虽被损坏但可用恢复原状的方法做成替代物的情况。 |
| 赔偿 | 这是损害责任承担的最基本方式，一般通过支付货币或实物的方式进行。 |
| 道歉 | 它不同于一般的“道歉”，具有一定的强制性。 |
| 保证不再重犯 | 对有可能重演的不当行为，责任国作出担保或保证不再重犯。保证不再重犯肯定了行为的性质，有道歉的作用，更重要的是，这种承诺实际上明确构成了责任国与受害国之间的一种新的保证协议，防止该不当行为的再次发生。 |
| 限制主权 | 这种责任形式仅适用于对他国进行武装侵略、危害全人类利益的某些特定的严重行为。属于最严重的责任承担方式，对一般国际不当行为或损害行为不采用这种方式。它包括：（1）全面限制：指在一定时期内对责任国实行军事占领或军事控制。（2）局部限制：指对于责任国在某些方面的权利进行限制或拒绝其参加军事同盟等。 |

### 考点 2　国际法律责任的新发展——国际法不加禁止的行为的责任、国际刑事责任

国际法律责任近年来的新发展主要包括两个方面，即国际法不加禁止的行为的损害责任和国际刑事责任。

#### 一、国际法不加禁止的行为的责任★★

由于科学技术的发展，国家从事的某些开发或试验性活动在带来巨大利益的同时，也存在巨大的潜在危险。这些活动一般是本国在其领土或其控制下进行的，但其危害具有跨国性。这些活动本身是国际法不禁止的，但如果造成了跨国界的损害，受害国有权要求加害国给予合理的赔偿。由于对这些损害一般仅采取恢复原状和赔偿的方式，因此，它们又被称为国际赔偿责任制度。

目前，从赔偿责任的主体看，现行的制度一般有 3 类：

1. 国家专属责任制度，即由国家承担对外国损害的责任。如《关于外层空间物体造成损害的国际责任公约》规定，发射国对本国或在本国境内发射的空间物体对他国的损害承担责任；

2. 双重责任制度，即国家与营运人共同承担对外国损害的赔偿责任。如《关于核损害的民事责任的维也纳公约》和《核动力船舶经营人责任公约》规定，国家保证营运人的赔偿责任，并在营运人不足赔偿的情况下，对规定的限额进行赔偿；

3. 营运人赔偿，即无论营运人是国家或者私人企业，都由营运人直接承担有限赔偿责任。

**【经典真题】**

甲国某核电站因极强地震引发爆炸后，甲国政府依国内法批准将核电站含低浓度放射性物质的大量污水排入大海。乙国海域与甲国毗邻，均为《关于核损害的民事责任的维也

纳公约》缔约国。下列哪一说法是正确的?[1]（2011－1－32）

A. 甲国领土范围发生的事情属于甲国内政

B. 甲国排污应当得到国际海事组织同意

C. 甲国对排污的行为负有国际法律责任，乙国可通过协商与甲国共同解决排污问题

D. 根据“污染者付费”原则，只能由致害方，即该核电站所属电力公司承担全部责任

【解析】内政是指一国从事的行为不违反其所承担的国际义务，甲国将核废料排入大海造成的跨境污染，违反其国际法上的义务，故该事项不属于内政，A错误。国际海事组织无权授权实施向公海排污的行为，B错误。协商属于和平解决国际争端的方式，C显然正确。根据《关于核损害的民事责任的维也纳公约》的相关规定，对核损害适用双重责任，运营商无力赔偿的部分，由国家保证赔偿，D错误。

## 二、国际刑事责任

国家虽然也可能出现严重违反国际法义务的行为，但由于国家能否承担国际刑事责任尚存争议，目前国际刑事责任主要是指犯有国际罪行的个人，如犯有战争罪、破坏和平罪、反人类罪、海盗罪等罪行的个人，依据国际法应当承担的责任。

---

〔1〕【答案】C

# 第四章
# 国际法上的空间制度

导学

该部分内容较多，其中有些考点涉及热点问题，例如领土的取得，海洋法中领海、大陆架、专属经济区的法律地位，领空法律制度中的危害民航安全行为的制止，外空法中的发射外空物体造成涉外损害的责任承担，控制温室气体排放的《巴黎协定》等，这些热点问题在真题中出现的可能性很大，因此学习过程中应注意理论联系实际。

★【本部分考点近年真题统计】

| 题型 | 年份 | 考点 | 分值 |
|---|---|---|---|
| 单项选择题 | 2017 年卷一第 32 题 | 制止危害民航安全行为的三个公约 | 1 |
| | 2016 年卷一第 33 题 | 界标维护的规则及边境管理制度、国家的管辖权 | 1 |
| | 2014 年卷一第 33 题 | 群岛水域 | 1 |
| | 2013 年卷一第 33 题 | 危害国际民用航空安全的三个公约 | 1 |
| | 2010 年卷一第 31 题 | 专属经济区的法律地位 | 1 |
| | 2009 年卷一第 30 题 | 海上紧追权的行使 | 1 |
| | 2008 年卷一第 34 题 | 温室气体的排放 | 1 |
| | 2007 年卷一第 34 题 | 边界和领土主权 | 1 |
| | 2006 年卷一第 30 题 | 界水的合法利用 | 1 |
| | 2004 年卷一第 29 题 | 领土取得方式——时效与领土主权 | 1 |
| | 2004 年卷一第 31 题 | 外层空间——月球的法律地位 | 1 |
| | 2003 年卷一第 19 题 | 国际海底区域开发制度 | 1 |
| 多项选择题 | 2016 年卷一第 75 题 | 领土取得的方式及其合法性 | 2 |
| | 2016 年卷一第 76 题 | 无害通过制度 | 2 |
| | 2011 年卷一第 74 题 | 多国河流、国际河流 | 2 |
| | 2011 年卷一第 75 题 | 领空主权 | 2 |
| | 2010 年卷一第 78 题 | 南极的法律地位 | 2 |
| | 2009 年卷一第 80 题 | 外国人的入境管理 | 2 |

续表

| 题型 | 年份 | 考点 | 分值 |
| --- | --- | --- | --- |
| | 2008 年卷一第 78 题 | 专属经济区的涉外执法 | 2 |
| | 2007 年卷一第 79 题 | 方便旗的性质 | 2 |
| | 2006 年卷一第 79 题 | 领土取得方式——先占 | 2 |
| | 2004 年卷一第 68 题 | 《控制危险废物越境转移及其处置的巴塞尔公约》 | 2 |
| | 2004 年卷一第 69 题 | 沿海国在港口的管辖权 | 2 |
| 不定项选择题 | 2012 年卷一第 97 题 | 领海的无害通过权、毗连区的法律地位 | 2 |
| | 2011 年卷一第 97 题 | 毗连区的法律地位 | 2 |
| | 2009 年卷一第 98 题 | 空间物体造成损害的国际责任 | 2 |

## 重点知识详解

### 考点 1　领土和领土主权★★★

#### 一、领土概述

领土是指国家主权支配和管辖下的地球的特定部分。国家领土由领陆、领水、领空及其底土四个部分组成。

领土的构成：
- 领陆：国家陆地疆界以内全部陆地，它包括：大陆、岛屿。
- 领水：
  - ①内水：是指国家领陆之内以及领海基线向陆地一面的所有水域。具体包括内陆水域（河流、湖泊）和内海水域（内海湾、内海峡、海口）。其法律地位与国家的领陆完全相同。
  - ②领海：指邻接一个陆地领土及其内水，并处于该国主权管辖之下的一定宽度的海域。作为国家领土的组成部分，其与内水的区别就在于国家在领海的主权受到外国船舶无害通过权的限制。
  - ③群岛水域：是由群岛基线所包围的海域。其地位不同于内水甚至领海。在该水域，国家虽拥有主权，但实行无害通过制和群岛海道通过制。
- 底土：指领陆下的底土和领水下的水底和底土。
- 领空：是领陆、领水之上国家主权管辖的一定高度的空间。

★特别提示　国家领土包括上述四个组成部分是从一般而言，具体到某一特定国家，其领土并非必然包括上述所有组成部分。在内陆国的情况下，其领土为他国陆地领土所包围，就不存在领海。

**【经典真题】**

奥尔菲油田跨越甲、乙两国边界，分别位于甲、乙两国的底土中。甲、乙两国均为联合国成员国，且它们之间没有相关的协议。根据有关的国际法规则和国际实践，对油田归

属与开发，下列哪一选项是正确的?[1]（2007－1－34）

A. 该油田属于甲、乙两国的共有物，其中任何一国无权单独进行勘探和开采

B. 该油田位于甲、乙两国各自底土中的部分分属甲国、乙国各自所有

C. 该油田的开发应在联合国托管理事会监督下进行

D. 无论哪一方对该油田进行开发，都必须与另一方分享所获的油气收益

【解析】国家领土包括领陆、领水、领空及其底土，本题中甲、乙两国对于各自底土中的资源享有主权，在没有相关协议的情况下，该资源分属两国各自所有。故应选B，A和D错误。联合国托管理事会只负责托管领土的事务，与本题中的底土开发无关，故C错误。

## 二、领土主权

领土主权即国家在其领土范围内享有的最高权力，包括所有权和统治权两个方面。所有权即国家对其领土范围内的一切土地和资源享有占有、使用和处分的权利。统治权即国家对领土及其领土内的一切人和事物，除国际法规定享有特权和豁免者外，有行使管辖之权。这种管辖权不仅及于本国人，而且及于本国境内的外国人。

领土主权基于领土产生，所以它及于领土的全部范围。即领土主权在领陆、领水、领空以及领陆、领水下的底土均能行使。

## 三、领土主权的限制

领土主权的限制是指国家对领土的所有权、统治权，由于受国际条约或国际习惯的约束，不能完全行使的情况。它包括两种：一是国际法对各国普遍设立的一般性限制；二是以条约为依据对特定国家设立的特殊限制。

1. 领土主权的一般限制

对领土主权的一般限制是指依据一般国际法对所有国家领土主权的限制。其依据是国际公约和国际习惯。这种限制主要有以下几种：

（1）外国船舶的无害通过权对沿岸国领土主权的限制。外国船舶通过领海时不危及沿岸国的安全及良好秩序，沿岸国就不应阻止其自由通过领海。

（2）在领土的利用方面对领土主权的限制。任何国家都可以独立自主地开发、利用其领土的自然资源、自然环境，但这种开发利用必须合理，不得损害他国领土主权。

（3）外国属人管辖权对领土主权的限制。根据国际法，每一个国家对其国民可以行使属人管辖权。

（4）外交人员及外国国家享有特权和豁免对领土主权的限制。根据国际习惯及有关条约规定，外交人员及外国国家享有特权和豁免。

2. 领土主权的特殊限制

对领土主权的特殊限制是指依据条约，对特定国家领土所有权、统治权的限制。与一般限制相比，它有以下明显的特征：首先，它基于特定的条约产生；其次，此种领土主权的限制只针对条约限定的国家。传统国际法将这种限制分为很多种类，主要包括：

（1）共管

在国际法上，共管是指两个或两个以上国家依条约对某块土地共同行使主权。在共管

[1]【答案】B

的情况下，共管地的主权虽然对他国仍然具有排他性，但共同行使主权的国家相互之间却存在权力的限制。

（2）租借

租借是一国根据条约将领土的一部分借与他国用于条约规定的目的。在租借的情况下，出租国仍保有租借地的主权，承租国则依条约取得某些管理权和使用权，但不得任意处理领土本身。租借往往有期限的限制，也有些租借是永久性的，但即便如此，租让国也有权收回。

租借是否合法，关键是看租借条约是否基于平等互利原则缔结。

（3）国际地役

国际地役是指为了他国利益，根据条约对一国领土所加的具有永久性质的特殊限制。国际地役首先是根据特定的条约产生，其主体只涉及特定的国家，客体也只是一国的领土；其次，这种限制具有永久性，它是一种对物的权利，不受负担国家地役的领土所有权变更的影响。

国际地役如果是在平等的基础上为有关国家自愿接受，应为国际法允许。如果是在不平等的基础上，一国将领土主权的限制强加于另一国，则属非法。

### 考点2 领土的取得方式★★★★★

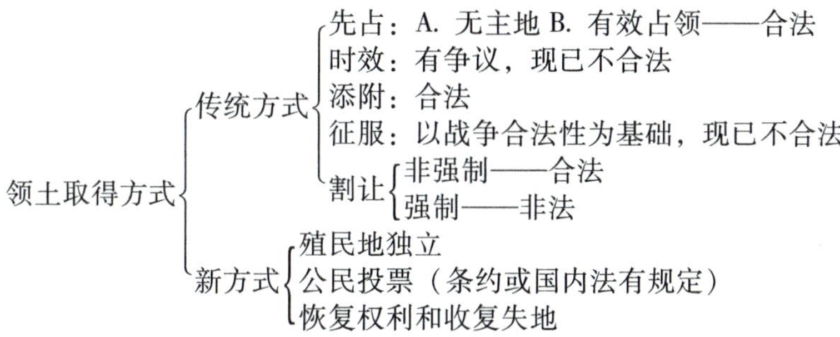


## 一、传统国际法上领土取得的方式

在现代社会，国家领土的变更自应依据现代国际法的原则和规则，因而传统国际法关于领土变更的某些方式已变得不适用。但是，在尊重国家主权的原则下，传统国际法关于领土变更的某些方式，对于我们了解国家领土的原始由来，确立国家疆界和解决领土纠纷，仍然具有一定的现实意义。

领土变更的传统方式如下：

1. 先占

先占是指国家有意识地对无主地实行有效占领，取得领土主权的一种方式。根据传统国际法，先占的成立必须符合以下条件：

（1）**先占的对象必须是无主地**。包括无人居住的荒岛、荒原，没有形成“文明国家”的土著人居住的土地；

（2）**先占的主体必须是国家**，私人行为如果得到国家事先的授权或事后追认，也可认为是国家的行为；

（3）**先占必须是有效的占领**。即先占国必须明确表示将某项无主地置于其主权之下，并对其实行有效的控制和管理。单纯地发现与象征性地占有，虽然在最初产生先占的效果，但后来仅使发现国具有一种“不完全的权利”，即在发现国完成有效的占领所必需的期限内，暂时阻止其他国家加以占领。

2. 时效

时效是指一国占有他国某块土地后，在相当长时期内不受干扰地占有，即取得该地主权的方式。**时效作为取得领土的方式在现代国际法上已没有现实意义。**时效的基本条件是：

（1）国家占有他国领土，并公开地展示其主权权利，因此，时效不同于以“无主地”为占领对象的先占；

（2）国家对他国领土的占有没有受到干扰，丧失国予以默认或不提出抗议；

（3）国家对他国领土的占有持续一定时期。

3. 添附

添附是指因自然或人为的作用使一国增加领土。添附包括两种情况。一是人工添附，围海造地、建筑堤堰都可使一国领土扩展。二是自然添附，如涨滩和三角洲的形成、界河的改道或干涸、新生岛屿的出现可能造成的领土增加。添附一般是国际法允许的，但应注意，实施添附活动不得损害他国的正当权益。

4. 割让

割让是指国家将自己的领土依条约规定转让给他国，从而使对方国家取得该领土的主权。割让最为显著的特点即领土的转移以条约为依据，所以它不同于征服。传统国际法中的割让，可以分为强制性的割让和非强制性的割让两类。

强制性割让通常是战争结束时，战胜国强迫战败国签订条约转让领土。由于传统国际法一度承认战争、强权，强制性的割让是领土变更中最为常见的方式。现代国际法废止战争，强调国家主权平等原则，认为以胁迫方式与他国签订的不平等条约无效。因此，强制性割让作为领土取得的方式，已为现代国际法所否定。

非强制性割让是国家在平等基础上，达成一致并缔结条约而发生的领土变更。它主要有赠与、买卖、交换等形式。这种领土变更方式符合现代国际法的基本原则。

5. 征服

根据传统国际法的理论与实践，征服是国家通过武力占领他国领土的全部或部分，在战争结束后将该领土加以兼并的一种领土取得方式。征服成立须满足两个条件：一是征服国有兼并他国领土的意图；二是征服国保持占有能力，并且被征服国及其盟国已停止一切反抗。传统国际法承认战争合法，只要战争作为国家政策的一种工具被认为正当，就必然会产生征服的结果。**现代国际法禁止在国际关系上首先使用武力，由战争导致的征服也就不能认为是合法的。**

**【经典真题】**

亚金索地区是位于甲、乙两国之间的一条山谷。18世纪甲国公主出嫁乙国王子时，该山谷由甲国通过条约自愿割让给乙国。乙国将其纳入本国版图一直统治至今。2001年，乙国发生内乱，反政府武装控制该山谷并宣布脱离乙国建立“亚金索国”。该主张遭到乙国政府的强烈反对，但得到甲国政府的支持和承认。根据国际法的有关规则，下列哪一选项是正确的？[1]（2007－1－30）

〔1〕【答案】C

A. 国际法中的和平解决国际争端原则要求乙国政府在解决“亚金索国”问题时必须采取非武力的方式

B. 国际法中的民族自决原则为“亚金索国”的建立提供了充分的法律根据

C. 上述18世纪对该地区的割让行为在国际法上是有效的，该地区的领土主权目前应属于乙国

D. 甲国的承认，使得“亚金索国”满足了国际法上构成国家的各项要件

【答案】本题由于同时考查了和平解决国际争端原则、民族自决原则、割让、国家主权和国际法上的承认等几方面问题，应该算是有一定难度的综合性考题。题干中的山谷由甲国通过条约自愿割让给乙国，乙国即已经合法取得该领土，故C正确。乙国解决本国的内乱是行使主权的行为，国际关系中的和平解决争端原则并不适用于这一问题，故A错。民族自决原则适用于受到外国奴役的被压迫民族，显然在本题情况下对该问题不适用，故B错。一个新的实体是否构成一个国家，关键是看其是否满足国家构成的四个要素（确定的领土、定居的居民、政权组织和主权），而不取决于他国的承认，本题中，甲国匆忙对乙国尚未平息的内乱局势中的“亚金索国”予以承认，属于“过急的承认”，在国际法上属于干涉乙国内政的行为，故D错。

## 二、现代国际法上领土变更的新方式

1. 民族自决

民族自决指殖民地的被压迫民族从宗主国或殖民国家分离出来成立独立国家或加入其他国家而发生的领土变更。民族自决可以通过当地居民的投票和平实现，也可以通过武装斗争等形式实现。民族自决是现代国际法的一项基本原则。民族自决已成为领土变更的新方式。

2. 公民投票

公民投票是指领土主权争议地的居民以投票方式表达意愿，确立领土归属的方式。在现代往往成为一种新的领土变更方式。

3. 恢复权利和收复失地

恢复权利和收复失地是指原领土国收回被别国非法侵占的领土而恢复其对该领土的历史性权利的领土变更方式。一国以和平的方式收回被别国非法侵占的领土，一般称为恢复权利，一国以武力方法收回被别国非法占有的领土，一般称为恢复失地。当一国领土被侵占，其领土主权在和平的方式下不能得以恢复时，完全可以采取武力方式。这种方式的采取并不损害他国的主权和领土完整，因而在根本上也不违反现代国际法的基本原则。

# 考点3　内水和河流制度

## 一、内水

内水是国家领水的构成部分，它是指国家领陆以内以及领海基线向陆一面的全部水域。内水同国家陆地一样，处于国家主权管辖之下。外国船舶未经许可一般不得进入，国家有权对其内水加以利用和控制，但此种活动受一系列特定规则的限制。内水包括一国国内的河流、运河、湖泊以及该国的内海。

## 二、河流制度

这里所称河流是指陆地上的自然水流。从地理情况以及法律的角度讲，它可分为内河、

界河、多国河流和国际河流。

1. 内河

内河是指其河源河口均处于一国境内的河流。例如中国的长江、美国的密西西比河均属此类。国内河流处于一国主权管理之下，国家可以自由地确立其各项制度。除非国内法另有规定，外国船舶一般不得进入内河。

2. 界河★★

界河是流经两国之间，分隔两个国家，并作为两国领土国界的河流。例如黑龙江即是中俄两国的界河。界河一般不向第三国开放，关于界河的划分，可通航的河流，通常以主航道中心线为界；不可通航的河流，则通常以河道中心线为界。沿岸国对于主航道或中心线本国一侧的河域行使管辖权，沿岸国也均有权在河流中航行。对于界河的利用不得损害邻国的利益，对于河流的利用和维护事项，通常由两个沿岸国协议解决。例如渔民一般只能在界河的本国一侧捕鱼，不得单方采取可能使河流枯竭或泛滥的措施，更不得单方故意使河水改道。相邻国家在界河上享有平等的航行权，船舶在航行时应该具有明显的国籍标志。除遇难或有其他特殊情况外，一方船舶未经允许不得在对方一侧靠岸停泊。一方如欲在界河上建造工程设施，如桥梁、堤坝等，应取得另一方的同意。国家还应注意保护界河水质，对本国一侧的各种污染源进行有效的控制和治理，以免污染水域。

3. 多国河流

多国河流是指流经数国领土的河流。多国河流属于沿岸国的内水，沿岸国对本国境内的河段可行使完全的排他的管辖。但是，多国河流对所有沿岸国具有重要的利益，沿岸国行使其主权时，不得对他国的利益构成损害。多国河流通常对所有沿岸国开放，但非沿岸国船舶未经许可不得航行。

4. 国际河流

国际河流是指流经数国，并通向公海，经国际条约规定向一切国家开放的河流。从地理意义上讲，它属于多国河流，但由于国际河流向一切国家商船开放，所以其法律地位同上述多国河流具有区别。

根据公约，国际河流的航行制定主要有以下几项内容：

（1）一切国家船舶都可以在国际河流上航行，并有平等待遇；

（2）沿岸国对本国河段享有领土主权，行使管辖权，负责管理和维护自己管辖下的河段，并保留沿岸贸易权；

（3）非沿岸国的军舰不享有河流上航行的自由；

（4）通常会设立国际委员会，制定必要的统一管理规章，以保障河流的航行自由。

★特别提示 运河是由人工修筑的水道。一般而言，它同内河一样，处于一国主权管辖之下，但是通洋运河的法律地位具有一些特殊性，其使用和通过制度往往由相关条约予以规定。目前重要的通洋运河有苏伊士运河、巴拿马运河、基尔运河等。

## 【经典真题】

甲河是多国河流，乙河是国际河流。根据国际法相关规则，下列哪些选项是正确的?[1]（2011－1－74）

---

〔1〕【答案】AC

A. 甲河沿岸国对甲河流经本国的河段拥有主权
B. 甲河上游国家可对自己享有主权的河段进行改道工程，以解决自身缺水问题
C. 乙河对非沿岸国商船也予开放
D. 乙河的国际河流性质决定了其属于人类共同的财产

【解析】多国河流是流经两个或两个以上国家领土的河流。多国河流流经各国的河段分别属于各国领土，各国分别对位于其领土的一段拥有主权；A 正确。多国河流的使用一般涉及流经各国的利益，因此，对多国河流的航行、使用、管理等事项，一般都应由有关国家协议解决。每一沿岸国在对该河流行使权利时，都应顾及其他沿岸国的利益。各国不得有害地利用该河流，不得使河流改道或堵塞河流；B 错误。国际河流的法律地位和制度是由国际条约规定的，不同的国际河流可能有所不同。国际河流流经各国领土的河段仍然是该国主权下的领土；D 错误。国际河流一般允许所有国家的船舶特别是商船在其中航行通过，C 正确。

### 考点 4 边界和边境制度

## 一、边界制度

边界又称国界，它是指分隔一国领土与他国领土、与外层空间、与公海或专属经济区的界限，用以确定国家领土的范围。

边界争端不仅影响到国家之间的关系，甚至可能导致国家之间发生战争，历史上很多战争即由边界争端引起。据统计，非洲半数以上的领土争端都不同程度地使用了武力。因此，如何解决边界争端是国际法中特别引人注意的问题。

## 二、边境制度

边境是指边界两侧的一定宽度的区域。边境制度是指有关边境安全和秩序、边境地区的利用和管理等活动的规章制度。

边境制度包括国内法和国际法两方面。国内法制度主要是国家通过《海关法》《出入境管理法》等建立的有关边境警卫、边境秩序、人员和货物进出边境等方面的制度。国际法主要是通过相邻国家之间签订双边条约建立的边界维护、界水利用、自然资源保护以及友好往来等方面的制度。概括起来，其主要内容包括以下方面：

1. 边界标志的维护★★

边界不可侵犯，边界标志对于相邻国家而言具有神圣性。因此，有关国家签订的条约及国内法均建立了边界标志的维护制度，对边界标志，任何国家、任何人均不得加以毁损或移动，否则将追究相应的法律责任。**在界桩被移动、毁损或灭失时，应尽快通知对方国家，在双方代表均在场的情况下，共同采取恢复措施，并有义务惩罚肇事者。**

2. 界河与边境土地的利用

界河的利用及管理制度，包括水利灌溉、发电、航运、捕鱼等方面的制度。在利用界河的过程中，不得损害邻国的利益，不得使河水污染，不得造成邻国河水泛滥或河水枯竭，不得人为造成河水改道。一般来说，相邻国家船舶均可在界河上自由航行，沿岸国有权在分界线的己方水域捕鱼，但对生物资源的养护承担共同责任。

边境土地的利用尽管属于领土国家主权范围，但一国在边境地区的活动同样要考虑到邻国的利益和安全。因此，相邻国家除以国内法对边境地区的活动加以规制以外，还往往就特定事项达成一致，如保护边境地区的植物，不建立靶场及武器试验场等。

3. 边境居民的往来

为了国家安全和对边境进行有效管理，各国在边境往往设立边境检查制度，对出入境的人和货物进行限制。但是，为了便利边境居民的生活和生产，相邻国家还往往订立协定，在和平时期对边境居民在国界两侧一定范围内从事航运、贸易、探亲访友、进香朝圣等活动给以特殊的便利。

4. 边境事端的处理

为防止边境事端危及国家之间的关系，相邻国家以条约的方式建立边境事端的处理制度。一般是设立边界委员会或其他机构，依特定的程序共同处理涉及两国关系的边境事端，只有重大事端或争议未能解决的，才通过外交途径解决。

**【经典真题】**

甲乙两国边界附近爆发部落武装冲突，致两国界标被毁，甲国一些边民趁乱偷渡至乙国境内。依相关国际法规则，下列哪一选项是正确的？[1]（2016－1－33）

A. 甲国发现界标被毁后应尽速修复或重建，无需通知乙国

B. 只有甲国边境管理部门才能处理偷渡到乙国的甲国公民

C. 偷渡到乙国的甲国公民，仅能由乙国边境管理部门处理

D. 甲乙两国对界标的维护负有共同责任

**【解析】**本题考点为界标维护的规则及边境管理制度、国家的管辖权。边境邻国如果发现界标被毁，则应在双方代表均在场的情况下恢复原状，并惩办肇事者，故A错误。对于毁损界标并偷渡到乙国的肇事者，甲国享有属人管辖权，乙国享有属地管辖权，故B、C错误。边界邻国对于界标的维护负有共同的责任，故D正确。

### 考点5　两极的法律地位

#### 一、南极的法律地位★★

根据《南极条约》，南极的法律制度主要包括以下方面：

1. 南极专用于和平目的；
2. 科学考察自由和合作；
3. 冻结南极领土主权要求。根据《南极条约》的规定，冻结领土主权要求是指，已经提出过领土主权的国家不放弃其要求，在《南极条约》有效期间，不得提出新的领土要求，而且此期间的任何行为，也不构成提出新的领土要求的基础；
4. 保护环境与资源；
5. 建立南极协商会议。

1991年，马德里会议确定南极条约确立的法律制度继续有效，南极地区的法律地位50年不变。

**【经典真题】**

甲乙丙三国均为南极地区相关条约缔约国。甲国在加入条约前，曾对南极地区的某区

[1]【答案】D

域提出过领土要求。乙国在成为条约缔约国后，在南极建立了常年考察站。丙国利用自己靠近南极的地理优势，准备在南极大规模开发旅游。根据《南极条约》和相关制度，下列哪些判断是正确的?[1]（2010－1－78）

A. 甲国加入条约意味着其放弃或否定了对南极的领土要求

B. 甲国成为条约缔约国，表明其他缔约国对甲国主张南极领土权利的确认

C. 乙国上述在南极地区的活动，并不构成对南极地区提出领土主张的支持和证据

D. 丙国旅游开发不得对南极环境系统造成破坏

【解析】根据《南极条约》的冻结领土原则，已经提出过领土主权要求的国家不放弃其要求，在条约有效期间的任何行为不构成提出新要求的基础，故AB错误，C正确。各国在和平利用南极资源时，负有保护南极环境与资源的义务，故D也正确。

## 二、北极的法律地位

北极地区是指北极圈以内的区域。北极地区除少数岛屿外，主要是北冰洋，其中70%的洋面终年冰冻。目前，关于北极地区的法律地位及法律制度正处于建立过程之中，但从目前国际实践来看，将北极的土地据为己有，如先占的做法，是遭到国际社会的反对的。1973年，一些紧邻北极的国家签署了《保护北极熊协定》。1991年，北极国家首脑会议发表了《北极环境保护宣言》，并制定了《北极环境保护战略》。

## 考点6　海洋法

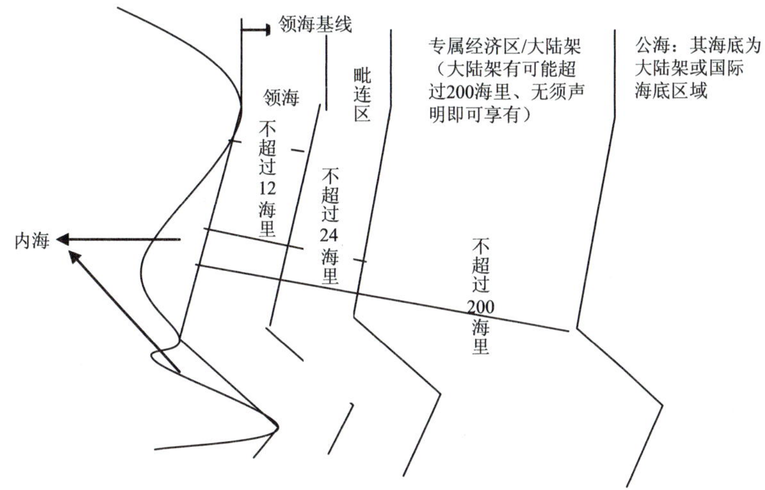


## 一、内水或内海

沿岸领海基线向陆地一面至海岸线的水域，称为“内水”，亦称内海水。**广义的内水包括一国的内陆湖泊、内陆河流、内陆海、内海湾、海港以及其他直线基线与海岸之间的海域。**

**内水或内海与国家的陆地领土具有相同的法律地位，国家对其行使完全的、排他的主**

---

[1]【答案】CD

**权，非经该国许可，他国船只不得进入。**有关内水或内海的法律地位均由各国国内法确定。一般情况下，外国非军用船舶可遵照沿海国的法律、规章驶入其开放的内海海域。外国军用船舶要进入内海，必须通过外交途径办理必需的手续。对于遇难船舶，各国一般允许进入，但其应严格遵守沿海国的规章、制度。

### （一）内海湾

海湾是指海洋深入陆地而形成的明显水曲。从国际法角度看，只有当水曲的面积大于或等于以湾口宽度为直径划成的半圆形面积时，才能视为海湾。从法律地位上看，海湾可分为内海湾和非内海湾。

按照《海洋法公约》的规定，沿岸属于一国的海湾，如果天然入口处两端的低潮标之间的距离不超过 24 海里，则可在两个低潮标之间划出一条封口线，该线所包围的水域应视为内水，该海湾即属内海湾。如果海湾天然入口处两端的低潮标之间的距离超过 24 海里，24 海里的直线基线应划在海湾内，基线以内的水域才是内水，该海湾属非内海湾。

历史性海湾是指海岸属于一国，其湾口宽度虽超过 24 海里，但历史上一向被承认是沿海国内海的海湾。**内海湾和历史性海湾在法律性质上均属于国家领土的一部分。**

### （二）内海峡

海峡是指两端连接海洋的狭长水道。海峡具有三个特征：①处于两块陆地之间；②连接两个海或洋；③是天然形成的。

海峡按法律地位来区分，可分为内海海峡、领海海峡和非领海海峡。

内海海峡，即处于一国领海基线以内的海峡。这种海峡如同基线以内的其他水域一样，构成该国内水的一部分，该国对其具有完全和排他的主权。

### （三）海港或港口

具有天然条件和人工设备，便于船舶停泊和上下客货的港湾称为港口，海岸线上的港口即海港。海洋法中，海港指用于装卸货物、上下乘客和船舶停泊，并具有各种工程设施的海域。海港实际上是一种特殊的内海湾。

★特别提示

**沿岸国在港口的管辖权**

沿岸国根据领土主权原则，对其港口内的外国船舶具有刑事管辖权。但在实践中，一般国家都是在不干涉船舶内部纪律的基础上，采用沿岸国与船旗国管辖相结合的原则。**只有遇到扰乱港口安宁、案情重大、损害后果及于沿岸国、应船旗国外交代表或领事官员请求管辖时，沿岸国才予管辖。**

对于港内外籍船上的民事案件，只有当其涉及船舶以外的因素，或涉及船舶本身在港内航行、停留期间的权利义务时，沿岸国才予管辖。此外，诸如船舶内部纪律、工资、劳动条件、秩序、经济事务、人身权利或财产纠纷等问题，船旗国以外各国均不行使管辖权。

## 二、领海★★★

领海指邻接国家领陆、内水或群岛水域的，受国家主权管辖和支配的一定宽度的海水带。领海的特征有：①邻接着领陆或内水；②受一定宽度的限制。公约将领海宽度限制在 12 海里以内；③受国家主权的管辖和支配。

领海属于国家领土的一部分，国家拥有排他的管辖权。

### （一）领海基线

领海基线就是确定领海从海岸何处起始的起算线。《海洋法公约》规定，领海基线有正常基线和直线基线两种。

1. 正常基线，也称自然基线，即以落潮时海水退到离海岸最远的潮位线——低潮线作为测算领海的基线。

2. 直线基线，也称折线基线，指以连接海岸和近岸岛屿的最外缘上所选的基点的直线作为领海的起始线。其划法为：在大陆沿岸突出处和岸外岛屿最外缘选定一系列适当的基点，在这些基点之间连续地划出一条条直线，这些直线构成的一条沿着海岸的折线，就是直线基线。

### （二）领海的法律地位

**领海是沿海国领土的组成部分，处于沿海国主权之下，国家主权及于领海的水域、上空、海床及底土，国家对领海内的一切人、物、事件具有排他的管辖权。**

无害通过制度是领海的最重要的法律制度，也是外国船舶在他国领海的唯一权利。

**无害通过是指在不损害沿岸国和平、安全与良好秩序的情况下，无须事先通知或征得许可而继续不停地迅速地穿过领海，或为驶入内水或自内水驶往公海而通过领海的航行。**在此定义中，通过应是穿过领海但不进入内水，或为驶入内水或自内水驶往公海而穿过领海；而且这种通过应是继续不停地迅速进行，除公约允许的情况外，不得停船和下锚。在海洋法中通过是有条件的：①外国船舶要通过领海必须是无害的，无害指不损害沿岸国的和平安全和良好秩序，也不违反国际法规则。《海洋法公约》第 19 条第 2 款专门列举了 12 种非无害通过的情况，用于对无害通过适用的限制；②外国船舶在实行无害通过时，应遵守沿海国的法律和规章。

各国普遍承认并容许外国非军用船舶无害通过其领海，这早已成为公认的国际法规则，在理论和实践上都没有疑义。为保障本国利益、安全和外国船舶顺利无害通过其领海，沿海国可制定有关法律、规章，外国船舶在行使无害通过权时应予以严格遵守。沿海国为了本国的安全，在必要的情况下，可以暂时停止外国船舶的通过，但不得对任何国家的船舶在形式上和事实上加以歧视。

军用船舶的通过问题，有的主张适用无害通过制度，有的则主张实行须经事先许可或事先通知才能通过的制度。公约对这一问题规定得不够明确。但公约关于“所有国家，不论为沿海国或内陆国，其船舶均享有无害通过领海的权利”的规定，不能被简单地解释为已确定了军用船舶无害通过领海的权利。另外在被允许通过领海的情况下，该外国军舰也应遵守沿岸国的法律和规章。**如有违反，沿岸国可令其离开领海。**

根据国家的属地优越权，各国对在本国领海内发生的刑、民事案件均具有管辖权。然而，**在通常情况下，沿海国不在通过领海的外国船舶上行使刑事管辖权。但在遇有下列情况时，沿海国便得行使管辖：①罪行后果涉及沿海国；②罪行属于扰乱当地安宁或领海的良好秩序的性质；③经船长和船旗国外交代表或领事官员请求地方当局予以协助；④是取缔违法贩运麻醉品或精神调理物质所必要的。**沿海国通常对于通过其领海的外国船舶上的民事案件采取不干涉态度。在实践中，沿海国在民事方面的管辖也是很有限的，沿海国不应为对通过的外国船舶上某人行使民事管辖权而停止该船航行或改变其航向。

### （三）我国的领海制度★★

我国现行的领海制度可归纳为：

1. 我国的领海为邻接陆地领土和内水的一带海域。

领海宽度为12海里；领海基线采用直线基线法划定；领海基线的基点我国将分批宣布。我国与相邻或相向国家间的领海界限，通过协商，在国际法基础上，按照公平原则划定。

2. 外国非军用船舶享有依法无害通过我国领海的权利；外国军用船舶进入我国领海，须经我国政府批准。外国潜水艇和其他潜水器通过我国领海必须在海面航行，并展示其旗帜。任何外国船舶在我国领海航行，必须遵守我国法律、法规。

3. 外国核动力船舶和载运核物质、有毒物质或其他危险物质的船舶通过我国领海，必须持有有关证书，并采取特别预防措施。

4. 外国船舶违反中国法律、法规的，由我国有关机关依法处理；外国军用船舶或者用于非商业性的外国政府船舶在通过中国领海时，违反中国法律、法规的，我国主管机关有权令其立即离开领海。

5. 外国航空器进入我国领海上空，须根据协议、协定或经我国政府批准。

6. 外国未经批准不得在我国领海进行科学研究、勘探、开发和利用活动及海洋作业，经批准进行上述活动者，必须遵守我国法律和规章。另外，在我国领海内铺设海底电缆和管道，必须经我国主管机关批准，并应遵守我国有关规定。

7. 对于通过我国领海的外国船舶上的犯罪行为，我国一般不行使管辖。

但遇到罪行涉及我国或公民，或者罪行扰乱了我国的和平、安宁和良好秩序，或者非法贩运毒品等时，经船旗国请求协助，我国便得行使刑事管辖权。对于民事案件的管辖，我国一般按国际惯例办理，通常采取不干涉的态度。

8. 对违反我国法律、法规的外国船舶，有关主管机关可以行使紧追权。

**【经典真题】**

"青田"号是甲国的货轮、"前进"号是乙国的油轮、"阳光"号是丙国的科考船，三船通过丁国领海。依《联合国海洋法公约》，下列哪些选项是正确的？[1]（2016－1－76）

A. 丁国有关对油轮实行分道航行的规定是对"前进"号油轮的歧视

B. "阳光"号在丁国领海进行测量活动是违反无害通过的

C. "青田"号无须事先通知或征得丁国许可即可连续不断地通过丁国领海

D. 丁国可以对通过其领海的外国船舶征收费用

**【解析】** 本题考点为无害通过。沿海国在其领海，对于行使无害通过权的船舶是可以实行分道航行制的管理的，故A错误。外国船舶通过沿海国领海的时候，不得采取任何与通过无关的行为，因此测量行为是非法的，故B正确。行使无害通过权不必事先通知或征得沿海国同意，沿海国也无权对无害通过的外国船舶征收费用，故C正确，D错误。

## 三、毗连区★★★

毗连区，又称邻接区或特别区，是指沿海国在毗连其领海的一定范围内，为对其海关、财政、卫生和移民等类事项行使管制而设置的区域。**它从领海基线量起不超过24海里。**

《海洋法公约》规定沿海国可在毗连区行使下列管制：①防止在其领土或领海内违反其**海关、财政、移民或卫生**法律和规章；②惩治在其领土或领海内违反上述法律和规章的行

[1]【答案】BC

为。可见国家在毗连区内行使管制是为了维护本国主权和法律秩序，是为了对违法者进行追究和惩罚。

《中华人民共和国领海及毗连区法》规定了我国的毗连区制度：

1. 毗连区的宽度为 12 海里。为避免理解概念时发生歧义，保持与公约的表述统一，该法规定，毗连区外部界限为从测算领海宽度的基线量起等于 24 海里的线。

2. 我国在毗连区内的权利为：对在领陆、内水、领海内违反有关安全、海关、财政、卫生或出入境管理的法律、法规的行为行使管辖权。

3. 对违反我国法律者可以从毗连区内开始紧追。

**【经典真题】**

A 公司和 B 公司于 2011 年 5 月 20 日签订合同，由 A 公司将一批平板电脑售卖给 B 公司。A 公司和 B 公司营业地分别位于甲国和乙国，两国均为《联合国国际货物销售合同公约》缔约国。合同项下的货物由丙国 C 公司的“潇湘”号商船承运，装运港是甲国某港口，目的港是乙国某港口。“潇湘”号运送该批平板电脑的航行路线要经过丁国的毗连区。根据《联合国海洋法公约》，下列选项正确的是?[1]（2011－1－97）

A. “潇湘”号在丁国毗连区通过时的权利和义务与在丁国领海的无害通过相同

B. 丁国可在“潇湘”号通过时对毗连区上空进行管制

C. 丁国可根据其毗连区领土主权对“潇湘”号等船舶规定分道航行

D. “潇湘”号应遵守丁国在海关、财政、移民和卫生等方面的法律规定

**【解析】** 根据《联合国海洋法公约》的规定，沿海国可在该海域内依法行使海关、财政、卫生和移民等管辖权。在毗连区内，沿海国行使有限的专门管辖权，主要是为防止、惩治在其领土或领海内犯有海关、财政、移民和卫生的法律规章的行为，而行使必要的管制权力。毗连区不是领海，在其中通行不适用“无害通过”制度，A 错误，D 正确。毗连区不是国家领土，国家对毗连区不享有领土主权，只是在毗连区范围行使上述特定方面的管制权，国家对于并非其领土的毗连区，无权适用分道航行制度，国家对于毗连区的管制不包括其上空。B、C 错误。

## 四、专属经济区★★★

| | |
|---|---|
| 专属经济区性质 | （1）既不是领海，也不是公海，沿海国对专属经济区**不拥有主权**，但享有《海洋法公约》规定的某些**主权权利**；<br>（2）沿海国在专属经济区的权利的特点：①“资源性”；②“排他性”。 |
| 范围 | 从测算领海宽度的基线量起不超过 200 海里；水域、海床及底土。 |
| 沿海国在专属经济区的主权权利 | （1）**勘探、开发、养护、管理海床和底土及其上覆水域的生物或非生物自然资源的排他权利；**<br>（2）从事海水、风力利用等经济性勘探开发的排他性权利；<br>（3）**建造、使用、管理人工岛屿和设施；**<br>（4）海洋科研、海洋环保方面的管辖权。 |
| 国家的权利 | **航行、飞越、铺设海底电缆和管道的自由。** |

[1]【答案】D

专属经济区不同于公海。它是受国家一定管辖和支配的海域，沿海国对该区域的自然资源享有主权，并在其他一些方面享有管辖权，从而限制了其他国家在该区域的活动。专属经济区又不同于领海。它不属于沿海国领土的组成部分。沿海国的主权只及于专属经济区的自然资源，而不包括其他方面，因而其他国家在专属经济区内仍享有一些自由。总之，**专属经济区既非公海又非领海，而是自成一类的具有独立地位的海域。**

我国于1998年6月26日公布了《中华人民共和国专属经济区和大陆架法》。该法规定了我国专属经济区的法律制度：

1. 我国的专属经济区，指我国领海以外并邻接领海的区域，从测算领海宽度的基线量起延至200海里。

2. 与海岸相邻或者相向国家关于专属经济区的主张重叠的，在国际法的基础上按照公平原则以协议划定界限。

3. 我国在专属经济区为勘查、开发、养护和管理海床上覆水域、海床及其底土的自然资源，以及进行其他经济性开发和勘查，如利用海水、海流和风力生产能等活动，行使主权权利。我国在专属经济区和大陆架有专属权利建造并授权和管理建造、操作和使用人工岛屿、设施和结构。我国对专属经济区的人工岛屿、设施和结构的建造、使用和海洋科学研究、海洋环境的保护和保全，行使专属管辖权。我国对专属经济区和大陆架的人工岛屿、设施和结构行使专属管辖权，包括有关海关、财政、卫生、安全和出境入境的法律和法规方面的管辖权。

我国主管机关有权在专属经济区和大陆架的人工岛屿、设施和结构周围设置安全地带，并可以在该地带采取适当措施，确保航行安全以及人工岛屿、设施和结构的安全。

4. 任何国际组织、外国的组织或者个人进入我国专属经济区从事渔业活动，必须经我国主管机关批准，并遵守我国的法律、法规及我国与有关国家签订的条约、协定。

我国的主管机关有权采取各种必要的养护和管理措施，确保专属经济区的生物资源不受过度开发的危害；有权对专属经济区的跨界种群、高度洄游鱼种、海洋哺乳动物、源自我国河流的溯河产卵种群、在我国水域内度过大部分生命周期的降河产卵鱼种，进行养护和管理。

5. 任何国家在遵守国际法和中国的法律法规的前提下，在我国的专属经济区享有航行、飞越的自由，在专属经济区内享有铺设海底电缆和管道的自由，以及与上述自由有关的其他合法使用海洋的便利。铺设海底电缆和管道的路线，必须经我国主管机关同意。

6. 在行使勘查、开发、养护和管理专属经济区的生物资源的主权权利时，为确保我国法律、法规得到遵守，可以采取登临、检查、逮捕、扣留和进行司法程序等必要的措施。

7. 对在专属经济区内违反中国法律、法规的行为，有权采取必要措施，依法追究法律责任，并可以行使紧追权。

★特别提示 沿海国对于在本国专属经济区的外国违法船舶，有权采取措施执法，但应受一定的限制。《海洋法公约》第73条“沿海国法律和规章的执行”规定：(1) 沿海国行使其勘探、开发、养护和管理在专属经济区内的生物资源的主权权利时，可采取为确保其依照本公约制定的法律和规章得到遵守所必要的措施，包括登临、检查、逮捕和进行司法程序。(2) 被逮捕的船只及其船员，在提出适当的保证书或其他担保后，应迅速获得释放。(3) 沿海国对于在专属经济区内违反渔业法律和规章的处罚，如有关国家无相反的协议，不得包括监禁，或任何其他方式的体罚。(4) 在逮捕或扣留外国船只的情形下，沿海国应通过适当途径，将其所采取的行动及随后所施加的任何处罚迅速通知船旗国。

**【经典真题】**

甲国在其宣布的专属经济区水域某暗礁上修建了一座人工岛屿。乙国拟铺设一条通过甲国专属经济区的海底电缆。根据《联合国海洋法公约》，下列哪一选项是正确的?[1]（2010－1－31）

A. 甲国不能在该暗礁上修建人工岛屿

B. 甲国对建造和使用该人工岛屿拥有管辖权

C. 甲国对该人工岛屿拥有领土主权

D. 乙国不可在甲国专属经济区内铺设海底电缆

**【解析】**甲国在本国的专属经济区享有建造人工岛屿、设施和结构的主权权利，但对于此种建筑，甲国享有的是管辖权，而非领土和主权，故A错误，B正确，而C错误。非沿海国在沿海国专属经济区享有航行、飞越、铺设海底电缆和管道的自由，故D错误。

## 五、大陆架★★★

| **大陆架性质** | 沿海国陆地领土的自然延伸，属于自然权利，无须宣布或占领即享有 |
|---|---|
| 范围 | **不足200海里的，扩展至200海里；超过200海里的，不得超过350海里或2500公尺等深线以外100海里** |
| 沿海国在大陆架的权利 | **（1）勘探、开发、养护、管理海床和底土自然资源的排他权利；（2）钻探的排他性权利；（3）建造、使用、管理人工岛屿和设施** |
| 其他国家的权利 | **航行、飞越、铺设海底电缆和管道的自由** |

《专属经济区和大陆架法》规定了我国大陆架的基本制度：

1. 我国大陆架，是我国领海以外依本国陆地领土的全部自然延伸，扩展到大陆边外缘的海底区域的海床和底土；如果从测算领海宽度的基线量起至大陆边外缘的距离不足200海里，则扩展至200海里。

2. 与海岸相邻或者相向国家关于大陆架的主张重叠的，在国际法的基础上按照公平原则以协议划定界限。

3. 我国为勘查大陆架和开发大陆架的自然资源，对大陆架行使主权权利。在大陆架有专属权利建造并授权和管理建造、操作和使用人工岛屿、设施和结构，并对大陆架的人工岛屿、设施和结构的建造、使用和海洋科学研究、海洋环境的保护和保全行使管辖权。对我国大陆架的人工岛屿、设施和结构行使专属管辖权，包括有关海关、财政、卫生、安全和出境入境的法律和法规方面的管辖权。我国拥有以授权和管理为一切目的在大陆架上进行钻探的专属权利。我国主管机关有权在专属经济区和大陆架的人工岛屿、设施和结构周围设置安全地带，并可以在该地带采取适当措施，确保航行安全以及人工岛屿、设施和结构的安全。

4. 任何国际组织、外国的组织或者个人在我国的大陆架进行海洋科学研究，必须经中

[1]【答案】B

国主管机关批准，并遵守中国的法律、法规。主管机关有权采取必要的措施，防止、减少和控制海洋环境的污染，保护和保全专属经济区和大陆架的海洋环境。

5. 任何国家在遵守国际法和中国的法律、法规的前提下，在我国的大陆架享有铺设海底电缆和管道的自由。铺设海底电缆和管道的路线，必须经中国主管机关同意。

6. 我国对在大陆架违反中华人民共和国法律、法规的行为，有权采取必要措施，依法追究法律责任，并可以行使紧追权。

**【经典真题】**

1. 甲国是一个地理上宽大陆架的沿海国，也是发达国家，其地理大陆架从领海基线到大陆边外缘的距离为380海里。根据《联合国海洋法公约》和有关的国际法规则，下列哪一选项是正确的?〔1〕(2008延－1－33)

A. 甲国大陆架的范围可以延伸到380海里处

B. 甲国的大陆架只能限定在200海里以内

C. 甲国的专属经济区不必限定在200海里以内

D. 甲国如果在200海里外的大陆架底土开采石油，应通过国际海底管理局并向其缴纳合理费用

【解析】沿海国大陆架的范围不足200海里的，可以扩展到200海里，超过200海里的，不得超过350海里，故A、B错误。沿海国专属经济区不得超过200海里，故C错误。沿海国开采超过200海里的大陆架，应向国际海底管理局缴纳一定的费用或实物，故D正确。

2. 根据《联合国海洋法公约》和中国的相关法律规定，下列哪一选项是正确的?〔2〕(2021年回忆版真题，单选)

A. 甲国军舰有权无害通过我国领海

B. 乙国商业飞机可以在我国领海上空无害通过

C. 我国海警船从毗连区开始紧追丙国走私船，在其进入公海时紧追应终止

D. 丁国有权在我国大陆架铺设海底电缆，但须经我国主管机关同意

【解析】根据《联合国海洋法公约》和中国的相关法律规定，外国军舰通过我国领海须经我国同意，故A选项错误。非沿海国在沿海国领海的无害通过仅限于船舶，不包括飞机的飞越，故B选项错误。紧追进入公海或专属经济区后可以继续进行，在被紧追的船舶进入他国领海后应当终止，故C选项错误。非沿海国在沿海国的大陆架上有权铺设海底电缆和管道，但其路线须经沿海国同意。故D选项正确。

## 六、公海★★★

| 1. 公海范围 | 国家管辖范围以外的海域。 |
|---|---|
| 2. 各国在公海的权利或自由 | 航行、飞越、铺设海底电缆和管道、捕鱼、科学研究、建造人工岛屿、结构和设施的自由。 |

〔1〕【答案】D

〔2〕【答案】D

续表

| | |
|---|---|
| 3. 登临检查权 | 主体、对象、原因（海盗、贩奴、非法广播、无国籍、与军舰同一国籍）。 |
| 4. 紧追权 | 主体、对象、原因（在沿海国的内水、领海、专属经济区、大陆架、群岛水域从事违法行为）、规则（先发出警告信号、不得中断、可持续紧追至公海、进入他国领海必须终止）。 |
| 5. 公海船舶碰撞管辖权 | 对船上人员追究刑事责任：国籍国或船旗国管辖；吊销人员证书：证书颁发国；对船舶进行刑事调查和扣押：船旗国。 |

公海是指不包括在国家的专属经济区、领海、内水、群岛国的群岛水域内的全部海域。

公海不属于任何国家领土的组成部分，也不在任何国内法主体管辖之下，它属于管辖范围以外的海域。因此，任何国家不得有效地将公海的任何部分置于其主权之下，不得将其任何部分据为己有，不得对公海本身行使管辖权。这是公海法律地位的基础，也是公海不同于其他海域的本质特征。据此特征，公海是全人类的共同财富，对所有国家开放，所有国家包括沿海国和内陆国可平等地共同使用公海，并有权行使公约规定的各项自由。

公海法律制度的基础和主要原则是公海自由。公海自由最初主要指航行自由和捕鱼自由。《海洋法公约》将公海自由的内容扩大为6项，即：①航行自由；②飞越自由；③铺设海底电缆和管道的自由；④建造国际法所容许的人工岛屿和其他设施的自由；⑤捕鱼自由；⑥科学研究自由。

在公海六大自由中，最主要的是航行自由和捕鱼自由制度。

公海不属于任何国家的管辖范围，但并非在公海上没有任何形式的管辖。当然，这种管辖不是针对公海本身。按照国际法，船舶在公海上也要服从国际法与本国法律。因而在公海上仍有以下管辖：

1. 船旗国管辖

船旗国即船舶的国籍国。船旗国管辖指各国有权对在公海上的具有该国国籍的船舶的管辖。对此《海洋法公约》明确规定，船旗国对其在公海上航行的船舶具有专属的管辖权（第92条）。此外，依据国际习惯和上述公约的规定，船旗国对船舶在公海上碰撞等事故享有专属的管辖权；**军舰或专用于政府非商业性服务的船舶，在公海上享有不受船旗国以外任何其他国家管辖的完全豁免权。**

2. 普遍性管辖

为了维持公海上的良好秩序，各国有权对公海上的违反人类利益的国际性罪行以及某些违反国际法的活动进行干预和管辖。

（1）**管辖的对象主要是从事海盗、贩毒、贩奴、非法广播等行为者。**

（2）管辖的方式为登临检查、扣押或逮捕。登临权，又称临检权，指各国军舰或者经授权的政府船舶，在公海上遇到外国船舶（军舰等享有豁免权的除外）有从事公约所列违反国际法的行为嫌疑时，可以靠近和登上该船进行检查的权利。

**3. 登临权和紧追权**

为了维持公海上的良好秩序，各国有权对公海上的违反人类利益的国际性罪行以及某些违反国际法的活动进行干预和管辖。管辖的对象主要是从事海盗、贩毒、贩奴、非法广播等行为者。管辖的方式为登临检查、紧追、扣押或逮捕。

登临权，又称临检权，指各国军舰或者经授权的政府船舶，在公海上遇到外国船舶

（军舰等享有豁免权的除外）有从事公约所列违反国际法的行为嫌疑时，可以靠近和登上该船进行检查的权利。

紧追权，指沿海国的军舰或军用飞机，对于在其管辖范围内的海域内，违反了该沿海国法律的外国船舶进行追逐直至公海仍可继续以期拿获的权利。

依照公约和国际习惯，**各国在行使紧追权时应遵守下列规则：**

（1）紧追必须从国家管辖范围内的海域开始。即须从沿海国的内水、群岛水域、领海、毗连区、专属经济区或大陆架开始。而且，紧追只有在外国船舶视听所及的距离内发出停驶信号后，才可开始。

（2）紧追必须连续不停地进行，不得中断。如果紧追船舶、飞机需要更替时，须在后者到达后才能退出，否则即为中断，中断后再追逐，紧追便不成立。

（3）紧追的终止情况：①将被追逐船舶逮捕；②被追逐的船舶进入其本国或第三国领海。

（4）紧追只可由军舰、军用飞机或其他有明显标志的经授权的为政府服务的船舶或飞机进行。

（5）紧追权的行使应当审慎，紧追不当，追逐国应承担赔偿责任。

以下为临检权与紧追权的比较：

| | 登临权（临检权） | 紧追权 |
|---|---|---|
| 主体 | 军舰、军用飞机、政府船舶和飞机（经正式授权、标志可明确辨认。） | |
| 对象 | 政府船舶和军舰以外的船舶。 | 违反本国法向公海行使的外国船舶。 |
| 事由 | 海盗、贩奴、非法广播、船舶无国籍；<br>虽挂外国旗或拒不展旗，但实与登临军舰属同一国籍。 | 外国船违反本国相关海域法律。 |
| 遵循规则 | 有合理根据；<br>如错误登临，造成损失，临检国承担国际责任。 | 1. 始于：本国内水、领海、毗连区、专属经济区——止于：他国领海；<br>2. 先发警告再紧追；<br>3. 连续不断，在公海还可继续追。 |

**【经典真题】**

甲国军舰“克罗将军号”在公海中航行时，发现远处一艘名为“斯芬克司号”的商船，悬挂甲国船旗。当“克罗将军号”驶近该船时，发现其已换挂乙国船旗。根据国际法的有关规则，下列哪些选项是错误的？[1]（2007－1－79）

A. “斯芬克司号”被视为悬挂甲国船旗的船舶

B. “斯芬克司号”被视为具有双重船旗的船舶

C. “斯芬克司号”被视为无船旗船舶

D. “斯芬克司号”被视为悬挂方便旗的船舶

**【解析】**悬挂两国或两国以上旗帜航行并视方便而换用旗帜的船舶，对任何其他国家

---

〔1〕【答案】ABD

不得主张其中的任一国籍，并可视同无国籍的船舶。“斯芬克司号”商船在公海上更换旗帜，可被视为无船旗船舶，故A、B、D说法本身错误，选项C正确。

## 七、群岛水域

### （一）定义

是指群岛国按照《联合国海洋法公约》规定的方法划定的群岛基线所包围的除内水以外的水域。群岛国是指包括全部由一个或多个群岛构成的国家，并可包括其他岛屿。群岛国可用直线基线法，将连接其最外缘岛屿的直线作为基线（应包括主要岛屿），并从基线量出其领海、毗连区、专属经济区、大陆架等海域，而基线所包围的水域，不论深度或距离海岸的远近如何，都称为“群岛水域”。

### （二）群岛水域的范围

群岛国划定群岛基线时，应受以下条件限制：一是面积上的限制，在基线所包围的区域内，水域面积和陆地面积的比例应为1: 1到9: 1；二是基线长度一般不超过100海里，在基线总数中，最多是3%能超过这一长度，且无论如何最长者不超过125海里；三是基线的划定，不应在任何明显的程度上偏离群岛的一般轮廓。群岛国划定的群岛基线，不能将其他国家的领海与公海或专属经济区隔断。

### （三）群岛水域的法律地位

群岛水域是一种具有特殊法律地位的海域，群岛国在群岛水域可以行使主权，但受到无害通过和群岛海道通过制的限制。

1. 无害通过：所有国家的船舶享有通过除群岛国内水以外的群岛水域的无害通过权；
2. 群岛海道通过制：群岛国可以指定适当的海道和其上的空中通道，以便其他国家的船舶或飞机连续不停地迅速通过或飞越其群岛水域及其邻接的领海。

## 【经典真题】

甲国是群岛国，乙国是甲国的隔海邻国，两国均为《联合国海洋法公约》的缔约国。根据相关国际法规则，下列哪一选项是正确的?[1]（2014-1-33）

A. 他国船舶通过甲国的群岛水域均须经过甲国的许可

B. 甲国为连接其相距较远的两岛屿，其群岛基线可隔断乙国的专属经济区

C. 甲国因已划定了群岛水域，则不能再划定专属经济区

D. 甲国对其群岛水域包括上空和底土拥有主权

【考点】群岛水域

【解析】其他国家在群岛水域享有无害通过权和群岛海道通过权，除前述限制外，群岛国对群岛水域享有主权，故A错误，D正确。群岛基线的划定不得将他国的领海与专属经济区或公海隔断，故B错误。群岛国可以以其群岛基线为起算线，向外划定其领海、毗连区、专属经济区、大陆架，故C错误。

---

〔1〕【答案】D

## 八、用于国际航行的海峡★★

### （一）概念

国际航行的海峡是指两端连接公海或专属经济区一部分和公海或专属经济区另一部分之间的海峡。

### （二）用于国际航行的海峡的通过制度

1. 过境通行制

所有国家的船舶和飞机在用于国际航行的海峡中，都享有过境通行的权利。过境通行是专为连续不停和迅速通过目的而进行的自由航行和飞越，不得从事其通过所通常附带发生活动以外的任何活动。

2. 公海自由通过

在国际海峡中，如果有穿过公海或专属经济区的（在航行和水文特征方面）同样方便的航道，则各国可在该航道中自由通过，该海峡不再适用过境通行制。

3. 无害通过

适用无害通过的国际航行海峡，是由一国岛屿和大陆之间形成的海峡，该岛屿向海一面有一条在航行和水文特征方面同样方便的航道，则在该海峡中只是适用无害通过，而不适用过境通行制。

4. 协定通过

如果该海峡的通过制度已有国际条约加以规范，则适用该国际条约。例如黑海海峡的通过，由《蒙特勒公约》加以规定，即属此例。

## 九、国际海底区域

国际海底区域，简称“区域”，指国家管辖范围以外的海床、海底及其底土。

依照公约的规定，国际海底区域的法律地位为：

1. 国际海底区域及其资源是人类的共同继承财产。任何国家不应对“区域”的任何部分或其资源主张或行使主权或主权权利；任何国家或自然人或法人，也不得将“区域”的任何部分据为己有。

2. 对“区域”内资源的一切权利属于全人类，由国际海底管理局代表人类行事。

3. 在“区域”内的开发活动应为全人类的福利而进行，管理局应在无歧视的基础上，公平分享区域内活动取得的财政及其他经济利益。

国际海底开发制度主要内容包括：国际海底管理局组织和控制“区域”内的活动，特别是“区域”内的资源的开发活动。目前区域内资源开发采取“平行开发制”，即缔约国或缔约国国民，或得到缔约国担保的某一非缔约国国民，可以作为申请者向国际海底管理局提出开发申请，申请时须提交大小和价值基本相同的两块矿址，海底管理局在其中保留一块由海底局企业部开发；另一块矿址则交由申请者开发。

4. 各国在“区域”内的一切行为应符合国际法。

5. “区域”的法律地位不影响上覆水域和水域上空的法律地位。

## 考点7 领空法律制度

### 一、确立航空法律制度的条约

1. 《华沙公约》，全称《统一国际航空运输某些规则的公约》，1929 年 10 月 12 日订于波兰华沙。1933 年 2 月 13 日生效，后经多次修改，我国于 1957 年 7 月加入，1958 年 10 月对我国生效。主要内容包括航空运输的业务范围，运输票证、承运人的责任、损害赔偿标准等，形成了国际航空运输上的“华沙体系”。

2. 《芝加哥公约》，全称《国际民用航空公约》，1944 年 12 月 7 日订于芝加哥，全文 96 条，1947 年 4 月 4 日生效。中国为该公约的当事国。

3. 《国际航空运输协定》，又称五种自由协定，1945 年 2 月 8 日生效，我国未加入该协定。

4. 《国际航班过境协定》，又称两种自由协定，1945 年 1 月 30 日生效，我国尚未加入。

5. 《东京公约》，全称《关于在航空器上犯罪和其他某些行为的公约》，1963 年 9 月 14 日签订于东京，已有 137 个国家参加，我国于 1978 年加入。

6. 《海牙公约》，全称《关于制止非法劫持航空器的公约》，该公约共 14 条。1970 年 12 月 16 日签订于荷兰海牙，1971 年生效，我国于 1980 年加入。

7. 《蒙特利尔公约》，全称《关于制止危害民用航空安全的非法行为的公约》，该公约共 16 条。1971 年 9 月 23 日签署于加拿大蒙特利尔，我国于 1980 年加入。

### 二、国家对领空的主权

根据《芝加哥公约》的规定，各缔约国可在其领空行使主权，其主要内容包括：

1. 维护本国领空安全

各国具有对其领土上空完全的和排他的主权，外国国家航空器，未经特别协定或许可，不得在其领空飞行和降落。

2. 制定航空法律、规章

缔约国对于他国的航空器飞入或飞经其领土的情况，有权制定法律和规章。这些法律和规章应同等适用于所有缔约国，不得有任何歧视，不能违反有关公约的规定。

3. 保留“国内载运权”

国内载运权，又称国内两地间空运权，指在一国境内一地点航空载运客、货邮往该国境内另一地点的权利。缔约国有权拒绝其他缔约国的航空器在其领土内实施这一权利。该权利只能由地面国经营，他国不得要求这种权利。

4. 设立“禁止飞行区”

禁止飞行区，又称“空中禁区”，是一国领空中禁止他国飞行的区域。缔约国为了军事需要和公共安全，可以指定境内某地区的上空为禁区，禁止或限制其他缔约国的航空器飞越。这些禁区不应妨碍空中航行，并同等适用于一切缔约国的航空器。

总之，领空是国家领土的组成部分，依国家主权原则，各国可自行制定航空法，但一国国内航空法应与国际公约的规定相符合。

**【经典真题】**

甲国发生内战，乙国拟派民航包机将其侨民接回，飞机需要飞越丙国领空。根据国际

法相关规则，下列哪些选项是正确的？[1]（2011－1－75）

A. 乙国飞机因接其侨民，得自行飞越丙国领空

B. 乙国飞机未经甲国许可，不得飞入甲国领空

C. 乙国飞机未经允许飞越丙国领空，丙国有权要求其在指定地点降落

D. 丙国军机有权在警告后将未经许可飞越丙国领空的乙国飞机击落

【解析】地面国家对本国领空的资源有完全的排他占有使用的权力，并且没有得到地面国家许可，外国的航空器不得飞经或者飞入，A 错误，B 正确。国家基于领空主权对于非法飞入的外国航空器，有权采取措施。目的是维护国家领空安全。对未经许可进入地面国领空的外国军用航空器，必要时可以采取武力，但对民用飞机可以要求离开或者迫降，而不得使用武力，故 C 正确，D 错误。

## 三、航空器的法律地位

航空器依据其用途，可以分为国家航空器和民用航空器。根据航空协定规定的航线，航空器可以飞入或降落于缔约国的领土，但国家航空器未经特别协定或其他方式许可，不得飞入另一缔约国上空。对于误入本国领空的外国民用航空器，地面国只能要求离开或者迫降，而不得直接行使武力予以击落。航空器飞越他国领空时，受领空地面国法律管辖，应遵守该国法律和规章。但在公海上空，航空器仅受其国籍的法律管辖。飞行器在飞越沿海国的毗连区、专属经济区或大陆架上覆水域上空时，有自由飞越的权利，但应遵守沿海国的有关法律和规章。

## 四、制止危害国际民用航空安全的行为★★★

民用航空运输业的发展，为国际交往、经济贸易往来和人员交流提供了极大的便利。于是，在航空器上的犯罪活动成为引起世界各国广泛关注的重大问题。为了防止和惩治这种行为，国际通过召开外交会议，制定了“反劫机三公约”，即《东京公约》、《海牙公约》和《蒙特利尔公约》。1988 年，针对一些国家多次发生机场暴力行为，国际民用航空组织主持制定了《补充蒙特利尔协定书》。

1.《东京公约》的规定

根据各国采用的规则和现实存在的情况，《东京公约》规定了并行的管辖权体系。该体系具体表现为：

一方面航空器登记国拥有管辖权。《东京公约》第 3 条第 1 款规定，航空器登记国有权对航空器上所犯的罪行和行为行使管辖权。另一方面非登记国的缔约国也有一定的管辖权。《东京公约》第 4 条：“非登记国的缔约国除下列情况外，不得对飞行中的航空器进行干预以对航空器内的犯罪行使其刑事管辖权。一、该犯罪行为在该国领土上发生后果；二、犯人或受害人为该国国民或在该国有永久居所；三、该犯罪行为危及该国的安全；四、该犯罪行为违反该国现行的有关航空器飞行或驾驶的规定或规则；五、该国必须行使管辖权，以确保该国根据某项多边国际协定，遵守其所承担的义务。”

其他各国也可以行使管辖权。《东京公约》第 3 条第 3 款明确规定，该公约不排除依照本国法律行使的任何刑事管辖权。

[1]【答案】BC

2.《海牙公约》和《蒙特利尔公约》的规定

二者都规定的“空中劫持”罪犯的引渡或起诉是与管辖密切相关的问题，分析如下：

(1) 关于引渡

《海牙公约》和《蒙特利尔公约》第 8 条作了相同的规定，不仅扩大了引渡的范围，而且还对引渡的依据和规则作了具体规定：

首先，明确空中劫持是可引渡的罪行。第 1 款规定，对于空中劫持，在缔约国之间现有的或者将来缔结的引渡条约中，都应被认为是“一种可引渡的罪行”。

其次，规定了没有引渡条约时的引渡规则。被请求引渡的国家可自行决定以本公约作为请求引渡的法律根据，并规定引渡应遵照被请求国法律规定的条约进行。

(2) 关于起诉

尽管《海牙公约》和《蒙特利尔公约》都规定，空中劫持是一种可引渡罪行，但没有设置强制的引渡义务。公约规定了“或引渡或起诉原则”，即在其境内发现被指称的罪犯的缔约国，如不将此人引渡，则不论罪行是否在其境内发生，应无例外地将此案件提交其主管当局以便起诉，该当局应按照本国法律以对待任何严重性质的普通罪行案件的同样方式作出决定。

**【经典真题】**

乘坐乙国航空公司航班的甲国公民，在飞机进入丙国领空后实施劫机，被机组人员制服后交丙国警方羁押。甲、乙、丙三国均为 1963 年《东京公约》、1970 年《海牙公约》及 1971 年《蒙特利尔公约》缔约国。据此，下列哪一选项是正确的[1]？(2017－1－32)

A. 劫机发生在丙国领空，仅丙国有管辖权

B. 犯罪嫌疑人为甲国公民，甲国有管辖权

C. 劫机发生在乙国航空器上，仅乙国有管辖权

D. 本案涉及国际刑事犯罪，应由国际刑事法院管辖

**【解析】** 根据 1963 年《东京公约》、1970 年《海牙公约》及 1971 年《蒙特利尔公约》，各国对危害民航安全的国际罪行均可根据本国法行使管辖权，故 AC 错误，B 正确。国际刑事法院只管辖战争罪、破坏和平罪、灭绝种族罪、侵略罪，并不管辖其他罪行，故 D 错误。

### 考点 8　外层空间的法律原则和制度

## 一、规定外层空间法律制度的条约

| 生效年份 | 公约名称 | 公约简称 |
|---|---|---|
| 1967 年 | 《关于各国探索和利用包括月球和其他天体在内的外层空间活动的原则条约》 | 《外空条约》 |
| 1968 年 | 《营救宇宙航行员、送回宇宙航行员和归还发射到外层空间的实体的协定》 | 《营救协定》 |

---

[1] 【答案】B

续表

| 年份 | 公约名称 | 公约简称 |
| --- | --- | --- |
| 1973 年 | 《空间物体造成损害的国际责任公约》 | 《责任公约》 |
| 1976 年 | 《关于登记射入外层空间物体的公约》 | 《登记公约》 |
| 1984 年 | 《指导各国在月球和其他天体上活动的协定》 | 《月球协定》 |

上述条约确定了空气空间和外层空间的法律原则和制度，被认为是国际空间法的主要渊源。

## 二、外层空间的法律地位和活动原则

现代国际法确认，外层空间的法律地位是：外层空间不属于国家领土主权范围，不受任何国家的管辖；应对各国开放，各国均可自由探索和利用，但不能成为任何国家、国际组织之间转让、交换、买卖的对象，任何国家、实体不得垄断或独占；对外层空间的利用应为全人类谋福利而进行；禁止将外层空间用于军事和战争目的。

《外空宣言》《外层空间条约》及其他外空条约文献中，确定了外层空间的主要原则，以作为各国在外层空间的活动中所必须遵守的原则：①为全人类谋福利而进行；②不得将外层空间据为己有；③应当和平利用外层空间；④国际合作和互助。

## 三、外层空间的相关法律制度

外层空间的法律制度主要有：

### （一）外空活动登记制度

从事任何外空发射活动都要在本国和联合国秘书处登记。

若登记国切实知道其所登记的物质已不复存在于地球轨道内，应尽速通知联合国秘书长。设立登记制度的目的，是确立发射国对空间物体的管辖和控制，并对该物体所造成的损害承担国际责任。

### （二）营救制度

《营救协定》确立了对宇航员的营救制度：

1. 当宇宙航行员发生意外、遇难，或在他国境内或公海紧急降落时，发现国应提供一切可能的援助，立即把他们送还登记国，并通知联合国秘书长。

2. 在外层空间进行活动时，一国的宇宙航行员应向他国航行员提供援助。

3. 各国应把外层空间发现的对宇宙航行员有危险的现象，通知发射国或通知联合国秘书长。

4. 各国在获悉或发现空间物体或实体的组成部分返回地球并落在它所管辖的区域内，或者落在公海或不属于任何国家管辖的地方时，应通知发射当局和联合国秘书长。

### （三）外空活动造成的涉外损害责任制度★★★

1. 绝对责任

发射国对其空间物体对地面或者飞机造成的损害负有绝对责任。发射或促进空间物体发射的国家，以及从其领土或设施发射空间物体的国家，均为该物体发射国，发射国对其空间物体在地球表面造成的损害，或对飞行中的飞机造成的损害，应负赔偿的绝对责任。

2. 过错责任

发射国对空间物体在地球表面以外的地方对另一国的空间物体的损害，由发生过错的实体的发射国单独或共同负损害责任。当空间物体在地球表面以外的其他地方，对另一国空间物体及其所载人员造成损害时，如损害是由前者的过失造成的，该国应负赔偿责任；如果这一损害也在地球表面以外的地方，对第三国的空间物体造成损害时，前两国根据它们的过失对第三国承担责任。

3. 共同责任

由两个或两个以上国家共同发射的空间物体所造成的损害，应由这两个或两个以上的发射国共同或单独承担赔偿责任。

4. 例外

前述赔偿责任的规定，不适用于两种情形：一种是受害人为发射国本国国民，另一种则是受害人是应邀请参加发射活动或者发射现场而遭到损害。

5. 赔偿要求的提出

损害赔偿的要求，可由受损害的国家或受损害的个人（自然人或法人）向发射国提出。如要求国与发射国有外交关系，则应通过外交途径提出；若没有外交关系，则请另一国向发射国提出；若要求国与发射国都是联合国会员国，也可通过联合国秘书长提出。

赔偿额应按国际法及公正合理的原则来确定，以能使受损空间物体恢复到损害发生前的原有状态为原则。赔偿一般以要求国货币偿付，若该国请求也可以赔偿国的货币偿付。

### （四）月球及其他天体的制度

《月球协定》规定了月球活动的基本原则和相关制度：

1. 月球及其他天体的自然资源是人类的共同财产，任何国家不得对月球及其他天体提出主权要求或据为已有。

2. 月球供各国专为和平目的使用，禁止在月球使用武力，或以武力相威胁，或从事任何其他敌对威胁行为，禁止在月球建立军事基地、设施、设置核武器、试验任何类型武器或军事演习。

3. 月球及其他天体不应遭受破坏。

此外，月球及其他天体的探索和利用应为全人类谋幸福。探测利用活动应尽可能通知联合国秘书长、科学界及各国。各国对其在月球上的人员、运载器、站所保有管辖权和控制权。各国应对其在月球及其他天体的活动负国际责任。

## 【经典真题】

**1.** 甲国研发的气象卫星委托乙国代为发射，因天气的原因该卫星在丙国境内实际发射。发射过程中火箭碎片掉落，砸伤受邀现场观看发射的某丁国国民。由于轨道偏离，该气象卫星与丁国通讯卫星相撞，丁国卫星碎片跌落砸坏戊国建筑并造成戊国人员伤亡。甲乙丙丁戊都加入《空间物体造成损害的国际责任公约》（简称《责任公约》）的缔约国，下列哪些判断是正确的？[1]（2020 年回忆版真题）

A. 丁国不对戊国财产和人员伤亡承担责任

B. 火箭碎片对某丁国国民造成的损害不适用《责任公约》

[1]【答案】BCD

C. 甲乙丙丁国应对戊国的财产和人员伤亡承担绝对责任

D. 甲乙丙国应对丁国卫星损害承担过错责任

【解析】根据《空间物体造成损害的国际责任公约》，发射或促使空间实体发射的国家，以及从其领土或设施发射空间实体的国家，均为该实体发射国，发射国对其空间实体对地面造成的损害负绝对责任。本题中甲乙丙丁四国均为发射国，因此均应对戊国的财产和人员伤亡承担责任，A选项错误，C选项正确。对于应发射国的邀请而留在紧接预定发射区域或回收区的外国公民受到的损害，不适用《责任公约》，故B选项正确。发射国对空间实体在地球表面以外的地方对另一国或对第三国的空间实体的损害，由发生过失的实体发射国单独或共同负担损害赔偿的过失责任，故D选项正确。

**2.** 乙国与甲国航天企业达成协议，由甲国发射乙国研制的“星球一号”卫星。因发射失败卫星碎片降落到甲国境内，造成人员和财物损失。甲乙两国均为《空间物体造成损害的国际责任公约》缔约国。下列选项正确的是?[1]（2009-1-98）

A. 如“星球一号”发射成功，发射国为技术保密可不向联合国办理登记

B. 因“星球一号”由甲国的非政府实体发射，甲国不承担国际责任

C. “星球一号”对甲国国民的损害不适用《责任公约》

D. 甲国和乙国对“星球一号”碎片造成的飞机损失承担绝对责任

【解析】根据《空间物体造成损害的国际责任公约》的规定，发射国（包括事实上发射和促使发射的国家）对其发射的空间物体（包括其国内的非政府组织发射的空间物体）造成他国地面损害，应负绝对的赔偿责任，但对本国国民的损害赔偿问题不适用该公约，故C、D正确。

### 考点9　国际环境保护的主要制度

## 一、防止气候变化

防止气候变化的条约主要是《联合国气候变化框架公约》和《京都议定书》。公约和议定书把参加国分为三类，分别规定了不同的义务：（1）工业化国家。这些国家承诺以1990年的排放量为基础，承担削减排放温室气体的义务。如果不能完成削减任务，可以从其他国家购买排放指标。（2）发达国家。这些国家不承担具体削减义务，但承担为发展中国家进行资金、技术援助的义务。（3）发展中国家。不承担削减义务，以免影响经济发展，可以接受发达国家的资金、技术援助，但不得出卖排放指标。

《京都议定书》允许采取以下四种减排方式：（1）两个发达国家之间可以进行排放额度买卖的“排放权交易”，即难以完成削减任务的国家，可以从超额完成任务的国家买进额度。（2）以“净排放量”计算温室气体排放量，即从本国实际排放量中扣除森林所吸收的二氧化碳的数量。（3）可以采用绿色开发机制，促使发达国家通过向发展中国家输出绿色技术，折抵温室气体排放量。（4）可以采用“集团方式”，即欧盟国家视为一个整体，可以采取内部平衡抵消，但在总体上完成减排量的方式。

2015年12月通过并于2016年生效的《（联合国气候变化框架公约）巴黎协定》是气候变化领域里程碑式的立法文件，该协定规定了2020年后应对气候变化国际机制的框架。

---

〔1〕【答案】CD

其主要特色在于确立了2020年后以各国定期提交“国家自主贡献”方式的“自下而上”的灵活减排机制，以取代《京都议定书》确定全球减排总量后向各国摊派指标的“自上而下”的减排模式；重申和坚持公平、共同但有区别的责任和各自能力原则；重申了2℃的全球温度升高控制目标，并规定了具体的程序和机制。

## 二、控制危险废物的越境转移

《控制危险废物的越境转移及其处置公约》（《巴塞尔公约》）对于列举在其附件中的危险废物的越境转移，规定了严格的限制条件：（1）缔约国禁止向另一缔约国出口危险废物，除非进口国没有一般地禁止该废物的进口，并且以书面形式对某一特定进口向出口国表示了同意；（2）如果出口国有理由认为拟出口的废物不会被以符合有关标准的对环境无害的方式在进口国或其他地方加以处理，则不得出口；（3）不得向非缔约国出口或自非缔约国进口危险废物。

《巴塞尔公约》还针对危险废物的越境转移程序等事项做了具体规定：（1）出口国或者危险废物的生产者或出口者，应将拟出口的废物的越境转移以书面形式通知进口国的主管部门，进口国应作书面答复。（2）出口国应当证实通知人已得到进口国的书面同意，并且进口国已证实出口者和处置者之间已订立合同，详细说明对废物的无害环境的处置办法，才能开始越境转移。（3）如果越境转移的废物不能按照合同的条件完成，如无其他合法安排，应运回出口国。（4）危险废物的任何越境转移都必须有相关的保险、保证或担保。

# 第五章 国际法上的个人

导学

个人虽非国际法的主体，但国际法上的一些重要制度和个人密切相关。如国籍、外国人的地位、外交保护、引渡、庇护等。本部分常考考点包括：中国国籍法的具体规定、外交保护、引渡、庇护。

★【本部分考点近年真题统计】

| 题型 | 年份 | 考点 | 分值 |
|---|---|---|---|
| 单项选择题 | 2015 年卷一第 33 题 | 引渡的一般原则及中国《引渡法》 | 1 |
| | 2014 年卷一第 34 题 | 中国《出境入境管理法》 | 1 |
| | 2009 年卷一第 32 题 | 中国《国籍法》、《引渡法》 | 1 |
| | 2008 年卷一第 31 题 | 联合国人权理事会 | 1 |
| | 2007 年卷一第 29 题 | 引渡和庇护、管辖权的冲突 | 1 |
| | 2007 年卷一第 31 题 | 中国《国籍法》 | 1 |
| | 2006 年卷一第 32 题 | 中国《国籍法》 | 1 |
| | 2005 年卷一第 32 题 | 引渡和庇护 | 1 |
| | 2005 年卷一第 31 题 | 引渡和庇护 | 1 |
| | 2004 年卷一第 32 题 | 外交保护 | 1 |
| | 2002 年卷一第 17 题 | 引渡和庇护 | 1 |
| 多项选择题 | 2017 年卷一第 75 题 | 中国《国籍法》法条 | 2 |
| | 2017 年卷一第 76 题 | 中国《出境入境管理法》关于外国人入境、就业、居留及出境的规定 | 2 |
| | 2015 年卷一第 75 题 | 国籍法的原则、中国《国籍法》关于中国国籍取得的规定 | 2 |
| | 2013 年卷一第 76 题 | 《出境入境管理法》 | 2 |
| | 2012 年卷一第 75 题 | 外国人入境出境管理 | 2 |
| | 2012 年卷一第 76 题 | 引渡 | 2 |

续表

| 题型 | 年份 | 考点 | 分值 |
|---|---|---|---|
| | 2010 年卷一第 80 题 | 中国《国籍法》 | 2 |
| | 2006 年卷一第 77 题 | 可归因于国家的行为、外交保护 | 2 |
| | 2005 年卷一第 79 题 | 引渡和庇护 | 2 |
| 不定项选择题 | 2013 年卷一第 97 题 | 中国《引渡法》 | 2 |
| | 2004 年卷一第 89 题 | 引渡和庇护 | 2 |

## 重点知识详解

### 考点 1　国籍

#### 一、国籍

国际法上的居民是指在一国境内居住并受所在国法律管辖的自然人的总和。一国居民中主要是本国人，但也包括外国人、双重和多重国籍人以及无国籍人。

根据国家主权原则，国家对居住在本国境内的居民有属地管辖权，对居住在其领域之外的本国人有属人管辖权。国家为外国人规定的法律地位和待遇制度不可能完全等同于本国人。在管辖权涉及具体的个人时，就必须区分他是本国人还是外国人。

国籍是指一个人属于某一个国家的国民或公民的法律资格，表明一个人同一个特定国家间的固定的法律联系。国籍在国际法上的意义表现于：

1. 国籍是确定属人管辖的依据；
2. 国籍是一个人的国籍国对其提供外交保护的依据；
3. 国籍是给以一国境内居民不同待遇的依据。

**★特别提示** 国籍法是规定国籍的取得、丧失、变更等事项的法律规范的总称。国籍法属一国国内法。各国可以自主根据其政治经济制度、民族传统和习惯，采用不同的立法原则和方式来制定自己的国籍法。

（一）国籍的取得★★

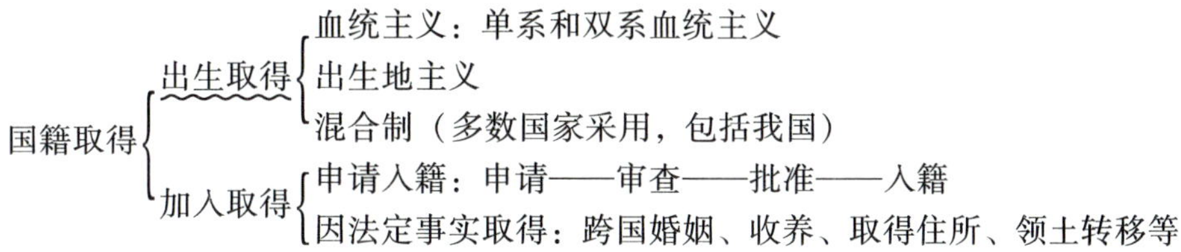


国籍的取得是指一个人取得某一个国家的国民或公民资格。国籍的取得主要有以下两种方式：一是因出生取得国籍；二是因加入取得国籍。

1. 出生取得

因出生取得的国籍称原始国籍，依此方法取得国籍被称为国籍的原始取得。世界上绝大多数人都是由于出生而取得某一个国家的国籍，但各国国籍立法采取的立法原则不尽相同，从而产生了以下不同情况。

(1) 血统主义原则

即依血统（父母的国籍）而取得国籍。根据这一原则，凡本国人所生子女，不问其生于何地，当然取得本国（其父母国籍国）的国籍。血统主义可分为单系血统主义和双系血统主义，单系血统主义指子女国籍的取得，依其父亲国籍而确定，故又称父系血统主义。双系血统主义指子女出生时其父母双方任何一方具有该国国籍的，子女即可取得该国国籍。从现代世界各国的国籍立法情况看，采取纯粹血统主义的国家只有五个，即奥地利、埃塞俄比亚、列支敦士登、苏丹和斯里兰卡。

(2) 出生地主义原则

即依出生地作为取得国籍的标准。根据该原则，子女出生在哪个国家即取得哪国国籍，而不问其父母国籍如何，历史上一些地广人稀的移民国家，为吸收外来人口，都曾经采用过出生地主义原则。如美国、墨西哥、阿根廷、巴西等国。

(3) 混合制原则

即兼采血统主义原则与出生地主义原则，父母国籍和出生地都作为取得国籍的根据。不过，同样采取混合制原则的国家，立法上也有不同，有的以血统主义原则为主，辅之以出生地主义原则；有的以出生地主义原则为主，辅之以血统主义原则；有的则平衡地兼采两种原则。现代世界上大多数国家的国籍立法均采取“混合制原则”。《中华人民共和国国籍法》也是采取这一原则。我国采取的是以血统主义为主，出生地主义为辅的原则。

2. 加入取得

因加入取得的国籍称继有国籍，依此方法取得国籍被称为国籍的转承取得。狭义的入籍为自愿申请并在具备入籍国立法所规定的条件后，取得该入籍国的国籍。广义的入籍还包括由于婚姻、收养、认领、准婚生、领土变更等事实而依有关国家的法律规定取得该国国籍。

(1) 自愿申请入籍

旧称“归化”(naturalization)，即依照入籍国的规定，由当事人提出申请并由该国批准而取得其国籍。具备什么条件，须经何种程序方能获准入籍，属一国国内法问题，个人没有绝对的入籍权。

(2) 由于法律规定而入籍

此种入籍不是出于当事人主动的意思表示，而是由于发生法律规定的事实，依法产生了入籍的效果。这些法律事实主要有：

①由于婚姻而取得国籍

由于婚姻，即指因一国国民与他国国民结婚而取得他国国籍。许多国家的法律都规定了外国人与本国人结婚并满足一定条件的，即取得本国国籍的制度。

②由于收养而取得国籍

一国的公民或国民收养外国人或无国籍人为子女，因而可能产生被收养人取得收养人所属国国籍的情形。

③由于认领而取得国籍

子女因得到生身父母的认领而取得其父母所属国的国籍。

④因交换领土而取得国籍

领土交换是指两国在平等的基础上依约交换部分领土。如果交换领土的双方协议规定，交换领土上的居民随领土的交换而移交给对方，这些居民就取得对方的国籍。

### （二）国籍的丧失与恢复

丧失
- 自愿丧失：自愿退籍和选择放弃
- 非自愿丧失
  - 因法定事实丧失——婚姻、收养、入籍等
  - 被剥夺国籍

国籍的丧失是指一个人由于某种原因丧失某一特定国家的国籍。根据各国的立法和实践，国籍的丧失可分为自愿丧失和非自愿丧失两种情况。

自愿丧失国籍是指以当事人明确的意思表示为基础的丧失。有两种情形：一是本人自愿申请退出某一国籍并得到批准；二是自愿选择某一国籍，如交换领土的情形下，交换地区居民选择了对方国籍，即丧失本国国籍。

非自愿丧失国籍，是指由于法定原因或某种事实不出于本人自愿而丧失本国国籍。常见的情形有：由于婚姻、收养、认领等原因，根据法律规定而丧失原有国籍。

国籍的恢复，指已丧失某国国籍的人重新取得该国的国籍。

### （三）国籍的冲突

国籍的冲突包括积极冲突和消极冲突两种情形。国籍的积极冲突是指一个人同时具有两个或两个以上的国籍的情形。国籍的消极冲突是指一个人不具有任何国籍的情形，一般称为无国籍人。国籍的冲突属于不正常的国籍现象，容易造成国家之间的纠纷。因此，国际社会一直非常关注，并往往通过国内立法、双边和多边条约的规定等方式避免出现国籍冲突的现象。

### （四）《中华人民共和国国籍法》★★★★★

《中华人民共和国国籍法》共计 18 条，该法的立法原则和主要内容可归纳如下：

1. 各族人民平等地具有中国国籍的原则

依据《国籍法》第 2 条规定："中华人民共和国是统一的多民族国家，各民族的人都具有中国国籍。"此外，我国《国籍法》坚持妇女国籍独立原则和双系血统主义原则，以体现出男女平等。

2. 不承认双重国籍原则

我国《国籍法》第 3 条明确规定："中华人民共和国不承认中国公民具有双重国籍。"第 5 条规定："父母双方或一方为中国公民，本人出生在外国，具有中国国籍；但父母双方或一方为中国公民并定居在外国，本人出生时即具有外国国籍的，不具有中国国籍。"第 8 条规定："……被批准加入中国国籍的，不得再保留外国国籍。"第 9 条规定："定居外国的中国公民，自愿加入或取得外国国籍的，即自动丧失中国国籍。"第 13 条规定："……恢复中国国籍的，不得再保留外国国籍。"

3. 血统主义与出生地主义相结合的原则

这项原则主要体现在《国籍法》第 4、6 条规定上。第 4 条规定："父母双方或一方为中国公民，本人出生在中国，具有中国国籍。"第 6 条规定："父母无国籍或国籍不明，定居在中国，本人出生在中国，具有中国国籍。"这条规定采取的是有条件的出生地主义。我国采取的是以血统主义为主，出生地主义为辅的原则。

4. 防止与消除无国籍原则

我国《国籍法》第 6 条明文规定："父母无国籍或国籍不明，定居在中国，本人出生在中国，具有中国国籍。"这一规定是防止出现新的无国籍问题的十分具体的立法措施。

5. 自愿申请与审批相结合的原则

我国《国籍法》第 14 条规定："中国国籍的取得、丧失和恢复，除第九条规定的以外，

必须办理申请手续。未满十八周岁的人，可由其父母或其他法定代理人代为办理申请。”第16条规定：“加入、退出和恢复中国国籍的申请，由中华人民共和国公安部审批。经批准的，由公安部发给证书。”第15条还规定了：“受理国籍申请的机关，在国内为当地市、县公安局，在国外为中国代表机关和领事机关。”

（五）中国国籍法实践

对于中国公民在国外定居并已获得外国国籍的，如果已满足条件自动出籍，其中国护照将被注销或到期不再换发。其入境中国时须使用国籍国护照并申请中国签证。中国还以签订双边条约等方式，积极解决国籍冲突问题。

**【经典真题】**

**1.** 甲国球星帕格斯申请加入中国国籍，依据中国《国籍法》，下列哪项判断是正确的？[1]（2020年回忆版真题）

A. 帕格斯加入中国国籍后，可保留甲国国籍

B. 帕格斯加入中国国籍的申请应由中国外交部审批

C. 帕格斯的申请无论是否被批准，其与中国女子李某在广州出生的儿子具有中国国籍

D. 帕格斯申请一旦被批准，则不得再退出中国国籍

**【解析】** 根据中国《国籍法》第八条，申请加入中国国籍获得批准的，即取得中国国籍；被批准加入中国国籍的，不得再保留外国国籍。故A错误。《国籍法》第十六条规定：“加入、退出和恢复中国国籍的申请，由中华人民共和国公安部审批。经批准的，由公安部发给证书。”故B错误。《国籍法》第四条规定：“父母双方或一方为中国公民，本人出生在中国，具有中国国籍。”故C正确。《国籍法》第十条规定：“中国公民具有下列条件之一的，可以经申请批准退出中国国籍：一、外国人的近亲属；二、定居在外国的；三、有其它正当理由。”故D错误。

**2.** 中国公民王某与甲国公民彼得于2013年结婚后定居甲国并在该国产下一子，取名彼得森。关于彼得森的国籍，下列哪些选项是正确的？[2]（2015－1－75）

A. 具有中国国籍，除非其出生时即具有甲国国籍

B. 可以同时拥有中国国籍与甲国国籍

C. 出生时是否具有甲国国籍，应由甲国法确定

D. 如出生时即具有甲国国籍，其将终生无法获得中国国籍

**【解析】** 中国《国籍法》第5条：“父母双方或一方为中国公民，本人出生在外国，具有中国国籍；但父母双方或一方为中国公民并定居在外国，本人出生时即具有外国国籍的，不具有中国国籍。”故A正确。中国《国籍法》不承认中国人具有双重国籍，故B错误。各国国籍法在本质上是内政，一个人是否具有某国国籍，应由该国法确定，故C正确。外国人符合条件的，可以申请加入中国国籍，故D错误。

### 考点2　外国人的法律地位

外国人指在一国境内居住不具有居住国国籍而具有别国国籍或无国籍的人。广义的外

---

〔1〕【答案】C

〔2〕【答案】AC

国人，不仅包括自然人，还包括外国法人。

## 一、国家对外国人的管辖权

外国人处于所在国的属地优越权之下，受所在国管辖；同时又处于国籍国的属人优越权之下，受国籍国管辖。

根据国际法，给予外国人什么待遇，是一国主权范围内的事，他国无权干涉。但是，所在国规定外国人的法律地位时，需顾及国际法的一般原则和国际习惯。此外，还应顾及外国人本国的属人管辖权。

## 二、外国人的待遇制度

国家给予外国人何种待遇，国际法上并无统一规定。在实践中，各国在互惠和不歧视的基础上，通过国内立法和国际条约规定外国人的待遇，一般可分为四种：

| | |
|---|---|
| 国民待遇 | 指给予外国人与本国人相同的待遇。根据国际实践，国民待遇仅限于民事权利和诉讼权利方面，并不包括政治方面的权利。 |
| 最惠国待遇 | 指一国给予另一国的公民或法人的待遇，在现在或将来不低于给予任何第三国公民或法人在该国享有的待遇。 |
| 差别待遇 | 指在外国人与本国人之间或在不同国籍的外国人之间给予不同的待遇。它包括两个方面：①指给予外国公民或法人的权利在某些方面少于本国公民或法人；②指对不同国籍的外国公民或法人给予不同的待遇。 |
| 普遍优惠待遇 | 简称普惠制，是一种单向优惠。其含义为：由于国际经济地位的不平衡，因此，在发达国家与发展中国家的经济交往中，发达国家应给予发展中国家以优惠，但发展中国家并不给予发达国家以同样的优惠。 |

### 考点3 《中华人民共和国出境入境管理法》的主要内容★★

《中华人民共和国出境入境管理法》是我国有关中国人和外国人出境、入境管理的主要规定。

## 一、中国公民出境入境管理的主要规定

1. 中国公民出境入境需持有的证件

《出境入境管理法》第9条规定：“中国公民出境入境，应当依法申请办理**护照或者其他旅行证件**。中国公民前往其他国家或者地区，还需要取得前往国**签证或者其他入境许可证明**。但是，中国政府与其他国家政府签订互免签证协议或者公安部、外交部另有规定的除外。中国公民以海员身份出境入境和在国外船舶上从事工作的，应当依法申请办理海员证。”

2. 定居国外的中国公民回国定居及身份证明

《出境入境管理法》第13条则规定：“定居国外的中国公民要求**回国定居的**，应当在入境前向中华人民共和国**驻外使馆、领馆或者外交部委托的其他驻外机构**提出申请，也可以由本人或者经由国内亲属向拟定居地的县级以上地方人民政府**侨务部门**提出申请。”

第14条规定：“定居国外的中国公民在中国境内办理金融、教育、医疗、交通、电信、社会保险、财产登记等事务**需要提供身份证明的**，可以**凭本人的护照证明其身份**。”

## 二、有关外国人入境、出境、居留等方面的主要规定

**1. 外国人入境时应当向中国主管部门申请签证**

《出境入境管理法》第15条规定："外国人入境，应当向驻外签证机关申请办理签证，但是本法另有规定的除外。"第16条第1款规定："签证分为**外交签证、礼遇签证、公务签证、普通签证**。"第19条规定："……出具邀请函件的单位或个人应当对邀请内容的真实性负责。"

**2. 对外国人的入境、出境管理**

《出境入境管理法》规定，外国人入境，应当向出入境边防检查机关交验本人的护照或者其他国际旅行证件、签证或者其他入境许可证明，履行规定的手续，经查验准许，方可入境。外国人有下列情形之一的，可以**免办签证**：（1）根据中国政府与其他国家政府签订的**互免签证协议**，属于免办签证人员的；（2）持**有效的外国人居留证件**的；（3）**持联程客票搭乘国际航行的航空器、船舶、列车**从中国过境前往第三国或者地区，在中国境内停留不超过二十四小时且不离开口岸，或者在国务院批准的特定区域内停留不超过规定时限的；（4）国务院规定的可以免办签证的其他情形。（《出境入境管理法》第22条）

《中华人民共和国外国人入境出境管理条例》第25条规定："外国人在中国境内有下列情形之一的，属于非法居留：（一）超过签证、停留居留证件规定的停留居留期限停留居留的；（二）免办签证入境的外国人超过免签期限停留且未办理停留居留证件的；（三）外国人超出限定的停留居留区域活动的；（四）其他非法居留的情形。"

**《出境入境管理法》第21条　外国人有下列情形之一的，不予签发签证：**

**（一）被处驱逐出境或者被决定遣送出境，未满不准入境规定年限的；**

**（二）患有严重精神障碍、传染性肺结核病或者有可能对公共卫生造成重大危害的其他传染病的；**

**（三）可能危害中国国家安全和利益、破坏社会公共秩序或者从事其他违法犯罪活动的；**

**（四）在申请签证过程中弄虚作假或者不能保障在中国境内期间所需费用的；**

**（五）不能提交签证机关要求提交的相关材料的；**

**（六）签证机关认为不宜签发签证的其他情形。**

**对不予签发签证的，签证机关可以不说明理由。**

**第25条　外国人有下列情形之一的，不准入境：**

**（一）未持有效出境入境证件或者拒绝、逃避接受边防检查的；**

**（二）具有本法第二十一条第一款第一项至第四项规定情形的；**

**（三）入境后可能从事与签证种类不符的活动的；**

**（四）法律、行政法规规定不准入境的其他情形。**

**对不准入境的，出入境边防检查机关可以不说明理由。**

第28条　外国人有下列情形之一的，不准出境：

（一）被判处刑罚尚未执行完毕或者属于刑事案件被告人、犯罪嫌疑人的，但是按照中国与外国签订的有关协议，移管被判刑人的除外；

**（二）有未了结的民事案件，人民法院决定不准出境的；**

**（三）拖欠劳动者的劳动报酬，经国务院有关部门或者省、自治区、直辖市人民政府决定不准出境的；**

（四）法律、行政法规规定不准出境的其他情形。

**3. 外国人在中国的停留居留、工作就业和旅行等问题的管理**

关于外国人在中国的**停留居留**，《出境入境管理法》第30条规定："外国人所持签证注明入境后需要办理居留证件的，应当自入境之日起三十日内，**向拟居留地县级以上地方人民政府公安机关出入境管理机构申请办理外国人居留证件**。……外国人工作类居留证件的有效期最短为九十日，最长为五年；非工作类居留证件的有效期最短为一百八十日，**最长为五年。**"《出境入境管理法》第38条规定："年满十六周岁的外国人在中国境内停留居留，应当随身携带本人的护照或者其他国际旅行证件，或者外国人停留居留证件，接受公安机关的查验。在中国境内居留的外国人，应当在规定的时间内到居留地县级以上地方人民政府公安机关交验外国人居留证件。"

第39条进一步规定："外国人在中国境内旅馆住宿的，**旅馆应当按照旅馆业治安管理的有关规定为其办理住宿登记，并向所在地公安机关报送外国人住宿登记信息。外国人在旅馆以外的其他住所居住或者住宿的，应当在入住后二十四小时内由本人或者留宿人，向居住地的公安机关办理登记。"**

关于外国人在中国的工作就业，《出境入境管理法》第41条第1款规定："外国人在中国境内工作，应当按照规定取得工作许可和工作类居留证件。任何单位和个人不得聘用未取得工作许可和工作类居留证件的外国人。"**第43条则规定："外国人有下列行为之一的，属于非法就业：（一）未按照规定取得工作许可和工作类居留证件在中国境内工作的；（二）超出工作许可限定范围在中国境内工作的；（三）外国留学生违反勤工助学管理规定，超出规定的岗位范围或者时限在中国境内工作的。"**

关于对外国人居住或进入区域的限制，《出境入境管理法》第44条规定："根据维护国家安全、公共安全的需要，公安机关、国家安全机关**可以限制外国人、外国机构在某些地区设立居住或者办公场所**；对已经设立的，可以限期迁离。未经批准，外国人不得进入限制外国人进入的区域。"

**4. 必要时对外国人的调查和遣返、驱逐出境的有关规定**

《出境入境管理法》第58条："本章规定的当场盘问、继续盘问、拘留审查、限制活动范围、遣送出境措施，**由县级以上地方人民政府**公安机关或者出入境边防检查机关实施。"

《出境入境管理法》第62条："**外国人有下列情形之一的，可以遣送出境**：（一）被处限期出境，未在规定期限内离境的；（二）有不准入境情形的；（三）非法居留、非法就业的；（四）违反本法或者其他法律、行政法规需要遣送出境的。其他境外人员有前款所列情形之一的，可以依法遣送出境。被遣送出境的人员，**自被遣送出境之日起一至五年内不准入境。"**

《出境入境管理法》第81条："外国人从事与停留居留事由不相符的活动，或者有其他违反中国法律、法规规定，不适宜在中国境内继续停留居留情形的，可以处限期出境。外国人违反本法规定，情节严重，尚不构成犯罪的，公安部可以处驱逐出境。公安部的处罚决定为最终决定。**被驱逐出境的外国人，自被驱逐出境之日起十年内不准入境。**"

## 【经典真题】

甲国公民杰克申请来中国旅游，关于其在中国出入境和居留期间的管理，下列哪些选

项是正确的?[1]（2013－1－76）

A. 如杰克患有严重精神障碍，中国签证机关不予签发其签证

B. 如杰克入境后可能危害中国国家安全和利益，中国出入境边防检查机关可不准许其入境

C. 杰克入境后，在旅馆以外的其他住所居住或者住宿的，应当在入住后48小时内由本人或者留宿人，向居住地的公安机关办理登记

D. 如杰克在中国境内有未了结的民事案件，法院决定不准出境的，中国出入境边防检查机关有权阻止其出境

【解析】外国人患有严重精神障碍、传染性肺结核病或者有可能对公共卫生造成重大危害的其他传染病的，或外国人入境后可能危害中国国家安全和利益的，不予签发签证，故A和B正确。外国人在旅馆以外的其他住所居住或者住宿的，应当在入住后24小时内由本人或者留宿人，向居住地的公安机关办理登记，故C错误。外国人在中国境内有未了结的民事案件，法院决定不准出境的，中国出入境边防检查机关有权阻止其出境，D正确。

### 考点4　外交保护、引渡、庇护★★★★★

## 一、外交保护★★★

外交保护是指一国通过外交途径对在国外的本国国民的合法权益所进行的保护。在本国国民合法权益在外国受到损害，而又用尽当地救济仍得不到解决的情况下，国家就可以行使外交保护权，或者向所在国政府正式提出抗议，或要求其对损害予以“赔偿”等。

外国人的国籍国为其国民提供外交保护必须具备以下条件。第一，满足“国籍继续原则”，因为外交保护权源于属人管辖权，因此，**被保护的受害人必须具有保护国的国籍**，且在受害后至保护结束之前其国籍未发生改变。第二，受害人在所在国已经**用尽“当地救济”**。外国人**受到非法侵害**后，是否能够得到所在国司法或行政机关的救济，仍然属于所在国国内管辖事项。在未用尽所有可能的救济手段之前，所在国的国家责任还无从构成。

- 外交保护
  - 性质：属人；是处理国家间关系的制度
  - 条件
    - 因所在国国家不当行为而受损
    - 国籍继续原则：受害人从受害到外交保护完毕，其国籍未发生改变
    - 用尽当地救济
  - 适用范围
    - 国民被非法逮捕或拘禁
    - 国民的财产或利益被非法剥夺
    - 国民受到歧视性待遇
    - 国民被司法拒绝

**【经典真题】**

甲国公民廖某在乙国投资一家服装商店，生意兴隆，引起一些从事服装经营的当地商人不满。一日，这些当地商人煽动纠集一批当地人，涌入廖某商店哄抢物品。廖某向当地警方报案。警察赶到后并未采取措施控制事态，而是袖手旁观。最终廖某商店被洗劫一空。

---

[1]【答案】ABD

根据国际法的有关规则，下列对此事件的哪些判断是正确的？[1]（2006－1－77）

A. 该哄抢行为可以直接视为乙国的国家行为

B. 甲国可以立即行使外交保护权

C. 乙国中央政府有义务调查处理肇事者，并追究当地警察的渎职行为

D. 廖某应首先诉诸于乙国行政当局和司法机构，寻求救济

【解析】本题中，甲国公民在乙国遭遇不法商人的抢劫，属于受到不法侵害的情形，尽管乙国警察到现场后袖手旁观，但该不作为仅仅可以认定乙国违反了保护外国人正当权益的义务，不能定性为哄抢行为也属于乙国国家行为，故A错误。就本题而言，受害人的正当权益受到侵害后，乙国警察的不作为可以定性为乙国存在不当行为，此种情况下，如果受害人在乙国用尽当地救济仍然不能维护自己的正当权益，则甲国可以行使外交保护权。B是在用尽当地救济之前行使外交保护权，错误。C正确，乙国如果调查处理肇事者并追究当地警察的渎职行为，则受害人的权益就可以得到救济，也就无须再行使外交保护权。D提到的受害人应先诉诸乙国行政当局和司法机构，正是“用尽当地救济”的表现形式，显属正确。

## 二、引渡和庇护

### （一）引渡★★★★★

引渡是指一国把在该国境内而被他国追捕、通缉或判刑的人，根据有关国家的请求移交给请求国审判或执行处罚。

引渡是国家间的一种司法协助行为。**在国际法上，国家没有必须引渡的义务，除非条约另有规定。**一国是否接受他国的引渡请求，在没有条约义务的情况下，由被请求国自行决定。

引渡
- 前提：有条约关系——“无条约、无义务”（被要求引渡的国家可依国内法自行决定是否引渡）
- 原则
  - 双重犯罪原则（请求国与被请求国均认为行为人的行为是犯罪）
  - 罪名特定原则（请求国应确保引渡罪名要和审判罪名一致）
  - 政治犯不引渡
  - 转引渡需经原引出国同意原则

**1. 引渡的主体**

引渡的主体原则上是主权国家，但有一些国家存在非主体的独立司法管辖区，如我国的香港特别行政区、澳门特别行政区等，也可能涉及罪犯引渡问题，属于“准引渡主体”。

引渡主体基于属人管辖权、属地管辖权以及保护性管辖权，都可提出引渡请求。**如果三类国家同时请求引渡同一罪犯，原则上由被请求国决定把罪犯引渡给哪个国家。**

**2. 引渡的对象**

引渡的对象指引渡双方当事国同意移交的罪犯或者嫌疑人（也包括与犯罪有关的物品）。可以是请求国的国民、被请求国的国民或第三国的国民。

**3. 引渡应遵循的原则**

(1) 无条约无义务原则

提出引渡一般应以双方存在引渡条约为依据，如果双方之间无引渡条约，则被请求国

[1]【答案】CD

在国际法上并无必须予以引渡的义务。

（2）双重犯罪原则

可引渡的犯罪，一般是普通刑事犯罪，且必须是请求国和被请求国双方法律都认定为犯罪的行为，即**“双重犯罪原则”或“相同原则”**。为此，有些国家在引渡法中具体规定可引渡的犯罪，各国还可以在其签订的引渡条约中规定可引渡的犯罪。

（3）政治犯不引渡原则

如果被请求引渡的人被认为所犯的为政治罪行，则往往适用政治犯罪不引渡原则，但国际法也规定了一些不应视为政治犯罪的行为，包括：战争罪、反和平罪和反人类罪、种族灭绝或种族隔离罪行、非法劫持航空器、侵害包括外交代表在内的受国际保护人员罪行等。

（4）罪名特定原则

请求引渡国把罪犯引渡回国后，只能就其请求引渡时所指控的犯罪行为对该被引渡者进行审判和处罚，不得对引渡理由之外的其他犯罪行为进行审判或处罚，此即“罪名特定原则”或“罪名同一原则”。

（5）转引渡需经原引出国同意原则

如果引渡国打算将被引渡人转引给第三国，则一般应经原引出国的同意。

**4. 引渡的程序**

通常在有关引渡的国内立法或引渡条约中具体规定引渡的程序。引渡的请求和答复，一般通过外交途径办理。引渡请求应以书面方式提出。移交引渡对象的时间、地点的决定权在于被请求国，往往选在一国边境的适宜地点。

**5. 中华人民共和国有关引渡的实践**

根据我国2000年12月颁布的《引渡法》，其主要内容见下图：

<table>
<tr><td rowspan="6">外国向中国请求引渡</td><td>联系机构</td><td colspan="2">外交部将引渡请求书等材料转交最高人民法院、最高人民检察院。</td></tr>
<tr><td rowspan="3">审查机构</td><td colspan="2">最高人民检察院经审查，认为应当由我国追诉，应自收到引渡请求书起一个月内，将准备提起刑事诉讼的意见分别告知最高人民法院和外交部。</td></tr>
<tr><td colspan="2">最高人民法院接到引渡请求书等材料后，应当及时转交所指定的高级人民法院进行审查。</td></tr>
<tr><td colspan="2">外交部接到最高法院符合引渡条件的裁定后，应报国务院决定是否引渡。</td></tr>
<tr><td rowspan="2">我国不予引渡的理由</td><td colspan="2">应当不予引渡的情形：中国国民、中国已作出生效判决或者已经终止刑事诉讼程序的、政治犯罪或已决定庇护的、因受歧视而被提起刑事诉讼或被引渡后可能遭遇非人道待遇的、军事犯罪、犯罪已过追诉时效期限或者被请求引渡人已被赦免、曾经遭受或者可能遭受酷刑、基于缺席判决提出引渡请求的（承诺在引渡后重新审判的除外）；（《引渡法》第8条）</td></tr>
<tr><td colspan="2">可以不予引渡的情形：中国有管辖权并正在或者准备提起刑事诉讼的；基于年龄、健康等原因，根据人道主义原则不宜引渡的。（《引渡法》第9条）</td></tr>
<tr><td rowspan="2">中国向外国请求引渡</td><td rowspan="2">对外国附加条件的承诺</td><td>对于限制追诉的承诺，由最高人民检察院决定。</td><td rowspan="2">由外交部代表中华人民共和国政府向被请求国作出承诺。</td></tr>
<tr><td>对于限制量刑的承诺，由最高人民法院决定。</td></tr>
</table>

**【经典真题】**

甲国公民库克被甲国刑事追诉，现在中国居留，甲国向中国请求引渡库克，中国和甲国间无引渡条约。关于引渡事项，下列选项正确的是?[1]（2013－1－97）

A. 甲国引渡请求所指的行为依照中国法律和甲国法律均构成犯罪，是中国准予引渡的条件之一

B. 由于库克健康原因，根据人道主义原则不宜引渡，中国可以拒绝引渡

C. 根据中国法律，引渡请求所指的犯罪纯属军事犯罪的，中国应当拒绝引渡

D. 根据甲国法律，引渡请求所指的犯罪纯属军事犯罪的，中国应当拒绝引渡

**【解析】**引渡请求所指的行为，依照中华人民共和国法律和请求国法律均构成犯罪，故A正确。由于被请求引渡人的年龄、健康等原因，我国根据人道主义原则可以不予引渡，故B正确。根据中国或者请求国的法律，引渡请求所指的犯罪纯属军事犯罪的，中国应当拒绝引渡，故C、D正确。

**6. 《联合国反腐败公约》和《联合国打击跨国有组织犯罪公约》关于引渡的规定**

《联合国反腐败公约》和《联合国打击跨国有组织犯罪公约》均已经生效，是国际社会在反腐败和打击跨国有组织犯罪领域进行合作的基本的法律依据。

《联合国反腐败公约》确立了预防、定罪和执法、国际合作、资产追回、履约监督等五大反腐败机制。《联合国打击跨国有组织犯罪公约》（包括三个附加议定书），主要针对腐败、洗钱、贩运人口、偷运移民和贩运枪支等有组织跨境严重犯罪行为，规定国际刑事司法的一般原则，协调各国法律，提供打击上述犯罪国际合作的法律平台。

上述两个公约关于缔约国间引渡的规则基本一致：

（1）**公约可以但不必然**作为缔约国之间产生**引渡义务的法律依据**；

（2）公约所规定的**可引渡**犯罪**应扩展普适于缔约方的其他引渡条约**；

（3）放宽双重犯罪的条件，即如果缔约国本国法律允许，可以就**本公约所涵盖但依照本国法律不予处罚的任何犯罪准予引渡**；

（4）若被请求引渡者为**本国人**，缔约国应采取**或引渡或起诉**以及**或引渡或执行**的原则；

（5）保留了**政治犯不引渡**原则，而对**死刑犯的情况未作出规定**；

（6）公约在充分尊重缔约国国内法和现有引渡制度的基础上，还就**引渡前的临时措施**，以及**简化引渡程序进行了规定**。

我国是上述两个公约的缔约国，并先后颁布了《中华人民共和国引渡法》（2000年）和《中华人民共和国国际刑事司法协助法》（2018年），同时对外缔结了100多项双边引渡及司法协助条约。

### （二）庇护★★★★

**1. 领域庇护**

一般所称之庇护是指领域庇护，也称领土庇护，指国家对于因政治原因被外国追诉或受迫害而来要求避难的外国人，准其入境和居留，给以法律保护，并拒绝将其引渡给任何外国的行为。**在国际法上，庇护以国家的属地优越权为依据。**对于请求庇护的外国人，是否给予庇护，由庇护国自主决定。

---

[1]【答案】ABCD

庇护的对象主要是政治犯，所以又称政治避难，它是在政治犯不引渡的基础上发展起来的。

**2. 域外庇护**

域外庇护，又称外交庇护，**指给避难者在驻在国的使馆、领馆、军舰予以庇护**，即庇护国在外国领土上庇护外国人。域外庇护与领土庇护的最大区别在于，它是庇护国在外国领土利用特权与豁免来庇护外国人。在国际法上，国家只应根据属地优越权在本国领土地内行使庇护权，而没有所谓“域外庇护”权，否则，就侵犯了其他国家的领土主权，所以，**域外庇护一直未得到国际社会的普遍接受。**

庇护
- 对象：在国外遭受迫害、追诉而前来避难的外国人（政治犯）
- 行为：准予入境、居留、提供保护、拒绝引渡
- 性质：属地管辖权的体现；是权利，而非义务
- 例外：从事国际罪行的人不得庇护（战争、种族灭绝或隔离、劫机、侵害外交代表）
- 必须基于领土主权：域外庇护不合法（利用外交领事机构馆舍、船舶、飞机）

**【经典真题】**

甲国人亨利持假护照入境乙国，并以政治避难为名进入丙国驻乙国的使馆。甲、乙、丙三国都是《维也纳外交关系公约》的缔约国，此外彼此间没有相关的其他协议。根据国际法的有关规则，下列哪些选项是正确的？[1]（2007－1－78）

A. 亨利目前位于乙国领土上，其身份为非法入境者

B. 亨利目前位于丙国领土内，丙国有权对其提供庇护

C. 丙国有义务将亨利引渡给甲国

D. 丙国使馆有义务将亨利交由乙国依法处理

【解析】甲国人亨利持假护照入境乙国，虽进入丙国驻乙国的使馆，但该使馆在本质上还是乙国的领土，故A正确而B错误。在本国驻外国使馆内进行庇护属于域外庇护，属于非法行为，故丙国使馆有义务将亨利交由乙国依法处理，D项正确；由于丙国与甲国并无引渡条约，故其并无义务将亨利引渡给甲国，C错误。

### 考点5　人权

## 一、人权的概念

所谓人权，是指在一定的社会历史条件下，每个人作为人而享有或应该享有的基本权利，或者说是指人基于生存和发展所必需的平等、自由等物质和精神方面的基本权利。

人权概念事实上是不断发展、充实、完善的，在不同的历史时期，甚至不同的国家，人权都有着不完全相同的含义。19世纪末20世纪初以来，经济、社会和文化权利开始被作为人权的内容日益受到重视。第二次世界大战结束后，随着国际政治经济形势的发展，集体人权如民族自决权、发展权、环境权、国际和平与安全权等，也逐渐被纳入受保护的人权的范围。

---

〔1〕【答案】AD

## 二、国际人权宪章的三个文件

联合国成立以来，已先后制定了一系列关于人权的文件，其中最重要的有 1948 年的《世界人权宣言》和 1966 年的《经济、社会、文化权利国际公约》和《公民权利和政治权利国际公约》，后两个公约于 1976 年生效，它们和《世界人权宣言》一起被称为“国际人权宪章”。

## 三、国际人权保护机制

国际人权保护机制是指有关国际人权公约规定的保护人权的相关制度和具体程序。国际人权条约通常都规定了相应的国际保障或履约机制，其方式主要有以下几种：

### （一）设立国际人权机构

为了实施国际人权保护，国际社会设置了一些国际人权机构。这些机构可分为以下几类：

1. 根据《联合国宪章》设置的人权机构。例如 2006 年 3 月 15 日，第 60 届联合国大会通过一项决议，决定设立共有 47 个席位的人权理事会，以取代总部设在瑞士日内瓦的人权委员会。

2. 根据国际人权公约而设立的人权机构。有关人权公约为受理公约规定的缔约国提交的报告、缔约国或个人的来文而设立的保障实施条约的机构，例如依据《公民权利和政治权利国际公约》而设立的“人权事务委员会”，依据《儿童权利公约》而成立的“儿童权利委员会”等。

3. 根据联合国主要机构的决议或授权而成立的专门人权机构。例如根据联合国大会 1761 号决议成立的“反对种族隔离特别委员会”，人权委员会根据经社理事会的授权而设立的“促进和保护人权小组委员会”。

4. 根据区域性公约成立的区域性人权机构。例如根据《欧洲人权公约》而设立的欧洲人权委员会和欧洲人权法院，根据《美洲人权公约》而设立的美洲国家间人权委员会和美洲国家间人权法院，根据《非洲人权和人民权利宪章》设立的非洲人权和民族权委员会等。

### （二）报告及审查制度

缔约国根据条约承担义务，将其履约情况定期或按要求向指定机构提交报告，由该机构进行审查。多数人权条约都规定了各缔约国有定期或按要求将其履行条约情况向指定的审议机构提交报告的义务，如《公民权利和政治权利国际公约》《经济、社会、文化权利国际公约》《消除一切形式种族歧视公约》等，都规定缔约国应通过联合国秘书长向有关机构提交报告，由审议机构对报告进行审议并提出一般性建议或评论。一般情况下，各人权条约规定的审议机构也有所不同，如《公民权利和政治权利公约》规定人权事务委员会为其审议机构，《经济、社会、文化权利国际公约》规定的机构是联合国经社理事会，还有些人权条约规定，由联合国的既存机构审议相关报告。

### （三）缔约国指控处理及和解制度

一些人权公约规定了缔约国来文指控处理及和解的制度。如《公民权利和政治权利公约》规定，各国可以随时声明接受任选条款，承认由人权事务委员会接受并处理一缔约国对另一缔约国未履行公约义务的指控。

### （四）个人申诉制度

一些人权条约规定了个人申诉制度，但有关个人申诉的制度，往往规定在条约任选条款或任意议定书之中，而且一般都要求确认已经用尽国内救济办法，是受理个人来文申诉的前提。

### （五）联合国“1503”程序

“1503”程序是指1970年联合国经社理事会通过的一个题为“有关侵犯人权及基本自由的来文的处理程序”的决议所规定的程序。该决议规定，在经证明的确存在一贯和严重的侵害基本人权的情形下，防止歧视及保护少数小组委员会不用依据条约，就有权受理个人或非政府组织的来文。小组委员会可决定将具有一贯侵犯人权特点的情况提交人权委员会审议。人权委员会可以自行研究并向经社理事会提出报告和建议，也可以在征得有关国家同意的情况下，任命一个特设委员会进行调查。

由于没有条约根据，人权委员会和防止歧视及保护少数小组委员会基于“1503程序”所作决议对当事国没有法律上的拘束力。而且，证明存在“一贯和严重地侵害基本人权的情形”往往比较困难，加上政治因素影响，因此，这一程序在实践中往往容易引起争议。

# 第六章 外交关系法与领事关系法

导学

本章涉及的外交、领事特权与豁免属于国际法的传统重点，复习时应特别注意通过比较来掌握相关内容，例如使馆馆舍与领馆馆舍的特权与豁免、外交官员与领事官员的特权与豁免及其例外之比较等。

★【本部分考点近年真题统计】

| 题型 | 年份 | 考点 | 分值 |
| --- | --- | --- | --- |
| 单项选择题 | 2017 年卷一第 33 题 | 使馆人员（外交人员及行政技术人员）的派遣、特权与豁免及其例外 | 1 |
| | 2015 年卷一第 34 题 | 领事官员的共同派遣、非接受国国民 | 1 |
| | 2013 年卷一第 32 题 | 领事的特权与豁免及其例外 | 1 |
| | 2012 年卷一第 32 题 | 外交官和使馆的特权与豁免 | 1 |
| | 2008 年卷一第 30 题 | 使馆的特权与豁免、国际法律责任 | 1 |
| 多项选择题 | 2014 年卷一第 74 题 | 使馆的职务、不受欢迎的人 | 2 |
| | 2010 年卷一第 79 题 | 使馆和领事馆的特权与豁免 | 2 |
| | 2009 年卷一第 79 题 | 特别使团的特权与豁免 | 2 |
| | 2007 年卷一第 78 题 | 使馆的法律地位、域外庇护、引渡 | 2 |
| 不定项选择题 | 2005 年卷一第 95 题 | 外交人员的义务 | 2 |

## 重点知识详解

### 考点 1　外交关系法

#### 一、外交机关

国家外交机关是国家设置的实现其对外政策、用于与其他国家或国际组织进行外交活动的各种机关的统称。中央外交机关一般包括国家元首、政府、外交部门等。驻外的外交机关则包括使馆、领事馆、特别使团等。

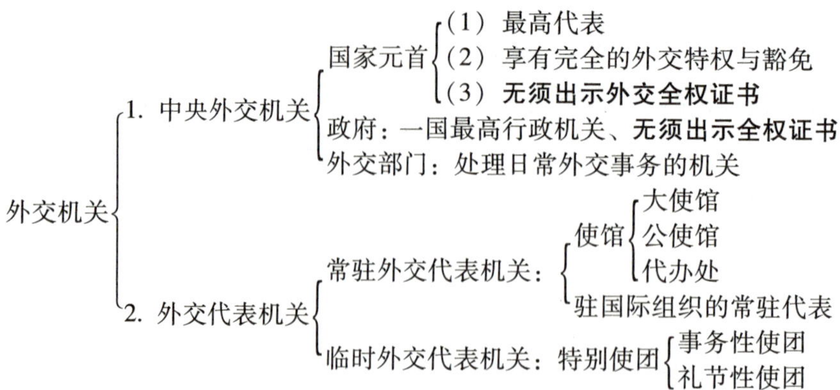


**1. 国家元首**

国家元首是国家对外关系方面的最高机关和最高代表，以国家元首名义所作的决定和行为全权代表国家。依照国际惯例，**应邀访问的外国元首（许多国家习惯称为“国宾”），在礼仪上享有最高的尊荣；在国外期间，国家元首享有完全的外交特权与豁免，参与国际会议和缔结条约一般无须出示全权证书。**

2. 政府和政府首脑

政府是国家的最高行政机关。政府首脑，即政府的最高行政首长，如内阁首相、部长会议主席、国务院总理等。**政府首脑出席国际会议和缔结条约一般无须出示全权证书。**在外国访问期间，政府首脑也享有完全的外交特权与豁免。

3. 外交部门

外交部门是专门执行国家外交政策、具体负责处理日常对外事务的政府机构。外交部门是国家掌管和处理对外关系的中心机关。外长由于其特殊身份，对外活动时一般也无须出示或提交全权证书。在国外期间，外长也享有完全的外交特权与豁免。

## 二、使馆及其人员的职务、义务、特权与豁免

### （一）使馆的职务

根据《维也纳外交关系公约》，使馆是一国在与本国有外交关系的接受国首都派驻的常设外交代表机关。一国同哪个国家、以何种条件建立外交关系是一国主权范围内自由决定的事项。即使已经建立外交关系，在必要时也可以单方面决定暂时或长期撤回驻另一国使馆，中止甚至断绝同另一国的外交关系。

根据《维也纳外交关系公约》第3条的规定，使馆的职务主要有以下五项：

(1) 代表，即在接受国中代表派遣国；

(2) 保护，即于国际法许可之限度内，在接受国中保护派遣国及其国民之利益；

(3) 交涉，即与接受国政府办理交涉；

(4) 调查，即以一切合法手段调查接受国之状况及发展情形，向派遣国政府具报；

(5) 促进，即促进派遣国与接受国之友好关系，及发展两国间之经济、文化与科学关系。

此外，使馆还可在接受国允许的情况下，代行领事职务或受委托保护第三国及国民在接受国的利益。

### （二）使馆及其人员对接受国的义务

(1) 使馆人员在不妨碍外交特权与豁免的情况下，负有尊重接受国法律法规的义务。

（2）使馆人员不得干涉接受国的内政。

（3）使馆馆舍不得以与使馆职务不相容的方式加以使用。

（4）使馆与接受国洽谈公务，应经与接受国外交部或另经商定的其他部门按照相关程序办理。

（5）外交人员不应在接受国内为私人利益从事任何专业或商业活动。

### （三）使馆人员★★★★

使馆人员
- 馆长
  - 大使：元首向元首派遣的最高一级使节，享有最高礼遇
  - 公使：元首向元首派遣的第二级使节，礼遇稍逊于大使
  - 代办：外交部部长向外派遣的使节，与“临时代办”不同
- 一般外交人员
  - 参赞：协助馆长处理外交事务的高级别外交官
  - 武官：作为武装力量代表，处理军事合作事务的外交官
  - 秘书：分一、二、三等，按指示办理外交事务和文书
  - 随员：最低一级的外交官
- 行政技术人员：译员、工程师、行政主管、会计等，不是外交官
- 服务人员：司机、清洁工、修理工等，不是外交官

（1）使馆馆长

①大使

大使，又称特命全权大使，**是由一国元首向另一国元首派遣的**最高一级使馆馆长和外交代表。其享有完全的外交特权与豁免，也享有高于其他两级馆长的礼遇。

②公使

公使，亦称特命全权公使，也是**由国家元首向另一国元首派遣的**。他是公使馆的馆长，代表本国及国家元首常驻接受国办理外交事务。公使享有仅次于大使的礼遇。

③代办

**代办是由一国外交部部长向另一国外交部部长派遣的最低一级使馆馆长。**他代表本国及外交部与接受国办理外交事务，**是代办处的馆长。**代办的派遣在现代国际关系中并不常见，多在两国关系不正常或出现严重分歧时才采用。必须注意的是，**临时代办不同于代办，**他不是一级馆长，而是在使馆馆长（大使或公使或代办）因故不能理事或空缺时，被委派暂代馆长职务的外交人员。外交人员被委派为临时代办不必事先征得接受国同意，但应由馆长或派遣国外交部部长通知接受国外交部。不同等级的使馆馆长，除了位次和礼仪上有所区别外，在其他方面不应有任何差别。

（2）使馆其他人员

在外交实践中，各国使馆中属于在编的使馆人员，可分为外交人员、行政技术人员和服务人员。

**外交人员是一国派往他国办理外交事务并具有外交官职衔的人员。包括使馆馆长和其他外交人员。其他外交人员有参赞、秘书、武官、随员和专员等。**

行政和技术人员，是使馆中从事行政及技术工作的人员。他们负责处理使馆内日常行政和技术性事务，如办公室负责人（称使馆主事）、登记员、速记员、译电员、打字员、翻译、无线电技术员、会计等。

服务人员是使馆中从事后勤服务工作的人员，包括司机、传达员、厨师、司阍（门卫）、维修工、清洁工等勤杂人员。

私人仆役指充当使馆人员佣仆而非为派遣国雇用之人，为使馆人员的私人服务员，如保姆等。私人仆役不在使馆人员编制之列。

### （四）外交人员的派遣★★

**（1）须征求接受国同意的人员之派遣**

**派遣国对使馆馆长的任命必须事先征求接受国的同意。此外，派遣国派遣陆、海、空军武官之前，应先将其拟派人选通知接受国，征得接受国同意后正式派遣。如派遣国委派具有接受国国籍或第三国国籍的人为使馆人员，也应事先征得接受国的同意。其他使馆人员，原则上派遣国自由选派，无须事先征得接受国的同意。**

**依规定，大使、公使到任要携带国书。国书是派遣国元首为派遣大使、公使致接受国元首的正式文书。**派遣国书是派遣国元首的委任状，一般写明使馆馆长的任命和等级，表示发展两国关系的愿望以及请求接受国对代表给以信任等内容。国书由派遣国元首签署，外长副署。代办不带国书，而携带由派遣国外长签署并向接受国外长发出的委任书。

（2）其他使馆人员的选派

**除上述人员外，其他外交人员原则上自由委派，无须征得同意。**

（3）不受欢迎的人与不能接受。

依照《维也纳外交关系公约》的规定，接受国可以随时不必说明理由即通知派遣国宣告使馆外交人员为不受欢迎的人或其他人员为不能接受的人。在此情况下，派遣国应酌情召回该人员或终止其在使馆中的职务，否则接受国可以不复承认该人员在使馆的身份。

### （五）外交特权与豁免★★★

外交特权与豁免是指使馆和使团及其人员在接受国所享受的一定的特殊权利、优惠待遇和一定豁免的总和。

- 外交特权与豁免
  - 使馆馆舍的特权与豁免
    - 使馆馆舍不可侵犯（接受国未经许可绝不得进入）
    - 使馆财产（不得征用）及档案不可侵犯
    - 通讯自由
    - 使馆免纳捐税
    - 使馆人员有行动和旅行自由
    - 使用派遣国的国家标志
  - 外交人员特权与豁免
    - 人身不可侵犯（不得被搜查、逮捕、拘禁）
    - 寓所、财产和文书信件不可侵犯
    - 管辖豁免：刑事、民事、行政管辖豁免
    - 民事和行政管辖豁免的例外、豁免之放弃
    - 无作证义务、某些方面免税和免验
    - 其他特权与豁免：免于个人劳务和服兵役等
  - 使馆行政技术人员：执行职务范围以外的行为不享有民事和行政豁免
  - 使馆服务人员：仅就其执行公务行为享有豁免、所得免税、免于保险办法

**1. 使馆的特权与豁免**

依《维也纳外交关系公约》，使馆作为一国派驻另一国的外交代表机构，主要享有以下特权与豁免。

**（1）使馆馆舍不得侵犯★★★**

使馆馆舍指供使馆使用和供使馆馆长寓邸之用的建筑物或建筑物的各部分，以及其所

从属之土地。所谓使馆馆舍不得侵犯，依公约第22条的规定，包括三层含义：①**未经馆长许可，接受国官吏不得进入**。公约甚至未对诸如火灾、瘟疫等紧急情况作例外的规定；②**接受国应"采取一切适当步骤"对馆舍加以特别保护，使其免受侵入或损害**，若违反这一规定，接受国应承担国际责任；③**接受国不能对馆舍进行任何司法程序之强制，也不得对馆舍内的设备、财产、交通工具进行搜查、征用、扣押或强制执行**。

（2）使馆档案及文件不得侵犯★★★

《公约》第24条规定："使馆档案及文件无论何时，亦不论位于何处，均属不得侵犯。""不论何时"，包括两国发生武装冲突或断绝外交关系时在内。"不论位于何处"指不论是在馆舍内还是在馆舍外，也不论是否在外交信袋之内，均不得侵犯。

**【经典真题】**

根据《维也纳外交关系公约》，下列符合国际法的有哪些？[1]（2021年回忆版真题，多选）

A. 甲国的外交邮袋可托交该国商业飞机机长转递

B. 甲乙两国宣战后，甲国查封乙国大使馆的档案文件

C. 即使甲国驻乙国大使馆长期处于撤离状态，乙国也不得进入其馆舍搜查档案文件

D. 甲国驻乙国大使馆利用馆舍庇护被乙国通缉的丙国人

**【解析】**根据《维也纳外交关系公约》，外交邮袋可托交该国商业飞机机长转递，故A选项正确。即使两国进入战争状态或者使馆长期或暂时撤退乃至断交，当事国也仍然应尊重使馆及其档案的不可侵犯权，故B选项错误，C选项正确。在接受国未同意的情况下，利用使领馆进行庇护，属于域外庇护，系违反国际法，侵犯接受国的主权和属地管辖权的行为，故D选项的做法错误。

（3）通讯自由

依《公约》第27条规定，使馆通讯自由包括三方面内容：①使馆为一切公务目的有使用外交信差及明密码电信通讯的权利。但使馆非经接受国同意，不得装置并使用无线电发报机；②外交信差人身不可侵犯，不受逮捕或拘禁；③来往公文和外交邮袋不可侵犯，不得开拆、检查、扣押和毁坏。

（4）免纳捐税、关税

按照《公约》第23条、第28条和第36条的规定，使馆免纳的捐税、关税包括使馆所有或租赁之馆舍，免纳国家、区域或地方性捐税，但为其提供的特定服务应付之费用如水、电、煤气费等，不在免除之列；使馆办理公务所收的规费及手续费免征一切捐税；使馆公务用品准许入境并免除一切关税及扣除了贮存、运送及类似的服务费用以外的一切其他课征。

（5）使用国旗和国徽

使馆及其馆长有权在使馆馆舍、使馆馆长寓邸和交通工具上使用派遣国的国旗和国徽。

**2. 外交人员的特权与豁免★★★★**

外交人员的特权与豁免主要有：

（1）人身不可侵犯

---

〔1〕【答案】AC

(2) 寓所、文书、信件、财产不可侵犯

寓所，即外交人员的私人寓所，指与馆舍相分离的、馆长以外的外交人员的私人住宅。这里的寓所与住所不同，寓所在范围上更为广泛，可以包括外出时临时居住的处所。寓所和馆舍享有同样的不可侵犯权，这是从人身不可侵犯引申出来的。《公约》规定，外交人员的私人文书和信件，同样不可侵犯。

财产主要是指外交人员寓所中的私人财产，也包括供其个人使用的物品、汽车等。这些财产除按《公约》规定的民事管辖豁免的三种例外情况外，均不得侵犯。

(3) 管辖的豁免

依《公约》第31条，外交人员不但对接受国刑事管辖享有豁免，而且对民事和行政管辖也享有豁免：

刑事管辖豁免。外交人员触犯接受国刑律时，免受接受国当局司法管辖，接受国不得对他加以传讯、起诉和审判。

民事管辖豁免。外交人员对接受国的民事管辖也享有豁免。接受国不得因债务问题对外交代表提起诉讼或进行判决。**但民事管辖的豁免有以下例外：①关于私有不动产之物权诉讼；②以私人身份参与继承事件的诉讼；③关于外交代表于公务范围以外所从事的专业或商业活动引起的诉讼。此外，《公约》第32条第3款规定，如外交代表主动提起诉讼，就不能对与主诉直接相关的反诉主张管辖的豁免。凡遇上述情况，外交人员不能援引民事管辖的豁免为理由，主张享有豁免权。**

行政管辖豁免。《公约》规定，外交人员对接受国的行政管辖享有豁免权。

出庭作证义务的豁免。外交人员在接受国并无出庭作证的义务。

管辖豁免亦可放弃。**外交人员管辖的豁免可以由派遣国放弃，而且放弃必须是明示的。**对管辖豁免的**放弃可以是刑事的，也可以是民事的或行政的，应该分项单独放弃**，特别是在民事或行政诉讼程序上管辖豁免的放弃与判决执行豁免的放弃，更须分别进行。应特别注意的是，**外交人员享有的上述管辖豁免个人不得随意放弃，而必须由派遣国明示放弃才有效力。**

(4) 免纳捐税

一般认为，捐税可分为直接税和间接税。直接税指对纳税人的收入、财产征收的捐税及对消费者直接征收的捐税；间接税指计入商品或劳务价格中的捐税。**一般原则是对外交人员应免征直接税，而不免征间接税。**

(5) 免除关税和查验

**外交人员及其家属**的私人用品入境时免征关税，而且**其私人行李免受查验**。但有重大理由推定其中装有不在免税之列的物品，或接受国法律禁止出、入境或检疫条例加以管制的物品时，则可以检查。而检查时须有外交人员或授权代理人在场。如果外交人员拒绝检查，则可将该物品退回，但不得强行开拆检查。

(6) 其他特权和豁免

外交人员免于适用接受国所施行的社会保险办法，并免除一切劳务和各种公共服务；免除军事募捐、征用等军事义务。

**3. 使馆其他人员的特权和豁免**

根据《维也纳外交关系公约》第37条的规定，使馆中的其他人员主要包括外交代表的家属、使馆行政和技术职员、使馆事务职员、使馆人员的私人服务人员。相比较而言，前述四类人的特权与豁免呈现依次递减的特征。

除使馆馆长及外交人员享有外交特权与豁免外，与外交人员构成同一户口的家属，如果不是接受国国民，也享有与外交人员相同的特权与豁免。通常认为，与外交人员构成同一户口的家属是指外交人员的配偶和未成年子女。

行政和技术人员和与其构成同一户口的家属，如果不是接受国国民，而且不在该国永久居留者，也享有外交人员享有的一般特权与豁免。但受以下三项限制：①行政和技术人员及其家属执行职务范围以外的行为，不能享有民事管辖和行政管辖的豁免；②除其最初到任时所输入的物品外，就任以后进口的自用物品不能免纳关税；③其行李不免除海关的查验。

使馆的服务人员如非接受国国民且不在该国永久居留的，一般仅具有以下特权与豁免：就其执行公务行为享有豁免；其受雇所得报酬免纳捐税；免于适用接受国所施行的社会保险办法。

使馆人员的私人服务人员如非接受国国民且不在该国永久居留者，其受雇所得报酬免纳捐税。在其他方面，此等人员仅在接受国许可范围内享有特权与豁免。但接受国对他们行使管辖不应对使馆职务的执行有不当的妨碍。

## 三、特别使团及其特权与豁免

联合国大会于1969年12月通过了《特别使团公约》，该公约于1985年生效。根据《特别使团公约》第1条，特别使团是指一国经另一国同意派往该国交涉特定问题或执行特定职务而具有代表国家性质的临时使团。

特别使团的派遣及其职务应通过外交途径或者其他双方同意或商定的途径事先获得接受国的同意。而且，特别使团的派遣与接受不以双方之间存在外交关系为必要条件。

特别使团及其人员对接受国的义务与使馆及其人员对接受国的义务基本相同。在享有的外交特权与豁免方面，特别使团及其人员大致享有《维也纳外交关系公约》中规定的使馆及有关人员的外交特权与豁免，但在某些方面有一些差异和限制。例如，特别使团占用的房舍不可侵犯，接受国的办事人员未经特别使团的允许不得进入使团的馆舍。但在发生火灾或其他严重危及公共安全的灾难的情况时，并且只有在条件所限，不可能获得特别使团团长明确答复的情况下，接受国才可以推定获得允许而进入房舍。

### 考点2 领事关系法

## 一、领事馆及其人员的职务、义务

国家之间领事关系的建立以其双边协议确定。国家间达成协议建立领事关系的直接标志，一般是设立领事机构，即领事馆。

### （一）领事馆的职务

1. 保护，即保护本国及其侨民和法人在接受国的利益。

2. 促进，即促进本国与接受国间的商业、经济、文化和科学关系的发展，并在其他方面促进两国间的友好关系。

3. 调查，即以一切合法手段调查接受国内商业、经济、文化及科学活动的改善及发展情形，向派遣国政府具报，并向有关人士提供资料等。

4. 办证，即办理护照、签证、公证、认证以及侨民的出生、死亡和婚姻登记事项。

5. 帮助，即给予本国侨民以及进入接受国境内的本国飞机、船舶及其人员以所需要的帮助。

6.《维也纳领事关系公约》规定，一国受第三国（与驻在国断绝领事关系，或不存在领事关系）的委托，并经接受国同意后，可代表该国执行领事职务。

### （二）领事馆及其人员的义务

领事馆及其人员的义务和使馆的义务基本相同，不干涉内政、不从事与职务不相符合的行为等。

## 二、领馆人员的类别

- 领馆人员
  - 领事官员
    - 职业领事：派遣国任命，专职从事领事职务
    - 名誉领事：非专职，从接受国中的本国侨民或当地的商人或律师中选任，从事某些职务
  - 领事雇员
    - 受雇担任领馆行政技术事务
    - 通常包括：译员、速记员、办公室助理员、档案员等
  - 服务人员：司机、清洁工、修理工、传达人员等

领馆人员分为领事官员、领事雇员。领事官员指执行领事职务的人员，包括领馆馆长；领事雇员指行政和技术人员；服务人员包括汽车司机、传达员等。私人服务员不在领馆人员之列。

领事有两种：专职领事和名誉领事。专职领事，又称派任领事，就是国家正式派遣的领馆馆长。按其职位可分为四级：总领事、领事、副领事和领事代理人。名誉领事，又称选任领事，指一国政府选任执行领事职务的兼职官员。多从当地的本国侨民中选任，也可以在接受国的国民中选任。通常都选用律师或商人担任。名誉领事不属于派遣国国家人员编制、不领取薪金，其报酬从领馆手续费、规费中支付。名誉领事有名誉总领事和名誉领事两级，**中国目前原则上既不委派、也未接受名誉领事。**

领事由派遣国委派，并由接受国承认准予执行职务。派遣国任命时，应将领事委任书通过外交途径送至接受国外交部，由其发给“领事证书”，或在领事委托书上批写“领事证书”字样后，方可开始执行职务。

公约规定，接受国可随时通知派遣国，宣告某领事人员为不受欢迎的人或宣布其他领馆官员为不能接受的人，并视情形于必要时，“撤销关系人员之领事证书或不复承认该员为领馆官员”。采取上述措施，接受国无须说明其理由。

## 三、领事特权与豁免

- 领事特权与豁免
  - 领馆馆舍的特权与豁免
    - 领馆馆舍不可侵犯（范围、推定同意进入、可征用）
    - 领馆档案及文件不可侵犯
    - 通讯自由
    - 免纳捐税
    - 领馆人员有行动自由
    - 使用派遣国的国家标志、与派遣国国民通讯联络
  - 领事官员特权与豁免
    - 人身不可侵犯（一定程度）
    - 管辖豁免：例外、执行职务行为无作证义务
    - 某些方面免税和免验
    - 其他特权与豁免：免个人劳务和服兵役等
  - 领事雇员：执行职务范围的行为享有和领事官员相同的司法和管辖豁免
  - 领馆服务人员：仅就其服务的工资免纳捐税

1. 领馆的特权与豁免★★★

根据 1963 年《维也纳领事关系公约》的规定，领馆的特权与豁免主要有：

（1）领馆馆舍在一定限度内不可侵犯。领馆馆舍是指专供领馆使用的建筑物及各部分和其所属土地。所谓“领馆馆舍一定限度内不可侵犯”，是指专供领馆工作之用的那部分馆舍未经许可不得进入，而馆舍的其余部分不包括在内；此外，遇紧急情况时，如火灾和其他灾害须迅速采取措施的场合，可推定领馆馆长已经同意而采取保护行动。依公约规定，接受国对馆舍负有特殊责任，应采取一切措施避免任何扰乱领馆安宁或损害领馆尊严之事件的发生。公约还规定，领馆馆舍、设备及其财产在一般情况下应免受征用。但在确有必要征用时，则可征用，然后应给予补偿，并应采取措施，避免对领馆职务的执行造成妨碍。

（2）领馆档案及文件不可侵犯。领馆档案及文件无论何时，也不论位于何处，都不得侵犯。

（3）通讯自由。此项特权与使馆的规定基本相同。

2. 领馆人员的特权与豁免

依 1963 年《维也纳领事关系公约》的规定，领事官员的特权与豁免有：

（1）人身自由的一定保护。接受国对领事官员不得予以逮捕候审或羁押候审，不得监禁或以其他方式拘束领事官员的人身自由，但对犯有严重罪行或司法机关已裁判执行的除外。

（2）一定的管辖豁免。领事官员执行职务行为，不受接受国的民事和行政管辖。但有几种例外：①因领事官员并未明示或默示以派遣国代表身份而订立契约所发生的诉讼；②第三者因车辆船舶或航空器在接受国内所造成的意外事故而要求损害赔偿的诉讼；③领事官员主动起诉引起的反诉；④私人继承纠纷或者私人不动产纠纷引起的诉讼。（《公约》第 43 条）

（3）捐税、关税和查验免除。

（4）其他特权与豁免。

领馆人员就其执行职务所涉事项，无担任作证或提供有关来往公文及文件的义务。职务范围以外的事项，一般应当作证，但如领事官员拒绝作证，不得对其施行强制措施或处

罚。此外，还有免除外侨登记和居留证的义务，免予适用社会保险办法，免除个人劳务及捐献、屯宿等军事义务方面的豁免。

此外，领事馆的行政技术人员等，在其职务范围内的事项享有和领事官员相同的特权与豁免。

领事官员特权与豁免的放弃规则，与外交官员特权与豁免的放弃基本相同。

**【经典真题】**

甲乙两国均为《维也纳领事关系公约》缔约国，阮某为甲国派驻乙国的领事官员。关于阮某的领事特权与豁免，下列哪一表述是正确的?[1]（2013－1－32）

A. 如犯有严重罪行，乙国可将其羁押

B. 不受乙国的司法和行政管辖

C. 在乙国免除作证义务

D. 在乙国免除缴纳遗产税的义务

**【解析】**领事官员一般享有刑事管辖豁免权，但犯有重罪的接受国可管辖，已经判决的可以执行，故A正确。领事官员的管辖豁免是不完全的，特殊情况下接受国可以对领事官员行使刑事、行政或民事管辖权，故B错误。领事除职务行为之外，不免除作证的义务，故C错误。遗产税一般不在免除之列，除非是领事官员或其家属亡故，才可以免纳其在接受国境内的动产的有关遗产的各种捐税，故D错误。

---

〔1〕【答案】A

# 第七章 条约法

**导学**

条约是国际法主要的渊源之一，应掌握条约所涉及的几个主要环节的规则，如条约的有效要件、条约的签署、保留、生效、适用、修订、终止和暂停实施等。原则上，条约法规则是每年必考的内容。

★【本部分考点近年真题统计】

| 题型 | 年份 | 考点 | 分值 |
|---|---|---|---|
| 单项选择题 | 2010 年卷一第 32 题 | 全权证书、条约的文字、条约的登记 | 1 |
| | 2009 年卷一第 29 题 | 条约的保留 | 1 |
| | 2006 年卷一第 33 题 | 条约的效力、条约对第三方的效力 | 1 |
| | 2005 年卷一第 30 题 | 条约签署的法律意义 | 1 |
| | 2004 年卷一第 33 题 | 条约冲突的解决 | 1 |
| 多项选择题 | 2015 年卷一第 76 题 | 《中华人民共和国缔结条约程序法》 | 2 |
| | 2014 年卷一第 76 题 | 条约的保留、条约冲突的解决 | 2 |
| | 2013 年卷一第 74 题 | 《维也纳条约法公约》和《中华人民共和国缔结条约程序法》 | 2 |
| | 2012 年卷一第 74 题 | 条约的签署、批准、保留、适用 | 2 |
| 不定项选择题 | 2008 年卷一第 98 题 | 条约的终止 | 2 |

## 重点知识详解

条约是两个或两个以上国际法主体依据国际法确定其相互间权利和义务一致的意思表示。条约的特征有：①条约的主体必须是国际法主体；②条约必须以国际法为准；③条约必须确定缔约方在国际法上的权利与义务关系；④条约必须是缔约方意思表示的一致。

### 考点 1　条约成立的实质要件★★★

一般情况下，一项条约有效成立的实质要件有三：

### 一、具有缔约能力和缔约权

缔约能力是指国家和其他国际法主体拥有的合法缔结条约的能力，缔约权是指拥有缔约能力的主体，根据其内部的规则，赋予某个机关或个人对外缔结条约的权限。

一国内部由哪个机关代表国家行使缔约权，则通常由各国的国内法，尤其是宪法来确定。《条约法公约》规定：一国不能以本国机关违反国内法关于缔约权限的规定，而主张其所缔结的条约无效，除非这种违反国内法关于缔约权限规定的行为非常明显，涉及根本重要的国内法规则。对于被授权缔约的代表超越对其权限的特殊限制所缔结的条约，除非事先已将对这位谈判代表的权限的特殊限制通知其他谈判国，其本国不得主张所缔结的条约无效。

### 二、自由同意

缔约国自由地表示同意是构成条约有效的基本条件之一。根据《条约法公约》，以下情况下所表示的同意都不能被认为是自由同意：错误、诈欺、贿赂、强迫（以强迫而缔结的条约自始无效）。

### 三、符合国际法强行规则

强行法是为了整个国际社会的利益而存在的，是国际社会全体公认的不能违背、并且以后只能以同等性质的规则才能变更的规则，它不能以个别国家间的条约排除适用。《条约法公约》规定：条约必须符合国际法强行规则。首先，条约在缔结时与一般国际法强行规则相抵触者无效。其次，条约缔结后如遇新的强行规则产生时，与该规则相抵触者失效并终止。前者是自始无效，后者则是自与新的强行规则发生抵触时起失效。

★特别提示 不满足上述三个要件的条约，一般属于无效条约。根据1969年《条约法公约》第46条至第53条的规定，条约无效的情况一般有以下几种：

（1）违反根本重要的国内法关于缔约权的规定；

（2）错误；

（3）诈欺；

（4）贿赂；

（5）强迫；

（6）与强行法规则冲突。

## 考点2　缔结条约的一般程序★★★

缔约程序在国际法上并无统一的规定，根据缔约国国内法的不同以及条约的性质和内容的区别，缔约程序也各有繁简。一般来说，条约的缔结有谈判、签署、批准和交换或交存批准书四个阶段。

### 一、谈判

根据国际实践，除重要的条约由国家元首或政府首脑亲自参加谈判外，一般条约由国家授权的全权代表进行谈判。谈判代表一般需持有国家授权的“全权证书”。**所谓“全权证书”是指一国主管当局或国际组织主管机关所发的文件，以指定一人或数人代表该国或该组织谈判、议定认证的条约的约文、表示该国或该组织同意受条约拘束，或完成有关条约的任何其他行为的文件。**根据《条约法公约》规定：**国家元首、政府首脑及外交部长、驻外使馆馆长（在接受国谈判时）、常驻国际组织代表（在该国际组织内谈判时）、国家任命出席国际会议的代表，由于所任职务，无须出示全权证书。**但实践中，上述人员参与谈判往往也持有全权证书。双边条约谈判时，可以由一方提出条约草案，也可以由各方共同起草条约草案。多边条约的谈判，主要经过外交会议进行，条约草案或者由参加会议的各国代表共同起草，或者由会议组成的专门委员会起草。

## 二、签署

签署是缔约国认证条约约文或表示接受条约拘束的行为。签署一般在缔约国就条约约文达成后，依据国家主权平等的原则进行。

除表示认证条约约文外，签署的法律意义在不同的情况下也不完全相同：①表示国家初步同意，在将来经批准后接受条约约束；②表示直接同意接受条约的拘束。其中表示直接同意受条约的约束一般基于条约本身的规定，或者是由于谈判国协议，或者是因为全权证书中有明确表示，肯定了签署的约束力。但是应注意的是，**在任何情况下，草签及未经确认的暂签均不能导致条约生效。**所谓草签是指谈判代表将其姓名的第一个字母签在约文下面，表示认证条约约文。而暂签则是待确认的签署，在本国确认以前也仅有认证效力，只有在本国确认后，才产生正式签署的效果。

## 三、批准

所谓批准是缔约国的国家元首或其他有权机关对其全权机关所签署的条约的确认。表示缔约国同意接受条约约束的一部分。

**条约的生效并非都要经过批准程序，但为防止错误以及根据国内立法的要求，一些重要条约往往要经过批准。**根据1969年《条约法公约》第14条规定，下列情况下一国须以批准表示接受条约的约束：①条约有这种规定；②谈判国另经议定条约需要批准；③该国代表已对条约作须经批准的签署；④该方代表的全权证书或在谈判时有这样的意思表示。批准是一国主权行为，属于国内法所规定的问题，由哪个机关批准条约，**是否批准条约完全由一国自行决定。**

除批准外，一国政府还可以采用接受、赞同等方式表示同意受条约约束。接受或赞同是代替批准的一种简略方式，它与批准具有同样的法律效果。

## 四、交换批准书

交换批准书是缔结条约的双方互相交换各自国家有权机关批准条约的证明文件，使该条约产生法律效力的行为。批准书通常由三部分组成：①序文，说明国家有权机关已经审查了该条约；②主文，写上条约的约文或仅写上条约的名称；③结尾，声明该条约已被批准，批准国给以遵守等。

至于多边条约，因签字国众多，通常将批准书交给一个签署国政府或交给条约指定的国际组织保管。条约的保管机关接到批准文件后，应通知其他缔约国。

★特别提示　**条约的登记**

根据《联合国宪章》的规定，联合国会员国签订的已经生效的条约，应尽速在联合国秘书处登记，未经登记的条约，不得在联合国任何机关援引。条约可以由当事国一方进行登记，联合国也可以主动予以登记。

**【经典真题】**

甲国分立为“东甲”和“西甲”，甲国在联合国的席位由“东甲”继承，“西甲”决定加入联合国。“西甲”与乙国（联合国成员）交界处时有冲突发生。根据相关国际法规则，下列哪一选项是正确的？[1]（2014－1－32）

A. 乙国在联大投赞成票支持“西甲”入联，一般构成对“西甲”的承认

B. “西甲”认为甲国与乙国的划界条约对其不产生效力

C. “西甲”入联后，其所签订的国际条约必须在秘书处登记方能生效

D. 经安理会9个理事国同意后，“西甲”即可成为联合国的会员国

【解析】投票支持加入只有国家才能参加的政府间国际组织，构成默示承认，故A正确。第三国对当事国的边界条约有予以尊重的义务，故B错误。生效的条约才应当到联合国秘书处登记，如果未予登记，则在联合国机关不得援引。换言之，登记是条约在联合国机关援引的条件，而非生效条件，故C错误。加入联合国必须先经安理会推荐后，再经大会作为重要问题表决同意，故D错误。

### 考点3　多边条约缔结的特殊问题——条约的加入和保留★★★

多边条约的缔结程序在很多方面与前述条约缔结的一般程序相同，但还有一些特殊程序规则。

## 一、条约的加入

**加入是指未在多边条约上签字的国家成为缔约国受条约约束的一种正式法律行为。**双边条约一般不存在加入的问题，**加入一般适用于开放性的多边条约**。加入不仅仅适用于已生效的条约，对尚未生效的条约，也往往可以根据其规定申请加入。

## 二、条约的保留★★

**条约的保留是指国家或国际组织在签署、批准、接受、核准或加入条约时所作的单方面声明，不论措辞或名称为何，其目的在于摒弃或更除条约中若干规定对该国或国际组织适用时的法律效果。**一般而言，双边条约不存在保留的问题，多边条约因参加国多，各国利益不尽相同，有的国家缔结条约不能接受某些条款，于是就产生保留问题。

**1. 保留的根据及范围**

《条约法公约》原则上肯定了缔约方的保留权。但是，为避免条约缔结的基础发生动摇，该公约对保留的范围又进行了限制，有下列情形之一者，不得提出保留：

不得提出保留的情形：
- 条约规定禁止保留
- 保留不在条约准许的保留范围内
- 保留与条约的目的和宗旨不符

2. 保留的法律效果★★★

根据《条约法公约》的规定，他国可以接受保留也可反对保留，其效果各有不同。

---

〔1〕【答案】A

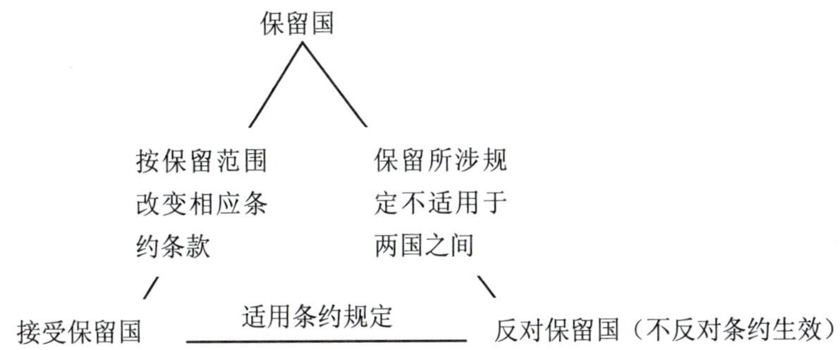


3. 保留的程序

保留应在条约对本国生效时提出，如果保留是在签署待批准的条约时提出的，应在批准条约时确认该项保留。

除非条约另有规定，保留可以随时撤回，无须经已接受保留的国家同意，对保留的反对也可以随时撤回。提出保留、明示接受及反对保留，撤回保留或撤回对保留的反对，均须采用书面形式。

**【经典真题】**

甲乙丙丁都是某多边条约的缔约国，条约规定缔约国之间就该条约产生的纠纷应提交国际法院解决，甲对此规定声明保留。乙国表示接受甲国的保留；丙国不仅反对甲国的保留，还主张条约在甲丙之间不发生效力；丁国反对甲国的保留但不反对条约其他条款在甲丁两国的适用。甲乙丙丁都是《维也纳条约法公约》的缔约国，下列哪些判断是正确的？[1]（2020 年回忆版真题）

A. 甲乙之间因该条约产生的纠纷应由国际法院管辖

B. 丙国可反对甲国的保留，但不能主张条约在甲丙之间不发生效力

C. 甲丁之间条约有效，仅保留条款在两国之间视为不存在

D. 乙丁之间因该条约产生的纠纷应由国际法院管辖

**【解析】**根据《条约法》公约的规定，凡是根据有关规定对另一当事国成立的保留，在保留国与接受保留的当事国之间，依保留的范围修改保留所涉及的条约的规定，在其他当事国之间，则不修改条约的规定，如果反对保留的国家并未反对条约在该国与保留国之间生效，则在该两国之间仅不适用保留所涉及的规定。如果反对保留的国家反对条约在该国与保留国之间生效，条约在它们彼此间互不适用。本题中，甲对将有关缔约国之间的纠纷提交国际法院这一规定提出了保留，乙国表示接受甲国的保留，因此，甲乙之间因该条约产生的纠纷国际法院无管辖权，故 A 选项错误。丙国可以反对条约在该国与保留国即甲国之间生效，此种情况下条约在甲丙两国彼此间互不适用，故 B 选项错误。丁国反对甲国的保留但不反对条约其他条款在甲丁两国之间的适用，因此，甲丁两国之间仅不适用保留所涉及的规定，故 C 选项正确。乙丁两国虽然对甲国的保留持不同的立场，但乙丙自己并未提出保留，因此，乙丁两国之间适用条约的规定，它们之间因该条约产生的纠纷应由国

〔1〕【答案】CD

际法院管辖，故D选项正确。

### 考点4　条约的效力★★★★

条约的生效方式依条约规定或由当事国另行协议决定。条约的效力主要涉及以下几个方面：

#### 一、条约对缔约国的效力

条约的效力主要是指条约对缔约国的效力。其基本内容体现在“条约必须遵守”这一原则之中。所谓“条约必须遵守”是指条约一经生效，就对缔约方具有法律约束力，缔约国必须善意履行，依条约规定行使权利、履行义务，不得违反。

#### 二、条约对第三国的效力

**条约的生效基于缔约国的自愿同意，因而，条约只能适用于缔约国之间，未经第三国同意，对该国不产生权利，也不产生义务。**

**条约不拘束第三国溯源于罗马法中的“约定对第三者既无损，也无益”的原则，长期以来获得了各国的普遍采纳和国际判例的肯定。**

**如果一个条约有意为第三国创设一项义务，必须经第三国以书面形式明示接受，才能对第三国产生义务，且条约使第三国负担义务时，该项义务一般必须经条约各当事国与该第三国的同意，方得取消或变更。一个条约有意为第三国创设一项权利时，原则上仍应得到第三国的同意。但是，如果第三国没有相反的表示，应推断其同意接受这项权利，不必以书面形式明示接受。条约使第三国享有权利时，如果经确定原意为非经该第三国同意不得取消或变更该项权利，当事国不得随意取消或变更。**

### 考点5　条约的适用★★★★

#### 一、条约适用的时间和空间范围

1. 时间范围。条约一般都自生效之日起开始适用。

2. 空间范围。《条约法公约》第29条规定：“**除条约表示了不同意思，或另经确定外，条约对每一当事国的约束力及于其全部领土。**”即条约原则上应适用于当事国的全部领土，除非当事国在参加条约时另有声明。我国香港、澳门特别行政区具有特殊性，我国缔结条约时，也往往考虑具体情况和需要，在征询特别行政区政府的意见后，决定条约是否适用于特别行政区。

#### 二、条约冲突时的适用

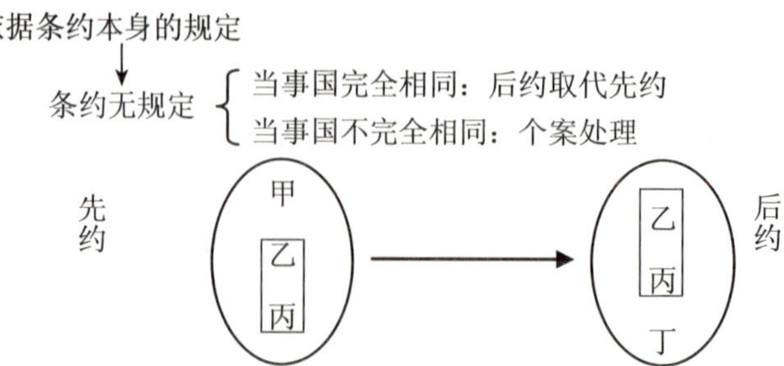

根据《条约法公约》第30条规定，就同一事项先后订立的几个条约发生冲突时，其适用应遵循以下原则：①如果联合国会员国间所订立的条约与《宪章》相冲突，无论其在《宪章》之前或之后，《宪章》的义务应优先；②如果条约明文规定不得违反先订或后订条约，或不得视为与先订或后订条约不相符合，该先订或后订条约应居优先；③如果先订条约的全体当事国同时亦为后订条约的当事国，且先订条约依法并未终止或停止施行，适用后订条约；④如果后订条约的当事国不包括先订条约的全体当事国，在同为先后两条约的当事国之间，适用后订条约；而在为两条约的当事国与仅为其中一条约的当事国间，适用两国均为当事国的条约。

**【经典真题】**

甲乙丙三国为某投资公约的缔约国，甲国在参加该公约时提出了保留，乙国接受该保留，丙国反对该保留，后乙丙丁三国又签订了涉及同样事宜的新投资公约。根据《维也纳条约法公约》，下列哪些选项是正确的？[1]（2014－1－76）

A. 因乙丙丁三国签订了新公约，导致甲乙丙三国原公约失效

B. 乙丙两国之间应适用新公约

C. 甲乙两国之间应适用保留修改后的原公约

D. 尽管丙国反对甲国在原公约中的保留，甲丙两国之间并不因此而不发生条约关系

**【解析】** 新约和旧约的当事国并不完全相同，因此不能认为新约出现就导致旧约失效，A错误。乙丙两国均为新约和旧约的当事国，故它们之间应适用新约，B正确。甲国提出的保留被乙国接受，故甲乙两国之间应适用保留修改后的原条约，故C正确。丙国反对甲国的保留，但并未反对条约在两国之间生效，因此，两国之间条约有效，但保留所涉条款的内容视为在两国之间不存在，故D正确。

### 考点6　条约的解释和修订★★

## 一、条约的解释

条约的解释，是指条约解释主体按一定的原则和方法，对条约具体规定的正确意义所作的说明。条约应参照条约目的与宗旨，忠实地按照条约用语的上下文，就约文的通常意义善意地加以解释。如果条约用两种或两种以上文字写成，一般都规定遇有解释分歧时应以某种文字为据。

- 条约解释的一般规则
  - ①根据通常含义和上下文
  - ②符合条约的目的和宗旨
  - ③善意解释
- 条约解释的辅助规则
  - ①条约解释的补充资料——谈判的会议记录和草案
  - ②两种以上文字的条约的解释——以约定的作准文字为准

## 二、条约的修订

条约的修订是指条约的当事方在缔结条约后，在该条约有效期内改变条约规定的行为。

---

[1] 【答案】BCD

根据1969年《条约法公约》规定，条约的修订分为修正和修改两种：

条约的修正，指全体缔约方通过协议，对条约的部分内容进行的更改。根据《条约法公约》，条约的修正应按照各自条约本身规定的程序进行。修正多边条约的提议必须通知一切缔约国。条约修正后，凡有权成为条约当事国的国家，也应有权成为修正后的该条约的当事国。修正条约的协定对于是条约当事国而非该协定当事国的国家无拘束力。对于修正条约的协定生效后成为条约当事国的国家，如果该国没有相反的表示，应视为修正后条约的当事国；在该国与不受修正条约协定拘束的当事国之间，适用未修正的条约。

条约的修改，指若干缔约方在彼此间对多边条约的更改。修改多边条约，必须依据条约中的相应规定，不妨碍条约宗旨和目的的实现，也不得影响其他缔约国之间的权利义务关系，修改完毕后，应将修改的内容通知其他缔约方。

### 考点7　条约的终止或暂停施行★★★

条约的终止是指一个有效的条约，由于条约法规定的原因的出现，不再继续对当事方具有拘束力。

条约的暂停实施是指由于法定原因的出现，一个有效条约所规定的权利和义务，在一定时期内暂时对当事方不具有拘束力。导致条约终止或暂停施行主要有如下原因：

1. 根据条约本身规定；
2. 条约当事方共同的同意；
3. 单方解约和退约，除条约明文规定允许一方退约或解约外，一般不经其他缔约国的同意，不得单方面终止或退出条约；
4. 条约履行完毕；
5. 条约因被代替而终止；
6. 条约履行不可能；
7. 条约当事方丧失国际人格；
8. 断绝外交关系或领事关系；
9. 战争发生使交战的缔约国间的政治条约、双边的商务条约终止；
10. 一方重大违约。条约当事国一方违约时，缔约他方有权终止或暂停施行该条约，但条约当事国一方的违约必须是重大的违约。一方并不严重的违约不能导致另一方的废约。双边条约当事方之一重大违约时，他方有权终止该条约，或全部或部分停止其施行；多边条约当事国一方有重大违约时，其他当事方有权以一致同意的方式，在这些当事方与违约方的关系上，或在全体条约当事方之间，全部或部分停止施行或终止该条约；
11. 情势变迁，《条约法公约》对情势变迁原则的适用，规定了严格的条件限制：①缔约时的情势必须发生了不可预见的根本性变化；②缔约时的情势构成当事国同意受条约拘束的必要根据；③情势变迁的效果将根本改变依条约尚待履行的义务范围；④确定边界的条约不适用情势变迁原则；⑤如果情势的改变是由于一个缔约国违反条约义务或其他国际义务造成的，这个国家就不能援引情势变迁终止或废除有关条约。

**【经典真题】**

菲德罗河是一条依次流经甲乙丙丁四国的多国河流。1966年，甲乙丙丁四国就该河流的航行事项缔结条约，规定缔约国船舶可以在四国境内的该河流中通航。2005年底，甲国新当选的政府宣布：因乙国政府未能按照条约的规定按时维修其境内航道标志，所以甲国不再受上述条约的拘束，任何外国船舶进入甲国境内的菲德罗河段，均须得到甲国政府的专门批准。自2006年起，甲国开始拦截和驱逐未经其批准而驶入甲国河段的乙丙丁国船舶，并发生多起扣船事件。对此，根据国际法的有关规则，下列表述正确的是?[1]（2008－1－98）

A. 由于乙国未能履行条约义务，因此，甲国有权终止该条约

B. 若乙丙丁三国一致同意，可以终止该三国与甲国间的该条约关系

C. 若乙丙丁三国一致同意，可以终止该条约

D. 甲乙两国应分别就其上述未履行义务的行为，承担同等的国家责任

【解析】除条约明文规定允许一方退约或解约外，一般不经其他缔约国的同意，缔约国不得单方面终止或退出条约。根据1969年《条约法公约》的规定，因当事国一方重大的违约，缔约他方有权终止或暂停施行该条约，一方并不严重的违约不能导致另一方的废约。双边条约当事方之一重大违约时，他方有权终止该条约，或全部或部分停止其施行；多边条约当事国一方有重大违约时，其他当事方有权以一致同意的方式，在这些当事方与违约方的关系上或在全体条约当事方之间，全部或部分停止施行或终止该条约。本题中，甲、乙、丙、丁四国共同参加了涉及该四个国家的多国河流的通航条约，虽然后来发生“乙国政府未能按照条约的规定按时维修其境内航道标志”的情形，该情形并不至于使得在该河流中的航行无法继续，显然就该条约而言，这一情形构成乙国政府的一般违约而非重大违约，因而甲国并不能以此为理由终止该条约，故A错误。甲国执意单方终止该条约，构成对该条约的重大违约，其他当事方乙、丙、丁国有权以一致同意，在这些当事方与违约方甲国的关系上，或在全体条约当事方之间，全部或部分停止施行或终止该条约。故B、C正确。由于乙国属于一般违约，甲国属于重大违约，二者应承担的责任也应当有所不同，所以D错误。

### 考点8　1990年《中华人民共和国缔结条约程序法》的主要内容★★

## 一、决策和管理机构

1. 全国人民代表大会常务委员会决定同外国缔结的条约和重要协定的批准和废除。

2. 国家主席根据全国人民代表大会常务委员会的决定，批准和废除同外国缔结的条约和重要协定。

3. 外交部在国务院领导下管理同外国缔结条约和协定的具体事务。

## 二、谈判和签约代表的委派和全权证书

下列人员谈判、签署条约、协定，无须出具全权证书：

1. 国务院总理、外交部长；

2. 谈判、签署与驻在国缔结条约、协定的中华人民共和国驻该国使馆馆长，但是各方另有约定的除外；

3. 谈判、签署以本部门名义缔结协定的中华人民共和国政府部门首长，但是各方另有约定的除外；

4. 中华人民共和国派往国际会议或者派驻国际组织，并在该会议或者该组织内参加条

---

[1]【答案】BC

约、协定谈判的代表，但是该会议另有约定或者该组织章程另有规定的除外。

## 三、须经批准的条约和重要协定

须经批准的条约和重要协定包括：友好合作条约、和平条约等政治性条约；有关领土和划定边界的条约；有关司法协助、引渡的条约、协定；同中华人民共和国法律有不同规定的条约、协定；缔约各方议定须经批准的条约、协定；其他须经批准的条约、协定。

## 四、加入和接受多边条约

**加入**多边条约和协定，分别由全国人民代表大会常务委员会或者国务院决定。**接受**多边条约和协定，由国务院决定。

## 五、条约的保存

以国家或者政府名义缔结的双边条约、协定正本，以及经条约、协定的保存国或者国际组织核证无误的多边条约、协定的副本，由**外交部**保存；以中国政府部门名义缔结的双边协定的签字正本，由**本部门**保存。

## 六、条约的登记

中国缔结的条约和协定，由外交部按照《联合国宪章》的有关规定向联合国秘书处登记。

**【经典真题】**

中国参与某项民商事司法协助多边条约的谈判并签署了该条约，下列哪些表述是正确的？[1]（2012-1-74）

A. 中国签署该条约后有义务批准该条约

B. 该条约须由全国人大常委会决定批准

C. 对该条约规定禁止保留的条款，中国在批准时不得保留

D. 如该条约获得批准，对于该条约与国内法有不同规定的部分，在中国国内可以直接适用，但中国声明保留的条款除外

**【解析】**签署条约后可以批准，也可以不批准，故A错误；条约须经全国人大常委会决定批准，条约禁止保留的条款自然不能保留，我国参加民商事条约在国内直接适用，但保留的条款除外，故BCD正确。

---

〔1〕【答案】BCD

# 第八章 国际争端的和平解决

本章涉及国际争端的解决方式问题，应了解解决国际争端的传统方式的合法性问题，和平解决国际争端的政治方法中，应掌握斡旋与调停、调查与和解的各自特点，应重点掌握国际法院的管辖权（包括诉讼管辖与咨询管辖）、诉讼程序（尤其是判决的效力及其执行）和相关规则。

★【本部分考点近年真题统计】

| 题型 | 年份 | 考点 | 分值 |
|---|---|---|---|
| 单项选择题 | 2017 年卷一第 34 题 | 国际海洋法法庭及国际法院的管辖权 | 1 |
| | 2016 年卷一第 34 题 | 国际法院的诉讼管辖权、咨询管辖权及其判决的效力和执行 | 1 |
| | 2013 年卷一第 34 题 | 国际法院判决的法官、管辖权、判决等制度 | 1 |
| | 2012 年卷一第 33 题 | 国际法院的管辖权 | 1 |
| | 2011 年卷一第 34 题 | 国际法院判决的执行 | 1 |
| | 2005 年卷一第 33 题 | 调停 | 1 |
| | 2004 年卷一第 34 题 | 国际法院判决的执行 | 1 |
| 多项选择题 | 2011 年卷一第 76 题 | 干涉、调停、国际法院的管辖权 | 2 |
| 不定项选择题 | 2014 年卷一第 97 题 | 国际法院、海洋法法庭、协商、调停 | 2 |

## 重点知识详解

《联合国宪章》第 1 条规定的宗旨之一，就是“以和平方法且依正义及国际法之原则，调整或解决足以破坏和平之国际争端或情势”。根据和平解决国际争端原则，国家间无论发生什么样的争端，都应采取和平的方法求得解决。从国际实践来看，解决国际争端的方法分为强制和非强制两大类。

### 考点 1　国际争端解决的强制方式

强制方式：
- 战争或武力解决：非法
- 平时封锁：只能由安理会决定采用
- 干涉：非法
- 反报：针对不违法行为
- 报复：针对违法行为

国际争端解决的强制方式是一国为使另一国同意按其意愿解决争端而采取的单方行为，诸如反报、报复、平时封锁和干涉。早期西方一些国际法学者把战争和非战争的武力方法也列为强制方法。

反报和报复均为一国针对另一国损害行为而采取的反击。不同之处在于，反报是以同样或类似性质的合法行为反击另一国的不礼貌、不友好或不公正的行为；而报复则是以同样的不法行为反击另一国的不法行为。报复应符合必要性原则和相称性原则，即采取报复措施确有必要，而且报复所引起的后果与被报复行为所引起的后果应该是基本相称的。报复的目的是迫使对方停止其不法行为，一旦对方停止了该不法行为，报复即应停止。反报和报复，由于其可以作为主权国家具有的自助手段和自卫行为，对于国际法律秩序的维持尚有一定的积极意义，现代国际法对其不完全禁止，但有前述限制。

平时封锁是指一国使用自己的武装力量，对另一国家实施旨在阻止船舶进出其港口或海岸，以迫使其接受自己提出的条件的行为。干涉是一国对另一国事务专断干预以强迫该国采取符合自己意愿或政策的行为。以上两种方法是靠武力威胁或使用武力来实现的，应加以废弃或禁止。

### 考点 2　国际争端解决的非强制方法

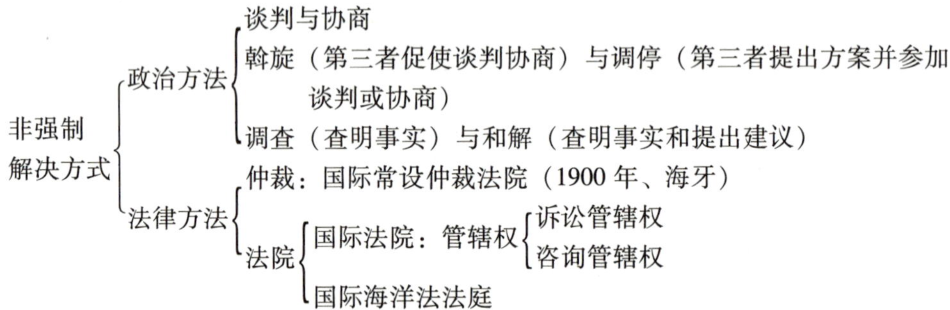


《联合国宪章》第 33 条规定，**现代国际法上和平解决国际争端的方法有：谈判、调查、调停、和解、仲裁、司法解决、区域机关或区域办法，或各当事国自行选择的其他方法**。此外，依据国际条约和国际实践，又把协商方法确认为和平解决国际争端的一种新方法。

## 一、和平解决国际争端的政治方法

和平解决国际争端的政治方法主要包括谈判、协商、斡旋、调停、调查、和解等。

#### （一）谈判与协商

谈判是指两个或两个以上国际法主体，就其争执的问题进行交涉并达成协议，以使争端得到解决的政治方法。协商是与谈判相近似的一种方式，但又有区别。协商的特点在于：

①可以扩大谈判的成员，使一些第三国参加，而不受谈判双方的限制；②会议的表决程序和决议形式及议事规则的确定，按协商一致的原则处理。

### （二）斡旋与调停★★★

斡旋是指第三方应当事国的请求或主动采取的旨在**促进双方直接谈判**解决争端的活动。斡旋国可以提出建议或转达当事国的建议，**但不参加当事双方的谈判**。

调停是指第三方应当事国的请求或经双方同意，**以调停者的身份提出实质性建议**作为谈判的基础，**组织并直接参与当事国之间的谈判**。

**斡旋或调停不论成功与失败，第三方的任务均告终止，不承担任何法律责任**。斡旋与调停可由国家、国家集团、国际组织以及个人进行。

### （三）调查与和解

调查，即国际调查。在国际争端中，由于基本事实不清而使得争端双方无法统一认识，通常争端双方通过协议成立国际委员会，就争执的事实进行调查并提出报告，交由当事国自行解决争端。

和解又称调解，是将争端交由一个国际委员会查明事实、提出调查报告并建议解决方法和制订调解方案，以促进争端解决。**调解委员会可以对争端本身进行实质性的审议并提出建议，但没有法律约束力，当事国没有必须接受的义务。**

## 二、和平解决国际争端的法律方法

**和平解决国际争端的法律方法主要包括国际仲裁和国际诉讼。**

### （一）国际仲裁

仲裁又称公断，是指争端当事方自愿把争端交给它们自行选任的仲裁者裁决，并承诺服从其裁决的一种解决国际争端的法律方法。国际仲裁是一种自愿的管辖，进行仲裁的先决条件是必须由当事国同意将争端交付仲裁。仲裁裁决一经作出即对各当事国发生约束力，各当事国必须善意执行。国际常设仲裁法院是比较权威的国际仲裁机构之一。该机构是根据 1899 年在海牙签订的《和平解决国际争端公约》的规定，于 1900 年在荷兰海牙正式成立的。

### （二）国际诉讼——国际法院★★★★★

国际诉讼是指争端当事双方将争端提交国际法院或专门的国际法院进行审理，并依据国际法作出具有法律约束力的判决。作为联合国主要机关之一的国际法院，是目前国际社会中最具代表性的国际司法机构。

**1. 国际法院的组成**

国际法院是根据《联合国宪章》而设立的联合国的主要司法机关。《国际法院规约》是宪章的组成部分，联合国的会员国为国际法院规约的当然当事国。国际法院于 1946 年 2 月 6 日正式宣告成立。

根据《联合国宪章》和《国际法院规约》的规定，**国际法院由 15 名法官组成**。法官应为品格高尚并在其本国具有最高司法职位的任命资格或为公认的国际法学家。**其中不得有 2 人为同一国家的国民。法官作为整体，应能代表世界各大文化和各主要法系**。法官由常设仲裁法院的各国团体提名，每一团体所提人数不得超过 4 人，联合国秘书长根据这些提名编就法官候选人名单，**提交联合国大会和安理会表决，获得绝对多数票时才能当选**。安理会投票时，常任理事国不得行使否决权。按照惯例，安理会各常任理事国均应有人被选为国际法院法官。

**法官是专职的、独立的。法官不是其国籍国的代表，不能兼任任何职务，不接受任何指示，不担任任何职业性质的任务。**法官除由其他法官“一致认为不复适合必要条件外，不得免职”。法官对法院所受理的涉及其国籍国的案件，也有参加审理的权利，原则上不适用回避制度，除非所涉争端是法官就任前亲自处理过的事项。在国际法院受理案件中，如果一当事国在法院有本国籍的法官，而另一方当事国在法院并无本国国籍的法官，则后者可以选派一人作为专案法官参加案件的审理。如果双方当事国在国际法院均无本国国籍的法官，则均可选派一人一位作为参与审理的专案法官。专案法官与正式法官具有完全平等的权利。

**2. 国际法院的诉讼当事者**

**国际法院的诉讼当事者限于国家，任何组织、团体或个人均不得成为国际法院的诉讼当事者。**根据《国际法院规约》的规定，**可以成为国际法院的诉讼当事方的国家有三类：**一是联合国的会员国。二是非联合国会员国的《国际法院规约》当事国。三是既非联合国的会员国，又非规约当事国，但经发表声明表示接受国际法院的管辖并愿意履行国际法院判决者。以上三类国家在国际法院诉讼过程中处于完全平等的地位。

**3. 国际法院的职权**

国际法院的职权主要是诉讼管辖权和咨询管辖权。

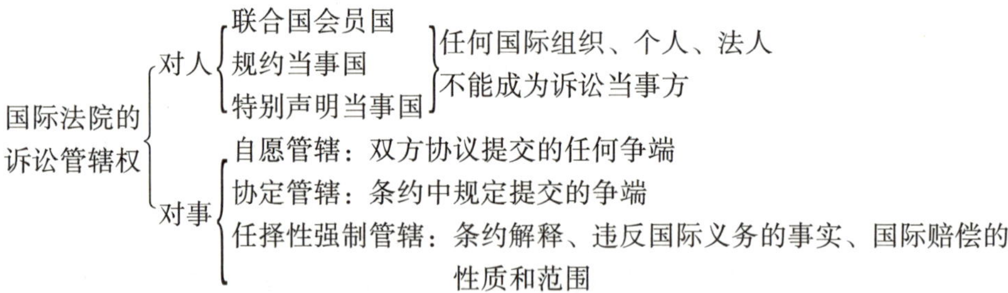


按照《国际法院规约》第36条规定，国际法院管辖案件的范围有三个方面：

**（1）自愿管辖。指当事国在争端发生后达成协议自愿提交的一切案件。**

**（2）协定管辖。指争端当事国根据《联合国宪章》和对本国有约束力的条约的规定，将特定的争端或事件提交国际法院管辖。**

**（3）任意强制管辖。即根据《国际法院规约》第36条第2款规定，规约当事国可随时声明关于具有下列性质之一切法律争端对于接受同样义务的任何其他国家，承认国际法院的强制管辖权，而无须另行订立特别协议。**这类争端包括：①条约的解释；②国际法的任何问题；③任何事实的存在，如经确定即属违反国际义务者；④因违反国际义务而应予赔偿的性质及其范围。

**咨询管辖权指国际法院作为联合国的司法机关，对于法律问题提供权威性的意见。根据《联合国宪章》的规定，联合国大会、安理会和经大会授权的联合国其他专门机构，对于任何法律问题可请求国际法院发表咨询意见。咨询意见是向联合国机构，而不是向国家发表的，无需征得国家的同意。国家也不能请求或阻止法院发表咨询意见。法院的咨询意见原则上不具有拘束力，而只具有咨询的性质。**但法院对许多重大法律问题发表的咨询意见具有重要的影响，许多咨询意见的观点，后来逐渐演变为国际习惯法规则。

**4. 国际法院适用的法律**

《国际法院规约》第 38 条规定，法院依国际法裁判案件，裁判时适用的法律有：①国际公约和条约；②国际习惯；③文明各国所承认的一般法律原则。此外，法院征得当事国同意，可以依照“公允及善良”原则裁判案件。

**5. 国际法院的诉讼程序**

《国际法院规约》和《国际法院规则》对国际法院的诉讼程序作了详尽的规定，主要包括起诉、诉讼审理的书面程序和口头程序等。国际法院在特定情况下可以采用特别程序。这些程序包括请求法院指示采取临时保全措施、提出初步反对主张、反诉、第三国参加等。

| 特别程序 | 含义 |
| --- | --- |
| 临时保全 | 又称临时措施，指在诉讼进行中的任何时候，当事国一方得就该案以书面方式请求法院指示采取临时措施保全其权利。对此种请求，法院应视其为紧急事项而优先处理。 |
| 初步反对主张 | 指被诉国对于法院的管辖权或对于请求书的准许以及关于下一步程序的决定，可在限定期限内提出书面反对意见，被诉国以外的其他当事国也可提出其初步反对主张。法院应以判决形式作出裁定。 |
| 反诉 | 指当事一方针对当事另一方针对自己的诉讼而向其提出的诉讼。反诉应在提出反诉的当事国的辩诉状中提出，并构成其诉讼主张的一部分。反诉是否被接受由法院裁定。 |
| 第三国参加 | 指诉讼当事方以外的第三方参加诉讼程序，以影响法院的考虑和判决。<br>第三国参加发生在以下两种场合：①某一国家在认为某一案件的判决影响该国属于法律性质的利益时；②条约发生解释问题而诉讼当事国以外尚有其他国家为该条约的缔约国者。如果参加了诉讼程序，法院判决中有关条约的解释对参加国具有同样的法律约束力。 |

当事国的辩论终结后，由法官评议和讨论判决。评议应秘密进行。由出席开庭的法官过半数票决定。如票数相等时，由院长或代理院长投决定票。法官无论表示赞同或反对，均不必说明理由。**任何法官，无论是否属于多数，有权对判决的全部或部分发表个别意见或不同意见，附于判决之后。**

国际法院的判决属于确定性的终局判决，不得上诉。对于国际法院的判决，当事国须承诺遵守。如果任何事件当事国不履行依法院判决所承担义务，其他当事国可以向联合国安理会提出申诉；安理会认为必要时，可以提出建议或决定应采取的办法，以执行国际法院的判决。

### （三）国际诉讼——国际海洋法法庭★★

国际海洋法法庭是根据《联合国海洋法公约》于 1996 年在德国汉堡正式设立的独立司法机关，该法庭由 21 名独立法官组成，是在海洋活动领域的全球性国际司法机构。国际海洋法法庭可以受理因解释或适用《联合国海洋法公约》所引起的争端，也可以受理赋予法庭管辖权的任何其他协定中已具体规定的所有事项。

国际海洋法法庭可以受理国际海底区域的开发争端，由于国际海底区域适用平行开发制，缔约国、缔约国的国民（自然人、法人）、得到缔约国担保的非缔约国的国民（自然人、法人）都可以申请开发，因此导致理论上国际海洋法法庭的当事人有可能是自然人、法人。但是《联合国海洋法公约》还规定，自然人、法人作为当事方应受到如下限制：第一，当事方“须用尽当地救济”；第二，自然人和法人的担保国或国籍国应邀参加司法程序。

应注意，只有争端各方都选择了法庭程序，法庭才有管辖权。争端当事国达成将争端提交国际海洋法法庭的协议，或者都接受了“任择性强制管辖条款”，法庭才可以管辖。

★特别提示

国际海洋法法庭可以受理上述的海洋纠纷，并不排除国际法院对海洋活动争端的管辖，争端当事国可以自愿选择将海洋争端交由哪个机构来审理。

【经典真题】

甲乙两国就海洋的划界一直存在争端，甲国在签署《联合国海洋法公约》时以书面声明选择了海洋法法庭的管辖权，乙国在加入公约时没有此项选择管辖的声明，但希望争端通过多种途径解决。根据相关国际法规则，下列选项正确的是?[1]（2014－1－97）

A. 海洋法法庭的设立不排除国际法院对海洋活动争端的管辖

B. 海洋法法庭因甲国单方选择管辖的声明而对该争端具有管辖权

C. 如甲乙两国选择以协商解决争端，除特别约定，两国一般没有达成有拘束力的协议的义务

D. 如丙国成为双方争端的调停国，则应对调停的失败承担法律后果

【解析】国际海洋法法庭和国际法院都有权受理海洋纠纷，故A正确。国际海洋法法庭受理案件，也以当事方双方都同意为前提，故B选项错误。协商解决并无强制性，协商当事方并无达成有拘束力协议的义务，故C正确。调停也不具有强制性，调停方提出的建议无拘束力，而且调停方也并无义务保证调停一定能够成功，故D错误。

## 三、通过国际组织解决国际争端

### （一）通过联合国解决国际争端

1. 联合国安理会解决国际争端的职权

根据《联合国宪章》第24条的规定，在联合国各机构中，安理会是对维护国际和平与安全负主要责任的机关。根据宪章规定，安理会解决国际争端的职权主要包括以下几个方面：

（1）建议

当争端继续存在足以危及国际和平与安全时，安理会认为必要，可促请当事国以和平方法解决争端。安理会在任何阶段，可建议适当程序或调整方法。

（2）调查

**安理会得调查任何争端或情势之继续存在是否足以危及国际和平与安全。**

（3）采取执行行动

当争端发展到威胁或破坏国际和平的严重局势时，**安理会有权依宪章第七章之规定，采取执行行动。包括强制要求各会员国对侵略者实施经济制裁和除武力以外其他措施在内**

[1]【答案】AC

**的强制措施，甚至当其认为上述强制措施不足以解决国际争端时，可以要求对侵略者采取必要军事行动**。安理会此项职权是大会和其他机构所不具备的。

**2. 联合国大会解决国际争端的职权**

联合国大会有权讨论宪章范围内的任何问题，并对需要讨论的国际争端或情势进行调查，大会有权向会员国或安理会提出建议，对足以危及国际和平与安全的情势，提请安理会注意，**但非经安理会请求，大会对于安理会正在处理的争端或情势，不得讨论或提出建议**。

### （二）通过区域组织或区域办法解决国际争端

根据《联合国宪章》的规定，区域性国际争端在提交安理会以前，应依该项区域办法或由该区域内的区域组织和平解决，安理会应鼓励这一解决争端方法的发展。但是，**通过区域组织或区域办法解决国际争端必须遵守下列原则进行：**

1. **解决国际争端的区域组织或区域办法，必须符合《联合国宪章》的宗旨和原则；**
2. **已经由区域组织或采取区域办法开始解决的争端，并不影响安理会职权的执行**，也不影响联合国会员国或秘书长就该争端或情况的大会、安理会提请注意的权利；
3. **没有安理会的授权，不得依区域办法或区域组织采取任何执行行动；**
4. 依区域办法或由区域组织采取或正在考虑的行动，不论何时都应向安理会充分报告。

由此可见，区域性国际组织在解决争端方面对联合国起到了合作与补充的作用，是解决争端中不可忽视的力量。

# 第九章 战争与武装冲突法

导学

本部分常考考点包括：战争状态引起的法律后果、对作战手段的限制、对战时平民及战争受难者的保护、惩罚战争犯罪的主要国际司法实践等。由于战争仍然时有发生，因此前述的规则仍然涉及热点问题，在复习时应予以把握。

★【本部分考点近年真题统计】

| 题型 | 年份 | 考点 | 分值 |
|---|---|---|---|
| 单项选择题 | 2012 年卷一第 34 题 | 战争开始后交战国与中立国之间的义务 | 1 |
| | 2006 年卷一第 34 题 | 战俘的待遇 | 1 |
| | 2005 年卷一第 34 题 | 战争法禁止的武器 | 1 |
| 多项选择题 | 2009 年卷一第 78 题 | 战俘的待遇 | 2 |
| | 2008 年卷一第 79 题 | 战争状态对交战国有关财产和敌国国民的影响 | 2 |
| 不定项选择题 | 2004 年卷一第 90 题 | 战争法的适用 | 2 |

## 重点知识详解

国际法上的战争指两个或两个以上国家，以武力推行国家政策造成的武装冲突事实和由此而产生的法律状态。武装冲突指未构成战争状态的武装对立，其往往表现为局部的，有时是偶然发生的、短暂时间的、未经宣布战争状态的武装斗争形式。

战争法与武装冲突法是指各国承认的，以国际条约和习惯为其表现形式的，调整交战国之间、交战国与中立国之间关系以及交战行为的原则、规则和规章、制度的总称。

战争按合法性分为非法战争和合法战争。非法战争指一国违反普遍公认的国际法原则、国际公约、国际条约而从事的战争。合法战争指国际法所不禁止的战争，如自卫战争、民族独立和民族解放战争、联合国安理会授权或采取的行动。

### 考点 1 战争与武装冲突的开始和结束

### 一、战争与武装冲突的开始及其法律后果★★★★

战争是一种法律状态，战争的开始标志着交战国之间的关系从和平状态进入战争状态。

### （一）战争与武装冲突的开始

传统国际法认为，战争的开始必须通过宣战。但根据现代国际法有关的规则，只要军事冲突双方存在交战的意思，即可认为存在战争状态。

战争与武装冲突开始时，交战各方之间法律关系发生重大变化，并产生一系列法律后果：

1. 各国的关系由和平状态转为战争，交战国之间开始适用战争法，交战国与中立国之间开始适用中立法。

2. 外交、领事关系断绝。交战国之间的外交关系和领事关系自动断绝，关闭使领馆并撤离外交和领事官员。

3. **条约关系变化。关于战争和中立的条约立即开始生效，永久性的条约，如边界、领土条约等均应继续有效。交战国之间的双边政治性、经济贸易类条约一般终止。交战双方均为当事国的有关卫生、医药的多边条约，不因战争开始而终止，但其中与交战行为相冲突的条款，可中止执行。**

4. **交战国人民及其财产带有敌性。战争发生后，交战国认定对方的财产和人民带有敌性。交战国对占领区内的敌国军事性质的动产可以征用，不动产可以使用，但不得拥有、变卖等，军事性质的不动产必要时可加以破坏。交战国对于占领区内的敌国私人财产，原则上不得干涉和没收，但对于可供军事需要的私人财产可予以征用。**

**在交战国境内的敌国财产，如果是敌国国家财产（除使领馆外），则可以没收；交战国对于境内的敌国人民的私财，可以加以一定的限制（如禁止转移、冻结或征用）。敌国人民（包括自然人和法人）带有敌性，但一般允许他们在适当时期内离境。敌国之公司法人，如是国家公司，则视同敌国财产；如是私人公司，则视作敌国人民的私人财产。**

**对公海上的敌国商船、货物及其所载货物，均可拿捕没收，但用于宗教、慈善、医疗和科学用途者除外，对于敌国航空器及其所载货物，也均可拿捕没收。中立国商船上敌国私产可用于战争者方可没收。**

**【经典真题】**

甲乙两国是陆上邻国，因划界纠纷爆发战争。根据相关国际法规则，下列哪些选项是正确的？[1]（2021 年回忆版真题，多选）

A. 甲乙两国之间签订的互助条约立即废止

B. 甲乙两国之间签订的边界条约自动废止

C. 甲国军舰在海上遇到乙国商船后，可对其拿捕没收

D. 甲国可以对其境内的乙国公民进行敌侨登记并进行强制集中居住

**【解析】**国家之间进入战争状态后，边界条约等规定固定和永久状态的条约继续有效，双边政治、经济贸易条约一般终止。故 A 选项正确而 B 选项错误。交战国对在海上遇到敌国公、私船舶及货物，可予以拿捕没收，但对从事探险、科学、宗教或慈善以及执行医院任务的船舶除外，故 C 选项正确。交战国可以对其境内的敌国公民进行敌侨登记并进行强制集中居住，故 D 选项正确。

---

〔1〕【答案】ACD

### （二）战争的结束★★

战争状态的结束通常包含两个步骤：一是作为停战过渡的停止敌对行动，二是正式结束战争状态。

1. 停止敌对行动

停止敌对行动具有临时性和过渡性，往往是为最终实现和平作准备。

战争和武装冲突中的敌对行动可因下列三种情况而停止：

（1）停火。停火只是交战过程的一种暂时性或局部性的行动。

（2）停战。停战是双方通过协议实行的，停战可能是全面的，也可能是局部的，全面的停战也可能事实上导致军事行动的长期结束。

（3）投降。投降是交战一方承认战败而要求停止战斗的行为。投降可能是全面的也可能是局部的。全面的投降会导致战争的结束。但投降包括无条件投降，本身并不是战争在法律上的结束标志。

2. 战争状态的结束

结束战争状态的法律后果，意味着交战国之间的关系从战争状态恢复到战前的和平状态。在法律上结束战争状态的方式通常有三种：

（1）缔约和平条约；

（2）单方面宣布战争结束，一般是由战胜国单方面宣布；

（3）交战双方发表联合声明。

3. 战争结束的法律后果

战争结束的法律后果主要表现在以下几个方面：

（1）外交和领事关系恢复；

（2）条约关系恢复。战争结束后，经济性条约可能恢复效力，原交战双方所参加的因战争而暂停实施的多边条约，往往重新对它们发生效力；

（3）国际交往全面恢复。战争时期，交战国间的政治、经济、文化、军事等关系已中断，随着战争状态结束，这些关系又重新恢复。

## 考点2　战时中立

### 一、战时中立的概念

战时中立指在战争与武装冲突的情况下，非交战国不参加交战，也不支持任何一方的不偏不倚的法律地位。作为中立国，它不仅以不参加任何一方的战争为条件，还必须对交战各方采取同等对待的态度。战时中立不同于政治意义的中立、中立主义。政治意义上的中立指不参加联盟，拒绝在其本国领土上设置外国军事基地或驻扎外国军队，不歧视任何国家等；中立主义特别用以指不参加和不卷入大国或大国集团之间的冲突。战时中立国也不同于永久中立国。永久中立国是在对外关系中承担永久中立义务的国家，其地位是一种永久的选择；而战时中立则是战争时期国家地位的一种临时选择。

### 二、战时中立国家的权利和义务★★

在战争时期，中立国和交战国都承担着不作为、防止和容忍三种义务。

| | 不作为 | 防止 | 容忍 |
|---|---|---|---|
| 交战国的义务 | 不得在中立国领土上从事战争行为 | 防止其军队及人民侵犯中立国及其人民的财产与权利 | 容忍中立国与对方交战国保持外交和商务关系 |
| 中立国的义务 | 不得直接或间接帮助交战国的任何一方 | 防止在其领土或管辖范围内为交战国准备作战行动 | 容忍交战国对其船舶的临检，对其船上的战时禁制品加以拿捕、审判和处罚 |

## 三、战时禁制品

战时禁制品，指交战双方禁止运送给敌国的可以增强其战争能力的物品。分为绝对禁制品和相对禁制品两类：绝对禁制品是纯粹属于军事用途的物品；相对禁制品是指既可军用也可民用的物品。禁制品的清单，可在事先由国家以条约确定，或由交战国在战争开始时，以发布宣言的形式公布。无论前者还是后者，均只能以运往敌国目的地为构成战时禁制品的前提条件。如果中立国违反上述义务，绝对禁制品一律没收，相对禁制品视其最终用途而加以处置，凡供给敌国军队及其政府使用者，也应没收。

**【经典真题】**

甲、乙国发生战争，丙国发表声明表示恪守战时中立义务。对此，下列哪一做法不符合战争法?[1]（2012－1－34）

A. 甲、乙战争开始后，除条约另有规定外，两国间商务条约停止效力

B. 甲、乙不得对其境内敌国人民的私产予以没收

C. 甲、乙交战期间，丙可与其任一方保持正常外交和商务关系

D. 甲、乙交战期间，丙同意甲通过自己的领土过境运输军用装备

**【解析】**战争开始后，交战国间的双边政治、经贸条约终止，故A表述正确。交战国对于本国境内的敌国私人财产，原则上不得予以没收，故B表述正确。中立国宣布中立后，就承担容忍、防止、回避等方面的义务。中立国可以与交战国任何一方保持正常关系，但不得向交战国任何一方提供军事援助或使用本国的领土为交战国提供军事便利，C表述正确而D错误。

## 考点3　战争法的基本原则及国际法对作战方法、手段的限制

## 一、战争法的基本原则

战争法的基本原则，用于对战争中作战手段和方法加以原则性的限制，这些原则包括：

**1.“军事必要”不解除当事国尊重国际法的义务的原则**

尽管在战争与武装冲突中存在有“军事必要”（military necessity）的原则，但战争法规的制定是以承认和充分考虑“军事必要”为前提的，因而在执行中就不能再以“军事必要”为理由来解除当事国尊重国际法的义务。

---

〔1〕【答案】D

**2. "条约无规定"不解除当事国尊重战争法义务的原则**

通常，义务由约定引起，无约定或不接受约定的不承担义务。但在战争法中有所例外，因为军事科学技术和新型武器的发展远比法律的发展迅速，国际社会难于事事"超前立法"，于是在战争法尚无具体的规定情况下，当事国也不能为所欲为。

**3. 人道原则**

战争法要求交战各方尽量降低战争的残酷性，不仅对平民和非战斗人员应加以保护，即使是敌对方的战斗员，也不应施加与作战目的不成比例的没有必要的伤害，增加不应增加的痛苦和死亡。

**4. 区别对象原则**

**即在作战中必须严格对平民与武装部队、战斗员与非战斗员、战斗员与战争受难者加以区别**，不能以平民和民用物体为攻击对象和攻击目标，即使对战斗员也不得为所欲为。

## 二、国际法对作战方法、手段的限制★★★

现代国际法对作战方法和手段的禁止或限制主要表现为：

1. 禁止使用极度残酷的武器。

武器的作用是使对方的战斗员丧失战争力，如果超越这一程度而使受害者受到极度痛苦甚至不可避免的死亡，此武器即为"极度残酷的武器"。

2. 禁止使用有毒、化学和细菌（生物）武器。

3. 限制使用原子武器、氢武器和核武器。这些武器都具有大规模杀伤力，但目前国际法还未对核武器的禁止使用作出全面明确的规定。国际法院在1996年就"使用核武器是否合法"发表的咨询意见认为，一般情况下，使用和威胁使用核武器，是违反关于战争和武装冲突的国际法规则的，但是，在国家于危及其生死存亡的关头进行自卫的情况下，使用或威胁使用核武器是否合法，法院不能作出明确的结论。

4. 禁止使用不分皂白的作战手段和作战方法。

为了保证平民、居民的安全和民用物体的免受破坏，战争法规强调冲突各方无论何时均应遵守区别原则，在普通居民和战斗员之间，民用物体和军事目标之间加以区别，禁止使用波及平民的不分皂白的作战手段和作战方法。1977年《日内瓦第一附加议定书》第51条规定："不分皂白的攻击"是指：①不以特定军事目标为对象的攻击；②使用不能以特定军事目标为对象的作战方法或手段；③使用其效果不能按照本议定书的要求加以限制的作战方法或手段；④以平民或民用物体集中的城镇、乡村作为军事目标进行攻击，附带使平民生命受损害的攻击，作为报复对平民进行攻击，均属于不分皂白的攻击。

5. 禁止使用改变环境的作战手段和方法。

## 考点4　对平民、交战者及战争受难者的保护

国际法上关于作战的规则，一般可以分为两类，即"海牙体系"和"日内瓦体系"，其中"海牙体系"主要涉及上述作战方法和手段等方面的规定，而"日内瓦体系"主要是以1949年的四个《日内瓦公约》为基础而构建的，是侧重于保护平民和战争受难者的条约和习惯规则。根据《日内瓦公约》的规定，无论两国之间发生的冲突是何性质，无论战场在哪里，国家间的作战均应受《日内瓦公约》的约束。在战时，冲突之一方虽非缔约国，其他缔约国于其相互关系上，仍应受《日内瓦公约》的拘束。如果非缔约国接受并援用

《日内瓦公约》之规定，则缔约各国对该国之关系，亦应受《日内瓦公约》之拘束。

## 一、对交战者的保护

交战者是指交战双方的武装部队，包括正规军和非正规军。

（1）武装部队。武装部队包括该交战国的全部战斗员和非战斗员。武装部队的人员，除医生、牧师外，都是战斗员，有权直接参加战斗，战斗中如被敌方俘虏，就成为战俘，享受战俘待遇。

（2）非正规武装部队。包括民兵、志愿军和游击队等战斗力量。非正规武装部队在交战中与正规武装部队一样享受战争法的保护和人道主义待遇。至于在非国际性武装冲突中，在一国内部出现的反政府武装力量（如起义军等），根据1977年的第二附加议定书，他们享受同样的人道主义待遇。

（3）军使。军使以白旗为标志。军使及其随员（翻译、号手、鼓手等）享有不可侵犯权。但如果军使滥用其职权，敌方的司令官就有权加以暂时扣留。

（4）侦察兵。侦察兵是合法的战斗人员，如果被俘，享受战俘待遇，但间谍是没有这种待遇的。

## 二、对平民的保护★★

对平民的待遇主要有两个方面：①对交战国境内敌国平民的保护。应允许敌国平民安全离境。对未离境者，应保障其基本权利，不得将他们作为军事攻击的对象，禁止对他们实施报复，保障他们的合法权益，不得强迫他们提供情报，不得施以体刑和酷刑，禁止进行集体惩罚和扣作人质，给以维持生活的机会，对妇女、儿童给予特别的保护，防止施暴和给予必要的援助。②对占领区内被占领国平民的保护。占领当局只能在占领区行使军事管辖权，应对占领地的平民给予人道主义的待遇。根据1907年的《海牙第四公约》、1949年的《关于战时保护平民的日内瓦公约》和1977年的两个附加议定书，不得剥夺平民的生存权；尊重平民的人格、尊荣、家庭、宗教信仰；不得对平民施以暴行、恐吓和侮辱；不得把平民扣作人质，进行集体惩罚或谋杀；不得驱逐平民；不得强迫提供情报或为其军队服务；不得侵占平民的粮食和医药供应；不得废除被占领国的法律等。

## 三、对战争受难者的保护★★★

战争受难者指在战争或武装冲突中遭受伤害的交战的战斗员及其他正式随军服务的人员，主要指战俘和伤病员。

战俘也称俘虏，指在战争或武装冲突中落于敌方权力之下的战斗员。对于战俘，除了个别在战争中有破坏战争法规的罪行者外，不能惩罚，不能虐待，更不能杀害，而应给以他们适当的人道待遇，例如应尊重其人身权、财产权和其他权利。战俘在战争结束后应尽快遣返。

伤病员指战争或武装冲突中的患病或负伤者。依公约规定，凡交战的战斗员及其他正式随军服务的人员受伤或生病时，收容他们的交战国应不分国籍、性别、种族、宗教和政治主张，一律予以尊重、保护并治疗。

**【经典真题】**

甲、乙两国因边境冲突引发战争，甲国军队俘获数十名乙国战俘。依《日内瓦公约》，

关于战俘待遇，下列哪些选项是正确的？[1]（2009－1－78）

A. 乙国战俘应保有其被俘时所享有的民事权利

B. 战事停止后甲国可依乙国战俘的情形决定遣返或关押

C. 甲国不得将乙国战俘扣为人质

D. 甲国为使本国某地区免受乙国军事攻击可在该地区安置乙国战俘

【答案及解析】根据1949年《关于战俘待遇的日内瓦公约》和1977年《日内瓦第一附加议定书》，战俘应保有其民事权利，除可用于作战的武器等，其他财产不得没收。不得将战俘扣为人质，也不得将战俘安置于其生命受威胁的不安全地带。战争结束后，交战国对于战俘应予以遣返。故AC表述正确，BD错误。

### 考点5 惩治战争犯罪★★

当代国际法上的战争犯罪是指违反国际法基本原则，策划、发动侵略战争，破坏和平，违反战争法规和惯例，违反人道主义准则的各种犯罪行为的总称。

## 一、战争罪犯的审判

1. 纽伦堡审判和东京审判

“二战”后的纽伦堡审判和东京审判及20世纪90年代设立的联合国前南刑事法庭和联合国卢旺达国际法庭，乃至国际刑事法院的成立，是国际社会惩罚战争犯罪的主要实践。

《纽伦堡国际军事法庭宪章》规定了战争犯罪的内容和审判战争罪犯的原则。根据《纽伦堡国际军事法庭宪章》的规定，战争犯罪包括三种罪行，即破坏和平罪、战争罪和反人道罪。

第二次世界大战后，曾组织成立过两个国际军事法庭，即纽伦堡欧洲国际军事法庭和东京远东国际军事法庭，分别对“二战”中德国和日本的首要战犯进行审判，即著名的“纽伦堡审判”和“东京审判”。

纽伦堡审判和东京审判在国际上开创了审判战争罪犯的先河，其贡献在于扩大了战争犯罪的内涵，确立了战争罪犯个人刑事责任原则，在当代国际法上具有重大意义。《欧洲国际军事法庭宪章》和审判中所确立的国际法原则被称为“纽伦堡原则”：

（1）从事构成违反国际法的犯罪行为的人承担个人责任，并因而受惩罚；

（2）不违反所在国的国内法不能作为免除国际法律责任的理由；

（3）被告的地位不能作为免除国际法责任的理由；

（4）政府或上级命令不能作为免除国际法责任的理由；

（5）被控有违反国际法罪行的人有权得到公平审判；

（6）违反国际法的罪行是：破坏和平罪、战争罪和反人道罪；

（7）共谋上述罪行是违反国际法的罪行；

（8）战争罪犯无权要求庇护；

（9）战争罪犯不适用法庭时效原则。

**2. 前南法庭与卢旺达法庭**

联合国安理会通过第827号和955号决议，分别于1993年5月和1994年11月设立了

[1]【答案】AC

“起诉应对1991年以来前南斯拉夫境内所犯的严重违反国际人道主义法行为负责的人的国际法庭”（简称“前南国际法庭”）和“起诉在1994年期间在卢旺达境内或卢旺达国民在邻国所犯灭绝种族和其他严重违反国际人道主义法行为的人的国际法庭”（简称“卢旺达国际法庭”）。其目的是为了起诉和审判在前南斯拉夫境内和卢旺达境内的武装冲突中犯有严重违反国际人道主义法行为的人。

卢旺达国际法庭是参照前南国际法庭而设立，该两个国际法庭成立的法律依据是《联合国宪章》第29条的相关规定：“安理会得设立其认为行使职务所必需的辅助机关”。该两个法庭都属于安理会的附属机关，临时国际刑事司法机关。

**3. 国际刑事法院——《罗马规约》2002年7月生效时成立**

| | |
|---|---|
| 成立背景 | 根据《国际刑事法院罗马规约》的规定，国际刑事法院于2002年7月成立。法院所在地为荷兰海牙。 |
| 性质 | 常设的国际刑事司法机构 |
| 管辖范围 | （1）灭绝种族罪；（2）战争罪；（3）危害人类罪；（4）侵略罪。<br>所管辖的犯罪行为限于发生在规约生效后。 |
| 管辖权性质 | 补充性管辖权 |
| 行使管辖权的条件 | 国际刑事法院在符合下列条件之一的情况下行使管辖权：<br>（1）所涉的一方或多方是缔约国；<br>（2）被告人是缔约国国民；<br>（3）犯罪是在缔约国境内实施的；<br>（4）一个国家虽然不是规约缔约国但决定接受国际刑事法院对在其境内实施的或由其国民实施的一项具体犯罪的管辖权。 |

# 国际法附录

| | |
|---|---|
| 一级考点 | 1. 国际法渊源（国际条约、国际习惯、一般法律原则）、国际法的基本原则（国家主权平等原则、不干涉内政原则、禁止使用武力和武力威胁原则、和平解决国际争端原则、民族自决原则、善意履行国际义务原则）、条约在中国的适用 |
| | 2. 国家主权豁免、管辖权的冲突与协调、国际法上的承认与继承、联合国的组织机构（联合国大会及安理会的职权和表决制度）、国际法律责任的构成要件 |
| | 3. 领土构成、领土取得方式、领海、毗连区、专属经济区、大陆架、公海的法律制度、空间物体造成涉外损害的责任 |
| | 4. 国籍的取得和丧失、中国国籍法、引渡、庇护 |
| | 5. 条约成立的实质要件、条约的效力、条约冲突的解决、条约的终止或暂停实施之原因、中国缔结条约的国内法程序 |
| | 6. 使馆馆舍及其人员的特权与豁免和例外、领馆馆舍及其人员的特权与豁免和例外 |
| | 7. 调停、斡旋、国际法院 |
| 二级考点 | 8. 南极的法律地位、内海、用于国际航行的海峡、京都议定书 |
| | 9. 中华人民共和国出境入境管理法、外交保护 |
| | 10. 使馆的职务、特权与豁免的放弃、外交官员和领事官员作证的义务 |
| | 11. 条约的缔结程序、条约的保留、条约的解释、多边条约的修正 |
| | 12. 战时中立、战争犯罪的惩治 |

# 国际私法

**国际私法知识体系结构图**

- 国际私法
  - 1. 国际私法的主体、基本概念和制度
    - （1）主体：自然人、法人的国籍、住所、营业所
    - （2）基本概念
      - ①冲突规范
      - ②准据法
    - （3）基本制度
      - ①识别、先决问题
      - ②反致
      - ③外国法的查明
      - ④公共秩序保留、直接适用的法
      - ⑤法律规避
  - 2. 国际民商事法律适用
    - （1）权利能力和行为能力
    - （2）法律行为、代理、信托和时效
    - （3）物权
    - （4）债权
    - （5）知识产权
    - （6）商事关系
    - （7）家庭
    - （8）继承
  - 3. 国际民商事争议解决
    - （1）国际商事仲裁
    - （2）国际民事诉讼
  - 4. 区际冲突法

# 第一章 国际私法概述

导学

本章是国际私法的基本理论部分，学习本章内容，应了解国际私法的定义和调整对象，掌握国际私法的国内法渊源和国际法渊源、国际私法规范的范围，理解国际私法调整国际民商事法律关系的方法。

## 重点知识详解

### 考点1 国际私法的概念和调整对象

#### 一、国际私法的概念

国际私法是以涉外民事法律关系为调整对象，以解决法律冲突为中心任务，以冲突规范为最基本的规范，同时包括统一实体规范、外国人民事法律地位规范及国际民事诉讼程序和仲裁程序规范等在内的独立的法律部门。

#### 二、国际私法的调整对象

国际私法的调整对象是国际民商事关系，从一个国家的角度来说，就是涉外民商事关系。涉外民商事关系是指主体、客体和内容方面含有一个或一个以上的涉外因素的民商事法律关系。

《最高院关于适用〈中华人民共和国涉外民事关系法律适用法〉若干问题的解释(一)》第1条规定："民事关系具有下列情形之一的，人民法院可以认定为涉外民事关系：

(一) 当事人一方或双方是外国公民、外国法人或者其他组织、无国籍人；

(二) 当事人一方或双方的经常居所地在中华人民共和国领域外；

(三) 标的物在中华人民共和国领域外；

(四) 产生、变更或者消灭民事关系的法律事实发生在中华人民共和国领域外；

(五) 可以认定为涉外民事关系的其他情形。"

#### 三、国际私法调整涉外民商事关系的方式

国际私法调整涉外民商事关系的方式有以下两种：

(一) 间接调整

又称冲突法调整，即在国内立法或国际条约中规定某类国际民商事法律关系受何种法律调整或支配，而不直接规定如何调整国际民商事法律关系当事人之间的实体权利与义务

关系的一种方法。

（二）直接调整

又称实体法调整，即制定统一实体规范，直接规定当事人的权利与义务。统一实体规范是指在国际条约和国际惯例中用来确定当事人权利与义务的规范。这种规范可以避免法律冲突，可以更迅速、更准确、更直接地确定当事人的权利与义务。

### 考点 2　国际私法的范围和渊源

## 一、国际私法的范围

一般认为，国际私法的范围应包括以下三类问题：涉外民事关系的法律适用问题，也叫法律冲突问题；外国人的民事法律地位问题；国际民事诉讼和商事仲裁程序问题。

涉外民事关系是广泛的民商事法律关系，冲突规范是其基本规范，国际私法的规范还包括统一实体规范、外国人民事法律地位规范和国际民事诉讼和国际商事仲裁程序规范。国际私法是主要由这四类规范组成的独立的法律部门。

**国际私法的规范**
- 冲突规范
- 国际统一实体私法规范
- 外国人的民商事法律地位规范
- 国际民商事争议解决规范

冲突规范是国际私法特有的规范，是国际私法的重要组成部分。随着国际民商事交往的日益频繁，调整国际民商事法律关系的国际条约和国际惯例也在逐渐增多，国际统一实体规范作为一种直接规范和实体规范，在国际商事领域发挥的作用越来越重要，并在某些方面明显地优于冲突规范。外国人民事法律地位规范是国际私法产生的一个前提，有的学者认为这种规范是国际私法中最古老的规范。国际民事诉讼程序规范和国际商事仲裁程序规范与冲突规范和其他国际私法的规范有密切的联系，是调整国际民商事法律关系、解决国际民商事法律冲突不可缺少的法律规范，是解决国际私法争议的方法和手段。

## 二、国际私法的渊源

国际私法的渊源包括国内法渊源和国际法渊源：

**国际私法的渊源**
- 国内立法
- 国内判例（我国例外）
- 司法解释
- 国际条约
- 国际惯例
- 一般法律原则、法律学说——在我国，法律学说不是国际私法的渊源

# 第二章 国际私法的主体

本部分应重点理解自然人的国籍、住所、经常居所，以及法人的国籍、住所、经常居所、营业所的确定，尤其是前述连结点存在积极冲突或者消极冲突情况下的确定，既是难点也是重点，需要准确掌握我国相关法条的规定。此外还应掌握我国法院受理涉及特权与豁免的民事案件时的处理办法。

★【本部分考点近年真题统计】

| 题型 | 年份 | 考点 | 分值 |
|---|---|---|---|
| 单项选择题 | 2013 年卷一第 37 题 | 自然人经常居所地的认定 | 1 |
| | 2006 年卷一第 35 题 | 法人营业所冲突之解决 | 1 |
| | 2005 年卷一第 40 题 | 自然人住所冲突之解决 | 1 |
| 不定项选择题 | 2009 年卷一第 99 题 | 自然人住所冲突之解决 | 2 |
| | 2008 年卷一第 99 题 | 人民法院受理涉及特权与豁免的民事案件的报告审查制度 | 2 |
| | 2006 年卷一第 91 题 | 自然人国籍冲突之解决 | 2 |

## 重点知识详解

### 考点 1　自然人

### 一、自然人的国籍

（一）国籍的概念

国籍是指自然人属于某一个国家的国民或公民的法律资格。赋予某人以国籍，完全是一个国家主权范围内的事情，皆由各国国籍法加以规定。

国籍在国际私法上具有很重要的意义：①国籍是判断涉外民商事法律关系的标志；②国籍是适用属人法的重要连接因素；③国籍是法院行使管辖权的依据。

（二）自然人国籍冲突及其解决★★★

由于各国国籍法的差异，导致存在国籍的积极冲突和消极冲突的情形。国籍的积极冲突是指一个人同时具有两个或两个以上的国家的国籍，消极冲突则是指一个人不具有任何国家的国籍的情形。对于国籍的冲突，各国一般区分不同情况，采取不同方法解决。

我国《涉外民事关系法律适用法》第19条规定："依照本法适用国籍国法律，自然人具有两个以上国籍的，适用有经常居所的国籍国法律；在所有国籍国均无经常居所的，适用与其有最密切联系的国籍国法律。自然人无国籍或者国籍不明的，适用其经常居所地法律。"

## 二、自然人的住所

住所，即一个人以久住的意思而居住的某一处所。自然人住所的冲突与国籍冲突一样，也包括积极冲突和消极冲突两种情况。住所的积极冲突指一个人同时在两个或两个以上国家或法域有住所；而住所的消极冲突则指一个人无任何法律意义上的住所。住所的冲突，主要由于各国有关住所的法律规定不同而产生，各国一般也是区分不同情况，采取不同方法解决。

**关联法条**

**《民法典》**

**第25条** 自然人以户籍登记或者其他有效身份登记记载的居所为住所；经常居所与住所不一致的，经常居所视为住所。

## 三、自然人的居所★★★

自然人的居所是指一个人在一定时间内居住的处所。居所和住所有所不同，住所是一个人以永久居住的意图而居住的处所，而居所的成立不要求当事人具有永久居住的意图。居所有临时居所和惯常居所之分。

关于居所的确定，《最高人民法院关于适用〈中华人民共和国涉外民事关系法律适用法〉若干问题的解释（一）》第13条规定："**自然人在涉外民事关系产生或者变更、终止时已经连续居住一年以上且作为其生活中心的地方，**人民法院可以认定为涉外民事关系法律适用法规定的自然人的经常居所地，但就医、劳务派遣、公务等情形除外。"

**关联法条**

**《涉外民事关系法律适用法》**

**第20条** 依照本法适用经常居所地法律，自然人经常居所地不明的，适用其现在居所地法律。

### 考点2 法人

## 一、法人国籍的确定

### （一）各国确定法人国籍的一般做法

对于如何确定一个法人的国籍，主要有如下几种不同的主张：

（1）法人成员国籍主义或称资本控制主义，即根据法人资本控制者的国籍来确定法人的国籍；

（2）设立地主义，或称成立地主义或登记地主义；

（3）住所地主义；

(4) 准据法主义;

(5) 法人设立地和法人住所地并用主义。

### (二) 我国的相关规定★★★

《涉外民事关系法律适用法》第14条规定:“法人及其分支机构的民事权利能力、民事行为能力、组织机构、股东权利义务等事项,适用登记地法律。

法人的主营业地与登记地不一致的,可以适用主营业地法律。法人的经常居所地,为其主营业地。”

### (三) 法人住所的确定

1. 各国确定法人住所的一般做法。

许多国家主张以法人的住所地法作为法人的属人法,但对法人的住所有不同理解:

(1) 主事务所所在地说,或称管理中心所在地说;

(2) 营业中心所在地说;

(3) 章程指定住所说;

(4) 主要办事机构所在地说。

2. 我国的相关规定。

《民法典》第63条:“法人以其主要办事机构所在地为住所,依法需要办理法人登记的,应当将主要办事机构所在地登记为住所。”

《公司法》第10条:“公司以其主要办事机构所在地为住所。”

### (四) 营业所的冲突及其确定★★★

当事人的营业所也有可能存在积极冲突或者消极冲突。

### (五) 外国法人的认可

外国法人的认可是指内国对外国法人的法律人格的认可。外国法人一经内国认可,即表明该外国法人所具有的权利能力和行为能力在该内国得到确认,有资格并可以有效地在该内国从事民商事活动。外国法人在内国法律上是否被认可是各国的内政事项。

1. 国际立法认可和国内立法认可。

外国法人认可的方式分为国际立法认可(即通过条约规定认可的条件)和国内立法认可两种。

国内立法认可包括三种方式:

(1) 一般认可,即内国对于外国法人,不问其属于何国,一般都加以认可。

(2) 概括认可,即内国对属于某一外国之特定的法人概括地加以认可。

(3) 特别认可,即内国对外国法人通过特别登记或批准程序加以认可。

2. 我国的相关规定。

我国《公司法》第192条第1款规定:“外国公司在中国境内设立分支机构,必须向中国主管机关提出申请,并提交其公司章程、所属国的公司登记证书等有关文件,经批准后,向公司登记机关依法办理登记,领取营业执照。”

## 考点3 国家和国际组织

## 一、国家

国家作为国际民商事法律关系的当事者,根据民商事法律关系的特点,理应与对方当事人享有同等的民事权利和承担同等的民事义务，但国家毕竟又是主权者，当国家参加的国际民商事法律关系涉及另一个国家行使国家权力时，根据国家主权平等原则，除非国家同意，国家免受外国的行政管辖、司法管辖和强制执行措施。

在国家及其财产豁免问题上，我国始终坚持国家及其财产豁免这一公认的国际法原则。目前，我国尚无关于国家及其财产豁免的专门立法。

我国一直坚持绝对豁免主义，我国关于国家及其财产豁免的具体立场，可参考本书国际公法部分的相关内容。

### 二、政府间国际组织

政府间国际组织有时也会参与国际民商事活动。政府间国际组织作为独立的法人主体，其成员对国际组织的债务不负连带责任。政府间国际组织所从事的民商事活动一般应与其职能和宗旨有关，因此，其所能参与的国际民商事活动的范围较为有限，不可能如同自然人和法人一样，可以广泛参与国际民商事活动，它只是国际私法的特殊主体。

政府间国际组织由于行使职能和实现其宗旨的需要，在国际上享有一定的特权与豁免。这种特权与豁免也适用于参与国际民商事活动的政府间国际组织。

## 考点 4　外国人民商事法律地位

### 一、外国人的民商事法律地位

外国人的民商事法律地位主要是指外国自然人和法人在内国享有民事权利和承担民事义务的资格和状况。在现代社会中，外国人的民事法律地位主要是通过各种制度（亦可以说各种标准）反映出来的，这些制度均源自于各国国内法或国际条约，它们主要是国民待遇、最惠国待遇和优惠待遇。

#### （一）国民待遇

国民待遇是指一国将给予内国人的待遇平等地给予外国人的一种制度。依据国民待遇制度，外国人与内国人在内国处于平等的民事地位。

国民待遇在适用中主要有如下三方面特点：

（1）国民待遇制度以互惠为基础，即国家之间相互给予对方国家国民、公司、产品、船舶等国民待遇。

（2）国民待遇制度是有限制的。例如，各国均限制外国人出任某些职务。这已成为国际上的习惯，如此限制并不构成对国民待遇制度的违反。

（3）国民待遇是通过内国国民、公司、产品、船舶或其他物品所享有的待遇表现出来的。

#### （二）最惠国待遇

最惠国待遇是指授予国（给惠国）给予另一国（受惠国）人的待遇，不低于或不少于授予国已给予或将给予任何第三国（最惠国）人的待遇。最惠国待遇主要适用于经济贸易领域，一般以互惠为基础，在适用中有较多例外。

#### （三）优惠待遇

优惠待遇指一国为了某种目的给予外国及其自然人和法人以特定的优惠的一种待遇。

### 二、我国法院受理涉及特权与豁免的民事案件时的处理办法★★

我国最高人民法院 2007 年颁布了《关于人民法院受理涉及特权与豁免的民事案件有关

问题的通知》，该通知规定：凡以下列在中国享有特权与豁免的主体为被告、第三人向人民法院起诉的民事案件，人民法院应在决定受理之前，报请本辖区高级人民法院审查；高级人民法院同意受理的，应当将其审查意见报最高人民法院。在最高人民法院答复前，一律暂不受理：①外国国家；②外国驻中国使馆和使馆人员；③外国驻中国领馆和领馆成员；④途经中国的外国驻第三国的外交代表和与其共同生活的配偶及未成年子女；⑤途经中国的外国驻第三国的领事官员和与其共同生活的配偶及未成年子女；⑥持有中国外交签证或者持有外交护照（仅限互免签证的国家）来中国的外国官员；⑦持有中国外交签证或者持有与中国互免签证国家外交护照的领事官员；⑧来中国访问的外国国家元首、政府首脑、外交部长及其他具有同等身份的官员；⑨来中国参加联合国及其专门机构召开的国际会议的外国代表；⑩临时来中国的联合国及其专门机构的官员和专家；⑪联合国系统组织驻中国的代表机构和人员；⑫其他在中国享有特权与豁免的主体。

# 第三章 法律冲突、冲突规范和准据法

冲突规范是国际私法的核心规范，本章之中冲突规范的概念、结构和类型，准据法的概念、特点是进一步理解和学习法律适用的基础，其中冲突规范的类型、区际冲突情况下准据法的选择等是常考考点。

★【本部分考点近年真题统计】

| 题型 | 年份 | 考点 | 分值 |
| --- | --- | --- | --- |
| 单项选择题 | 2011 年卷一第 38 题 | 冲突规范的类型 | 1 |
| | 2011 年卷一第 39 题 | 区际法律冲突下的准据法选择 | 1 |
| | 2010 年卷一第 33 题 | 冲突规范和准据法 | 1 |
| | 2007 年卷一第 40 题 | 区际法律冲突下的准据法选择 | 1 |
| 多项选择题 | 2004 年卷一第 70 题 | 区际法律冲突下的准据法选择 | 2 |

## 重点知识详解

### 考点 1　法律冲突

#### 一、法律冲突的概念及产生法律冲突的原因

法律冲突也被称为“法律抵触”，是指在涉外民事关系中，由于涉外因素导致有关国家的不同法律在适用上的抵触。

法律冲突产生的原因在于：①各国人民之间存在民商事交往；②各国法律对同一问题的规定不同；③各国承认外国人在内国享有平等的民事法律地位；④各国在一定条件下承认外国法律在内国的域外效力。法律的域外效力指一个国家的法律对本国的一切人都有约束力，不论其在境内还是在境外。

#### 二、国际民商事法律冲突的特点

1. 国际民商事法律冲突是一种跨国法律冲突。
2. 国际民商事法律冲突是一种法律在空间上的冲突。

3. 国际民商事法律冲突是一种私法冲突。

4. 国际民商事法律冲突是一种平面冲突，即同位法之间的冲突。

## 三、法律冲突的解决方法

1. 冲突法解决方法

冲突法解决方法是指运用冲突规范来指定应适用的法律的方法，即通过制定国内或国际的冲突规范，来确定各种不同性质的国际民商事法律关系应适用何种法律，从而解决国际民商事法律冲突。冲突法解决方法可分为国内冲突法解决方法和国际冲突法解决方法。

2. 实体法解决方法

即通过制定国内或国际的民商事实体规范来直接确定当事人的权利与义务，调整国际民商事法律关系，以避免或消除国际民商事法律冲突的方法。国际统一实体法解决方法，可分为国际条约解决方法和国际惯例解决方法。理论上，由于从根本上起到了避免和消除民商事法律冲突的作用，国际统一实体法解决方法优于冲突法解决方法。

## 考点2　冲突规范★★★

## 一、冲突规范的概念、特征与结构

1. 冲突规范的概念

冲突规范是指由国内法或国际条约规定的，指明某种国际民商事法律关系应适用何种法律的规范。

2. 冲突规范的特征

（1）冲突规范是法律适用规范。

（2）冲突规范不是实体规范而是间接规范，不直接规定涉外民事法律关系当事人的权利和义务。

（3）冲突规范是结构独特的法律规范。

3. 冲突规范的结构

冲突规范由“范围”“系属”“关联词”三部分构成。

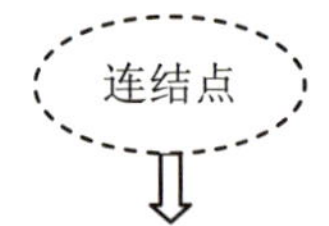


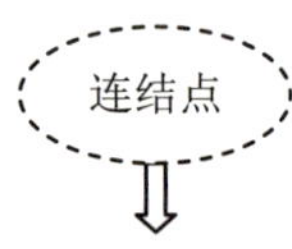


**夫妻人身关系，适用共同经常居所地法律；没有共同经常居所地的，适用共同国籍国法律。**

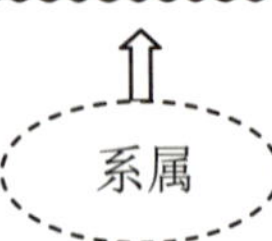


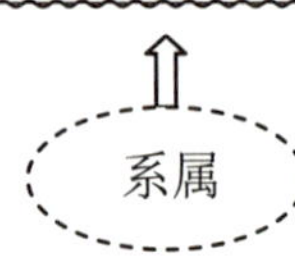


（1）“范围”

“范围”又称为“连接对象”，是指冲突规范所要调整的民商事法律关系或所要解决的法律问题，通过冲突规范的“范围”可以判断该规范适用于调整哪一类民商事法律关系。

（2）“系属”

“系属”规定冲突规范中“范围”所应适用的法律。例如“共同海损的理算，适用理算地法律”这一冲突规范中，“理算地法律”即为系属。

“系属”中还包含了冲突规范的“连结点”。连结点也称为连结因素，是指冲突规范借以确定某一法律关系应适用什么法律的根据。根据冲突规范对法律进行的选择，实际上也是一种对连结点的确定。

连结点可以分为静态的连结点和动态的连结点。静态的连结点就是固定不变的连结点，主要指不动产所在地以及涉及过去的行为或事件的连结点，如婚姻举行地、合同缔结地、法人登记地、侵权发生地。动态的连结点就是可变的连结点，主要有国籍、住所、居所、动产所在地等。

此外，连结点还可分为主观连结点和客观连结点。主观连结点是指当事人的意思表示，这个连结点主要用来确定合同关系的法律适用。客观连结点是一种客观存在的标志，主要有住所、国籍、惯常居所、行为地、履行地、物之所在地、法院地等。

（3）系属公式

系属公式又被称为冲突原则，是指公式化和固定化的系属，其实质是一些解决法律冲突的规则在长期的实践中逐渐被固定化，形成国际上公认的或为大多数国家所采用的处理原则，适用于解决同类性质的法律冲突问题。但系属公式本身并不是冲突规范，仅是冲突规范的系属部分，只有与冲突规范的范围部分结合起来才能构成完整的冲突规范。

最常见的系属公式有属人法、物之所在地法、行为地法，当事人合意选择的法律、法院地法、旗国法、最密切联系地法等等。

①属人法，是以法律关系当事人的国籍、住所或惯常居所作为连结点的系属公式。属人法一般用来解决人的身份、能力、亲属、继承关系等方面的法律冲突。法国等许多大陆法系国家一般采用本国法为属人法，以英、美为代表的普通法系国家和部分南美国家，则一般以当事人的住所地法为属人法，也有用惯常居所地法来代替住所地法或本国法作为属人法的做法。

②物之所在地法，是指民商事法律关系的客体物所在国家的法律，它常用来解决有关物权，特别是不动产物权的法律冲突问题。

③行为地法，是指法律行为发生地所属法域的法律，它起源于“场所支配行为”这一法律古谚。由于法律行为的多样性，行为地法又派生出下列一些系属公式：合同缔结地法、合同履行地法、婚姻举行地法、侵权行为地法（包括加害行为地法和损害发生地法）。

④当事人合意选择的法律，即民商事法律关系的当事人按其意愿自主协议选择的法律。又称当事人“意思自治”，它主要用来解决合同的法律适用问题。

⑤法院地法，即审理案件的法院所在地的法律。它常用来解决涉外民事诉讼程序方面的法律冲突。

⑥最密切联系地法，是与涉外民事法律关系有最密切联系的国家的法律。可以适用于许多不同性质的国际民商事法律关系，但在合同关系中适用的最为普遍。

⑦旗国法，就是运输工具所使用的旗帜所属国家的法律，它常用来解决船舶、航空器在运输过程中发生纠纷时的法律冲突问题。

| 系属公式 | 常用连结点 | 主要解决的问题 |
|---|---|---|
| 属人法 | 国籍（大陆法系国家）、住所（英美普通法系国家及南美部分国家）、惯常居所 | 人的身份、能力、亲属、继承 |
| 物之所在地法 | 物所在地点 | 物权（特别是不动产物权） |
| 行为地法 | 合同缔结地、合同履行地、婚姻举行地、侵权行为地 | 行为的方式和行为的效力 |
| 当事人合意选择的法律 | 当事人的选择 | 合同 |
| 法院地法 | 法院所在地 | 程序问题、涉及法院地国公共利益的问题 |
| 最密切联系地法 | 最密切联系地 | 合同当事人未选择法律时（我国还有涉外扶养等） |
| 旗国法 | 船舶、航空器上的旗帜国 | 船舶航空器物权及运输 |

**【经典真题】**

《涉外民事关系法律适用法》规定：结婚条件，适用当事人共同经常居所地法律；没有共同经常居所地的，适用共同国籍国法律；没有共同国籍，在一方当事人经常居所地或者国籍国缔结婚姻的，适用婚姻缔结地法律。该规定属于下列哪一种冲突规范？[1]（2011－1－38）

A. 单边冲突规范　　　　　　B. 重叠适用的冲突规范

C. 无条件选择适用的冲突规范　　D. 有条件选择适用的冲突规范

**【解析】** 有条件的选择性冲突规范是指对系属中指出的几种法律进行选择时有顺序之别，选择适用后一法律必须以前一法律不能适用为前提的法律适用规范。本题关于结婚条件法律适用的冲突规范中，有几种法律均有适用的可能，但存在优先顺序，故属于有条件的选择性冲突规范，选项D正确。

### 考点3　准据法★★★

## 一、准据法的定义

准据法是指经冲突规范指定，用来具体确定民商事法律关系当事人权利与义务的特定的实体法。

## 二、准据法的特点

准据法作为国际私法上的特殊法律范畴，具有如下特点：

1. 准据法必须是通过冲突规范所援引的法律。未经冲突规范的指引而直接适用于涉外民商事法律关系的法律，无论是国际统一实体法规范还是国内法中的实体法规范，都不能

[1]【答案】D

被称为准据法。

2. 准据法是能够具体确定国际民商事法律关系当事人的权利与义务的实体法。

3. 准据法一般是依据冲突规范中的系属并结合有关国际民商事案件具体情况来确定。

## 三、存在区际法律冲突情况下的准据法确定

如果准据法所属国为多法域国家，该国内部各法域之间的立法规定不同而产生区际法律冲突。则如何确定准据法？对此问题各国采取不完全相同的解决方法，如根据准据法所属国的“区际私法”确定准据法或者依据最密切联系原则确定准据法等。

**我国《涉外民事关系法律适用法》第6条规定：“涉外民事关系适用外国法律，该国不同区域实施不同法律的，适用与该涉外民事关系有最密切联系区域的法律。”**

# 第四章
# 适用冲突规范的制度

导学

本部分内容属于适用冲突规范的基本制度，应理解识别、先决问题、反致、外国法的查明、公共秩序保留、直接适用的法及法律规避各项制度的意义，并在此基础上掌握我国的相关法条。本部分内容属于高频考点，应特别关注。

★【本部分考点近年真题统计】

| 题型 | 年份 | 考点 | 分值 |
|---|---|---|---|
| 单项选择题 | 2015 年卷一第 35 题 | 直接适用的法 | 1 |
| | 2013 年卷一第 35 题 | 直接适用的法 | 1 |
| | 2011 年卷一第 36 题 | 外国法查明和解释 | 1 |
| | 2011 年卷一第 35 题 | 外国法查明 | 1 |
| | 2008 年卷一第 35 题 | 外国法查明 | 1 |
| | 2006 年卷一第 39 题 | 公共秩序保留 | 1 |
| 多项选择题 | 2010 年卷一第 82 题 | 法律规避 | 2 |
| | 2006 年卷一第 81 题 | 外国法查明 | 2 |
| 不定项选择题 | 2014 年卷一第 98 题 | 外国法查明、直接适用的法、反致 | 2 |

## 重点知识详解

### 考点 1 识别或定性★★★

#### 一、识别的概念

识别又称定性或归类，是指在适用冲突规范时，依照某一法律观念对有关的事实或问题进行分析，将其归入一定的法律范畴，并对有关的冲突规范的范围和对象进行解释，从而确定何种冲突规范适用何种事实或问题的过程。在国际私法领域，识别是法官适用冲突规范之前的一种思维活动，是适用冲突规范的前提。识别的过程，应包括两个相互制约和影响的内容：

1. 对有关的法律事实或问题进行识别，即对涉外民商事案件所涉及的有关事实或问题进行法律分类或定性，纳入一定的法律范畴。因为在对涉外民商事案件适用冲突规范时，首先要判定该涉外民商事案件性质，明确其属于什么法律范畴，比如，是属于合同问题还是属于侵权问题，是属于人的能力问题还是行为方式有效性问题等等。从识别这方面的内容来看，是为了准确地根据有关冲突规范去进行法律选择。

2. 对冲突规范本身的识别，即对冲突规范范围或对象所使用的法律术语进行解释。如在具体适用“不动产依不动产所在地法”“合同依合同缔结地法”等冲突规范时，须对“不动产”“侵权行为地”等法律概念进行解释，以准确找到应适用于案件的准据法。

对于法院地国家而言，存在着是依内国法进行识别还是依外国法进行识别的冲突问题，因为采用不同国家的法律观念进行识别就会适用不同的冲突规范，最终导致适用不同准据法的结果。从这个意义上说，通过识别可以达到限制外国法适用的目的，但不构成限制外国法的适用的主要手段。识别冲突是法院在处理涉外民商事争议时，由于各国法律对同一事实构成作出不同的分类，或对冲突规范的范围中同一法律概念赋予不同的内涵而导致的，因此即使两国制定相同的冲突规则，也不能避免识别冲突的产生。

## 二、识别的依据

一国法院在处理国际民商事案件时，主要应该依据法院地法对有关的事实或问题进行识别，对自己的冲突规范加以解释。另一方面，必要时也应该适当考虑依据与有关案件有最密切联系的法律进行识别。

**我国《涉外民事关系法律适用法》第 8 条规定：“涉外民事关系的定性，适用法院地法律。”**

**关联法条**

**《最高人民法院关于适用〈中华人民共和国涉外民事关系法律适用法〉若干问题的解释（一）》**

**第 11 条** 案件涉及两个或者两个以上的涉外民事关系时，人民法院应当分别确定应当适用的法律。

## 三、识别的作用

识别的直接作用在于正确地适用冲突规范。识别在某些情况下可以起到限制外国法适用的作用，例如：故意通过识别使得法院地法得以适用的做法。但识别不是直接限制和排除外国法适用的手段。此外，识别对于确定涉外案件的管辖权具有重要作用。

## 考点 2 先决问题★★★

先决问题又称附带问题，是指在国际私法中有的争诉问题的解决，以首先解决另一个问题为条件。

我国《最高人民法院关于适用〈中华人民共和国涉外民事关系法律适用法〉若干问题的解释（一）》第 10 条规定：“涉外民事争议的解决须以另一涉外民事关系的确认为前提时，人民法院应当根据该先决问题自身的性质确定其应当适用的法律。”

## 考点 3 反致★★★

反致是指法院地国在根据本国冲突规范适用外国法的过程中，接受了该外国法冲突规范的指定，适用本国实体法或第三国实体法的制度。

1. 反致产生的原因

（1）客观原因：不同国家或不同地区的冲突规范对同一民商事法律关系或民商事法律问题的法律适用作出了不同的规定或不同的解释。

（2）主观原因：法院地法律接受反致制度，审理案件的法院将本国或本地区的冲突规范所指定的外国法或外域法视为包括冲突规范在内的全部法律。

归根结底，反致是冲突规范的冲突的一种表现形式。

2. 反致的类型

一般讲的反致是广义的反致，包括直接反致、转致、间接反致、包含直接反致的转致、完全反致。

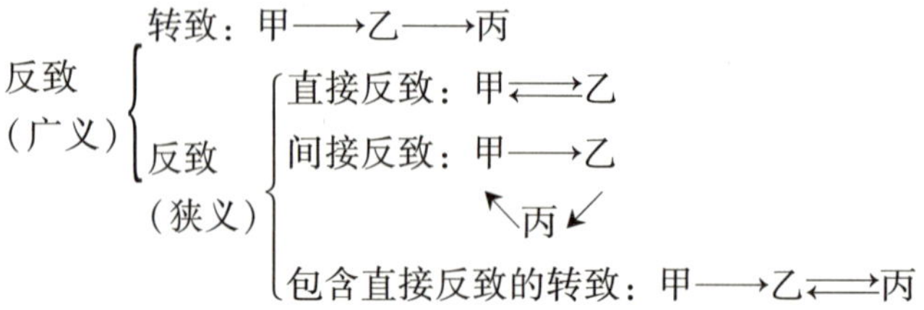

反致（广义）
- 转致：甲⟶乙⟶丙
- 反致（狭义）
  - 直接反致：甲⇄乙
  - 间接反致：甲⟶乙，乙↙丙，丙↖甲
  - 包含直接反致的转致：甲⟶乙⇄丙

（1）直接反致

直接反致，即狭义的反致，又称“一级反致”，是指对某一案件，法院按照自己的冲突规范本应适用外国法，而该外国法的冲突规范却指定此种法律关系应适用法院地法，于是该法院最终适用了本国法。

（2）转致

转致又称“二级反致”，是指对某一案件，甲国或甲地区法院根据本国或本地区的冲突规范指定应适用乙国或乙地区的法律，而乙国或乙地区的冲突规范指定应适用丙国或丙地区的法律，结果是甲国或甲地区的法院适用了丙国或丙地区的法律。

（3）间接反致

间接反致是指对某一案件，甲国或甲地区的法院根据本国或本地区的冲突规范指定应适用乙国或乙地区的法律，但依乙国或乙地区的冲突规范的指定应适用丙国或丙地区的法律，而依丙国或丙地区的冲突规范的指定却应适用甲国或甲地区的法律，结果甲国或甲地区的法院适用了自己的实体法。

（4）包含直接反致的转致

包含直接反致的转致是指对某一案件，甲国或甲地区法院根据本国或本地区的冲突规范指定应适用乙国或乙地区的法律，而乙国或乙地区的冲突规范指定应适用丙国或丙地区的法律，但丙国或丙地区的冲突规范反向指定应适用乙国或乙地区的法律，最后甲国或甲地区的法院适用乙国或乙地区的实体法律处理了案件。

（5）完全反致

完全反致又称双重反致，是指英国法院的法官在处理某一案件时，如果依英国法而应适用某外国法，且该外国的冲突规范又指向适用英国法。则应假定将自己置身于该外国法律体系，像该外国法官依据自己的法律来裁断案件一样，再依该外国对反致所持的立场，决定最终应适用的法律。

各国立法和实践对反致制度的态度不一，主要有以下几种情况：①全面接受反致制度；

②有限制地接受反致。有的国家只接受反致，而不接受转致；③完全拒绝反致。一些国家的立法中明文规定拒绝任何形式的反致。

我国《涉外民事关系法律适用法》第9条规定：**“涉外民事关系适用的外国法律，不包括该国的法律适用法。”**显然，由该规定可知，既然适用的外国法律不包括该国的法律适用法，那就只能认为如果我国的冲突规范指向外国法，仅是指该外国的实体法，相应地就没有反致产生的可能性，由此可见，**我国不接受反致。**

### 考点4 外国法内容的查明★★★

外国法的查明，又称外国法内容的确定，是指一国法院根据本国冲突规范指定应适用外国法时，如何查明该外国法的存在和内容。这是法院按照冲突规范适用外国法时首先面对的问题，只有确定了应适用的外国法的内容，才能将该外国法具体适用于涉外民商事关系，才能最终确定当事人的权利义务。

## 一、实践中各国一般用以查明外国法的方法

综合各国在确定外国法的内容方面所采取的不同做法，外国法的查明方法大致可区分为以下四类：

1. 把外国法看作事实，由当事人主张和证明。
2. 把外国法看作事实，原则上由当事人负责举证，但法官也可直接认定。
3. 把外国法看作法律，由法官依职权查明。
4. 基本上把外国法视为法律，原则上由法官负责查明，必要时也可要求当事人予以协助。

## 二、无法查明外国法的解决办法

如无法查明该外国法，通常采取以下解决办法：以内国法取而代之；驳回当事人的诉讼请求或抗辩；适用同本应适用的外国法相近似或类似的法律；适用一般法理。

## 三、外国法的错误适用

可能发生的外国法的错误适用有两种情况：

1. 适用内国冲突规范的错误。它是指法官在适用内国冲突规范进行法律选择时，本应适用某一外国法，却适用了另一外国或内国法，或者本应适用内国法，却适用外国法而发生的错误。对于这种错误，一般都认为和违反内国其他法律具有相同的性质，允许当事人依法上诉，以便纠正错误。

2. 适用外国法本身的错误。它是指法官在依内国冲突规范适用某一外国法时，对该外国法的内容作了错误的解释，或者本应适用该外国法的甲法而适用了该外国法的乙法，并据此作出错误判决的情形。对于这种外国法的错误适用，有不允许当事人上诉和允许上诉两种不同的主张。

## 四、中国关于外国法的查明的规定

我国《涉外民事关系法律适用法》第10条规定：“涉外民事关系适用的外国法律，由人民法院、仲裁机构或者行政机关查明。当事人选择适用外国法律的，应当提供该国法律。

不能查明外国法律或者该国法律没有规定的，适用中华人民共和国法律。”

此外，我国《民事诉讼法》规定，民事案件实行两审终审制，无法律审与事实审的区别。根据“有错必纠”的原则，对我国法院在审理国际民商事案件时发生的适用外国法的错误，无论是适用内国冲突规范的错误，还是适用外国法本身的错误，当事人均可对之提起上诉。

| ①查明的主体 | 《涉外民事关系法律适用法》第10条：“涉外民事关系适用的外国法律，由人民法院、仲裁机构或者行政机关查明。当事人选择适用外国法律的，应当提供该国法律。不能查明外国法律或者该国法律没有规定的，适用中华人民共和国法律。” |
|---|---|
| ②查明的途径 | 参考：《最高人民法院关于设立国际商事法庭若干问题的规定》第八条：国际商事法庭审理案件应当适用域外法律时，可以通过下列途径查明：（一）由当事人提供；（二）由中外法律专家提供；（三）由法律查明服务机构提供；（四）由国际商事专家委员提供；（五）由与我国订立司法协助协定的缔约对方的中央机关提供；（六）由我国驻该国使领馆提供；（七）由该国驻我国使馆提供；（八）其他合理途径。通过上述途径提供的域外法律资料以及专家意见，应当依照法律规定在法庭上出示，并充分听取各方当事人的意见。 |
| ③“不能查明”的认定标准 | 《最高人民法院关于适用〈涉外民事关系法律适用法〉若干问题的解释（一）》第15条：人民法院通过由当事人提供、已对中华人民共和国生效的国际条约规定的途径、中外法律专家提供等合理途径仍不能获得外国法律的，可以认定为不能查明外国法律。<br>根据《涉外民事关系法律适用法》第10条第1款的规定，当事人应当提供外国法律，其在人民法院指定的合理期限内无正当理由未提供该外国法律的，可以认定为不能查明外国法律。 |
| ④外国法的理解与适用 | 《最高人民法院关于适用〈涉外民事法律适用法〉若干问题的解释（一）》第16条：人民法院应当听取各方当事人对应当适用的外国法律的内容及其理解与适用的意见，当事人对该外国法律的内容及其理解与适用均无异议的，人民法院可以予以确认；当事人有异议的，由人民法院审查认定。 |
| ⑤适用外国法的错误 | 我国《民事诉讼法》规定，民事案件实行两审终审制，无法律审与事实审的区别。根据“有错必纠”的原则，对我国法院在审理国际民商事案件时发生的适用外国法的错误，无论是适用内国冲突规范的错误，还是适用外国法本身的错误，当事人均可对之提起上诉。 |

**【经典真题】**

在某涉外合同纠纷案件审判中，中国法院确定应当适用甲国法律。关于甲国法的查明和适用，下列哪一说法是正确的？[1]（2011－1－35）

A. 当事人选择适用甲国法律的，法院应当协助当事人查明该国法律

B. 该案适用的甲国法包括该国的法律适用法

C. 不能查明甲国法的，适用中华人民共和国法律

D. 不能查明甲国法的，驳回当事人的诉讼请求

**【解析】** 我国《涉外民事关系法律适用法》第10条规定：“涉外民事关系适用的外国

[1] 【答案】C

法律，由人民法院、仲裁机构或者行政机关查明。当事人选择适用外国法律的，应当提供该国法律。不能查明外国法律或者该国法律没有规定的，适用中华人民共和国法律。”《涉外民事关系法律适用法》第9条规定：“涉外民事关系适用的外国法律，不包括该国的法律适用法。”故只有选项C正确。

### 考点5 公共秩序保留、直接适用的法★★★

公共秩序又称为公共政策，是指一国国家和社会的重大利益，或法律和道德的基本原则。通常，在一国依内国冲突规范的指定应对某一国际民商事法律关系适用外国法时，如其适用将与自己的公共秩序相抵触，便可排除该外国法的适用。这种对外国法适用的限制或排除称为公共秩序保留制度。鉴于公共秩序保留制度的这种对外国法的防范及否定的作用，这一制度也被称之为国际私法的“安全阀”。

#### 一、公共秩序保留的有关实践

公共秩序保留作为国际私法上的一项制度，已普遍被各国立法或司法实践所采用，相对于英、美等普通法系国家而言，欧洲大陆国家使用得更加广泛而频繁。公共秩序保留制度在国际条约中也越来越被频繁地采用。在第二次世界大战后，越来越多的国际统一冲突法公约订立了公共秩序条款，允许缔约国在依公约的冲突规范指定适用外国法时，如发现其适用明显地违背本国公共秩序，可拒绝适用。

实践中，在指定的外国法因其适用会违背法院国的公共秩序而被排除后，各国的通常做法是用法院地法代替，即适用法院国的实体法来审理、判决案件。

#### 二、我国的公共秩序保留制度

我国在立法上已有比较完备的关于公共秩序制度的规定，并在司法实践中以公共秩序为由排除外国法或国际惯例的适用。具体来说，我国在法律适用、司法协助、判决和裁决的承认执行等方面都规定了公共秩序保留制度。

我国《涉外民事关系法律适用法》就公共秩序保留做了规定，该法第5条规定：“外国法律的适用将损害中华人民共和国社会公共利益的，适用中华人民共和国法律。”

#### 三、直接适用的法

我国《涉外民事关系法律适用法》第4条规定：“中华人民共和国法律对涉外民事关系有强制性规定的，直接适用该强制性规定。”

《最高人民法院关于适用〈涉外民事关系法律适用法〉若干问题的解释（一）》第8条规定：“有下列情形之一，涉及中华人民共和国社会公共利益、当事人不能通过约定排除适用、无需通过冲突规范指引而直接适用于涉外民事关系的法律、行政法规的规定，人民法院应当认定为涉外民事关系法律适用法第四条规定的强制性规定：（一）涉及劳动者权益保护的；（二）涉及食品或公共卫生安全的；（三）涉及环境安全的；（四）涉及外汇管制等金融安全的；（五）涉及反垄断、反倾销的；（六）应当认定为强制性规定的其他情形。”

**【经典真题】**

世界各国都将公共秩序保留作为捍卫本国根本利益的一项重要法律制度。关于这一制

度，下列哪项判断是错误的？[1]（2006－1－39）

A. 我国的公共秩序保留制度仅在适用外国法律将违反我国社会公共利益的情况下才可以适用，其结果为排除相关外国法律的适用

B. 在英美普通法系国家中，“公共秩序”的概念一般表述为“公共政策”

C. 公共秩序保留制度已经为国际条约所规定

D. 我国法律中常常采用“社会公共利益”来表述“公共秩序”的概念

【解析】我国除规定适用外国法律或者国际惯例不能违背中华人民共和国的社会公共利益外，在承认和执行外国法院判决或外国仲裁裁决方面，也以该判决或仲裁裁决不违反中国的社会公共利益为前提之一。因此，A 选项错误。在英美普通法系国家中，“公共秩序”的概念一般表述为“公共政策”。目前，公共秩序保留制度已经可以见诸许多的国际条约的规定。我国《涉外民事关系法律适用法》第 5 条作为一条通则性的公共秩序条款，没有使用“公共秩序”这样的措辞，而是规定：“外国法律的适用将损害中华人民共和国社会公共利益的，适用中华人民共和国法律。”因此，B、C、D 选项本身正确，故答案应为 A 选项。

### 考点 6　法律规避★★★

法律规避又称“法律欺诈”，是指国际民商事法律关系的当事人故意制造某种连结点，以避开本应适用的对其不利的法律，从而使对自己有利的法律得以适用的一种行为。一般来说，在实践中，大多数国家都认为法律规避是非法的，不承认其效力。

## 一、法律规避的构成要件

认定法律规避的行为应满足以下条件：

1. 主观上必须有规避法律的故意。
2. 规避当事人本应适用的法律。
3. 是通过人为地制造或改变连结点的方式来实现的。
4. 须是既遂，即已经完成规避行为。

通过改变连结点而达到规避法律的目的，改变的是动态连结点。

## 二、法律规避的效力

关于法律规避的效力问题，各国在理论和立法、司法实践中存在着较大的分歧。归纳起来，有以下几种情况：

1. 全面否定法律规避的效力。
2. 基本肯定法律规避的效力。
3. 仅仅否定规避内国法的行为的效力。

## 三、中国关于法律规避的规定

我国《最高人民法院关于适用〈涉外民事关系法律适用法〉若干问题的解释（一）》第 9 条：“一方当事人故意制造涉外民事关系的连结点，规避中华人民共和国法律、行政法

[1] 【答案】A

规的强制性规定的，人民法院应认定为不发生适用外国法律的效力。”

可见，此处的法律规避是指规避我国的强制性或禁止性的法律，而非任何法律；当事人规避我国的强制性或禁止性的法律的行为无效，不发生适用外国法的效力。至于对规避外国法律的行为如何处理的问题，我国法律尚无明确的规定。

## 第五章

# 涉外民事法律关系的法律适用

导学

自2011年4月1日起开始施行的《涉外民事关系法律适用法》第一次将冲突规则集中规定在同一部单行法律中，就民事主体、婚姻家庭、继承、物权、债权和知识产权等涉外民事关系的法律适用作了全面、系统的规定。该法一方面弥补了不少我国原来立法在法律适用问题上的漏洞，另一方面也体现出了一些新的特点，例如，将经常居所作为主要连结点，注重法律适用的灵活性，重视保护弱者的利益等。该法及其司法解释出台之后，一直是司法考试国际私法命题的重点，应注意在理解的基础上，通过归纳、比较等方式掌握上述各领域的法律适用规则。此外，还应注意《海商法》《民用航空法》《票据法》等一些特别法中也有一些冲突规范，也须予以掌握。

### 重点知识详解

### 考点1　《涉外民事关系法律适用法》一般性规定总结★★★★

★【本部分考点近年真题统计】

| 题型 | 年份 | 考点 | 分值 |
| --- | --- | --- | --- |
| 单项选择题 | 2012年卷一第37题 | 涉台法律适用、送达 | 1 |
| | 2005年卷一第35题 | 涉外诉讼时效的法律适用 | 1 |
| 多项选择题 | 2017年卷一第79题 | 涉外合同及诉讼时效的法律适用 | 2 |
| | 2014年卷一第77题 | 意思自治、诉讼时效、直接适用的法等 | 2 |
| 不定项选择题 | 2013年卷一第98题 | 我国涉外民事法律适用中意思自治原则及其限制 | 2 |

### 一、法定为主、最密切联系为辅原则

《涉外民事关系法律适用法》第2条规定："涉外民事关系适用的法律，依照本法确定。其他法律对涉外民事关系法律适用另有特别规定的，依照其规定。本法和其他法律对涉外民事关系法律适用没有规定的，适用与该涉外民事关系有最密切联系的法律。"

## 二、意思自治原则

《涉外民事关系法律适用法》及其司法解释对**意思自治原则——当事人选择法律适用——**作了明确具体的规定：

1. 选择的方式。

《涉外民事关系法律适用法》第3条规定："当事人依照法律规定可以**明示选择**涉外民事关系适用的法律。"

2. 禁止选择的情形。

《最高人民法院关于适用〈涉外民事关系法律适用法〉若干问题的解释（一）》第4条规定："中华人民共和国法律没有明确规定当事人可以选择涉外民事关系适用的法律，当事人选择适用法律的，人民法院应认定该选择无效。"

3. 选择的范围——无须实际联系，允许选择尚未对我国生效的条约。

《最高人民法院关于适用〈涉外民事关系法律适用法〉若干问题的解释（一）》第5条规定："一方当事人以双方协议选择的法律与系争的涉外民事关系没有实际联系为由主张选择无效的，人民法院不予支持。"

第7条规定："当事人在合同中援引尚未对中华人民共和国生效的国际条约的，人民法院可以根据该国际条约的内容确定当事人之间的权利义务，但违反中华人民共和国社会公共利益或中华人民共和国法律、行政法规强制性规定的除外。"

4. 作出选择的时间。

《最高人民法院关于适用〈涉外民事关系法律适用法〉若干问题的解释（一）》第6条规定："当事人在一审法庭辩论终结前协议选择或者变更选择适用的法律的，人民法院应予准许。

各方当事人援引相同国家的法律且未提出法律适用异议的，人民法院可以认定当事人已经就涉外民事关系适用的法律做出了选择。"

## 三、注重保护弱者利益原则

《涉外民事关系法律适用法》在涉外监护、扶养、父母子女关系的法律适用方面，均体现了保护弱者利益的原则，详见本书后面相关内容。

## 四、有关《涉外民事关系法律适用法》及其司法解释的适用之解释

《最高人民法院关于适用〈涉外民事关系法律适用法〉若干问题的解释（一）》对于《涉外民事关系法律适用法》及该司法解释本身的适用作了较为详尽的规定：

《最高人民法院关于适用〈涉外民事关系法律适用法〉若干问题的解释（一）》第2条规定："涉外民事关系法律适用法实施以前发生的涉外民事关系，人民法院应当根据该涉外民事关系发生时的有关法律规定确定应当适用的法律；**当时法律没有规定的，可以参照涉外民事关系法律适用法的规定确定。"**

第3条规定，相互冲突情况下适用《涉外民事关系法律适用法》，但《票据法》《海商法》《民航法》及知识产权方面的特别法优于《涉外民事关系法律适用法》。

## 五、诉讼时效的法律适用

所涉民事纠纷的诉讼时效与该涉外民事案件的准据法一致。如涉外侵权损害赔偿适用

侵权行为地法，就该侵权损害赔偿提起的诉讼的时效，也依该侵权行为地法的规定。我国《涉外民事关系法律适用法》第7条规定：“**诉讼时效，适用相关涉外民事关系应当适用的法律。**”

**【经典真题】**

中国甲公司与英国乙公司签订了商事合同，约定合同适用英国法。现甲乙两公司因合同履行发生纠纷诉至中国某人民法院，根据我国法律和相关司法解释，下列说法正确的是哪项？[1]（2021年回忆版真题，单选）

A. 若双方在一审法庭辩论时将合同适用的法律变更为苏格兰法，法院应予准许

B. 若英国存在多个法域，该合同纠纷应适用伦敦所在的英格兰法

C. 若双方在一审法庭辩论时约定该纠纷的诉讼时效适用中国法，应从其约定

D. 该纠纷的诉讼时效应适用中国《民法典》

**【解析】**《最高院关于适用〈涉外民事关系法律适用法〉若干问题的解释（一）》第6条规定，当事人在一审法庭辩论终结前协议选择或者变更选择适用的法律的，人民法院应予准许，故A选项正确。《涉外民事关系法律适用法》第6条规定，涉外民事关系适用外国法律，该国不同区域实施不同法律的，适用与该涉外民事关系有最密切联系区域的法律，本题中并无证据表明英格兰为该合同的最密切联系地，故B选项错误。《涉外民事关系法律适用法》第7条规定，诉讼时效，适用相关涉外民事关系应当适用的法律。因此，当事人无权约定诉讼时效的法律适用，故C选项错误。本合同当事人约定了合同的准据法为英国法，故该合同的诉讼时效也应适用英国法，D选项错误。

## 六、涉台法律适用

《最高人民法院关于审理涉台民商事案件法律适用问题的规定》（2010年4月26日最高人民法院审判委员会第1486次会议通过）的主要内容如下：

1. 人民法院审理涉台民商事案件，应当适用法律和司法解释的有关规定。

根据法律和司法解释中选择适用法律的规则，确定适用台湾地区民事法律的，人民法院予以适用。

2. 台湾地区当事人在人民法院参与民事诉讼，与大陆当事人有同等的诉讼权利和义务，其合法权益受法律平等保护。

3. 根据本规定确定适用有关法律违反国家法律的基本原则或者社会公共利益的，不予适用。

〔1〕【答案】A

## 考点2 权利能力和行为能力

★【本部分考点近年真题统计】

| 题型 | 年份 | 考点 | 分值 |
|---|---|---|---|
| 单项选择题 | 2016年卷一第35题 | 自然人宣告失踪的法律适用 | 1 |
| | 2014年卷一第35题 | 法人股东权利、义务的法律适用 | 1 |
| | 2014年卷一第36题 | 自然人宣告死亡的法律适用 | 1 |
| | 2012年卷一第36题 | 自然人的民事行为能力的法律适用 | 1 |
| | 2011年卷一第36题 | 法人民事行为能力的法律适用 | 1 |
| | 2009年卷一第36题 | 定居国外的我国公民的民事行为能力 | 1 |
| | 2005年卷一第37题 | 外国人在我国的行为能力的法律适用 | 1 |
| 多项选择题 | 2016年卷一第77题 | 外国法人的国籍之确定及其民事行为能力、权利能力以及股东权利义务的法律适用 | 2 |
| | 2011年卷一第78题 | 人格权的法律适用 | 2 |

### 一、自然人权利能力、行为能力的法律适用

国际私法所讲的权利能力包括一般权利能力和特别权利能力。一般权利能力就是民法上所讲的享受权利和承担义务的能力或资格，它包括人格权、享有生活必需品的所有权、婚姻权利、继承权利等。各国关于自然人的权利能力的规定也会发生法律冲突，主要表现在对于权利能力何时开始和权利能力何时终止，各国的理解和规定各有不同。

自然人的民事行为能力指法律确认自然人通过自己的行为从事民事活动，缔结民事法律关系，取得民事权利和承担民事义务的能力。关于自然人民事行为能力的法律冲突的解决，随着国际贸易的发展，许多国家在立法上规定，除原则上适用属人法之外，对在本国国内进行的与经贸活动有关的法律行为，作为例外而多适用行为地法。

### 二、我国有关自然人和法人能力的法律适用的相关规定★★★★

1. 我国有关自然人民事权利能力、行为能力的法律适用的相关规定。

| | **类别** | **法律适用** |
|---|---|---|
| **自然人** | 民事权利能力 | 《涉外民事关系法律适用法》第11条：自然人的民事权利能力，适用经常居所地法律。 |
| | **民事行为能力** | 《涉外民事关系法律适用法》第12条：自然人的民事行为能力，适用经常居所地法律。自然人从事民事活动，依照经常居所地法律为无民事行为能力，**依照行为地法律为有民事行为能力的，适用行为地法律，但涉及婚姻家庭、继承的除外。** |
| | 宣告失踪或者宣告死亡 | 《涉外民事关系法律适用法》第13条：**宣告失踪**或者宣告死亡，适用自然人经常居所地法律。 |
| | **人格权** | 《涉外民事关系法律适用法》第15条：人格权的内容，适用权利人经常居所地法律。 |

**关联法条**

**《涉外民事关系法律适用法》**

**第 20 条** 依照本法适用经常居所地法律，自然人经常居所地不明的，适用其现在居所地法律。

**【经典真题】**

经常居所地同在广州的越南公民阮某和莱索托公民祁某，去中国西北无人区探险时失踪。数年后两人亲属在广州某法院申请宣告死亡。关于本案的法律适用，下列选项正确的是哪项？[1]（2021 年回忆版真题，单选）

A. 都适用中国法

B. 若莱索托国法律无法查明，则应适用中国法确定能否对乙宣告死亡

C. 应分别适用越南法和莱索托法

D. 同时适用中国法和各自的国籍国法

【解析】《涉外民事关系法律适用法》第 13 条规定，宣告失踪或者宣告死亡，适用自然人经常居所地法律。本题中两人的经常居所地均在中国，故都适用中国法，A 选项正确，C 选项和 D 选项错误。关于 B 选项，虽然《法律适用法》规定不能查明外国法律或者该国法律没有规定的，适用中国法律。由于本案中无须适用莱索托法，因而也无须查明该国法律，故该选项亦错误。

**2. 我国有关法人民事权利能力、行为能力的法律适用的相关规定。**

我国《涉外民事关系法律适用法》第 14 条规定："法人及其分支机构的民事权利能力、民事行为能力、组织机构、股东权利义务等事项，适用登记地法律。

法人的主营业地与登记地不一致的，可以适用主营业地法律。法人的经常居所地，为其主营业地。"

**【经典真题】**

甲国 A 公司和乙国 B 公司共同出资组建了 C 公司，C 公司注册地和主营业地均在乙国，同时在甲国、乙国和中国设有分支机构，现涉及中国某项业务诉诸中国某法院。根据我国相关法律规定，该公司的民事行为能力应当适用哪国法律？[2]（2011－1－36）

A. 甲国法　　B. 乙国法　　C. 中国法　　D. 乙国法或者中国法

【解析】我国《涉外民事关系法律适用法》第 14 条规定，"法人及其分支机构的民事权利能力、民事行为能力、组织机构、股东权利义务等事项，适用登记地法律。法人的主营业地与登记地不一致的，可以适用主营业地法律。法人的经常居所地，为其主营业地。"本题中公司注册地和主营业地均在乙国，该公司的民事行为能力应当适用乙国法，故答案应为 B 选项。

---

〔1〕【答案】A

〔2〕【答案】B

## 考点3 我国涉外物权关系的法律适用

### ★【本部分考点近年真题统计】

| 题型 | 年份 | 考点 | 分值 |
|---|---|---|---|
| 单项选择题 | 2017 年卷一第 37 题 | 涉外船舶物权及侵权的法律适用 | 1 |
| | 2015 年卷一第 36 题 | 动产物权的法律适用 | 1 |
| | 2010 年卷一第 35 题 | 涉外船舶物权及合同的法律适用 | 1 |
| | 2005 年卷一第 39 题 | 涉外民用航空器物权的法律适用 | 1 |
| | 2004 年卷一第 37 题 | 涉外民用航空器物权的法律适用 | 1 |
| 多项选择题 | 2004 年卷一第 71 题 | 涉外船舶物权的法律适用 | 2 |
| 不定项选择题 | 2011 年卷一第 98 题 | 动产物权的法律适用 | 2 |

对于物权关系的法律适用，各国一般将动产和不动产物权区分开来规定，不动产物权适用不动产所在地法是各国普遍采用、没有争议的规则。

#### （一）通常情况下物之所在地法的适用范围

物之所在地法就是物权关系客体物所在地的法律，它是目前各国用来解决物权关系法律冲突的一项基本原则。物之所在地法适用于：

1. 动产与不动产的区分；
2. 决定物权客体的范围；
3. 决定物权的种类和内容；
4. 决定物权的取得、转移变更和消灭的方式及条件；
5. 决定物权的保护方法。

#### （二）物之所在地法适用的例外

**由于某些物的特殊性或处于特殊状态，物之所在地法的适用有如下例外：**

1. 运送中的物品的物权关系一般适用送达地法或发送地法；
2. 船舶、飞行器等运输工具的物权关系一般适用登记注册地法或旗国法；
3. 外国法人终止或解散时有关物权关系一般适用法人属人法；
4. 遗产继承，遗产继承目前主要有单一制和区别制两种做法。采取单一制的国家，有时根本不考虑遗产所在地法；采取区别制的国家对动产一般适用被继承人的属人法。

#### （三）权利质权的法律适用

物权包括担保物权和用益物权，担保物权中包括权利质权。权利质权是为了担保债权清偿，以可转让的财产权利为标的物的质权。可以质押的权利的种类：有价证券、依法可以转让的股份、股票、依法可以转让的知识产权中的财产权、依法可以出质的其他权利。

### （四）我国关于物权关系法律适用的有关规定 ★★★★

| 1. 不动产物权 | 《涉外民事关系法律适用法》第 36 条：不动产物权，适用不动产所在地法律。 |
|---|---|
| 2. 动产物权 | 《涉外民事关系法律适用法》第 37 条：当事人可以协议选择动产物权适用的法律。当事人没有选择的，适用法律事实发生时动产所在地法律。<br>《涉外民事关系法律适用法》第 38 条：当事人可以协议选择运输中动产物权发生变更适用的法律。当事人没有选择的，适用运输目的地法律。 |
| 3. 船舶物权 | （1）船舶所有权：《海商法》第 270 条：船舶所有权的取得、转让和消灭，适用船旗国法律。<br>（2）船舶抵押权：《海商法》第 271 条：船舶抵押权适用船旗国法律。船舶在光船租赁以前或光船租赁期间，设立船舶抵押权的，适用原船舶登记国的法律。<br>（3）船舶优先权：《海商法》第 272 条：船舶优先权，适用受理案件的法院所在地法律。 |
| 4. 民用航空器物权 | （1）航空器所有权：《民用航空法》第 185 条：民用航空器所有权的取得、转让和消灭，适用民用航空器国籍登记国法律。<br>（2）航空器抵押权：《民用航空法》第 186 条：民用航空器抵押权适用民用航空器国籍登记国法律。<br>（3）航空器优先权：《民用航空法》第 187 条：民用航空器优先权适用受理案件的法院所在地法律。 |
| 5. 权利质权 | 《涉外民事关系法律适用法》第 40 条：权利质权，适用质权设立地法律。<br>《涉外民事关系法律适用法》第 39 条：有价证券，适用有价证券权利实现地法律或者其他与该有价证券有最密切联系的法律。 |

**【经典真题】**

荷兰甲公司将一批货物卖给中国乙公司，买卖合同订立时，该批货物载于由荷兰鹿特丹开往大连的韩国籍“靖远”号远洋货船上。乙公司就该批货物的所有权纠纷诉至中国某法院，根据我国法律，下列判断正确的是哪项？[1]（2021 年回忆版真题，单选）

A. 应适用中国法或荷兰法　　B. 若双方约定适用瑞士法，应从其约定

C. 若双方没有约定，应适用韩国法　　D. 可以在中国法或者荷兰法中择一适用

**【解析】**《涉外民事关系法律适用法》第 38 条规定，当事人可以协议选择运输中动产物权发生变更适用的法律。当事人没有选择的，适用运输目的地法律。本题中，双方当事人可以约定适用的法律，如果未约定，则适用目的地法中国法。故 B 选项正确，其他选项表述错误。

〔1〕【答案】B

### 考点 4 我国涉外合同之债的法律适用

★【本部分考点近年真题统计】

| 题型 | 年份 | 考点 | 分值 |
|---|---|---|---|
| 单项选择题 | 2014 年卷一第 38 题 | 涉外劳动合同的法律适用 | 1 |
| | 2009 年卷一第 34 题 | 涉外合同的法律适用 | 1 |
| | 2008 年卷一第 37 题 | 涉外合同的法律适用 | 1 |
| 多项选择题 | 2015 年卷一第 77 题 | 涉外合同中的意思自治、区际冲突的法律适用 | 2 |
| | 2010 年卷一第 77 题 | 当事人意思自治原则 | 2 |
| 不定项选择题 | 2010 年卷一第 99 题 | 涉外合同和船舶碰撞法律适用 | 2 |
| | 2006 年卷一第 94 题 | 合同准据法、特征性履行方法 | 2 |

## 一、合同法律适用的有关理论

1. 分割论与单一论

单一论主张对于不同性质的合同应不分类型，统一确定其准据法，对于同一合同应就整个合同适用同一法律；分割论主张，对于不同性质的合同应适用不同的准据法，对于同一合同应就合同的不同方面适用不同的法律。

2. 主观论与客观论

主观论主张合同当事人有权选择适用于合同的法律，客观论则主张合同的准据法应根据合同与某一国家有最密切联系的客观标志来确定。

3. 合同自体法

合同自体法说是英国确定合同准据法的学说，其包含三层含义：第一，当事人明确选择了法律，则该法律即是自体法，也就是当事人明示选择的法律；第二，当事人没有明确选择法律，但根据合同的条款、性质及其他情况可以推断出他们选择的法律，该法仍可成为自体法，也就是当事人默示选择的法律；第三，当事人既未明确选择法律，又不能从有关情况中做出推断，那么与交易有最密切、最真实联系的法律为自体法，也就是最密切联系原则。可见，所谓合同的自体法，就是适用当事人选择的法律，在当事人未作选择时，适用与合同联系最密切的国家的法律，即意思自治和最密切联系原则的结合。

## 二、我国关于涉外合同法律适用的一般原则及具体规定

1. 基本原则——意思自治原则

意思自治说是确定合同准据法最基本的理论。根据意思自治说，合同的准据法就是双方当事人意图适用的法律。意思自治是合同法律适用的首要原则。当事人选择法律的行为必须合法，其选择不得违背国家强行性法律的规定。

2. 补充原则——最密切联系原则

最密切联系原则是指在当事人没有选择应适用的法律或者选择无效的情况下，由法院

依据这一原则在与该合同关系有联系的国家中，选择一个与该法律关系本质上有重大联系，利害关系最密切的国家的法律予以适用。

我国在司法实践中通常采用特征性履行方法确定最密切联系地。特征性履行方法，是指涉外合同当事人未选择合同应适用的法律时，根据合同的特殊性质基于“特征性履行行为”而确定合同准据法的理论。特征性履行又称为特征性给付，是指双务合同中代表合同本质特征的当事人履行合同的行为。如买卖合同中卖方交付货物的行为，即属特征性履行；而买方支付货款的行为属金钱给付，这种行为仅仅体现了双务合同的共性，不能反映买卖合同的本质特征，因而属于非特征性履行。按照特征性履行方法，合同准据法应为担负特征性履行义务的当事人的住所地法，或惯常居所地法，或营业所所在地法。

**3. 我国有关法律关于涉外合同法律适用的规定★★★★★**

| 原则 | 涉外合同法律适用之主要规定 |
|---|---|
| 意思自治原则 | 《涉外民事关系法律适用法》第41条第1款，当事人可以协议选择合同适用的法律。 |
| | 意思自治原则之例外：《民法典》第467条第2款：在中华人民共和国境内履行的中外合资经营企业合同、中外合作经营企业合同、中外合作勘探开发自然资源合同，适用中华人民共和国法律。以下为2007年司法解释关于应当适用我国法律的其他合同之规定：（1）中外合资经营企业、中外合作经营企业、外商独资企业股份转让合同；（2）外国自然人、法人或者其他组织承包经营在中华人民共和国领域内设立的中外合资经营企业、中外合作经营企业的合同；（3）外国自然人、法人或者其他组织购买中华人民共和国领域内的非外商投资企业股东的股权的合同；（4）外国自然人、法人或者其他组织认购中华人民共和国领域内的非外商投资有限责任公司或者股份有限公司增资的合同；（5）外国自然人、法人或者其他组织购买中华人民共和国领域内的非外商投资企业资产的合同；（6）中华人民共和国法律、行政法规规定应适用中华人民共和国法律的其他合同。 |
| 最密切联系原则 | 《涉外民事关系法律适用法》第41条：当事人可以协议选择合同适用的法律。当事人没有选择的，适用履行义务最能体现该合同特征的一方当事人经常居所地法律或者其他与该合同有最密切联系的法律。 |
| 特别规定 | 《涉外民事关系法律适用法》第42条：消费者合同，适用消费者经常居所地法律；消费者选择适用商品、服务提供地法律或者经营者在消费者经常居所地没有从事相关经营活动的，适用商品、服务提供地法律。<br>第43条：劳动合同，适用劳动者工作地法律；难以确定劳动者工作地的，适用用人单位主营业地法律。劳务派遣，可以适用劳务派出地法律。 |

**关联法条**

**《最高人民法院关于审理涉外民事或商事合同纠纷案件法律适用若干问题的规定》**

**第5条**　“与合同有最密切联系的国家或者地区的法律”：

（一）买卖合同，适用合同订立时卖方住所地法；如果合同是在买方住所地谈判并订立的，或者合同明确规定卖方须在买方住所地履行交货义务的，适用买方住所地法。

（二）来料加工、来件装配以及其他各种加工承揽合同，适用加工承揽人住所地法。

（三）成套设备供应合同，适用设备安装地法。

（四）不动产买卖、租赁或者抵押合同，适用不动产所在地法。

（五）动产租赁合同，适用出租人住所地法。

（六）动产质押合同，适用质权人住所地法。

（七）借款合同，适用贷款人住所地法。

（八）保险合同，适用保险人住所地法。

（九）融资租赁合同，适用承租人住所地法。

（十）建设工程合同，适用建设工程所在地法。

（十一）仓储、保管合同，适用仓储、保管人住所地法。

（十二）保证合同，适用保证人住所地法。

（十三）委托合同，适用受托人住所地法。

（十四）债券的发行、销售和转让合同，分别适用债券发行地法、债券销售地法和债券转让地法。

（十五）拍卖合同，适用拍卖举行地法。

（十六）行纪合同，适用行纪人住所地法。

（十七）居间合同，适用居间人住所地法。

如果上述合同明显与另一国家或者地区有更密切联系的，适用该另一国家或者地区的法律。

**说明：**《最高院关于审理涉外民事或商事合同纠纷案件法律适用若干问题的规定》虽然已经被废止，但是其中关于适用中国法的合同以及最密切联系原则的解释在审判实践中仍然被沿用。

## 【经典真题】

**1.** 甲国公民大卫被乙国某公司雇佣，该公司主营业地在丙国，大卫工作内容为巡回于东亚地区进行产品售后服务，后双方因劳动合同纠纷诉诸中国某法院。关于该纠纷应适用的法律，下列哪一选项是正确的？[1]（2014－1－38）

A. 中国法　　B. 甲国法　　C. 乙国法　　D. 丙国法

**【解析】**《涉外民事关系法律适用法》第43条规定，劳动合同，适用劳动者工作地法律；难以确定劳动者工作地的，适用用人单位主营业地法律。劳务派遣，可以适用劳务派出地法律。本题中，属于难以确定劳动者工作地的情形，故应适用用人单位主营业地法丙国法。答案为D。

**2.** 甲国公司与乙国航运公司订立海上运输合同，由丙国籍船舶“德洋”号运输一批货物，有关“德洋”号的争议现在中国法院审理。根据我国相关法律规定，下列哪一选项是正确的？[2]（2010－1－35）

A. 该海上运输合同应适用船旗国法律

B. 有关“德洋”号抵押权的受偿顺序应适用法院地法律

C. 有关“德洋”号船舶优先权的争议应适用丙国法律

D. 除法律另有规定外，甲国公司与乙国航运公司可选择适用于海上运输合同的法律

**【解析】**运输合同属于普通的允许当事人协议选择适用的法律的合同，本题中并未说明双方就运输合同选择船旗国法，故A选项的表述过于绝对而错误，D选项正确。船舶抵

［1］**【答案】**D
［2］**【答案】**D

押权适用船旗国法，故本题中应适用丙国法而非法院地法，B错误。船舶的优先权适用法院地法，故C错误。

### 考点5　我国涉外侵权行为之债的法律适用

★【本部分考点近年真题统计】

| 题型 | 年份 | 考点 | 分值 |
|---|---|---|---|
| 单项选择题 | 2015年卷一第35题 | 侵犯人格权的法律适用 | 1 |
| | 2015年卷一第37题 | 涉外侵权的法律适用、外国法的查明 | 1 |
| | 2007年卷一第37题 | 涉外船舶碰撞的法律适用 | 1 |
| | 2005年卷一第39题 | 涉外航空器侵权赔偿的法律适用 | 1 |
| 多项选择题 | 2012年卷一第79题 | 涉外侵权的法律适用 | 2 |
| 不定项选择题 | 2010年卷一第99题 | 涉外合同和船舶碰撞侵权法律适用 | 2 |
| | 2009年卷一第98题 | 涉外租船合同及船舶碰撞的法律适用 | 2 |
| | 2004年卷一第92题 | 自然人涉外侵权的法律适用 | 2 |

## 一、对侵权行为的法律适用的一般做法

1. 适用侵权行为地法，但有的国家以加害行为地作为侵权行为地，有的国家把损害发生地作为侵权行为地，还有的国家认为两者均为侵权行为地。

2. 选择适用侵权行为地法和当事人共同属人法。

3. 重叠适用侵权行为地法和法院地法。

4. 选择适用侵权行为地法、法院地法和当事人共同属人法。

但自20世纪中期以来，侵权行为的法律适用出现了如下新发展：①侵权行为自体法与最密切联系原则的产生；②当事人意思自治开始进入侵权法领域；③对受害人有利的法律有时影响侵权行为的法律适用。另外，现在各国一般对一些特殊的侵权行为，如交通事故、产品责任、不正当竞争、海上侵权等的法律适用单独作出有关规定。

## 二、中国关于侵权行为的法律适用的规定★★★★

| 侵权行为 | 我国相关法条 |
|---|---|
| （1）一般侵权行为 | 《涉外民事关系法律适用法》第44条：侵权责任，适用侵权行为地法律，但当事人有共同经常居所地的，适用共同经常居所地法律。侵权行为发生后，当事人协议选择适用法律的，按照其协议。 |
| （2）产品责任侵权 | 《涉外民事关系法律适用法》第45条：产品责任，适用被侵权人经常居所地法律；被侵权人选择适用侵权人主营业地法律、损害发生地法律的，或者侵权人在被侵权人经常居所地没有从事相关经营活动的，适用侵权人主营业地法律或者损害发生地法律。 |

续表

| 侵权行为 | 我国相关法条 |
| --- | --- |
| (3) 侵犯人格权 | 《涉外民事关系法律适用法》第46条：通过网络或者采用其他方式侵害姓名权、肖像权、名誉权、隐私权等人格权的，适用被侵权人经常居所地法律。 |
| (4) 船舶碰撞侵权 | ①《海商法》第273条：船舶碰撞的损害赔偿，适用侵权行为地法律。<br>船舶在公海上发生碰撞的损害赔偿，适用受理案件的法院所在地法律。同一国籍的船舶，不论碰撞发生于何地，碰撞船舶之间的损害赔偿适用船旗国法律。<br>②《海商法》第275条：海事赔偿责任限制，适用受理案件的法院所在地法律。 |
| (5) 民用航空法侵权 | 《民用航空法》第189条：民用航空器对地面第三人的损害赔偿，适用侵权行为地法律。<br>民用航空器在公海上空对水面第三人的损害赔偿，适用受理案件的法院所在地法律。 |
| (6) 知识产权侵权 | 《涉外民事关系法律适用法》第50条：知识产权的侵权责任，适用被请求保护地法律，当事人也可以在侵权行为发生后协议选择适用法院地法律。 |

**【经典真题】**

1. 甲国公民A与乙国公民B的经常居住地均在中国，双方就在丙国境内发生的侵权纠纷在中国法院提起诉讼。关于该案的法律适用，下列哪些选项是正确的?[1]（2012－1－79）

A. 如侵权行为发生后双方达成口头协议，就纠纷的法律适用做出了选择，应适用协议选择的法律

B. 如侵权行为发生后双方达成书面协议，就纠纷的法律适用做出了选择，应适用协议选择的法律

C. 如侵权行为发生后双方未选择纠纷适用的法律，应适用丙国法

D. 如侵权行为发生后双方未选择纠纷适用的法律，应适用中国法

**【解析】**《涉外民事关系法律适用法》第3条规定："当事人依照法律规定可以明示选择涉外民事关系适用的法律。"书面协议和口头协议均为明示协议，故AB正确。《涉外民事关系法律适用法》第44条规定："侵权责任，适用侵权行为地法律，但当事人有共同经常居所地的，适用共同经常居所地法律。侵权行为发生后，当事人协议选择适用法律的，按照其协议。"因此在当事人未协议选择适用何种法律的情况下，本案应适用共同经常居所地法中国法（本题中当事人的共同经常居所地为中国），D也正确。

2. 甲国贸易公司航次承租乙国籍货轮"锦绣"号将一批货物从甲国运往中国，运输合同载有适用甲国法律的条款。"锦绣"号停靠丙国某港时与丁国籍轮"金象"号相撞，有关货损和碰撞案在中国法院审理。关于该案的法律适用，下列哪些选项是正确的?[2]（2009－1－83）

A. 有关航次租船运输合同的争议应适用与合同有最密切联系的法律

B. 有关航次租船运输合同的争议应适用甲国法律

C. 因为"锦绣"号与"金象"号的国籍不同，两轮的碰撞纠纷应适用法院地法解决

---

〔1〕【答案】ABD
〔2〕【答案】BD

D. “锦绣”号与“金象”号的碰撞应适用丙国法律

【解析】航次租船运输合同载有适用甲国法律的条款，故应适用甲国的法律；《海商法》第273条规定，船舶碰撞的损害赔偿，适用侵权行为地法律，“锦绣”号与“金象”号在停靠丙国某港时碰撞，应适用侵权行为地丙国法律。

### 考点6　涉外知识产权的法律适用★★★

★【本部分考点近年真题统计】

| 题型 | 年份 | 考点 | 分值 |
| --- | --- | --- | --- |
| 多项选择题 | 2016年卷一第79题 | 涉外知识产权侵权的法律适用 | 2 |
| | 2014年卷一第78题 | 涉外知识产权的法律适用、识别 | 2 |
| 不定项选择题 | 2012年卷一第98题 | 涉外知识产权的法律适用 | 2 |

知识产权，指权利人对其所创作的智力劳动成果所享有的专有权利，如专利权、商标权、著作权等。我国《涉外民事关系法律适用法》对于涉外知识产权的法律适用做了如下规定。

#### 一、知识产权的归属和内容

《涉外民事关系法律适用法》第48条规定：“知识产权的归属和内容，适用被请求保护地法律。”

#### 二、知识产权的转让和许可使用

《涉外民事关系法律适用法》第49条规定：“当事人可以协议选择知识产权转让和许可使用适用的法律。当事人没有选择的，适用本法对合同的有关规定。”

#### 三、知识产权的侵权责任

《涉外民事关系法律适用法》第50条规定：“知识产权的侵权责任，适用被请求保护地法律，当事人也可以在侵权行为发生后协议选择适用法院地法律。”

**【经典真题】**

德国甲公司与中国乙公司签订许可使用合同，授权乙公司在英国使用甲公司在英国获批的某项专利。后因相关纠纷诉诸中国法院。关于该案的法律适用，下列哪些选项是正确的？[1]（2014－1－78）

A. 关于本案的定性，应适用中国法

B. 关于专利权归属的争议，应适用德国法

C. 关于专利权内容的争议，应适用英国法

D. 关于专利权侵权的争议，双方可以协议选择法律，不能达成协议，应适用与纠纷有最密切联系的法律

[1]【答案】AC

【解析】涉外民事关系的定性，适用法院地法，故A正确。专利权的内容和归属，适用被请求保护地法，本案中被请求保护地为英国，故B错误，C正确。知识产权侵权，适用被请求保护地法，当事人也可以协议适用法院地法，故D错误。

## 考点7 我国涉外商事关系的法律适用

★【本部分考点近年真题统计】

| 题型 | 年份 | 考点 | 分值 |
| --- | --- | --- | --- |
| 单项选择题 | 2017年卷一第36题 | 涉外票据的法律适用 | 1 |
| | 2010年卷一第38题 | 涉外票据的法律适用 | 1 |
| | 2009年卷一第35题 | 涉外票据的法律适用 | 1 |
| | 2006年卷一第41题 | 涉外票据的法律适用 | 1 |
| | 2004年卷一第38题 | 涉外海商——共同海损理算的法律适用 | 1 |
| 多项选择题 | 2017年卷一第77题 | 涉外信托的法律适用 | 2 |
| | 2006年卷一第82题 | 涉外海事诉讼的法律适用 | 2 |

### 一、涉外票据的法律适用★★★

| | |
| --- | --- |
| 票据行为 | 原则上适用行为地法 |
| | 例外：支票出票时的记载事项，经当事人协议也可以适用付款地法律 |
| 票据追索权行使期限 | 出票地法 |
| 持票人责任 | 付款地法 |
| 票据丧失时权利保全程序 | 付款地法 |

【口决】票据行为行为地，支票出票可协议，追偿期限出票地，其他统统付款地。

### 二、涉外海事关系的法律适用

| 适用原则 | 我国法律规定 |
| --- | --- |
| 国际条约优先原则 | 《海商法》第268条第1款规定，中华人民共和国缔结或参加的国际条约同本法有不同规定的，适用国际条约的规定；但是，中华人民共和国声明保留的条款除外。 |
| 国际惯例补缺原则 | 《海商法》第268条第2款规定，中华人民共和国法律和中华人民共和国缔结或者参加的国际条约没有规定的，可以适用国际惯例。 |
| 意思自治与最密切联系原则 | 《海商法》第269条规定，合同当事人可以选择合同适用的法律，法律另有规定的除外。合同当事人没有选择的，适用与合同有最密切联系的国家的法律。 |

续表

| 适用原则 | 我国法律规定 |
| --- | --- |
| 船旗国法原则 | 《海商法》第270条规定，船舶所有权的取得、转让和消灭，适用船旗国法律。<br>第271条规定，船舶抵押权适用船旗国法律。船舶在光船租赁以前或者光船租赁期间，设立船舶抵押权的，适用原船舶登记国的法律。<br>第273条第3款规定，同一国籍的船舶，不论碰撞发生于何地，碰撞船舶之间的损害赔偿适用船旗国法律。 |
| 侵权行为地法原则 | 《海商法》第273条第1款规定，船舶碰撞的损害赔偿，适用侵权行为地法律。 |
| 法院地法原则 | 《海商法》第272条规定，船舶优先权，适用受理案件的法院所在地法律。<br>第273条第2款规定，船舶在公海上发生碰撞的损害赔偿，适用受理案件的法院所在地法律。<br>第275条规定，海事赔偿责任限制，适用受理案件的法院所在地法律。 |
| 理算地法原则 | 《海商法》第274条规定，共同海损理算，适用理算地法律。 |

## 三、涉外民用航空关系的法律适用

| 适用原则 | 我国法律规定 |
| --- | --- |
| 国际条约优先原则 | 《民用航空法》第184条第1款规定，中华人民共和国缔结或者参加的国际条约同本法有不同规定的，适用国际条约的规定；但是，中华人民共和国声明保留的条款除外。 |
| 国际惯例补缺原则 | 《民用航空法》第184条第2款规定，中华人民共和国法律和中华人民共和国缔结或者参加的国际条约没有规定的，可以适用国际惯例。 |
| 航空器国籍国法原则 | 《民用航空法》第185条规定，民用航空器所有权的取得、转让和消灭，适用民用航空器国籍登记国法律。<br>第186条规定，民用航空器抵押权适用民用航空器国籍登记国法律。 |
| 法院地法原则 | 《民用航空法》第187条规定，民用航空器优先权适用受理案件的法院所在地法律。<br>第189条第2款规定，民用航空器在公海上空对水面第三人的损害赔偿，适用受理案件的法院所在地法律。 |
| 意思自治和最密切联系原则 | 《民用航空法》第188条规定，民用航空运输合同当事人可以选择合同适用的法律，但法律另有规定的除外；合同当事人没有选择的，适用与合同有最密切联系的国家的法律。 |
| 侵权行为地法原则 | 《民用航空法》第189条第1款规定，民用航空器对地面第三人的损害赔偿，适用侵权行为地法律。 |

## 四、涉外代理、信托的法律适用★★

| | 我国法律规定 |
|---|---|
| 涉外代理 | 《涉外民事关系法律适用法》第16条规定，代理适用代理行为地法律，但被代理人与代理人的民事关系，适用代理关系发生地法律。当事人可以协议选择委托代理适用的法律。 |
| 涉外信托 | 《涉外民事关系法律适用法》第17条规定，当事人可以协议选择信托适用的法律。当事人没有选择的，适用信托财产所在地法律或者信托关系发生地法律。 |

**【经典真题】**

新加坡公民王颖与顺捷国际信托公司在北京签订协议，将其在中国的财产交由该公司管理，并指定受益人为其幼子李力。在管理信托财产的过程中，王颖与顺捷公司发生纠纷，并诉至某人民法院。关于该信托纠纷的法律适用，下列哪些选项是正确的[1]？（2017－1－77）

A. 双方可协议选择适用瑞士法

B. 双方可协议选择适用新加坡法

C. 如双方未选择法律，法院应适用中国法

D. 如双方未选择法律，法院应在中国法与新加坡法中选择适用有利于保护李力利益的法律

**【解析】**《涉外民事关系法律适用法》第17条规定："当事人可以协议选择信托适用的法律。当事人没有选择的，适用信托财产所在地法律或者信托关系发生地法律。"故本题中双方可协议选择法律，在未选择的情况下，由于信托财产所在地或信托关系发生地均在中国，因而应适用中国法，ABC正确，D错误。

### 考点8　我国涉外婚姻家庭关系的法律适用★★★★

**★【本部分考点近年真题统计】**

| 题型 | 年份 | 考点 | 分值 |
|---|---|---|---|
| 单项选择题 | 2016年卷一第37题 | 涉外结婚条件、手续的法律适用 | 1 |
| | 2014年卷一第37题 | 涉外收养的法律适用 | 1 |
| | 2012年卷一第36题 | 涉外收养的法律适用 | 1 |
| | 2009年卷一第33题 | 涉外监护的法律适用 | 1 |
| | 2008年卷一第46题 | 涉外收养的程序 | 1 |
| | 2007年卷一第35题 | 涉外收养的法律适用 | 1 |
| | 2004年卷一第36题 | 涉外婚姻效力的法律适用 | 1 |

〔1〕**【答案】** ABC

续表

| 题型 | 年份 | 考点 | 分值 |
| --- | --- | --- | --- |
| 多项选择题 | 2017 年卷一第 78 题 | 涉外夫妻财产关系、离婚的法律适用、涉外监护的法律适用 | 1 |
| | 2016 年卷一第 78 题 | 涉外法定继承的法律适用 | 2 |
| | 2015 年卷一第 78 题 | 协议离婚及协议财产分割的法律适用 | 2 |
| | 2013 年卷一第 77 题 | 涉外夫妻人身关系的法律适用 | 2 |
| | 2012 年卷一第 77 题 | 涉外结婚条件的法律适用 | 2 |
| | 2007 年卷一第 81 题 | 涉外离婚案件的管辖权及法律适用 | 2 |
| | 2005 年卷一第 81 题 | 涉外离婚及婚姻效力的法律适用 | 2 |

| 分类 | 我国法律规定 |
| --- | --- |
| 结婚 | 《涉外民事关系法律适用法》第 21 条：结婚条件，适用当事人共同经常居所地法律；没有共同经常居所地的，适用共同国籍国法律；没有共同国籍，在一方当事人经常居所地或者国籍国缔结婚姻的，适用婚姻缔结地法律。<br>第 22 条：结婚手续，符合婚姻缔结地法律、一方当事人经常居所地法律或者国籍国法律的，均为有效。 |
| 夫妻人身关系 | 《涉外民事关系法律适用法》第 23 条：夫妻人身关系，适用共同经常居所地法律；没有共同经常居所地的，适用共同国籍国法律。 |
| 夫妻财产关系 | 《涉外民事关系法律适用法》第 24 条：夫妻财产关系，当事人可以协议选择适用一方当事人经常居所地法律、国籍国法律或者主要财产所在地法律。当事人没有选择的，适用共同经常居所地法律；没有共同经常居所地的，适用共同国籍国法律。 |
| 离婚 | 《涉外民事关系法律适用法》第 26 条：协议离婚，当事人可以协议选择适用一方当事人经常居所地法律或者国籍国法律。当事人没有选择的，适用共同经常居所地法律；没有共同经常居所地的，适用共同国籍国法律；没有共同国籍的，适用办理离婚手续机构所在地法律。<br>第 27 条：诉讼离婚，适用法院地法律。 |
| 离婚案件管辖权 | 《民诉解释》第 13 条：在国内结婚并定居国外的华侨，如定居国法院以离婚诉讼须由婚姻缔结地法院管辖为由不予受理，当事人向人民法院提出离婚诉讼的，由婚姻缔结地或一方在国内的最后居住地人民法院管辖。<br>第 14 条：在国外结婚并定居国外的华侨，如定居国法院以离婚诉讼须由国籍所属国法院管辖为由不予受理，当事人向人民法院提出离婚诉讼的，由一方原住所地或在国内的最后居住地人民法院管辖。<br>第 15 条：中国公民一方居住在国外，一方居住在国内，不论哪一方向人民法院提起离婚诉讼，国内一方住所地的人民法院都有权管辖。国外一方在居住国法院起诉，国内一方向人民法院起诉的，受诉人民法院有权管辖。<br>第 16 条：中国公民双方在国外但未定居，一方向人民法院起诉离婚的，应由原告或者被告原住所地的人民法院管辖。<br>第 17 条：已经离婚的中国公民，双方均定居国外，仅就国内财产分割提起诉讼的，由主要财产所在地人民法院管辖。 |

续表

| 分类 | 我国法律规定 |
|---|---|
| 父母子女关系 | 《涉外民事关系法律适用法》第25条：父母子女人身、财产关系，适用共同经常居所地法律；没有共同经常居所地的，适用一方当事人经常居所地法律或者国籍国法律中有利于保护弱者权益的法律。 |
| 收养 | 《涉外民事关系法律适用法》第28条：收养的条件和手续，适用收养人和被收养人经常居所地法律。收养的效力，适用收养时收养人经常居所地法律。收养关系的解除，适用收养时被收养人经常居所地法律或者法院地法律。<br>关于外国人在我国收养的的条件和手续，《收养法》第21条规定，外国人在中华人民共和国收养子女，应当经其所在国主管机关依照该国法律审查同意。收养人应当提供由其所在国有权机构出具的有关收养人的年龄、婚姻、职业、财产、健康、有无受过刑事处罚等状况的证明材料，该证明材料应当经其所在国外交机关或者外交机关授权的机构认证，并经中华人民共和国驻该国使领馆认证。该收养人应当与送养人订立书面协议，亲自向省级人民政府民政部门登记。 |
| 监护 | 《涉外民事关系法律适用法》第30条：监护，适用一方当事人经常居所地法律或者国籍国法律中有利于保护被监护人权益的法律。 |
| 扶养 | 《涉外民事关系法律适用法》第29条：扶养，适用一方当事人经常居所地法律、国籍国法律或者主要财产所在地法律中有利于保护被扶养人权益的法律。 |

## 【经典真题】

**1.** 埃及人甲与印度人乙的经常居所和主要财产都在上海，现二人在上海某人民法院起诉离婚并要求分割夫妻共同财产。根据中国相关法律规定，下列选项中正确的是哪项？[1]（2021年回忆版真题，单选）

A. 甲乙之子在上海出生，其子出生时不具有中国国籍

B. 只要该诉讼尚未了结，甲乙二人就不得离境

C. 诉讼离婚及夫妻财产分割事项均应适用中国法

D. 甲乙可就夫妻财产分割事项协议选择新加坡法

**【解析】** 根据中国《国籍法》，父母双方无国籍或国籍不明，定居在中国，本人出生在中国的，具有中国国籍，A选项中甲乙之子不符合前述条件，故不具有中国国籍，A选项正确。根据《出境入境管理法》，外国人有未了结的民事案件，人民法院决定不准出境的则不得出境，故B选项错误。根据《涉外民事关系法律适用法》，诉讼离婚适用中国法，夫妻财产关系，当事人可以协议选择一方当事人的经常居所地法、国籍国法或主要财产所在地法，本案中对于夫妻财产分割双方可以协议任何一方的国籍国法埃及法或印度法，或者主要财产所在地法中国法，但不能协议选择其他国家的法律，故C选项和D选项均错误。

**2.** 经常居住于英国的法国籍夫妇甲和乙，想来华共同收养某儿童。对此，下列哪一说法是正确的？[2]（2014－1－37）

A. 甲、乙必须共同来华办理收养手续

---

〔1〕【答案】A

〔2〕【答案】B

B. 甲、乙应与送养人订立书面收养协议

C. 收养的条件应重叠适用中国法和法国法

D. 若发生收养效力纠纷，应适用中国法

【解析】《外国人在中华人民共和国收养子女登记办法》第8条规定："外国人来华收养子女，应当亲自来华办理登记手续。夫妻共同收养的，应当共同来华办理收养手续；一方因故不能来华的，应当书面委托另一方。委托书应当经所在国公证和认证。"第9条规定："外国人来华收养子女，应当与送养人订立书面收养协议。协议一式三份，收养人、送养人各执一份，办理收养登记手续时收养登记机关收存一份。书面协议订立后，收养关系当事人应当共同到被收养人常住户口所在地的省、自治区、直辖市人民政府民政部门办理收养登记。"故A错误，B正确。《涉外民事关系法律适用法》第28条规定："收养的条件和手续，适用收养人和被收养人经常居所地法律。收养的效力，适用收养时收养人经常居所地法律。收养关系的解除，适用收养时被收养人经常居所地法律或者法院地法律。"本题中收养人的经常居所地在英国，被收养人的经常居所地在中国，故手续应适用英国法和中国法，收养的效力适用英国法，C、D选项均错误。

### 考点9　我国涉外继承的法律适用★★★★

| 题型 | 年份 | 考点 | 分值 |
|---|---|---|---|
| 单项选择题 | 2006年卷一第37题 | 涉外继承的法律适用 | 1 |
| | 2004年卷一第39题 | 涉外动产继承的法律适用 | 1 |
| | 2004年卷一第40题 | 无人继承遗产归属问题的法律适用 | 1 |
| 多项选择题 | 2010年卷一第83题 | 涉外继承的法律适用 | 2 |
| | 2007年卷一第81题 | 涉外离婚案件的管辖权及法律适用 | 2 |
| | 2005年卷一第81题 | 涉外离婚及婚姻效力的法律适用 | 2 |

| 分类 | 我国法律规定 |
|---|---|
| 法定继承 | 《涉外民事关系法律适用法》第31条：法定继承，适用被继承人死亡时经常居所地法律，但不动产法定继承，适用不动产所在地法律。 |
| 遗嘱继承 | 《涉外民事关系法律适用法》第32条：遗嘱方式，符合遗嘱人立遗嘱时或者死亡时经常居所地法律、国籍国法律或者遗嘱行为地法律的，遗嘱均为成立。<br>《涉外民事关系法律适用法》第33条：遗嘱效力，适用遗嘱人立遗嘱时或者死亡时经常居所地法律或者国籍国法律。 |
| 遗产管理 | 《涉外民事关系法律适用法》第34条：遗产管理等事项，适用遗产所在地法律。 |
| 无人继承遗产的归属 | 关于无人继承的法律适用，《涉外民事关系法律适用法》第35条规定，无人继承遗产的归属，适用被继承人死亡时遗产所在地法律。 |

★特别提示

涉外法定继承准据法的确定上有同一制与区别制（也称为分割制）之分。同一制又称为“单一制”，是指全部遗产不分动产和不动产，也不论其所处何地，其继承都适用一个统一的冲突规范，从而导致适用同一个准据法。区别制又称“分割制”，是指将遗产区分为动产和不动产，分别适用不同的冲突规范，从而导致适用不同的准据法。我国采用的是区别制。

# 第六章
# 国际民商事争议的解决

导学

国际民商事争议的解决方式一般包括协商、调解、仲裁与诉讼等，其中国际商事仲裁中的仲裁协议之效力和仲裁裁决之执行、国际民事诉讼中的管辖权、送达、取证、外国法院判决的承认与执行属于高频考点，应予关注。

## 重点知识详解

### 考点1　国际民商事争议概述

国际民商事争议是指在国际民商事交往中，各方当事人之间在权利义务方面所发生的各种纠纷，是指在婚姻、继承、合同、知识产权、保险、海事等领域发生的具有国际因素或涉外因素的国际性争议。

#### 一、国际民商事争议的解决方式

1. 根据争议是否通过裁判解决，国际民商事争议解决方式可分为非裁判性的解决方式（包括和解或协商、调解）和裁判性的解决方式（包括仲裁和司法诉讼）。

2. 根据争议的解决是否有第三人介入，国际民商事争议解决方式可分为当事人自行解决争议的方式（如和解或协商）和第三人参与解决争议的方式（包括调解、仲裁和司法诉讼等）。通常使用的争议解决方式主要有和解、调解、仲裁和司法诉讼等。

3. 司法诉讼以外的各种解决争议方式，又被称为“替代争议解决方式”（ADR）。替代争议解决方式一般是以当事人自愿为基础的，主要包括：和解、协商、调解、仲裁、无约束力仲裁、调解仲裁、小型审判、借用法官、私人法官、附属法院的仲裁以及简易陪审团审判等。

#### 二、协商与调解

（一）协商

协商又称为谈判，是争议当事人在自愿互谅的基础上，按照有关法律和合同规定，直接进行磋商，自行达成协议，从而解决争议的一种方式。由于这种方式是通过协商或谈判达成和解，故这种方式又称为和解。

（二）调解

调解是当事人自愿将争议提交第三者，并在第三者的主持和促使下达成和解协议，从而解决争议的一种方法。当事人双方在调解人的斡旋下达成的和解协议不具有强制执行的效力，不能以和解书或调解书为依据向法院申请强制执行，但和解书和调解书具有合同的法律效力，如果一方当事人反悔或不履行协议，应视为违约，另一方当事人可以寻求新的途径解决争议。

应注意法院依据在其主持下进行的调解（也称司法调解）达成的调解协议而制作的调解书具有强制执行的法律效力，未能达成调解协议或者在调解书送达当事人之前一方反悔的，法院应及时判决。

《民诉解释》（2020 年修改）第 530 条规定："涉外民事诉讼中，经调解双方达成协议，应当制发调解书。当事人要求发给判决书的，可以依协议的内容制作判决书送达当事人。"

### 考点 2　国际商事仲裁

**★【本部分考点近年真题统计】**

| 题型 | 年份 | 考点 | 分值 |
|---|---|---|---|
| 单项选择题 | 2017 年卷一第 38 题 | 中国根据《承认与执行外国仲裁裁决公约》承认与执行外国仲裁裁决 | 1 |
| | 2015 年卷一第 38 题 | 外国仲裁裁决在中国的承认与执行——《纽约公约》、临时仲裁 | 1 |
| | 2013 年卷一第 38 题 | 《承认与执行外国仲裁裁决公约》 | 1 |
| | 2010 年卷一第 39 题 | 《承认与执行外国仲裁裁决公约》 | 1 |
| | 2009 年卷一第 38 题 | 涉外仲裁条款的效力 | 1 |
| | 2008 年卷一第 38 题 | 撤销或者不予执行涉外仲裁裁决的法定理由 | 1 |
| | 2007 年卷一第 39 题 | 涉外仲裁条款效力的法律适用 | 1 |
| | 2005 年卷一第 36 题 | 涉外仲裁裁决的撤销 | 1 |
| 多项选择题 | 2014 年卷一第 79 题 | 涉外仲裁协议效力的法律适用、《中国国际经济贸易仲裁委员会仲裁规则》 | 2 |
| | 2012 年卷一第 78 题 | 涉外仲裁协议效力的认定及法律适用 | 2 |
| | 2007 年卷一第 82 题 | 涉外仲裁协议的有效性 | 2 |
| | 2006 年卷一第 80 题 | 涉外仲裁规则 | 2 |

## 一、我国关于国际商事仲裁中"涉外""商事"的界定

国际商事仲裁是含有国际因素或涉外因素的仲裁，是解决国际商事争议的仲裁，有时也称为国际经济贸易仲裁、跨国仲裁、国际仲裁或涉外仲裁。

在我国，凡仲裁协议的一方或双方当事人为外国人、无国籍人、外国企业或实体，或者仲裁协议订立时双方当事人的住所或营业地位于不同的国家，或者即使位于相同的国家，但仲裁地位于该国之外，或者仲裁协议中涉及的商事法律关系的设立、变更或终止的法律

事实发生在国外，或者争议标的位于国外等，都应视为涉外仲裁。实践中，中国仲裁机构对涉及香港、澳门和我国台湾地区的仲裁案件，参照涉外案件处理。

关于“商事”的界定，我国最高人民法院1987年《关于执行我国加入的〈承认与执行外国仲裁裁决公约〉的通知》第2条作了解释：“根据我国加入该公约时所作的商事保留声明，我国仅对按照我国法律属于契约性和非契约性商事法律关系所引起的争议适用公约。所谓‘契约性和非契约性商事法律关系’，具体的**是指由于合同、侵权或者根据有关法律规定而产生的经济上的权利义务关系**，例如货物买卖、财产租赁、工程承包、加工承揽、技术转让、合资经营、合作经营、勘探开发自然资源、保险、信贷、劳务、代理、咨询服务和海上、民用航空、铁路、公路的客货运输以及产品责任、环境污染、海上事故和所有权争议等，但不包括外国投资者与东道国政府之间的争端。”

## 二、国际商事仲裁机构

根据其组织形式的不同，国际商事仲裁机构可分为临时仲裁庭和常设仲裁机构两种。临时仲裁庭是指当事人通过仲裁协议临时组建的仲裁庭，该庭在仲裁结束后即自行解散。常设仲裁机构包括国际常设仲裁机构和国内常设仲裁机构（如瑞典的斯德哥尔摩商会仲裁院和中国的中国国际经济贸易仲裁委员会）。

国际常设仲裁机构是依据国际公约或一国国内法成立的，有固定名称、地址、人员及办事机构设置、组织章程、行政管理制度及程序规则的，解决国际商事争议的仲裁组织。国际性常设仲裁机构又可分为全球性的常设仲裁机构和区域性的常设仲裁机构。前者如1923年成立设在法国巴黎的“国际商会仲裁院”（ICCICA）和根据1965年《关于解决国家和他国国民之间投资争端公约》设立的“解决投资争端国际中心”（ICSID）；后者如1939年设立的“美洲国家间商事仲裁委员会”。

我国国内的常设涉外仲裁机构有中国国际经济贸易仲裁委员会和中国海事仲裁委员会，各地也有一些仲裁委员会，它们均可根据当事人达成的协议受理涉外仲裁。

对于临时仲裁，我国原则上要求在我国境内应由常设仲裁机构进行仲裁，但对于临时仲裁庭在我国境外作出的仲裁，我国也允许当事人到我国境内申请承认与执行。我国《民诉解释》第545条规定：“对临时仲裁庭在中华人民共和国领域外作出的仲裁裁决，一方当事人向人民法院申请承认和执行的，人民法院应当依照民事诉讼法第283条规定处理。”

## 三、涉外仲裁协议的效力★★★★★

仲裁协议的类型包括仲裁条款、仲裁协议书或仲裁特别约定。我国《仲裁法》第16条第2款规定：“仲裁协议应当具备下列内容：（一）请求仲裁的意思表示；（二）仲裁事项；（三）选定的仲裁委员会。”

在我国，有些事项属于禁止仲裁的事项，即使当事人达成将该类事项提交仲裁的协议，该协议亦属无效。《仲裁法》第3条规定：“下列纠纷不能仲裁：（一）婚姻、收养、监护、扶养、继承纠纷；（二）依法应当由行政机关处理的行政争议。”

**★特别提示** 涉外仲裁方面，我国除《仲裁法》对一般的仲裁协议和程序作了规定之外，《民事诉讼法》（第274条）和有关的司法解释、我国参加的《纽约公约》（第5条），还对仲裁裁决的撤销和不予执行以及外国仲裁裁决的承认和执行的前提条件等作了规定，对此也应掌握。

### （一）涉外仲裁协议效力认定的主体

根据我国《仲裁法》第 20 条第 1 款规定："当事人对仲裁协议的效力有异议的，可以请求仲裁委员会作出决定或者请求人民法院作出裁定。一方请求仲裁委员会作出决定，另一方请求人民法院作出裁定的，由人民法院裁定。"最高人民法院 1998 年 10 月 26 日《关于确认仲裁协议效力几个问题的批复》第 3 条规定："如果仲裁机构先于人民法院接受申请并已作出决定，人民法院不再受理。如果仲裁机构接受申请后尚未作出决定，人民法院应予受理，同时通知仲裁机构终止仲裁。"当事人对仲裁协议的效力有异议的，应当在仲裁庭首次开庭前提出。

最高人民法院《关于适用〈中华人民共和国仲裁法〉若干问题的解释》（以下简称《仲裁法解释》）第 13 条进一步规定："依照仲裁法第 20 条第 2 款的规定，当事人在仲裁庭首次开庭前没有对仲裁协议的效力提出异议，而后向人民法院申请确认仲裁协议无效的，人民法院不予受理。仲裁机构对仲裁协议的效力作出决定后，当事人向人民法院申请确认仲裁协议效力或者申请撤销仲裁机构的决定的，人民法院不予受理。"

《仲裁法解释》第 12 条第 2 款和第 3 款规定："申请确认涉外仲裁协议效力的案件，由仲裁协议约定的仲裁机构所在地、仲裁协议签订地、申请人或者被申请人住所地的中级人民法院管辖。涉及海事海商纠纷仲裁协议效力的案件，由仲裁协议约定的仲裁机构所在地、仲裁协议签订地、申请人或者被申请人住所地的海事法院管辖；上述地点没有海事法院的，由就近的海事法院管辖。"

### （二）认定涉外仲裁协议是否有效应适用的法律

我国《涉外民事关系法律适用法》第 18 条规定："当事人可以协议选择仲裁协议适用的法律。当事人没有选择的，适用仲裁机构所在地法律或者仲裁地法律。"

《最高院关于适用〈涉外民事关系法律适用法〉若干问题的解释（一）》第 12 条进一步规定："当事人没有选择涉外仲裁协议适用的法律，也没有约定仲裁机构或者仲裁地，或者约定不明的，人民法院可以适用中华人民共和国法律认定该仲裁协议的效力。"

2017 年 12 月颁布的《最高人民法院关于审理仲裁司法审查案件若干问题的规定》第 13 条规定："当事人协议选择确认涉外仲裁协议效力适用的法律，应当作出明确的意思表示，仅约定合同适用的法律，不能作为确认合同中仲裁条款效力适用的法律。"第 14 条规定："人民法院根据《中华人民共和国涉外民事关系法律适用法》第十八条的规定，确定确认涉外仲裁协议效力适用的法律时，当事人没有选择适用的法律，适用仲裁机构所在地的法律与适用仲裁地的法律将对仲裁协议的效力作出不同认定的，人民法院应当适用确认仲裁协议有效的法律。"第 15 条则规定："仲裁协议未约定仲裁机构和仲裁地，但根据仲裁协议约定适用的仲裁规则可以确定仲裁机构或者仲裁地的，应当认定其为《中华人民共和国涉外民事关系法律适用法》第十八条中规定的仲裁机构或者仲裁地。"

《仲裁法》第 17 条规定："有下列情形之一的，仲裁协议无效：（一）约定的仲裁事项超出法律规定的范围；（二）无民事行为能力人或者限制民事行为能力人订立的仲裁协议；（三）一方采取胁迫手段，迫使对方订立仲裁协议的。"

如果涉外仲裁协议适用中国法，而该仲裁协议又属于约定不明的情形，则根据最高院的《仲裁法解释》分为以下几种情况：

1. 第 3 条："仲裁协议约定的仲裁机构名称不准确，但能够确定具体的仲裁机构的，应当认定选定了仲裁机构。"

2. 第4条："仲裁协议仅约定纠纷适用的仲裁规则的，视为未约定仲裁机构，但当事人达成补充协议或者按照约定的仲裁规则能够确定仲裁机构的除外。"

3. 第5条："仲裁协议约定两个以上仲裁机构的，当事人可以协议选择其中的一个仲裁机构申请仲裁；当事人不能就仲裁机构选择达成一致的，仲裁协议无效。"

4. 第6条："仲裁协议约定由某地的仲裁机构仲裁且该地仅有一个仲裁机构的，该仲裁机构视为约定的仲裁机构。该地有两个以上仲裁机构的，当事人可以协议选择其中的一个仲裁机构申请仲裁；当事人不能就仲裁机构选择达成一致的，仲裁协议无效。"

5. 第7条："当事人约定争议可以向仲裁机构申请仲裁也可以向人民法院起诉的，仲裁协议无效。但一方向仲裁机构申请仲裁，另一方未在《仲裁法》第20条第2款规定期间内提出异议的除外。"

6. 第16条："对涉外仲裁协议的效力审查，适用当事人约定的法律；当事人没有约定适用的法律但约定了仲裁地的，适用仲裁地法律；没有约定适用的法律也没有约定仲裁地或者仲裁地约定不明的，适用法院地法律。"

**【经典真题】**

**1.** 中国A公司与甲国B公司签订货物买卖合同，约定合同争议提交中国C仲裁委员会仲裁，仲裁地在中国，但对仲裁条款应适用的法律未作约定。后因货物质量问题双方发生纠纷，中国A公司依仲裁条款向C仲裁委提起仲裁，但B公司主张仲裁条款无效。根据我国相关法律规定，关于本案仲裁条款的效力审查问题，下列哪些判断是正确的?〔1〕（2012－1－78）

A. 对本案仲裁条款的效力，C仲裁委无权认定，只有中国法院有权审查

B. 对本案仲裁条款的效力，如A公司请求C仲裁委作出决定，B公司请求中国法院作出裁定的，由中国法院裁定

C. 对本案仲裁条款效力的审查，应适用中国法

D. 对本案仲裁条款效力的审查，应适用甲国法

**【解析】**法院和仲裁机构均可认定涉外仲裁协议是否有效，二者如果冲突，则法院优先，但仲裁机构已经作出裁决的除外，A错误，B正确；《涉外民事关系法律适用法》第18条规定："当事人可以协议选择仲裁协议适用的法律。当事人没有选择的，适用仲裁机构所在地法律或者仲裁地法律。"故C正确，D错误。

**2.** 某国甲公司与中国乙公司订立买卖合同，概括性地约定有关争议由"中国贸仲"仲裁，也可以向法院起诉。后双方因违约责任产生争议。关于该争议的解决，依我国相关法律规定，下列哪一选项是正确的?〔2〕（2009－1－38）

A. 违约责任不属于可仲裁的范围

B. 应认定合同已确定了仲裁机构

C. 仲裁协议因约定不明而在任何情况下无效

D. 如某国甲公司不服仲裁机构对仲裁协议效力作出的决定，向我国法院申请确认协议效力，我国法院可以受理

**【解析】**根据我国《仲裁法解释》第2条规定，合同纠纷属于可仲裁的事项，故A项

---

〔1〕【答案】BC

〔2〕【答案】B

错误。《仲裁法解释》第3条规定，“仲裁协议约定的仲裁机构名称不准确，但能够确定具体的仲裁机构的，应当认定选定了仲裁机构”，故B项正确。仲裁协议如果约定不明，双方还可以通过达成补充协议等方式使之有效，因而认为仲裁协议因约定不明而在任何情况下无效是错误的，故C项错误。《仲裁法解释》第13条第2款规定，“仲裁机构对仲裁协议的效力作出决定后，当事人向人民法院申请确认仲裁协议效力或者申请撤销仲裁机构的决定的，人民法院不予受理。”故D项错误。

## 四、涉外仲裁中的财产保全

### （一）一般性规定

关于涉外仲裁中的财产保全，我国《民事诉讼法》第279条规定：“当事人申请采取保全的，中华人民共和国的涉外仲裁机构应当将当事人的申请，提交被申请人住所地或者财产所在地的中级人民法院裁定。”《民诉解释》（2020年修改）第542条规定：“依照《民事诉讼法》第二百七十二条规定，中华人民共和国涉外仲裁机构将当事人的保全申请提交人民法院裁定的，人民法院可以进行审查，裁定是否进行保全。裁定保全的，应当责令申请人提供担保，申请人不提供担保的，裁定驳回申请。当事人申请证据保全，人民法院经审查认为无需提供担保的，申请人可以不提供担保。”

### （二）《最高人民法院关于内地与香港特别行政区法院就仲裁程序相互协助保全的安排》之要点归纳

《仲裁保全安排》共11条，对两地相互协助保全的途径、可申请保全的范围、申请保全的程序以及保全申请审查处理等问题作了规定。

**1. 该安排所指“保全”的界定**

（第1条）本安排所称“保全”，在内地包括**财产保全、证据保全、行为保全**；在香港特别行政区包括**强制令以及其他临时措施**，以在争议得以裁决之前维持现状或者恢复原状、采取行动防止目前或者即将对仲裁程序发生的危害或者损害，或者不采取可能造成这种危害或者损害的**行动、保全资产**或者保全对解决争议可能具有相关性和重要性的**证据**。

**2. 香港仲裁程序的当事人在内地如何向人民法院申请**

（第3条）香港仲裁程序的当事人，在仲裁裁决作出前，可以参照《中华人民共和国民事诉讼法》《中华人民共和国仲裁法》以及相关司法解释的规定，**向被申请人住所地、财产所在地或者证据所在地的内地中级人民法院申请保全。**被申请人住所地、财产所在地或者证据所在地在不同人民法院辖区的，**应当选择**向其中一个人民法院提出申请，**不得分别向两个或者两个以上人民法院提出申请。**

当事人在有关机构或者常设办事处**受理仲裁**申请后提出保全申请的，应当由该机构或者常设办事处**转递**其申请。

在有关机构或者常设办事处**受理仲裁申请前提出保全申请**，内地人民法院采取保全措施后**三十日内**未收到有关机构或者常设办事处提交的已受理仲裁案件的证明函件的，内地人民法院**应当解除保全**。

**3. 内地仲裁机构管理的仲裁程序的当事人在香港应如何申请**

（第6条）内地仲裁机构管理的仲裁程序的当事人，在仲裁裁决作出前，可以依据香港特别行政区《仲裁条例》《高等法院条例》，向**香港特别行政区高等法院**申请保全。

4. **法院可依法要求申请人提供担保**

（第8条）被请求方法院应当尽快审查当事人的保全申请。内地人民法院**可以要求申请人提供担保**等，香港特别行政区法院**可以要求申请人作出承诺、就费用提供保证**等。

5. **收费**

（第10条）当事人申请保全的，应当依据被请求方有关诉讼收费的法律和规定交纳费用。

## 五、我国关于涉外仲裁的司法审查之相关规定

### （一）《最高人民法院关于审理仲裁司法审查案件若干问题的规定》

根据《最高人民法院关于审理仲裁司法审查案件若干问题的规定》第1条，仲裁司法审查案件，包括下列案件：“（一）申请确认仲裁协议效力案件；（二）申请执行我国内地仲裁机构的仲裁裁决案件；（三）申请撤销我国内地仲裁机构的仲裁裁决案件；（四）申请认可和执行香港特别行政区、澳门特别行政区、台湾地区仲裁裁决案件；（五）申请承认和执行外国仲裁裁决案件；（六）其他仲裁司法审查案件。”

在管辖权方面，根据该规定第2条：“申请确认仲裁协议效力的案件，由仲裁协议约定的仲裁机构所在地、仲裁协议签订地、申请人住所地、被申请人住所地的中级人民法院或者专门人民法院管辖。涉及海事海商纠纷仲裁协议效力的案件，由仲裁协议约定的仲裁机构所在地、仲裁协议签订地、申请人住所地、被申请人住所地的海事法院管辖；上述地点没有海事法院的，由就近的海事法院管辖。”根据该规定第3条：“外国仲裁裁决与人民法院审理的案件存在关联，被申请人住所地、被申请人财产所在地均不在我国内地，申请人申请承认外国仲裁裁决的，由受理关联案件的人民法院管辖。受理关联案件的人民法院为基层人民法院的，申请承认外国仲裁裁决的案件应当由该基层人民法院的上一级人民法院管辖。受理关联案件的人民法院是高级人民法院或者最高人民法院的，由上述法院决定自行审查或者指定中级人民法院审查。外国仲裁裁决与我国内地仲裁机构审理的案件存在关联，被申请人住所地、被申请人财产所在地均不在我国内地，申请人申请承认外国仲裁裁决的，由受理关联案件的仲裁机构所在地的中级人民法院管辖。”第4条规定：“申请人向两个以上有管辖权的人民法院提出申请的，由最先立案的人民法院管辖。”

在审查方面，该规定第11条要求，“人民法院审查仲裁司法审查案件，应当组成合议庭并询问当事人。”在裁定生效及可否申请复议、提出上诉或申请再审方面，第20条规定：“人民法院在仲裁司法审查案件中作出的裁定，除不予受理、驳回申请、管辖权异议的裁定外，一经送达即发生法律效力。当事人申请复议、提出上诉或者申请再审的，人民法院不予受理，但法律和司法解释另有规定的除外。”

### （二）仲裁司法审查案件的报核程序

《最高人民法院关于仲裁司法审查案件报核问题的有关规定（2021修正）》第2条规定：“各中级人民法院或者专门人民法院办理涉外涉港澳台仲裁司法审查案件，经审查拟认定仲裁协议无效，不予执行或者撤销我国内地仲裁机构的仲裁裁决，不予认可和执行香港特别行政区、澳门特别行政区、台湾地区仲裁裁决，不予承认和执行外国仲裁裁决，应当向本辖区所属高级人民法院报核；高级人民法院经审查拟同意的，应当向最高人民法院报核。待最高人民法院审核后，方可依最高人民法院的审核意见作出裁定。各中级人民法院或者专门人民法院办理非涉外涉港澳台仲裁司法审查案件，经审查拟认定仲裁协议无效，

不予执行或者撤销我国内地仲裁机构的仲裁裁决，应当向本辖区所属高级人民法院报核；待高级人民法院审核后，方可依高级人民法院的审核意见作出裁定。”第3条则强调：“本规定第二条第二款规定的非涉外涉港澳台仲裁司法审查案件，高级人民法院经审查，拟同意中级人民法院或者专门人民法院以违背社会公共利益为由不予执行或者撤销我国内地仲裁机构的仲裁裁决的，应当向最高人民法院报核，待最高人民法院审核后，方可依最高人民法院的审核意见作出裁定。”

**【经典真题】**

日本甲公司与中国乙公司将商事合同纠纷提交中国国际经济贸易仲裁委员会仲裁。根据我国法律和司法实践，下列哪些选项是正确的？[1]（2021年回忆版真题，多选）

A. 两公司可约定仲裁地在新加坡

B. 如两公司未约定仲裁协议适用的法律，则应适用合同纠纷应适用的法律

C. 两公司可约定合同和仲裁协议分别适用瑞士法和中国法

D. 如仲裁庭在日本仲裁，应适用日本冲突规范确定应适用的实体法

**【解析】**《涉外民事关系法律适用法》第十八条规定，当事人可以协议选择仲裁协议适用的法律。故A选项正确。《最高人民法院关于审理仲裁司法审查案件若干问题的规定》第13条规定，当事人协议选择确认涉外仲裁协议效力适用的法律，应当作出明确的意思表示，仅约定合同适用的法律，不能作为确认合同中仲裁条款效力适用的法律，故B选项错误。对于涉外合同和仲裁协议的法律适用，中国法律均允许当事人意思自治，故C选项正确。当事人约定仲裁地点，并不意味着必须适用仲裁地的冲突规范来确定准据法，D选项的表述缺乏法律依据。

（三）我国仲裁机构的涉外仲裁裁决在我国国内的执行

涉外仲裁裁决一经作出即行生效，当事人应依照仲裁裁决书自动履行裁决。根据《民事诉讼法》第280条规定，凡败诉方不自动履行裁决，胜诉方可以向败诉方住所地或财产所在地的中级人民法院申请强制执行。

（四）我国仲裁机构的涉外仲裁裁决在外国的执行

我国仲裁机构的涉外仲裁裁决需要在外国承认与执行的，可分为两种情况：

首先，如果该外国为1958年《纽约公约》成员国，则当事人应根据公约规定的程序和条件，直接向该外国有管辖权的法院提出请求承认与执行的申请，然后由该国法院对裁决进行审查，作出是否承认与执行的裁定。

其次，如果该外国为非《纽约公约》的成员国，则当事人应当直接向有管辖权的外国法院申请承认与执行，由该国法院根据有关司法协助条约或其本国法律裁定是否承认与执行。

（五）外国仲裁机构在我国的执行★★★★★

关于外国仲裁裁决的承认与执行，我国《民事诉讼法》作了原则规定。根据该法第290条之规定，外国仲裁机构的仲裁裁决，凡需要中华人民共和国人民法院承认与执行的，应当由当事人直接向被执行人住所地或者其财产所在地的中级人民法院申请，人民法院应当依照中国缔结或者参加的国际条约，或者按照互惠原则办理。

《民诉解释》（2020年修改）第545条规定：“对临时仲裁庭在中华人民共和国领域外

[1]【答案】AC

作出的仲裁裁决，一方当事人向人民法院申请承认和执行的，人民法院应当依照《民事诉讼法》第二百八十三条规定处理。”

**1.《纽约公约》缔约国作出的外国仲裁裁决在我国的执行。**

我国已加入了1958年《纽约公约》，在缔约国境内作出的裁决，如果符合公约的规定，没有公约中列举的可以拒绝承认和执行的情况者，可以裁定承认其效力，并给予执行；反之，则裁定驳回申请，拒绝承认和执行。《纽约公约》已于1987年4月22日对我国生效，该公约规定缔约国应相互承认仲裁裁决具有约束力，并应依照承认与执行地的程序规则予以执行，执行时不应在实质上比承认与执行本国的仲裁裁决规定更繁琐的条件或更高昂的费用。按照公约第5条第1款的规定，“凡外国仲裁裁决有下列情形之一时，被请求承认与执行的国家的主管机关可依被执行人的申请，拒绝承认与执行：

（1）签订仲裁协议的当事人，根据对他们适用的法律，当时是处于某种无行为能力的情况下；或者根据仲裁协议所选定的准据法，或在未选定准据法时依据裁决地法，该仲裁协议无效；

（2）被执行人未接到关于指派仲裁员或关于仲裁程序的适当通知，或者由于其他情况未能在案件中进行申辩；

（3）裁决所处理的事项不是当事人交付仲裁的事项，或者不包括在仲裁协议规定之内，或者超出了仲裁协议的范围；

（4）仲裁庭的组成或仲裁程序与当事人之间的协议不符，或者当事人之间没有这种协议时，与仲裁地所在国法律不符；

（5）裁决尚未发生法律效力，或者裁决已经由作出裁决的国家或根据其法律作出裁决的国家的主管机关撤销或停止执行。”

按照公约第5条第2款的规定，“如果被请求承认与执行地国的主管机关依职权主动查明有下列情形之一时，也可以拒绝承认与执行：

（1）依照执行地国的法律，争议事项不可以用仲裁的方式加以解决（例如，我国《仲裁法》第3条规定，婚姻、收养、监护、扶养、继承纠纷以及依法应当由行政机关处理的行政争议不能用仲裁的方式加以解决）；

（2）承认与执行该裁决违反承认与执行地国的公共政策。”

在适用《纽约公约》的规定时，还应注意我国提出的两项保留——互惠保留和商事保留。

互惠保留，即我国只对在另一缔约国领土内作出的仲裁裁决的承认与执行适用该公约。我国《民事诉讼法》与公约有不同规定的，按公约的规定办理。

商事保留，即我国仅对那些按照我国法律属于契约性或非契约性商事法律关系所引起的争议所作的裁决适用公约的规定。

根据《最高人民法院关于执行我国加入的〈承认及执行外国仲裁裁决公约〉的通知》第4条的规定，我国有管辖权的人民法院接到一方当事人的申请后，应对申请承认及执行的仲裁裁决进行审查，法院主动审查的事项有二：①我国法律禁止仲裁；②违反我国社会公共秩序的。其他事项法院被动审查（即当事人提出了申请并举证才审查）。

★特别提示

根据《最高人民法院关于执行我国加入的〈承认及执行外国仲裁裁决公约〉的通知》第2条规定，我国适用该公约承认和执行的争端中“不包括外国投资者与东道国政府之间的争端。”该通知第3条还规定，仲裁裁决的一方当事人申请我国法院承认和执行在另一缔约国领土内作出的仲裁裁决，应由我国下列地点的中级人民法院受理：

（1）被执行人为自然人的，为其户籍所在地或者居所地；

（2）被执行人为法人的，为其主要办事机构所在地；

（3）被执行人在我国无住所、居所或者主要办事机构，但有财产在我国境内的，为其财产所在地。

此外，还应注意《纽约公约》对于“外国仲裁裁决”的判断标准是根据“仲裁地点”，而非仲裁当事人的国籍，该公约第1条规定“仲裁裁决，因自然人或法人间之争议而产生且在申请承认及执行地所在国以外之国家领土内作成者，其承认及执行适用本公约。”

**2. 非《纽约公约》缔约国作出的外国仲裁裁决在我国的承认与执行。**

如果作出仲裁裁决的仲裁机构所在地国与我国有缔结或共同参加的其他国际条约，则依条约办理。如果作出仲裁裁决的仲裁机构所在地国，与我国既没有缔结也没有共同参加的国际条约，当事人向我国法院提出承认与执行裁决的申请时，当事人应该以该裁决为依据向有管辖权的人民法院起诉，由法院作出判决，予以执行。

## 【经典真题】

**1.** 法国某公司依1958年联合国《承认与执行外国仲裁裁决公约》，请求中国法院承认与执行一项国际商会国际仲裁院的裁决。依据该公约及中国相关司法解释，下列哪一表述是正确的？[1]（2013－1－38）

A. 法院应依职权主动审查该仲裁过程中是否存在仲裁程序与仲裁协议不符的情况

B. 该公约第5条规定的拒绝承认与执行外国仲裁裁决的理由是穷尽性的

C. 如该裁决内含有对仲裁协议范围以外事项的决定，法院应拒绝承认执行该裁决

D. 如该裁决所解决的争议属于侵权性质，法院应拒绝承认执行该裁决

**【解析】**《最高人民法院关于执行我国加入的〈承认与执行外国仲裁裁决公约〉的通知》第5条明确规定了成员国可以拒绝承认和执行其他缔约国境内作出的仲裁裁决的7个理由，因此属于穷尽性的规定。故应选B。

**2.** 中国和甲国均为《承认与执行外国仲裁裁决公约》缔约国。现甲国某申请人向中国法院申请承认和执行在甲国作出的一项仲裁裁决。对此，下列哪一选项是正确的？[2]（2010－1－39）

A. 我国应对该裁决的承认与执行适用公约，因为该申请人具有公约缔约国国籍

B. 有关中国投资者与甲国政府间投资争端的仲裁裁决不适用公约

C. 中国有义务承认公约缔约国所有仲裁裁决的效力

D. 被执行人为中国法人的，应由该法人营业所所在地法院管辖

**【解析】**我国对《纽约公约》作了互惠保留，对于“外国仲裁裁决”的判断标准是根据仲裁地点，而非仲裁当事人的国籍，故A错误。根据最高人民法院的司法解释，我国适用《纽约公约》承认和执行的争端中“不包括外国投资者与东道国政府之间的争端”，故B选项正确。根据《纽约公约》第5条规定，我国对于7种情形下的其他缔约国仲裁裁决可以不予承认和执行，C错误。根据《最高人民法院关于执行我国加入的〈承认及执行外国

---

〔1〕【答案】B

〔2〕【答案】B

仲裁裁决公约〉的通知》第3条规定，被执行人为自然人或法人的，管辖法院应为自然人的户籍所在地或者居所地法院或者主要办事机构所在地法院，D错误。

## 考点3 国际民事诉讼

### ★【本部分考点近年真题统计】

| 题型 | 年份 | 考点 | 分值 |
|---|---|---|---|
| 单项选择题 | 2016年卷一第38题 | 特别领域管辖 | 1 |
| | 2016年卷一第39题 | 涉外领事送达、领事取证 | 1 |
| | 2015年卷一第39题 | 涉外民事诉讼中的程序——材料翻译、代理、调解书 | 1 |
| | 2014年卷一第39题 | 《关于从国外调取民事或商事证据的公约》 | 1 |
| | 2013年卷一第39题 | 中国域外送达的方式 | 1 |
| | 2012年卷一第38题 | 涉外诉讼代理、管辖权 | 1 |
| | 2012年卷一第39题 | 外国法院判决的承认和执行的条件 | 1 |
| | 2010年卷一第36题 | 《关于从国外调取民事或商事证据公约》关于取证的规定 | 1 |
| | 2009年卷一第37题 | 《外资非正常撤离中国相关利益方跨国追究与诉讼的工作指引》 | 1 |
| | 2008年卷一第36题 | 我国法院对涉外民事诉讼案件的管辖权 | 1 |
| | 2008年卷一第39题 | 涉外民事诉讼程序中所使用的语言 | 1 |
| | 2008年卷一第40题 | 涉外离婚判决的承认及涉外离婚案件的管辖权 | 1 |
| | 2007年卷一第38题 | 涉外合同纠纷案件的管辖权 | 1 |
| | 2006年卷一第36题 | 我国关于涉外民事管辖权的有关法律规定 | 1 |
| | 2006年卷一第40题 | 港口纠纷的管辖权和涉外合同的法律适用 | 1 |
| | 2004年卷一第35题 | 涉外离婚案件的管辖 | 1 |
| 多项选择题 | 2013年卷一第78题 | 涉外民事诉讼的管辖权 | 2 |
| | 2008年卷一第80题 | 外国法院判决的承认和执行条件 | 2 |
| | 2008年卷一第82题 | 《关于从国外调取民事或商事证据公约》关于取证的规定 | 2 |
| | 2007年卷一第80题 | 域外送达 | 2 |
| | 2005年卷一第83题 | 外国当事人在我国的诉讼代理人 | 2 |
| | 2004年卷一第72题 | 国际司法协助 | 2 |
| 不定项选择题 | 2007年卷一第94题 | 集中管辖 | 2 |
| | 2005年卷一第96题 | 《海牙送达公约》 | 2 |

国际民事诉讼法主要涉及如下几个问题：第一，外国人的民事诉讼地位；第二，国际民事案件的管辖权；第三，国际民事司法协助，包括送达、取证、外国法院判决的承认与执行。

## 一、外国人的民事诉讼地位

外国人的民事诉讼地位，是指外国人在内国进行民事诉讼所享有的民事诉讼权利和应承担的民事诉讼义务的资格和状况。

1. 在中国民事诉讼程序中的身份证明、诉讼代理等。

<table>
<tr><td>（1）外国人及外国企业或者组织的诉讼代表在中国民事诉讼程序中的身份证明</td><td colspan="2">《民诉解释》（2020 年修改）第 523 条：“外国人参加诉讼，应当向人民法院提交护照等用以证明自己身份的证件。<br>外国企业或者组织参加诉讼，向人民法院提交的身份证明文件，应当经所在国公证机关公证，并经中华人民共和国驻该国使领馆认证，或者履行中华人民共和国与该所在国订立的有关条约中规定的证明手续。<br>代表外国企业或者组织参加诉讼的人，应当向人民法院提交其有权作为代表人参加诉讼的证明，该证明应当经所在国公证机关公证，并经中华人民共和国驻该国使领馆认证，或者履行中华人民共和国与该所在国订立的有关条约中规定的证明手续。<br>本条所称的“所在国”，是指外国企业或者组织的设立登记地国，也可以是办理了营业登记手续的第三国。”</td></tr>
<tr><td rowspan="2">（2）外国人在中国民事诉讼程序中的诉讼代理</td><td>代理人范围</td><td>《民事诉讼法》第 270 条：“外国人、无国籍人、外国企业和组织在人民法院起诉、应诉，需要委托律师代理诉讼的，必须委托中华人民共和国的律师。”<br>《民诉解释》（2020 年修改）第 528 条：“涉外民事诉讼中的外籍当事人，可以委托本国人为诉讼代理人，也可以委托本国律师以非律师身份担任诉讼代理人；外国驻华使领馆官员，受本国公民的委托，可以以个人名义担任诉讼代理人，但在诉讼中不享有外交或者领事特权和豁免。”<br>《民诉解释》（2020 年修改）第 529 条：“涉外民事诉讼中，外国驻华使领馆授权其本馆官员，在作为当事人的本国国民不在中华人民共和国领域内的情况下，可以以外交代表身份为其本国国民在中华人民共和国聘请中华人民共和国律师或者中华人民共和国公民代理民事诉讼。”</td></tr>
<tr><td>授权委托的公证、见证程序</td><td>《民诉解释》（2020 年修改）第 525 条：“外国人、外国企业或者组织的代表人在人民法院法官的见证下签署授权委托书，委托代理人进行民事诉讼的，人民法院应予认可。”<br>《民诉解释》（2020 年修改）第 526 条：“外国人、外国企业或者组织的代表人在中华人民共和国境内签署授权委托书，委托代理人进行民事诉讼，经中华人民共和国公证机构公证的，人民法院应予认可。”</td></tr>
</table>

2. 涉外民事诉讼的材料翻译、调解、诉讼期间、审判语言等其他问题。

<table>
<tr><td>（1）书面材料的翻译</td><td>《民诉解释》（2020 年修改）第 527 条：“当事人向人民法院提交的书面材料是外文的，应当同时向人民法院提交中文翻译件。<br>当事人对中文翻译件有异议的，应当共同委托翻译机构提供翻译文本；当事人对翻译机构的选择不能达成一致的，由人民法院确定。”</td></tr>
</table>

续表

| | |
|---|---|
| （2）涉外民事诉讼的诉讼期间 | 《民诉解释》（2020 年修改）第 538 条："不服第一审人民法院判决、裁定的上诉期，对在中华人民共和国领域内有住所的当事人，适用《民事诉讼法》第一百六十四条规定的期限（注意：即送达判决 15 日内，裁定 10 日内上诉）；对在中华人民共和国领域内没有住所的当事人，适用《民事诉讼法》第二百六十九条规定的期限（即判决、裁定送达后 30 日内上诉，被上诉人收到上诉状副本后 30 日内答辩）。当事人的上诉期均已届满没有上诉的，第一审人民法院的判决、裁定即发生法律效力。"<br>《民诉解释》（2020 年修改）第 539 条："人民法院对涉外民事案件的当事人申请再审进行审查的期间，不受《民事诉讼法》第二百零四条规定的限制。"（注意：不受"自收到再审申请书之日起三个月内审查"的限制） |
| （3）涉外民事诉讼中的调解 | 《民诉解释》（2020 年修改）第 530 条："涉外民事诉讼中，经调解双方达成协议，应当制发调解书。当事人要求发给判决书的，可以依协议的内容制作判决书送达当事人。" |
| （4）涉外民事诉讼的审判语言 | 《民事诉讼法》第 269 条："人民法院审理涉外民事案件，应当使用中华人民共和国通用的语言、文字。当事人要求提供翻译的，可以提供，费用由当事人承担。" |

**【经典真题】**

英国人施密特因合同纠纷在中国法院涉诉。关于该民事诉讼，下列哪一选项是正确的？[1]（2015－1－39）

A. 施密特可以向人民法院提交英文书面材料，无需提供中文翻译件

B. 施密特可以委托任意一位英国出庭律师以公民代理的形式代理诉讼

C. 如施密特不在中国境内，英国驻华大使馆可以授权本馆官员为施密特聘请中国律师代理诉讼

D. 如经调解双方当事人达成协议，人民法院已制发调解书，但施密特要求发给判决书，应予拒绝

**【解析】**《民诉解释》（2020 年修改）第 527 条第 1 款规定："当事人向人民法院提交的书面材料是外文的，应当同时向人民法院提交中文翻译件。"故 A 错误。外国人可以委托其本国的律师以非律师的身份而非公民代理的形式代理诉讼，故 B 错误。《民诉解释》（2020 年修改）第 529 条规定："涉外民事诉讼中，外国驻华使领馆授权其本馆官员，在作为当事人的本国国民不在中华人民共和国领域内的情况下，可以以外交代表身份为其本国国民在中华人民共和国聘请中华人民共和国律师或者中华人民共和国公民代理民事诉讼。"可见，如果涉诉的外国人不在中国境内，则外国驻华使领馆可以授权外交官员或领事官员替外国人委托诉讼代理人，故 C 正确。《民诉解释》（2020 年修改）第 530 条规定："涉外民事诉讼中，经调解双方达成协议，应当制发调解书。当事人要求发给判决书的，可以依协议的内容制作判决书送达当事人。"故 D 错误。

[1]【答案】C

## 二、国际民事案件管辖权

国际民事案件管辖权是指一国法院根据本国缔结或参加的国际条约和国内法对特定的国际民事案件行使审判权的资格。管辖权的确定直接关系到国际民事案件的审理结果。

### （一）确定国际民事案件管辖权的一般原则

确定国际民事案件管辖权的原则包括属地管辖原则（通常以住所、居所、临时所在地为依据确定管辖权）、属人管辖原则（以当事人国籍为标志确定管辖权）、协议管辖原则（又称为合意管辖原则）、专属管辖原则（是指一国主张其法院对某些国际民事案件具有独占的或排他的管辖权，不承认其他国家法院对这些案件的管辖权）、平行管辖原则（又称为选择管辖原则，是指一国国家在主张自己对某些案件有管辖权的同时，并不否认其他国家法院对这些案件行使管辖权）等。一般来说，各国主要是依据属地或属人原则，同时采用平行管辖、专属管辖和协议管辖等原则。

在国际民事诉讼中，一些国家并不禁止一事再理或一事两诉，也就是说，一些国家对依据本国法律有管辖权的案件会加以受理，而不会因另一国法院已经受理或者正在审理相同当事人就同一诉讼标的或诉由提起的案件而自己拒绝行使管辖权。《民诉解释》（2020 年修改）第 533 条规定："中华人民共和国法院和外国法院都有管辖权的案件，一方当事人向外国法院起诉，而另一方当事人向中华人民共和国法院起诉的，人民法院可予受理。判决后，外国法院申请或者当事人请求人民法院承认和执行外国法院对本案作出的判决、裁定的，不予准许；但双方共同缔结或者参加的国际条约另有规定的除外。外国法院判决、裁定已经被人民法院承认，当事人就同一争议向人民法院起诉的，人民法院不予受理。"有效解决一事再理问题的途径当属制定有关国际民事案件管辖权的公约，或一国在必要情况下主动采用"非方便法院原则"（即一国法院虽然对某一涉外民事案件享有管辖权，但以该法院审理该案非常不方便为理由拒绝行使管辖权）主动拒绝管辖。

### （二）我国《民事诉讼法》有关涉外民事案件管辖权的规定

中国管辖权相关规定：
- 条约优先、平行管辖
- 普通地域管辖（被告住所地、经常居住地）及其例外
- 特别地域管辖
- 专属管辖
- 协议管辖（又称为合意管辖）
- 默示接受管辖（应诉管辖或推定管辖或接受管辖）
- 集中管辖

1. 普通地域管辖★★★

即"原告就被告"，涉外民事案件中的被告住所地在我国，或者被告的住所地与经常居住地不一致时，其经常居住地在我国领域内，我国法院都有管辖权。

自然人的住所地指户籍所在地，经常居住地指公民离开其住所至起诉时连续居住 1 年以上的地方。法人的住所地指法人的主要营业地或者主要办事机构所在地。但对于不在我国领域内居住的人提起的有关身份关系的诉讼，可以由原告住所地或经常居住地的我国法院管辖。

2. 特别地域管辖★★★

《民事诉讼法》第 272 条规定："因合同纠纷或者其他财产权益纠纷，对在中国领域内

没有住所的被告提起的诉讼，如果合同在中华人民共和国领域内签订或者履行，或者诉讼标的物在中华人民共和国领域内，或者被告在中华人民共和国领域内有可供扣押的财产，或者被告在中华人民共和国领域内设有代表机构，可以由合同签订地、合同履行地、诉讼标的物所在地、可供扣押财产所在地、侵权行为地或者代表机构住所地人民法院管辖。"

**【经典真题】**

俄罗斯公民萨沙来华与中国公民韩某签订一份设备买卖合同。后因履约纠纷韩某将萨沙诉至中国某法院。经查，萨沙在中国境内没有可供扣押的财产，亦无居所；该套设备位于中国境内。关于本案的管辖权与法律适用，依中国法律规定，下列哪一选项是正确的？[1]（2016－1－38）

A. 中国法院没有管辖权

B. 韩某可在该套设备所在地或合同签订地法院起诉

C. 韩某只能在其住所地法院起诉

D. 萨沙与韩某只能选择适用中国法或俄罗斯法

【解析】本题考点为特别领域管辖。《民事诉讼法》第272条规定，"因合同纠纷或者其他财产权益纠纷，对在中华人民共和国领域内没有住所的被告提起的诉讼，如果合同在中华人民共和国领域内签订或者履行，或者诉讼标的物在中华人民共和国领域内，或者被告在中华人民共和国领域内有可供扣押的财产，或者被告在中华人民共和国领域内设有代表机构，可以由合同签订地、合同履行地、诉讼标的物所在地、可供扣押财产所在地、侵权行为地或者代表机构住所地人民法院管辖。"根据前述规定，本案中，该设备买卖合同的标的物所在地或合同签订地的中国法院有管辖权。故B选项正确，其他选项错误。

3. 专属管辖★★

（1）《民事诉讼法》第34条规定："下列案件，由本条规定的人民法院专属管辖：

①因不动产纠纷提起的诉讼，由不动产所在地人民法院管辖；

②因港口作业中发生纠纷提起的诉讼，由港口所在地人民法院管辖；

③因继承遗产纠纷提起的诉讼，由被继承人死亡时住所地或者主要遗产所在地人民法院管辖。"

（2）《民事诉讼法》第273条规定："因在中华人民共和国履行中外合资经营企业合同、中外合作经营企业合同、中外合作勘探开发自然资源合同发生纠纷提起的诉讼，由中华人民共和国人民法院管辖。"

《民事诉讼法》第31条规定："因船舶碰撞或者其他海事损害事故请求损害赔偿提起的诉讼，由碰撞发生地、碰撞船舶最先到达地、加害船舶被扣留地或者被告住所地人民法院管辖。"

《民事诉讼法》第32条规定："因海难救助费用提起的诉讼，由救助地或者被救助船舶最先到达地人民法院管辖。"

《民事诉讼法》第33条规定："因共同海损提起的诉讼，由船舶最先到达地、共同海损理算地或者航程终止地的人民法院管辖。"

此外，应注意对于属于我国专属管辖的争议，如果并非法律禁止仲裁的事项，则当事人约定仲裁的协议是有效的。

---

〔1〕【答案】B

**关联法条**

**《中华人民共和国海事诉讼特别程序法》**

**第7条** 下列海事诉讼，由本条规定的海事法院专属管辖：

①因沿海港口作业纠纷提起的诉讼，由港口所在地海事法院管辖；

②因船舶排放、泄漏、倾倒油类或者其他有害物质，海上生产、作业或者拆船、修船作业造成海域污染损害提起的诉讼，由污染发生地、损害结果地或者采取预防污染措施地海事法院管辖；

③因在中华人民共和国领域和有管辖权的海域履行的海洋勘探开发合同纠纷提起的诉讼，由合同履行地海事法院管辖。

**【经典真题】**

中国甲公司与英国乙公司签订在渤海湾勘探开发海底石油资源的合同。关于该合同履行产生的纠纷，下列选项正确的是哪项?〔1〕(2021 年回忆版真题，单选)

A. 两公司的纠纷在我国只能通过诉讼方式解决

B. 因合同在海上履行，该纠纷应适用《联合国海洋法公约》

C. 两公司可约定将纠纷提交新加坡国际仲裁中心仲裁解决

D. 两公司可协议选择由英国法院审理此案

【解析】在中国履行的中外合作勘探开发自然资源合同纠纷，当事人可以通过诉讼、仲裁或调解等方式解决，故 A 选项错误。渤海湾属于中国的内海湾，其性质属于内水，在其中适用中国的国内法，虽然中国是《海洋法公约》的缔约国，但该公约并不调整资源开发合同的纠纷。《民法典》第 467 条第 2 款规定，在中国境内履行的中外合资经营企业合同、中外合作经营企业合同、中外合作勘探开发自然资源合同，适用中华人民共和国法律，故 B 选项错误。中国履行的中外合作勘探开发自然资源合同纠纷属于中国法院专属管辖的案件，但根据《民事诉讼法》的有关规定，属于中国法院专属管辖的案件，当事人不得协议选择外国法院管辖，协议选择仲裁的除外，C 选项正确而 D 选项错误。

4. 协议管辖★★★★

关于协议管辖，我国《民事诉讼法》第 35 条规定："合同或者其他财产权益纠纷的当事人可以书面协议选择被告住所地、合同履行地、合同签订地、原告住所地、标的物所在地等与争议有实际联系的地点的人民法院管辖，但不得违反本法对级别管辖和专属管辖的规定。"

《民诉解释》(2020 年修改) 第 531 条也规定："涉外合同或者其他财产权益纠纷的当事人，可以书面协议选择被告住所地、合同履行地、合同签订地、原告住所地、标的物所在地、侵权行为地等与争议有实际联系地点的外国法院管辖。根据民事诉讼法第三十三条和第二百六十六条规定，属于中华人民共和国法院专属管辖的案件，当事人不得协议选择外国法院管辖，但协议选择仲裁的除外。"

上述规定要求当事人须"选择与争议有实际联系的地点的法院管辖"，但也存在例外情况，如我国《海事诉讼特别程序法》第 8 条规定："海事纠纷的当事人都是外国人、无国籍

〔1〕【答案】C

人、外国企业或者组织，当事人书面协议选择中华人民共和国海事法院管辖的，即使与纠纷有实际联系的地点不在中华人民共和国领域内，中华人民共和国海事法院对该纠纷也具有管辖权。”

★特别提示《海事诉讼特别程序法》第8条规定对于协议管辖的规定与《民事诉讼法》的规定不完全一致的，前者优先适用。

【经典真题】

国际海上运输合同的当事人在合同中选定我国某法院作为解决可能发生的纠纷的法院。关于此，下列哪一选项是错误的?[1]（2007－1－38）

A. 该协议不得违反我国有关级别管辖和专属管辖的规定

B. 当事人可以在纠纷发生前协议选择我国法院管辖

C. 如与该合同纠纷有实际联系的地点不在我国领域内，我国法院无权依该协议对纠纷进行管辖

D. 涉外合同或涉外财产权益纠纷的当事人可以选择管辖法院

【解析】《民事诉讼法》第35条规定：“合同或者其他财产权益纠纷的当事人可以书面协议选择被告住所地、合同履行地、合同签订地、原告住所地、标的物所在地等与争议有实际联系的地点的人民法院管辖，但不得违反本法对级别管辖和专属管辖的规定。”故A、B、D选项正确。《海事诉讼特别程序法》第8条规定，“海事纠纷的当事人都是外国人、无国籍人、外国企业或者组织，当事人书面协议选择中华人民共和国海事法院管辖的，即使与纠纷有实际联系的地点不在中华人民共和国领域内，中华人民共和国海事法院对该纠纷也具有管辖权。”故C选项错误，当选。

5. 默示接受管辖★★

默示接受管辖也称推定管辖，对此，我国《民事诉讼法》第130条规定：“人民法院受理案件后，当事人对管辖权有异议的，应当在提交答辩状期间提出。人民法院对当事人提出的异议，应当审查。异议成立的，裁定将案件移送有管辖权的人民法院；异议不成立的，裁定驳回。当事人未提出管辖异议，并应诉答辩的，视为受诉人民法院有管辖权，但违反级别管辖和专属管辖规定的除外。”

6. 集中管辖★★★★

所谓集中管辖，可以认为是指特定的案件，只能由特定范围内的法院行使管辖权，《最高人民法院关于涉外民商事案件诉讼管辖若干问题的规定》中规定：

（1）第一审涉外民商事案件由下列人民法院管辖：①国务院批准设立的经济技术开发区人民法院；②省会、自治区首府、直辖市所在地的中级人民法院；③经济特区、计划单列市中级人民法院；④最高人民法院指定的其他中级人民法院；⑤高级人民法院。前述中级人民法院的区域管辖范围由所在地的高级人民法院确定。

（2）对国务院批准设立的经济技术开发区人民法院所作的第一审判决、裁定不服的，其第二审由所在地中级人民法院管辖。

（3）上述规定适用于下列案件：①涉外合同和侵权纠纷案件；②信用证纠纷案件；

---

[1]【答案】C

③申请撤销、承认与强制执行国际仲裁裁决的案件；④审查有关涉外民商事仲裁条款效力的案件；⑤申请承认和强制执行外国法院民商事判决、裁定的案件。

（4）发生在与外国接壤的边境省份的边境贸易纠纷案件、涉外房地产案件和涉外知识产权案件，不适用上述规定。

（5）涉及香港、澳门特别行政区和台湾地区当事人的民商事纠纷案件的管辖，参照上述规定处理。

★特别提示 关于集中管辖，我们主要应掌握几个方面：有权管辖的法院、实行集中管辖的案件、不实行集中管辖的案件等。

7. 不方便法院原则

不方便法院原则是指一国法院认为，对于某些国际民事案件，考虑到案件事实、性质及法院审理的便利程度等因素，审理该案极不方便，而由外国法院审理更为适当，因而放弃管辖权的情形。

《民诉解释》（2020 年修改）第 532 条规定："涉外民事案件同时符合下列情形的，人民法院可以裁定驳回原告的起诉，告知其向更方便的外国法院提起诉讼：（一）被告提出案件应由更方便外国法院管辖的请求，或者提出管辖异议；（二）当事人之间不存在选择中华人民共和国法院管辖的协议；（三）案件不属于中华人民共和国法院专属管辖；（四）案件不涉及中华人民共和国国家、公民、法人或者其他组织的利益；（五）案件争议的主要事实不是发生在中华人民共和国境内，且案件不适用中华人民共和国法律，人民法院审理案件在认定事实和适用法律方面存在重大困难；（六）外国法院对案件享有管辖权，且审理该案件更加方便。"

8. 遵守国际条约的规定

如果我国法律规定与所参加的有关民事诉讼管辖权的条约规定有不同的，除我国声明保留的条款外，应优先适用公约的规定。

## 三、国际民事司法协助

司法协助是指一个国家或地区的司法机关应另一个国家或地区的司法机关或有关当事人的请求，代为履行司法行为，或者在司法方面提供其他的协助。在理论上，司法协助有广义和狭义之分，如狭义的民商事司法协助只包括送达文书、调查取证等，不包括法院判决和仲裁裁决的承认与执行，而**广义的司法协助，除了包括狭义司法协助的内容外，还包括法院判决和仲裁裁决承认与执行**。

《民诉解释》（2020 年修改）第 549 条规定："与中华人民共和国没有司法协助条约又无互惠关系的国家的法院，未通过外交途径，直接请求人民法院提供司法协助的，人民法院应予退回，并说明理由。"

| 司法协助途径 | 协助方式 |
| --- | --- |
| 1. 外交途径 | 请求国司法机关把请求文件交给本国的外交部，由本国外交部转交给被请求国的外交代表，再由该国外交代表转交给该国国内的主管司法机关，由该主管司法机关提供司法协助。 |

续表

| 司法协助途径 | 协助方式 |
| --- | --- |
| 2. 使领馆途径 | 请求国司法机关把请求文件交给本国驻在被请求国的使领馆，再由使领馆直接把有关文件交给驻在国的主管司法机关，由该主管司法机关提供司法协助。 |
| 3. 法院途径 | 由请求国法院直接委托被请求国法院进行司法协助。不过，采取这种做法必须以条约为基础。 |
| 4. 中心机关途径 | 亦称为中央机关途径，是指由请求国主管机关将请求协助事项提交给被请求国的中心机关，由该中心机关再转交给本国有关主管机关。 |

## （一）涉外送达★★★★

1. 我国向域外送达的途径

根据《民事诉讼法》第274条的规定，人民法院对在中华人民共和国领域内没有住所的当事人送达诉讼文书，可以采用下列方式：

（1）依照受送达人所在国与中华人民共和国缔结或者共同参加的国际条约中规定的方式送达；

（2）通过外交途径送达；

（3）对具有中华人民共和国国籍的受送达人，可以委托中华人民共和国驻受送达人所在国的使领馆代为送达；

（4）向受送达人委托的有权代其接受送达的诉讼代理人送达；

（5）向受送达人在中华人民共和国领域内设立的代表机构或者有权接受送达的分支机构、业务代办人送达；

（6）邮寄送达。《民诉解释》（2020年修改）第536条规定："受送达人所在国允许邮寄送达的，人民法院可以邮寄送达。邮寄送达时应当附有送达回证。受送达人未在送达回证上签收但在邮件回执上签收的，视为送达，签收日期为送达日期。自邮寄之日起满3个月，如果未收到送达的证明文件，且根据各种情况不足以认定已经送达的，视为不能用邮寄方式送达。"

（7）采用传真、电子邮件等能够确认受送达人收悉的方式送达；

（8）直接送达。《民诉解释》（2020年修改）第535条规定："外国人或者外国企业、组织的代表人、主要负责人在中华人民共和国领域内的，人民法院可以向该自然人或者外国企业、组织的代表人、主要负责人送达。外国企业、组织的主要负责人包括该企业、组织的董事、监事、高级管理人员等。"

（9）不能用上述方式送达的，采用公告方式送达，自公告之日起满3个月视为送达。《民诉解释》（2020年修改）第534条规定："对在中华人民共和国领域内没有住所的当事人，经用公告方式送达诉讼文书，公告期满不应诉，人民法院缺席判决后，仍应当将裁判文书依照《民事诉讼法》第二百六十七条第八项规定公告送达。自公告送达裁判文书满三个月之日起，经过三十日的上诉期当事人没有上诉的，一审判决即发生法律效力。"《民诉解释》（2020年修改）第537条："人民法院一审时采取公告方式向当事人送达诉讼文书的，二审时可径行采取公告方式向其送达诉讼文书，但人民法院能够采取公告方式之外的其他方式送达的除外。"

此外，最高人民法院《关于涉外民事或商事案件司法文书送达问题若干规定》进一步补充规定，即使受送达人未对人民法院送达的司法文书履行签收手续，受送达人书面向人民法院提及了所送达司法文书的内容，或受送达人已按所送达文书的内容履行，则可以视为已经合法送达。

《民事诉讼法》还规定，人民法院向外国公司的驻华代表机构送达诉讼文书时，可以适用留置送达的方式。

**【经典真题】**

甲国与中国均为1965年在海牙签订的《关于向国外送达民事或商事司法文书和司法外文书公约》的缔约国。现甲国法院依该公约向总部设在南京的东陵公司送达若干司法文件。根据该公约及我国的相关规定，下列判断何者为错误：[1]（2005－1－96）

A. 这些司法文书应由甲国驻华使、领馆直接送交我国司法部

B. 收到司法部转递的司法文书后，执行送达的人民法院如发现该司法文书所涉及的诉讼标的属于我国法院专属管辖，则应拒绝执行甲国的送达请求

C. 执行送达的人民法院如果发现其中确定的出庭日期已过，则应直接将该司法文书退回，不再向东陵公司送达

D. 东陵公司收到人民法院送达的该司法文书后，发现其只有英文文本的，可以拒收

【解析】依《关于执行〈关于向国外送达民事或商事司法文书和司法外文书公约〉有关程序的通知》的规定，公约成员国驻华使领馆、有权当局或司法助理均可将司法文书送交我国司法部，故A项表述正确。专属管辖、出庭日期已过均不能成为拒绝送达的理由，故B、C选项均错误。对于向我国公司送达的司法文书未附中文译本而附英、法文译本（但除双边条约中规定英、法文译本为可接受文字者外），我国当局无权拒收，但当事人有权拒收，故D表述正确。因此表述错误的选项为BC。

2. 外国对我国进行送达的途径

（1）条约途径。即外国法院或主管部门可以根据和我国共同参加的条约所规定的途径向我国进行送达。

（2）外国与我国没有共同参加送达方面条约的，可以通过外交途径向我国送达。

（3）外国驻我国使馆可以向其本国国民进行送达，但不得违反我国法律和不得采取强制措施。

3.《关于向国外送达民事或商事司法文书和司法外文书公约》（以下简称《海牙送达公约》）在我国的适用。

我国是《海牙送达公约》的当事国，最高人民法院、外交部和司法部“外发〔1992〕8号”《关于执行〈关于向国外送达民事或商事司法文书和司法外文书公约〉有关程序的通知》的主要内容如下：

（1）凡公约成员国驻华使、领馆转送该国法院或其他机关请求我国送达的民事或商事司法文书，应直接送交司法部，由司法部转递给最高人民法院，再由最高人民法院交有关人民法院送达给当事人。送达证明由有关人民法院交最高人民法院退司法部，再由司法部送交该国驻华使、领馆。

（2）凡公约成员国有权送交文书的主管当局或司法助理人员直接送交司法部请求我国

---

〔1〕【答案】BC

送达的民事或商事司法文书，由司法部转递给最高人民法院，再由最高人民法院交有关人民法院送达给当事人。送达证明由有关人民法院交最高人民法院退司法部，再由司法部送交该国主管当局或司法助理人员。

（3）对公约成员国驻华使、领馆直接向其在华的本国公民送达民事或商事司法文书，如不违反我国法律，可不表示异议。

（4）我国法院若请求公约成员国向该国公民或第三国公民或无国籍人送达民事或商事司法文书，有关中级人民法院或专门人民法院应将请求书和所送司法文书送有关高级人民法院转最高人民法院，由最高人民法院送司法部转送给该国指定的中央机关；必要时，也可由最高人民法院送我国驻该国使馆转送给该国指定的中央机关。

（5）我国法院欲向在公约成员国的中国公民送达民事或商事司法文书，可委托我国驻该国的使、领馆代为送达。委托书和所送司法文书应由有关中级人民法院或专门人民法院送有关高级人民法院转最高人民法院，由最高人民法院径送或经司法部转送我国驻该国使、领馆送达给当事人。

《关于执行海牙送达公约的实施办法》中进一步就有关程序作了规定，该通知的主要内容如下：

（1）司法部收到国外的请求书后，对于有中文译本的文书，应于5日内转给最高人民法院；对于用英文或法文写成，或者附有英文或法文译本的文书，应于7日内转给最高人民法院；对于不符合《公约》规定的文书，司法部将予以退回或要求请求方补充、修正材料。

（2）最高人民法院应于5日内将文书转给送达执行地高级人民法院；高级人民法院收文后，应于3日内转有关的中级人民法院或者专门人民法院；中级人民法院或者专门人民法院收文后，应于10日内完成送达，并将送达回证尽快交最高人民法院转司法部。

（3）执行送达的法院不管文书中确定的出庭日期或期限是否已过，均应送达。如受送达人拒收，应在送达回证上注明。

（4）对于国外按《公约》提交的未附中文译本而附英、法文译本的文书，法院仍应予以送达。除双边条约中规定英、法文译本为可接受文字者外，受送达人有权以未附中文译本为由拒收。凡当事人拒收的，送达法院应在送达回证上注明。

（5）司法部接到送达回证后，按《公约》的要求填写证明书，并将其转回国外请求方。

| | |
|---|---|
| **依《公约》向我国国内送达** | 公约成员国驻华使领馆、有权当局或司法助理——中国司法部——最高院——高级人民法院——中级人民法院——当事人。 |
| **我国依《公约》向国外送达** | 中级人民法院——高级人民法院——最高院——中国司法部或中国驻该国使领馆——该国指定的中央机关。 |
| **可拒绝送达之理由** | 法律文书的内容有损我国主权和安全的，予以驳回。 |
| **不可拒绝送达之理由** | 国内法规定对该项诉讼标的有**专属**管辖权，国内法不允许进行依据该项申请的诉讼；文书中确定的出庭日期或期限已**过期**；请求送达的文书**未附中文译本**而附英、法文译本（但除双边条约中规定英、法文译本为可接受文字者外，**受送达人有权以未附中文译本为由拒收**）。 |

【经典真题】

中国某法院审理一起涉外民事纠纷，需要向作为被告的外国某公司进行送达。根据《关于向国外送达民事或商事司法文书和司法外文书公约》（海牙《送达公约》）、中国法律和司法解释，关于该案件的涉外送达，法院的下列哪一做法是正确的?[1]（2013－1－39）

A. 应首先按照海牙《送达公约》规定的方式进行送达

B. 不得对被告采用邮寄送达方式

C. 可通过中国驻被告所在国使领馆向被告进行送达

D. 可通过电子邮件方式向被告送达

【解析】我国并未对送达方式进行排序，除公告送达是在其他送达方式无法送达时才能采用外，《海牙送达公约》也并未规定公约的送达方式优先，故A错误。只要被送达人所在国并不禁止邮寄送达，即可以采用邮寄送达方式，故B错误。

中国驻外国使领馆均限于向中国国民送达，C错误。通过电子邮件或传真的方式送达是允许的，只要能够确认当事人已经收悉即可，故D正确。

（二）域外取证★★★

域外取证是指基于国际条约或互惠，被请求国协助请求国调查案情，获得或收集证据的活动。域外取证也是行使国家司法主权的一种行为，与域外送达相比，域外取证具有更严格的属地性，因此如果未经证据所在地国同意，通常是不能在该外国境内取证的。各国往往通过缔结条约协调域外取证问题。

1. 域外取证方式主要包括：

（1）代为取证。即由证据所在地国的司法机关代为取证。

（2）领事取证。采取此种取证方式，只能向在中国的本国公民取证，不得违反我国的法律，也不得采取强制措施。

（3）特派员取证。我国原则上不允许外国特派员在我国境内取证，但在特殊情况下可特许此种方式。

（4）当事人或诉讼代理人自行取证。有些国家允许采用此种取证方式，但根据我国有关规定，未经我国主管机关准许，任何外国当事人或其诉讼代理人都不得在我国境内自行取证。

2.《关于从国外调取民事或商事证据的公约》（简称《海牙取证公约》）的有关规定。

我国是《海牙取证公约》的成员国，该公约主要内容如下：

（1）根据公约的规定，在民事或商事案件中，每一缔约国的司法机关可以根据该国的法律规定，通过请求书的方式，请求另一缔约国主管机关“调取证据”或“履行某些其他司法行为”。请求书不得用来调取不打算用于已经开始或即将开始的司法程序的证据。“其他司法行为”一词不包括司法文书的送达或颁发执行判决或裁定的任何决定，或采取临时措施或保全措施的命令。这说明公约仅仅适用于调取用于司法程序的证据或请求履行与司法程序相关的行为。

（2）每一缔约国应指定一个中央机关负责接收来自另一缔约国司法机关的请求书，并将其转交给执行请求的主管机关。各缔约国应依其本国法律组建该中央机关。请求书应直

[1]【答案】D

接送交执行国中央机关，无需通过该国任何其他机关转交。

（3）在民事或商事案件中，每一缔约国的外交官员或领事代表在另一缔约国境内其执行职务的区域内，可以向他所代表的国家的国民在不采取强制措施的情况下调取证据，以协助在其代表的国家的法院中进行的诉讼。

（4）在程序方面，执行请求书的司法机关应适用其本国法规定的方式和程序。但是，该机关应采纳其他缔约国的请求机关提出的采用特殊方式或程序的请求，除非其与执行国国内法相抵触或因其国内惯例和程序或存在实际困难而不可能执行。请求书应迅速执行。

（5）只有在下列情况下，被请求的缔约国才能拒绝执行请求书：

①在执行国，该请求书的执行不属于司法机关的职权范围；或②被请求国认为，请求书的执行将会损害其主权和安全。

执行国不能仅因其国内法已对该项诉讼标的规定专属管辖权或不承认对该事项提起诉讼的权利为理由，拒绝执行请求。

**【经典真题】**

中国与甲国均为《关于从国外调取民事或商事证据的公约》的缔约国，现甲国法院因审理一民商事案件，需向中国请求调取证据。根据该公约及我国相关规定，下列哪一说法是正确的？[1]（2014－1－39）

A. 甲国法院可将请求书交中国司法部，请求代为取证

B. 中国不能以该请求书不属于司法机关职权范围为由拒绝执行

C. 甲国驻中国领事代表可在其执行职务范围内，向中国公民取证，必要时可采取强制措施

D. 甲国当事人可直接在中国向有关证人获取证人证言

**【解析】**根据《关于执行〈关于向国外送达民事或商事司法文书和司法外文书公约〉有关程序的通知》的规定，司法部为我国指定的履行该公约的中央机关，故A正确。对于不属于司法机关职权范围的取证请求，被请求国可以拒绝执行，故B错误。使领馆取证不可采取强制措施，故C错误。我国原则上禁止外国当事人在我国境内自行取证，故D错误。

（三）《最高人民法院关于依据国际公约和双边司法协助条约办理民商事案件司法文书送达和调查取证司法协助请求的规定》（2020年修改）

**第1条**　人民法院应当根据**便捷、高效的原则**确定依据《海牙送达公约》《海牙取证公约》，或者双边民事司法协助条约，对外提出民商事案件司法文书送达和调查取证请求。

**第2条**　人民法院协助外国办理民商事案件司法文书送达和调查取证请求，**适用对等原则**。

**第3条**　人民法院协助外国办理民商事案件司法文书送达和调查取证请求，应当进行**审查**。外国提出的司法协助请求，具有海牙送达公约、海牙取证公约或双边民事司法协助条约**规定的拒绝提供协助的情形的，人民法院应当拒绝提供协助**。

**第4条**　人民法院协助外国办理民商事案件司法文书送达和调查取证请求，应当按照《民事诉讼法》和相关司法解释规定的方式办理。

---

[1]【答案】A

请求方要求按照**请求书中列明的特殊方式办理的**，如果该方式与我国法律**不相抵触**，且在实践中**不存在无法办理**或者办理困难的情形，**应当按照该特殊方式办理**。

**第 5 条** 人民法院**委托外国**送达民商事案件司法文书和进行民商事案件调查取证，需要提供译文的，**应当委托中华人民共和国领域内的翻译机构进行翻译**。

翻译件不加盖人民法院印章，但应由翻译机构或翻译人员签名或盖章证明译文与原文一致。

**第 6 条** **最高人民法院统一管理**全国各级人民法院的国际司法协助工作。**高级人民法院应当确定一个部门统一管理**本辖区各级人民法院的国际司法协助工作**并指定专人负责**。中级人民法院、基层人民法院和有权受理涉外案件的专门法院，**应当指定专人管理**国际司法协助工作；**有条件的，可以同时确定一个部门管理**国际司法协助工作。

**第 7 条** 人民法院**应当建立独立的国际司法协助登记制度**。

**第 8 条** 人民法院应当建立**国际司法协助档案制度**。办理民商事案件司法文书送达的送达回证、送达证明在各个转递环节应当以适当方式保存。办理民商事案件调查取证的材料应当作为档案保存。

**第 9 条** 经最高人民法院**授权的高级人民法院**，可以依据《海牙送达公约》《海牙取证公约》**直接对外发出**本辖区各级人民法院提出的民商事案件司法文书送达和调查取证**请求**。

**第 10 条** 通过**外交途径办理民商事案件司法文书送达和调查取证，不适用本规定**。

**第 11 条** 最高人民法院国际司法协助统一管理部门根据本规定制定实施细则。

**第 12 条** 最高人民法院以前所作的司法解释及规范性文件，凡与本规定不一致的，按本规定办理。

### （四）外国法院判决的承认与执行★★★

一国的法院判决是一国司法主权的具体体现，一国的法院判决要发生域外效力，必须经过他国对其既判力和执行力的认可。关于承认与执行外国法院判决的程序，各国在实践中主要有三种不同的做法：经形式上的审查发给执行令的程序；经实质性审查后发给执行令的程序；重新起诉程序。我国采取上述第一种程序。

1. 外国法院的判决在中国的承认和执行。

（1）申请。《民事诉讼法》第 288 条规定："外国法院作出的发生法律效力的判决、裁定，需要中华人民共和国人民法院承认和执行的，可以由当事人直接向中华人民共和国有管辖权的中级人民法院申请承认和执行，也可以由外国法院依照该国与中华人民共和国缔结或者参加的国际条约的规定，或者按照互惠原则，请求人民法院承认和执行。"

《民诉解释》（2020 年修改）第 548 条规定："承认和执行外国法院作出的发生法律效力的判决、裁定或者外国仲裁裁决的案件，人民法院应当组成合议庭进行审查。人民法院应当将申请书送达被申请人。被申请人可以陈述意见。人民法院经审查作出的裁定，一经送达即发生法律效力。"

关于当事人向中国法院申请承认和执行时应提交的申请材料，《民诉解释》（2020 年修改）第 543 条规定："申请人向人民法院申请承认和执行外国法院作出的发生法律效力的判决、裁定，应当提交申请书，并附外国法院作出的发生法律效力的判决、裁定正本或者经证明无误的副本以及中文译本。外国法院判决、裁定为缺席判决、裁定的，申请人应当同时提交该外国法院已经合法传唤的证明文件，但判决、裁定已经对此予以明确说明的除外。中华人民共和国缔结或者参加的国际条约对提交文件有规定的，按照规定办理。"

此外，仅仅申请承认并不等同于申请执行。《民诉解释》（2020 年修改）第 546 条规定：“对外国法院作出的发生法律效力的判决、裁定或者外国仲裁裁决，需要中华人民共和国法院执行的，当事人应当先向人民法院申请承认。人民法院经审查，裁定承认后，再根据《民事诉讼法》第三编的规定予以执行。当事人仅申请承认而未同时申请执行的，人民法院仅对应否承认进行审查并作出裁定。”《民诉解释》（2020 年修改）第 547 条规定：“当事人申请承认和执行外国法院作出的发生法律效力的判决、裁定或者外国仲裁裁决的期间，适用《民事诉讼法》第二百三十九条的规定。当事人仅申请承认而未同时申请执行的，申请执行的期间自人民法院对承认申请作出的裁定生效之日起重新计算。”

（2）审查标准。对于向我国法院申请承认与执行的外国判决或裁定，无论是由当事人直接申请还是由外国法院请求，我国法院都必须依照我国与该国缔结或参加的国际条约的规定，或者依照互惠原则进行审查。经审查，如果外国判决、裁定不违反我国法律的基本原则，或者不危害我国国家主权、安全和社会公共利益的，裁定承认其效力，需要执行的，发出执行令。

外国法院判决要在我国获得承认与执行，一般需满足下列条件：

①存在条约或互惠关系——无此关系则告知可重新起诉；

②外国法院有管辖权；

③不与正在我国国内进行或已经终结的诉讼相冲突；

④审判程序公正；

⑤判决或裁定已经发生法律效力；

⑥不违反我国法律的基本原则或主权、安全和社会公共利益。

2. 我国关于承认与执行外国法院离婚判决的规定。

最高人民法院《关于中国公民申请承认外国法院离婚判决程序问题的规定》（2020 年修改）对我国法院承认和执行外国法院所作的涉及中国公民的离婚判决作了规定，其主要内容如下：

（1）对与我国没有订立司法协助协议的外国法院作出的离婚判决，中国籍当事人可以根据该规定向人民法院申请承认该外国法院的离婚判决。但外国法院离婚判决中的夫妻财产分割、生活费负担、子女抚养方面判决的承认执行，不适用该规定。

（2）申请由申请人住所地中级人民法院受理。申请人住所地与经常居住地不一致的，由经常居住地中级人民法院受理。申请人不在国内的，由申请人原国内住所地中级人民法院受理。

（3）经审查，外国法院的离婚判决具有下列情形之一的，不予承认：① 判决尚未发生法律效力；② 作出判决的外国法院对案件没有管辖权；③ 判决是在被告缺席且未得到合法传唤情况下作出的；④ 该当事人之间的离婚案件，我国法院正在审理或已作出判决，或者第三国法院对该当事人之间作出的离婚判决已为我国法院所承认；⑤ 判决违反我国法律的基本原则或者危害我国国家主权、安全和社会公共利益。

3. 我国法院的判决在外国申请承认和执行。

根据《民事诉讼法》第 287 条的规定，我国的人民法院作出的判决、裁定，要在其他国家得到承认与执行，可以由当事人直接向该外国有管辖权的法院提出，也可以由法院按照条约的规定或者互惠原则请求对方国家的法院承认与执行。

关于中国法院判决书、裁定书的域外证明，《民诉解释》（2020 年修改）第 550 条规定："当事人在中华人民共和国领域外使用中华人民共和国法院的判决书、裁定书，要求中华人民共和国法院证明其法律效力的，或者外国法院要求中华人民共和国法院证明判决书、裁定书的法律效力的，作出判决、裁定的中华人民共和国法院，可以本法院的名义出具证明。"

### （五）外资非正常撤离中国相关利益方跨国追究与诉讼的问题

商务部、外交部、公安部、司法部联合于 2008 年 11 月发布了《外资非正常撤离中国相关利益方跨国追究与诉讼工作指引》，其主要内容如下：

(1) 外资非正常撤离事件发生后，中方当事人要及时向有关司法主管部门（法院或侦查机关）申请民商事或刑事案件立案。根据案件具体情况，各主管部门可根据各自系统内工作程序及我国和相应国家签订的《民商事司法协助条约》或《刑事司法协助条约》，通过条约规定的中央机关在本国向外方提出司法协助请求。外方根据所缔结条约有义务向中方提供司法协助。

(2) 不履行正常清算义务给债权人造成损失的，根据最高法院《关于适用〈中华人民共和国公司法〉若干问题的规定（二）》的最新规定，作为有限责任公司的股东、股份有限公司的控股股东和董事以及公司实际控制人的外国企业或个人，仍应承担相应民事责任，对公司债务承担连带清偿责任。

(3) 中方当事人提起的民事诉讼在我国法院胜诉后，如败诉的外国当事人在中国无可供执行的财产，胜诉方可依据中国和相应国家签订的《民商事司法协助条约》的相关规定或依据败诉方在国外的财产所在地的法律，请求外国有管辖权的法院承认和执行中国法院的生效判决、裁定。

(4) 我国与外国缔结的《民商事司法协助条约》相互赋予了对方国民与本国国民同等的诉讼权利。中方债权人可据此在已缔约国提起民事诉讼，有经济困难的我国公民在外诉讼，可根据所在国法律申请相应法律援助。

(5) 对极少数恶意逃避欠缴，税额巨大，涉嫌犯罪的嫌疑人员，国家有关主管部门在立案后，可视具体案情通过条约规定的中央机关或外交渠道向犯罪嫌疑人逃往国提出引渡或刑事诉讼移转请求，以最大程度地确保犯罪嫌疑人受到法律追究。

### （六）《最高人民法院关于设立国际商事法庭若干问题的规定》

**第 1 条** 最高人民法院设立国际商事法庭。国际商事法庭是最高人民法院的常设审判机构。

**第 2 条** 国际商事法庭受理下列案件：

（一）当事人依照民事诉讼法第三十四条的规定协议选择最高人民法院管辖且标的额为人民币 3 亿元以上的第一审国际商事案件；

（二）高级人民法院对其所管辖的第一审国际商事案件，认为需要由最高人民法院审理并获准许的；

（三）在全国有重大影响的第一审国际商事案件；

（四）依照本规定第十四条申请仲裁保全、申请撤销或者执行国际商事仲裁裁决的；

（五）最高人民法院认为应当由国际商事法庭审理的其他国际商事案件。

**第 3 条** 具有下列情形之一的商事案件，可以认定为本规定所称的国际商事案件：

（一）当事人一方或者双方是外国人、无国籍人、外国企业或者组织的；

（二）当事人一方或者双方的经常居所地在中华人民共和国领域外的；

（三）标的物在中华人民共和国领域外的；

（四）产生、变更或者消灭商事关系的法律事实发生在中华人民共和国领域外的。

**第 4 条** 国际商事法庭法官由最高人民法院在具有丰富审判工作经验，熟悉国际条约、国际惯例以及国际贸易投资实务，能够同时熟练运用中文和英文作为工作语言的资深法官中选任。

**第 5 条** 国际商事法庭审理案件，由三名或者三名以上法官组成合议庭。

合议庭评议案件，实行少数服从多数的原则。少数意见可以在裁判文书中载明。

**第 6 条** 国际商事法庭作出的保全裁定，可以指定下级人民法院执行。

**第 7 条** 国际商事法庭审理案件，依照《中华人民共和国涉外民事关系法律适用法》的规定确定争议适用的实体法律。当事人依照法律规定选择适用法律的，应当适用当事人选择的法律。

**第 8 条** 国际商事法庭审理案件应当适用域外法律时，可以通过下列途径查明：

（一）由当事人提供；

（二）由中外法律专家提供；

**（三）由法律查明服务机构提供；**

**（四）由国际商事专家委员提供；**

（五）由与我国订立司法协助协定的缔约对方的中央机关提供；

（六）由我国驻该国使领馆提供；

（七）由该国驻我国使馆提供；

（八）其他合理途径。

通过上述途径提供的域外法律资料以及专家意见，应当依照法律规定在法庭上出示，并充分听取各方当事人的意见。

**第 9 条** 当事人向国际商事法庭提交的证据材料系在中华人民共和国领域外形成的，不论是否已办理公证、认证或者其他证明手续，均应当在法庭上质证。当事人提交的证据材料系英文且经对方当事人同意的，可以不提交中文翻译件。

**第 10 条 国际商事法庭调查收集证据以及组织质证，可以采用视听传输技术及其他信息网络方式。**

**第 11 条** 最高人民法院组建国际商事专家委员会，并选定符合条件的国际商事调解机构、国际商事仲裁机构与国际商事法庭共同构建调解、仲裁、诉讼有机衔接的纠纷解决平台，形成“一站式”国际商事纠纷解决机制。国际商事法庭支持当事人通过调解、仲裁、诉讼有机衔接的纠纷解决平台，选择其认为适宜的方式解决国际商事纠纷。

**第 12 条** 国际商事法庭在受理案件后七日内，经当事人同意，**可以委托国际商事专家委员会成员或者国际商事调解机构调解**。

**第 13 条** 经国际商事专家委员会成员或者国际商事调解机构主持调解，当事人达成调解协议的，国际商事法庭可以依照法律规定制发调解书；当事人要求发给判决书的，可以依协议的内容制作判决书送达当事人。

**第 14 条** 当事人协议选择本规定第十一条第一款规定的国际商事仲裁机构仲裁的，可以在申请仲裁前或者仲裁程序开始后，向国际商事法庭申请证据、财产或者行为保全。当事人向国际商事法庭申请撤销或者执行本规定第十一条第一款规定的国际商事仲裁机构作出的仲裁裁决的，国际商事法庭依照民事诉讼法等相关法律规定进行审查。

**第 15 条** 国际商事法庭作出的判决、裁定，是发生法律效力的判决、裁定。

**国际商事法庭作出的调解书，经双方当事人签收后，即具有与判决同等的法律效力。**

**第 16 条** 当事人对国际商事法庭作出的已经发生法律效力的判决、裁定和调解书，可以依照民事诉讼法的规定向最高人民法院本部申请再审。

最高人民法院本部受理前款规定的申请再审案件以及再审案件，均应当另行组成合议庭。

**第 17 条** 国际商事法庭作出的发生法律效力的判决、裁定和调解书，**当事人可以向国际商事法庭申请执行**。

**第 18 条** 国际商事法庭通过**电子诉讼服务平台、审判流程信息公开平台**以及其他诉讼服务平台为诉讼参与人提供诉讼便利，并支持通过网络方式立案、缴费、阅卷、证据交换、送达、开庭等。

### 【经典真题】

德国英海公司与韩国致远公司协议将合同纠纷提交中国国际商事法庭管辖。依中国法律规定及司法实践，下列哪一选项是正确的[1]？（2020 年回忆版真题）

A. 如该法庭对本案作出判决，为避免影响判决书效力，法官的少数意见不应当在判决书中载明

B. 因该法庭是最高人民法院常设审判机构，英海公司与致远公司无权选择其作为一审法院

C. 如该法庭受理本案，应先委托国际商事专家委员会调解

D. 如合同争议与中国无实际联系，该法庭无管辖权

【解析】《最高人民法院关于设立国际商事法庭若干问题的规定》第五条规定：“国际商事法庭审理案件，由三名或者三名以上法官组成合议庭。合议庭评议案件，实行少数服从多数的原则。少数意见可以在裁判文书中载明。”故 A 选项错误。《最高人民法院关于设立国际商事法庭若干问题的规定》第二条规定：“国际商事法庭受理下列案件：（一）当事人依照民事诉讼法第三十四条的规定协议选择最高人民法院管辖且标的额为人民币 3 亿元以上的第一审国际商事案件……”故 B 选项错误。《最高人民法院关于设立国际商事法庭若干问题的规定》第十二条规定：“国际商事法庭在受理案件后七日内，经当事人同意，可以委托国际商事专家委员会成员或者国际商事调解机构调解。”可见，调解以当事人的同意为必要前提，故 C 选项错误。《最高人民法院关于适用〈中华人民共和国民事诉讼法〉的解释》（2020 年修改）第 531 条规定：“涉外合同或者其他财产权益纠纷的当事人，可以书面协议选择被告住所地、合同履行地、合同签订地、原告住所地、标的物所在地、侵权行为地等与争议有实际联系地点的外国法院管辖。”因此，D 选项正确。

---

〔1〕【答案】D

# 第七章 区际法律问题

区际法律冲突属于一国国内不同法域之间的冲突，我国也存在内地、香港、澳门、台湾地区彼此间的区际法律冲突。目前，内地与香港、澳门主要通过一些双边安排及司法解释处理送达、取证、民事判决或仲裁裁决的承认与执行等区际司法协助问题。内地（大陆）与台湾地区尚无正式的区际司法协助的双边安排，一般是基于最高法院的司法解释来处理与台湾地区的司法协助问题。从近年命题情况看，前述涉港澳台的区际司法协助是常考的考点，应注意通过比较、归纳的方法加以掌握。

★【本部分考点近年真题统计】

| 题型 | 年份 | 考点 | 分值 |
| --- | --- | --- | --- |
| 单项选择题 | 2017 年卷一第 39 题 | 内地与香港协议管辖的民商事判决的相互认可与执行 | 1 |
| | 2012 年卷一第 37 题 | 送达、涉台法律适用 | 1 |
| | 2011 年卷一第 37 题 | 大陆对台湾地区判决的认可 | 1 |
| | 2010 年卷一第 37 题 | 内地与香港特别行政区法院相互认可和执行当事人协议管辖的民商事案件判决 | 1 |
| | 2009 年卷一第 39 题 | 内地与香港特别行政区法院相互认可和执行当事人协议管辖的民商事案件判决 | 1 |
| | 2007 年卷一第 36 题 | 内地与澳门特别行政区相互认可和执行民商事判决 | 1 |
| 多项选择题 | 2015 年卷一第 79 题 | 《最高人民法院关于认可和执行台湾地区法院民事判决的规定》 | 2 |
| | 2013 年卷一第 79 题 | 内地与澳门特别行政区相互委托送达和取证的司法协助安排 | 2 |
| | 2011 年卷一第 79 题 | 涉港澳民商事案件司法文书送达 | 2 |
| | 2010 年卷一第 82 题 | 内地与澳门特别行政区相互认可和执行仲裁裁决 | 2 |
| | 2009 年卷一第 81 题 | 大陆对台湾地区判决的认可 | 2 |
| | 2009 年卷一第 82 题 | 《关于涉台民事诉讼文书送达的若干规定》 | 2 |

续表

| 题型 | 年份 | 考点 | 分值 |
| --- | --- | --- | --- |
| | 2008 年卷一第 81 题 | 内地与澳门特别行政区相互认可和执行仲裁裁决 | 2 |
| | 2005 年卷一第 80 题 | 大陆对台湾地区判决的认可 | 2 |
| | 2005 年卷一第 82 题 | 内地与澳门特别行政区关于相互委托送达和取证的司法协助安排 | 2 |

## 重点知识详解

### 考点 1　区际法律冲突与区际冲突法

#### 一、区际法律冲突的概念

区际法律冲突是指一个国家内部不同地区的法律制度之间的冲突。具体而言，它是指一个国家内部的各个区域存在着独特的民商事法律制度，当某一跨区域的民商事关系，涉及两个或两个以上区域的法律制度时产生的、所涉各区域法律竞相要求支配或不支配该民商事关系的法律适用的冲突。

#### 二、区际法律冲突的解决途径

区际法律冲突的解决途径主要包括统一实体法解决途径和区际冲突法解决途径。

1. 统一实体法解决途径。即多法域国家制定统一实体法解决国内不同法域的法律冲突。

2. 区际冲突法解决途径。区际冲突法，是指用于解决主权国家内部不同法域之间民商事法律冲突的法律适用法。由于区际冲突法通常还包括管辖权和区际司法协助，因而也有人将区际冲突法称为区际私法。区际冲突法解决途径包括以下几种方式：

（1）全国统一区际冲突法。

（2）各法域制定不同的区际冲突法。

（3）类推国际私法解决。

（4）适用与解决国际法律冲突基本相同的规则。

### 考点 2　区际司法协助★★★

区际司法协助是指同一主权国家内部不同法域在司法领域的合作与互助。具体而言，指某一法域的法院应另一法域法院的请求，代为进行某些诉讼行为，如送达文书、调查取证、承认和执行法院的判决或裁定以及仲裁机构的仲裁裁决等。

我国的区际司法协助指的是内地（大陆）与港、澳、台湾地区之间的司法协助，具体内容如下：

#### （一）内地与香港特别行政区安排（送达）

1999 年最高人民法院《关于内地与香港特别行政区法院相互委托送达民商事司法文书的安排》的主要内容如下：

| 送达 | 出面委托的主体 | 时间 | 应使用的文字 | 程序 | 费用 |
|---|---|---|---|---|---|
| 内地 | 各高院、最高院可直接委托 | 2个月 | 盖章的中文委托书、中文 | 根据被请求方的程序 | 免费、要求特殊方式需付费 |
| 香港 | 香港高等法院 | 同上 | 同上 | 同上 | 同上 |

1. 双方委托送达司法文书，均须通过内地各高级人民法院和香港特别行政区高等法院进行。最高人民法院可以直接委托香港特别行政区高等法院送达。

2. 委托书应以中文文本提出，所附司法文书没有中文文本的，应当提供中文译本。

3. 委托送达司法文书应当依据受委托方所在地的法律规定的程序进行，根据被请求方的程序，不论司法文书中确定的出庭日期或期限是否已过，受委托方均应送达。

4. 受托法院完成送达的期限最迟不得超过自收到委托书之日起2个月。

5. 委托送达司法文书费用互免。但委托方在委托书中请求以特定送达方式送达所产生的费用，由委托方负担。

**【经典真题】**

香港地区甲公司与内地乙公司发生投资纠纷，乙公司诉诸某中级人民法院。陈某是甲公司法定代表人，张某是甲公司的诉讼代理人。关于该案的文书送达及法律适用，下列哪些选项是正确的?[1]（2011-1-79）

A. 如陈某在内地，受案法院必须通过上一级人民法院向其送达

B. 如甲公司在授权委托书中明确表明张某无权代为接收有关司法文书，则不能向其送达

C. 如甲公司在内地设有代表机构的，受案人民法院可直接向该代表机构送达

D. 同时采用公告送达和其他多种方式送达的，应当根据最先实现送达的方式确定送达日期

【解析】根据《最高人民法院关于涉港澳民商事案件司法文书送达问题若干规定》（以下简称《规定》）第3条的规定，“作为受送达人的自然人或者企业、其他组织的法定代表人、主要负责人在内地的，人民法院可以直接向该自然人或者法定代表人、主要负责人送达。”法院可直接向陈某送达，无需通过上一级人民法院，选项A错误。除受送达人在授权委托书中明确表明其诉讼代理人无权代为接收有关司法文书外，其委托的诉讼代理人为有权代其接受送达的诉讼代理人，人民法院可以向该诉讼代理人送达。选项B正确。《规定》第5条规定，“受送达人在内地设立有代表机构的，人民法院可以直接向该代表机构送达。”选项C正确。《规定》第10条规定：“除公告送达方式外，人民法院可以同时采取多种法定方式向受送达人送达。采取多种方式送达的，应当根据最先实现送达的方式确定送达日期。”即公告送达方式不能和其他方式同时采用，选项D错误。

（二）内地与澳门特别行政区安排（送达与取证）

2019年12月30日最高人民法院发布了《关于修改〈关于内地与澳门特别行政区法院就民商事案件相互委托送达司法文书和调取证据的安排〉的决定》，该修订后的《安排》

---

〔1〕【答案】BC

主要内容如下：

| 送达 | 主体 | 时间 | 文字 | 送达、取证的方式 | 程序、拒绝的理由 | 费用 |
|---|---|---|---|---|---|---|
| 内地 | 各高院，最高院可直接委托；**最高院可授权经与澳终审法院协商可授权中院、基层法院出面委托** | 送达：2个月完成；取证：3个月完成 | 盖章或法官签名的中文委托书、中文 | 送达：司法协助网络平台以电子方式转递，与原件同等效力；邮寄。取证：可同意由证人、鉴定人通过视频、音频作证 | 根据被请求方的程序；不得以专属管辖权、不可诉、已过期为由拒绝委托；可拒绝之理由：越权、公共秩序 | 免费、鉴定人、证人、翻译人员的费用、要求特殊方式送达、取证的需付费。 |
| 澳门 | 澳门终审法院 | 同上 | 同上 | 同上 | 同上 | 同上 |

1. 一般规定

（1）扩充互助法院级别，进一步提高司法协助效率

**第2条** 双方相互委托送达司法文书和调取证据，通过各**高级人民法院和澳门特别行政区终审法院**进行。**最高人民法院**与澳门特别行政区**终审法院**可以直接相互委托送达和调取证据。

**经与澳门特别行政区终审法院协商，最高人民法院可以授权部分中级人民法院、基层人民法院与澳门特别行政区终审法院相互委托送达和调取证据。**

（2）协助送达和取证的途径——司法协助网络平台以电子方式转递；邮寄方式

**第3条** **双方相互委托送达司法文书和调取证据，通过内地与澳门司法协助网络平台以电子方式转递；不能通过司法协助网络平台以电子方式转递的，采用邮寄方式。**

通过司法协助网络平台以电子方式转递的司法文书、证据材料等文件，应当确保其完整性、真实性和不可修改性。

**通过司法协助网络平台以电子方式转递的司法文书、证据材料等文件与原件具有同等效力。**

（3）转送有权完成受托事项的法院或报请上级法院处理

**第4条** 各高级人民法院和澳门特别行政区终审法院收到对方法院的委托书后，应当立即将委托书及所附司法文书和相关文件**转送**根据**其本辖区法律规定有权完成该受托事项的法院**。

受委托方法院发现委托事项存在材料不齐全、信息不完整等问题，影响其完成受托事项的，应当及时通知委托方法院补充材料或者作出说明。

经授权的中级人民法院、基层人民法院收到澳门特别行政区终审法院委托书后，**认为不属于本院管辖的，应当报请高级人民法院处理**。

（4）中文文本之要求及完成委托事项之期限、特殊方式、费用

**第5条** 委托书应当以**中文文本**提出。所附司法文书及其他相关文件没有中文文本的，应当提供**中文译本**。

**第6条** 委托方法院应当在合理的期限内提出委托请求，以保证受委托方法院收到委托书后，及时完成受托事项。

受委托方法院应当优先处理受托事项。完成受托事项的期限，**送达文书**最迟不得超过

自收到委托书之日起两个月，调取证据最迟不得超过自收到委托书之日起三个月。

**第7条** 受委托方法院应当根据本辖区法律规定执行受托事项。委托方法院请求按照特殊方式执行委托事项的，受委托方法院认为不违反本辖区的法律规定的，可以按照特殊方式执行。

**第8条** 委托方法院无须支付受委托方法院在送达司法文书、调取证据时发生的费用、税项。但受委托方法院根据其本辖区法律规定，有权在调取证据时，要求委托方法院预付鉴定人、证人、翻译人员的费用，以及因采用委托方法院在委托书中请求以特殊方式送达司法文书、调取证据所产生的费用。

（5）不予执行的理由

**第9条** 受委托方法院收到委托书后，不得以其本辖区法律规定对委托方法院审理的该民商事案件享有专属管辖权或者不承认对该请求事项提起诉讼的权利为由，不予执行受托事项。

受委托方法院在执行受托事项时，发现该事项不属于法院职权范围，或者内地人民法院认为在内地执行该受托事项将违反其基本法律原则或社会公共利益，或者澳门特别行政区法院认为在澳门特别行政区执行该受托事项将违反其基本法律原则或公共秩序的，**可以不予执行**，但应当及时向委托方法院书面说明不予执行的原因。

2. 司法文书的送达

**第10条** 委托方法院请求送达司法文书，须出具盖有其印章或者法官签名的委托书，并在委托书中说明委托机关的名称、受送达人的姓名或者名称、详细地址以及案件性质。委托方法院请求按特殊方式送达或者有特别注意的事项的，应当在委托书中注明。

**第12条** 完成司法文书送达事项后，内地人民法院应当出具送达回证；澳门特别行政区法院应当出具送达证明书。出具的送达回证和送达证明书，应当注明送达的方法、地点和日期以及司法文书接收人的身份，并加盖法院印章。受委托方法院无法送达的，应当在送达回证或者送达证明书上注明妨碍送达的原因、拒收事由和日期，**并及时书面回复委托方法院。**

**第13条** 不论委托方法院司法文书中确定的出庭日期或者期限是否已过，受委托方法院均应当送达。

**第14条** 受委托方法院对委托方法院委托送达的司法文书和所附相关文件的内容和后果不负法律责任。

3. 调取证据

**第16条** 委托方法院请求调取的证据只能是用于与诉讼有关的证据。

**第18条** 代为调取证据的范围包括：代为询问当事人、证人和鉴定人，代为进行鉴定和司法勘验，调取其他与诉讼有关的证据。

**第20条** 受委托方法院在执行委托调取证据时，根据委托方法院的**请求**，可以允许委托方法院派司法人员出席。必要时，经受委托方允许，委托方法院的司法人员可以向证人、鉴定人等发问。

**第21条** 受委托方法院完成委托调取证据的事项后，应当向委托方法院书面说明。

未能按委托方法院的请求全部或者部分完成调取证据事项的，受委托方法院应当向委托方法院书面说明妨碍调取证据的原因，**采取邮寄方式委托的，应及时退回委托书及所附文件。**

**当事人、证人根据受委托方的法律规定，拒绝**作证或者推辞提供证言的，受委托方法院应当**书面通知**委托方法院，采取**邮寄方式委托的，应及时退回委托书及所附文件。**

**第 22 条** 受委托方法院可以**根据委托方法院的请求**，并经证人、鉴定人同意，**协助**安排其辖区的证人、鉴定人到**对方辖区出庭作证**。证人、鉴定人在委托方地域内逗留期间，不得因在其离开受委托方地域之前，在委托方境内所实施的行为或者针对他所作的裁决而被刑事起诉、羁押，不得为履行刑罚或者其他处罚而被剥夺财产或者扣留身份证件，不得以任何方式对其人身自由加以限制。

证人、鉴定人完成所需诉讼行为，且可自由离开委托方地域后，在委托方境内逗留超过七天，或者已离开委托方地域又自行返回时，前款规定的豁免即行终止。

证人、鉴定人到委托方法院出庭而导致的费用及补偿，由委托方法院预付。

本条规定的出庭作证人员，在澳门特别行政区还包括当事人。

**第 23 条** **受委托方法院可以根据委托方法院的请求，并经证人、鉴定人同意，协助安排其辖区的证人、鉴定人通过视频、音频作证。**

**第 24 条** 受委托方法院取证时，被调查的当事人、证人、鉴定人等的代理人可以出席。

### （三）最高人民法院《关于涉港澳民商事案件司法文书送达问题若干规定》

最高人民法院于 2009 年 2 月 16 日通过了《关于涉港澳民商事案件司法文书送达问题若干规定》，其主要内容归纳如下：

1. 适用条件

人民法院审理涉及香港特别行政区、澳门特别行政区的民商事案件时，向住所地在香港特别行政区、澳门特别行政区的受送达人送达司法文书，适用该规定。

2. 送达方式

（1）作为受送达人的自然人或者企业、其他组织的法定代表人、主要负责人在内地的，人民法院可以直接向该自然人或者法定代表人、主要负责人送达。

（2）除受送达人在授权委托书中明确表明其诉讼代理人无权代为接收有关司法文书外，其委托的诉讼代理人为有权代其接受送达的诉讼代理人，人民法院可以向该诉讼代理人送达。

（3）受送达人在内地设立有代表机构的，人民法院可以直接向该代表机构送达。受送达人在内地设立有分支机构或者业务代办人并授权其接受送达的，人民法院可以直接向该分支机构或者业务代办人送达。

（4）人民法院向在内地没有住所的受送达人送达司法文书，可以按照最高人民法院《关于内地与香港特别行政区法院相互委托送达民商事司法文书的安排》或者最高人民法院《关于内地与澳门特别行政区法院就民商事案件相互委托送达司法文书和调取证据的安排》送达。

按照上述规定方式送达的，自内地的高级人民法院或者最高人民法院将有关司法文书递送香港特别行政区高等法院或者澳门特别行政区终审法院之日起满三个月，如果未能收到送达与否的证明文件且不存在该规定第 12 条规定情形的，视为不能适用上述安排中规定的方式送达。

（5）人民法院向受送达人送达司法文书，可以邮寄送达。邮寄送达时应附有送达回证。受送达人未在送达回证上签收但在邮件回执上签收的，视为送达，签收日期为送达日期。

自邮寄之日起满 3 个月，虽未收到送达与否的证明文件，但存在《关于涉港澳民商事案件司法文书送达问题若干规定》第 12 条规定（该条规定内容见下文）情形的，期间届满之日视为送达。自邮寄之日起满 3 个月，如果未能收到送达与否的证明文件，且不存在本规定第 12 条规定情形的，视为未送达。

（6）人民法院可以通过传真、电子邮件等能够确认收悉的其他适当方式向受送达人送达。

（7）人民法院不能依照上述方式送达的，可以公告送达。公告内容应当在内地和受送达人住所地公开发行的报刊上刊登，自公告之日起满 3 个月即视为送达。

（8）**除公告送达方式外，人民法院可以同时采取多种法定方式向受送达人送达。采取多种方式送达的，应当根据最先实现送达的方式确定送达日期**。

（9）人民法院向在内地的受送达人或者受送达人的法定代表人、主要负责人、诉讼代理人、代表机构以及有权接受送达的分支机构、业务代办人送达司法文书，可以适用留置送达的方式。

（10）《关于涉港澳民商事案件司法文书送达问题若干规定》第 12 条规定："受送达人未对人民法院送达的司法文书履行签收手续，但存在以下情形之一的，视为送达：①受送达人向人民法院提及了所送达司法文书的内容；②受送达人已经按照所送达司法文书的内容履行；③其他可以确认已经送达的情形。"

3. 转递或补正程序

下级人民法院送达司法文书，根据有关规定需要通过上级人民法院转递的，应当附申请转递函。上级人民法院收到下级人民法院申请转递的司法文书，应当在 7 个工作日内予以转递。

上级人民法院认为下级人民法院申请转递的司法文书不符合有关规定需要补正的，应当在 7 个工作日内退回申请转递的人民法院。

### （四）最高人民法院《关于涉台民事诉讼文书送达的若干规定》

1. 人民法院送达或者代为送达的民事诉讼文书包括：起诉状副本、上诉状副本、反诉状副本、答辩状副本、授权委托书、传票、判决书、调解书、裁定书、支付令、决定书、通知书、证明书、送达回证以及与民事诉讼有关的其他文书。

2. 人民法院向住所地在台湾地区的当事人送达民事诉讼文书，可以采用下列送达方式：

第一，直接送达：受送达人居住在大陆的，直接送达。受送达人是自然人，本人不在的，可以交其同住成年家属签收；受送达人是法人或者其他组织的，应当由法人的法定代表人、其他组织的主要负责人或者该法人、组织负责收件的人签收；受送达人不在大陆居住，但送达时在大陆的，可以直接送达；

第二，受送达人在大陆有诉讼代理人的，向诉讼代理人送达。受送达人在授权委托书中明确表明其诉讼代理人无权代为接收的除外；

第三，受送达人有指定代收人的，向代收人送达；

第四，受送达人在大陆有代表机构、分支机构、业务代办人的，向其代表机构或者经受送达人明确授权接受送达的分支机构、业务代办人送达；

第五，受送达人在台湾地区的地址明确的，可以邮寄送达；（注：应当附有送达回证，受送达人未在送达回证上签收但在邮件回执上签收的，视为送达，签收日期为送达日期。自邮寄之日起满 3 个月，如果未能收到送达与否的证明文件，且根据各种情况不足以认定

已经送达的，视为未送达）

第六，有明确的传真号码、电子信箱地址的，可以通过传真、电子邮件方式向受送达人送达；（注：应当注明人民法院的传真号码或者电子信箱地址，并要求受送达人在收到传真件或者电子邮件后及时予以回复，以能够确认受送达人收悉的日期为送达日期）

第七，两岸认可的其他途径；（注：应由有关的高级人民法院出具盖有本院印章的委托函）

第八，不能送达或者台湾地区的当事人下落不明的，公告送达；（注：公告内容应当在境内外公开发行的报刊或者权威网站上刊登。公告送达的，自公告之日起满3个月，即视为送达。）

第九，上述第一至第四项方式送达的由受送达人、诉讼代理人或者有权接受送达的人在送达回证上签收或者盖章，即为送达；拒绝签收或者盖章的，可以依法留置送达。

3. 人民法院按照两岸认可的有关途径代为送达台湾地区法院的民事诉讼文书的，应当有台湾地区有关法院的委托函。

4. 人民法院收到台湾地区有关法院的委托函后，经审查符合条件的，应当在收到委托函之日起2个月内完成送达。

5. 人民法院按照委托函中的受送达人姓名或者名称、地址不能送达的，应当附函写明情况，将委托送达的民事诉讼文书退回。

6. 受委托的人民法院对台湾地区有关法院委托送达的民事诉讼文书的内容和后果不负法律责任。

**【经典真题】**

大陆甲公司与台湾地区乙公司签订了出口家具合同，双方在合同履行中产生纠纷，乙公司拒绝向甲公司付款。甲公司在大陆将争议诉诸法院。关于向台湾当事人送达文书，下列哪些选项是正确的?[1]（2009－1－82）

A. 可向乙公司在大陆的任何业务代办人送达

B. 如乙公司的相关当事人在台湾下落不明的，可采用公告送达

C. 邮寄送达的，如乙公司未在送达回证上签收而只是在邮件回执上签收，可视为送达

D. 邮寄送达未能收到送达与否证明文件的，满三个月即可视为已送达

**【解析】**根据最高人民法院《关于涉台民事诉讼文书送达的若干规定》的规定，受送达人在大陆有代表机构、分支机构、业务代办人的，向其代表机构或者经受送达人明确授权接受送达的分支机构、业务代办人送达，故A项的表述错误。根据上述《规定》，受送达人未在送达回证上签收但在邮件回执上签收的，视为送达；相关当事人在台湾下落不明的，可采用公告送达。故B、C正确。自邮寄之日起满3个月，如果未能收到送达与否的证明文件，且根据各种情况不足以认定已经送达的，视为未送达，故D错误。

---

〔1〕【答案】BC

（五）关于内地与香港特别行政区法院相互认可和执行民商事案件判决的安排

| 相互认可和执行民商事案件判决 | **管辖法院** | **被申请人在两地均有财产的** | **申请期间、程序、方式、文字** | 部分认可和执行/中止认可和执行 |
|---|---|---|---|---|
| 内地 | 申请人住所地或者被申请人住所地、财产所在地的中级人民法院；向两个以上有管辖权的法院申请的，由最先立案的人民法院管辖。 | **可同时分别申请，**两地法院执行判决的总额，不得超过判决确定的数额。 | **申请的期间、程序和方式，应当依据被请求方法律的规定；向内地法院**提交的文件应为**中文或中文译本（向香港申请则无须中文）** | 不能对判决的全部判项予以认可和执行时，**可认可和执行**其中的**部分判项**。对香港法院的判决，如一方当事人**已上诉**，内地法院审查核实后，可**中止认可和执行程序**。经上诉，**维持**全部或者部分原判决的，**恢复**认可和执行程序；**完全改变原判决**的，**终止**认可和执行程序。<br>内地法院的判决**裁定再审的**……同上。 |
| 香港 | 香港**高等法院** | | | |

**《关于内地与香港特别行政区法院相互认可和执行民商事案件判决的安排》主要内容：**

1. 内地与香港特别行政区法院民商事案件生效判决的相互认可和执行，适用本安排。刑事案件中有关民事赔偿的生效判决的相互认可和执行，亦适用本安排。

2. 本安排所称"民商事案件"是**指依据内地和香港特别行政区法律均属于民商事性质的案件，**不包括香港特别行政区法院审理的司法复核案件以及其他因行使行政权力直接引发的案件。

3. 本安排暂**不适用于就下列民商事案件作出的判决：**

（1）内地人民法院审理的赡养、兄弟姐妹之间扶养、解除收养关系、成年人监护权、离婚后损害责任、同居关系析产案件，香港特别行政区法院审理的应否裁判分居的案件；

（2）继承案件、遗产管理或者分配的案件；

（3）**内地人民法院审理的有关发明专利、实用新型专利侵权的案件，香港特别行政区法院审理的有关标准专利（包括原授专利）、短期专利侵权的案件，**内地与香港特别行政区法院审理的**有关确认标准必要专利许可费率的案件，**以及有关本安排第五条未规定的知识产权案件；

（4）海洋环境污染、海事索赔责任限制、共同海损、紧急拖航和救助、船舶优先权、海上旅客运输案件；

（5）破产（清盘）案件；

（6）确定选民资格、宣告自然人失踪或者死亡、认定自然人限制或者无民事行为能力的案件；

（7）确认仲裁协议效力、撤销仲裁裁决案件；

（8）认可和执行其他国家和地区判决、仲裁裁决的案件。

4. 本安排所称"判决"，在内地包括判决、裁定、调解书、支付令，不包括保全裁定；在香港特别行政区包括判决、命令、判令、讼费评定证明书，不包括禁诉令、临时济助命令。

本安排所称“生效判决”：

（1）在内地，是指第二审判决，依法不准上诉或者超过法定期限没有上诉的第一审判决，以及依照审判监督程序作出的上述判决；

（2）在香港特别行政区，是指终审法院、高等法院上诉法庭及原讼法庭、区域法院以及劳资审裁处、土地审裁处、小额钱债审裁处、竞争事务审裁处作出的已经发生法律效力的判决。

5. 本安排所称“知识产权”是指《与贸易有关的知识产权协定》第一条第二款规定的知识产权。

6. 申请认可和执行本安排规定的判决：

**（一）在内地，向申请人住所地或者被申请人住所地、财产所在地的中级人民法院提出；**

**（二）在香港特别行政区，向高等法院提出。**

**申请人应当向符合前款第一项规定的其中一个人民法院提出申请。向两个以上有管辖权的人民法院提出申请的，由最先立案的人民法院管辖。**

7. 申请认可和执行本安排规定的判决，应当提交下列材料：

（1）申请书；

（2）经作出生效判决的法院盖章的判决副本；

（3）作出生效判决的法院出具的证明书，证明该判决属于生效判决，判决有执行内容的，还应当证明在原审法院地可以执行；

（4）判决为缺席判决的，应当提交已经合法传唤当事人的证明文件，但判决已经对此予以明确说明或者缺席方提出认可和执行申请的除外；

（5）身份证明材料：

1）申请人为自然人的，应当提交身份证件复印件；

2）申请人为法人或者其他组织的，应当提交注册登记证书的复印件以及法定代表人或者主要负责人的身份证件复印件。

上述身份证明材料，在被请求方境外形成的，应当依据被请求方法律规定办理证明手续。

**向内地人民法院提交的文件没有中文文本的，应当提交准确的中文译本。**

**8. 申请认可和执行判决的期间、程序和方式，应当依据被请求方法律的规定。**

9. 符合下列情形之一，且依据被请求方法律有关诉讼不属于被请求方法院专属管辖的，被请求方法院应当认定原审法院具有管辖权：

（1）原审法院受理案件时，被告住所地在该方境内；

（2）原审法院受理案件时，被告在该方境内设有代表机构、分支机构、办事处、营业所等不属于独立法人的机构，且诉讼请求是基于该机构的活动；

（3）因合同纠纷提起的诉讼，合同履行地在该方境内；

（4）因侵权行为提起的诉讼，侵权行为实施地在该方境内；

（5）合同纠纷或者其他财产权益纠纷的当事人以**书面形式约定由原审法院地管辖**，但**各方当事人住所地均在被请求方境内的**，原审法院地应系合同履行地、合同签订地、标的物所在地等**与争议有实际联系地**；

（6）当事人未对原审法院提出管辖权异议并应诉答辩，但各方当事人住所地均在被请求方境内的，原审法院地应系合同履行地、合同签订地、标的物所在地等与争议有实际联系地。

前款所称“书面形式”是指合同书、信件和数据电文（包括电报、电传、传真、电子数据交换和电子邮件）等可以有形地表现所载内容的形式。

**知识产权侵权纠纷案件**以及**内地**人民法院审理的《中华人民共和国反不正当竞争法》第六条规定的**不正当竞争纠纷民事案件**、**香港**特别行政区法院审理的**假冒纠纷案件，侵权、不正当竞争、假冒行为实施地**在原审法院地境内，且涉案知识产权权利、权益**在该方境内依法应予保护的**，才应当认定原审法院具有管辖权。

除第一款、第三款规定外，被请求方法院认为原审法院对于有关诉讼的管辖符合被请求方法律规定的，可以认定原审法院具有管辖权。

10. 申请认可和执行的判决，被申请人提供证据证明有下列情形之一的，被请求方法院审查核实后，应当不予认可和执行：

（1）原审法院对有关诉讼的管辖不符合本安排第十一条关于管辖权的规定的；

（2）依据原审法院地法律，被申请人未经合法传唤，或者虽经合法传唤但未获得合理的陈述、辩论机会的；

（3）判决是以欺诈方法取得的；

（4）被请求方法院受理相关诉讼后，原审法院又受理就同一争议提起的诉讼并作出判决的；

（5）被请求方法院已经就同一争议作出判决，或者已经认可其他国家和地区就同一争议作出的判决的；

（6）被请求方已经就同一争议作出仲裁裁决，或者已经认可其他国家和地区就同一争议作出的仲裁裁决的。

内地人民法院认为认可和执行香港特别行政区法院判决明显违反内地法律的基本原则或者社会公共利益，香港特别行政区法院认为认可和执行内地人民法院判决明显违反香港特别行政区法律的基本原则或者公共政策的，应当不予认可和执行。

11. 申请认可和执行的判决，被申请人提供证据证明在原审法院进行的诉讼**违反了当事人就同一争议订立的有效仲裁协议或者管辖协议的，被请求方法院审查核实后，可以不予认可和执行**。

12. **被请求方法院不能仅因判决的先决问题不属于本安排适用范围，而拒绝认可和执行该判决。**

13. **对于原审法院就知识产权有效性、是否成立或者存在作出的判项，不予认可和执行，但基于该判项作出的有关责任承担的判项符合本安排规定的，应当认可和执行。**

14. 相互认可和执行的判决内容包括**金钱判项、非金钱判项。**

**判决包括惩罚性赔偿的，不予认可和执行惩罚性赔偿部分**，但本安排第十七条规定的**知识产权侵权纠纷等案件**除外。

15. 知识产权侵权纠纷案件以及内地人民法院审理的《中华人民共和国反不正当竞争法》第六条规定的**不正当竞争纠纷民事案件**、香港特别行政区法院审理的**假冒纠纷案件**，内地与香港特别行政区法院相互认可和执行判决的，限于根据原审法院地发生的侵权行为所确定的**金钱判项，包括惩罚性赔偿部分**。

**有关商业秘密侵权纠纷案件判决的相互认可和执行，包括金钱判项（含惩罚性赔偿）**、非金钱判项。

16. 内地与香港特别行政区法院相互认可和执行的财产给付范围，包括判决确定的给付财产和相应的利息、诉讼费、迟延履行金、迟延履行利息，**不包括税收、罚款**。

前款所称“诉讼费”，在香港特别行政区是指讼费评定证明书核定或者命令支付的费用。

17. **被请求方法院不能认可和执行判决全部判项的，可以认可和执行其中的部分判项**。

18. 对于香港特别行政区法院作出的判决，**一方当事人已经提出上诉，内地人民法院审查核实后，中止认可和执行程序**。经上诉，维持全部或者部分原判决的，恢复认可和执行程序；完全改变原判决的，终止认可和执行程序。

内地人民法院就已经作出的判决**裁定再审的，香港特别行政区法院审查核实后，中止认可和执行程序**。经再审，维持全部或者部分原判决的，恢复认可和执行程序；完全改变原判决的，终止认可和执行程序。

19. **被申请人在内地和香港特别行政区均有可供执行财产的，申请人可以分别向两地法院申请执行**。

应对方法院要求，两地法院应当相互提供本方执行判决的情况。

两地法院执行财产的总额不得超过判决确定的数额。

20. 在**审理民商事案件期间**，当事人**申请认可和执行**另一地法院就同一争议作出的判决的，应当受理。**受理后，有关诉讼应当中止**，待就认可和执行的申请作出裁定或者命令后，再视情终止或者恢复诉讼。

21. 审查认可和执行判决申请期间，当事人就同一争议提**起诉**讼的，**不予受理；已经受理的，驳回起诉**。

判决全部获得认可和执行后，当事人又就同一争议提起诉讼的，不予受理。

判决未获得或者未全部获得认可和执行的，申请人不得再次申请认可和执行，但可以就同一争议向被请求方法院提起诉讼。

22. 申请认可和执行判决的，被请求方法院在受理申请之前或者之后，**可以依据被请求方法律规定采取保全或者强制措施**。

23. 被请求方法院就认可和执行的申请作出裁定或者命令后，当事人不服的，**在内地**可以于裁定送达之日起十日内向上一级人民法院**申请复议**，**在香港**特别行政区可以依据其法律规定**提出上诉**。

24. 申请认可和执行判决的，应当依据被请求方有关诉讼收费的法律和规定**交纳费用**。

25. 本安排生效之日，《关于内地与香港特别行政区法院相互认可和执行当事人协议管辖的民商事案件判决的安排》同时废止。

本安排生效前，当事人已签署《关于内地与香港特别行政区法院相互认可和执行当事人协议管辖的民商事案件判决的安排》所称“书面管辖协议”的，仍适用该安排。

### （六）关于内地与香港特别行政区法院相互认可和执行婚姻家庭民事案件判决的安排

2017 年 6 月发布的《关于内地与香港特别行政区法院相互认可和执行婚姻家庭民事案件判决的安排》主要内容如下：

1. 本安排适用于两地关于婚姻家庭民事案件判决的相互认可和执行，当事人向香港特别行政区法院申请认可内地民政部门所发的离婚证，或者向内地人民法院申请认可香港的解除婚姻的协议书、备忘录的，参照适用本安排。

2. 关于管辖权，在内地向申请人住所地、经常居住地或者被申请人住所地、经常居住地、财产所在地的中级人民法院提出，申请人向两个以上有管辖权的人民法院提出申请的，由最先立案的人民法院管辖。在香港特别行政区向区域法院提出。

3. 申请人向内地人民法院提交的文件没有中文文本的，应当提交准确的中文译本。

4. 申请认可和执行判决的期间、程序和方式，应当依据被请求方法律的规定。

5. 申请认可和执行的判决涉及未成年子女的，在审查决定是否认可和执行时，应当充分考虑未成年子女的最佳利益。

6. 被请求方法院不能对判决的全部判项予以认可和执行时，可以认可和执行其中的部分判项。

7. 对于香港特别行政区法院作出的判决，一方当事人已经提出上诉，内地人民法院审查核实后，可以中止认可和执行程序。经上诉，维持全部或者部分原判决的，恢复认可和执行程序；完全改变原判决的，终止认可和执行程序。内地人民法院就已经作出的判决裁定再审的，香港特别行政区法院审查核实后，可以中止认可和执行程序。经再审，维持全部或者部分原判决的，恢复认可和执行程序；完全改变原判决的，终止认可和执行程序。

8. 被申请人在内地和香港特别行政区均有可供执行财产的，申请人可以分别向两地法院申请执行。两地法院执行财产的总额不得超过判决确定的数额。

9. 在审理婚姻家庭民事案件期间，当事人申请认可和执行另一地法院就同一争议作出的判决的，应当受理。受理后，有关诉讼应当中止，待就认可和执行的申请作出裁定或者命令后，再视情终止或者恢复诉讼。

10. 申请认可和执行判决的，应当依据被请求方有关诉讼收费的法律和规定交纳费用。

### （七）内地与澳门特别行政区相互认可与执行民事判决（包括劳动争议案件）的安排

《内地与澳门特别行政区法院相互认可和执行民商事判决的安排》的主要内容如下：

| 送达 | 主体 | 案件范围 | 文字 | 程序 | 保全措施 |
| --- | --- | --- | --- | --- | --- |
| 内地 | 被申请人住所地、经常居住地或者财产所在地的中级人民法院 | 民事、刑事案件中有关民事损害赔偿的判决、裁定。劳动争议 | 盖章的中文委托书、中文 | 向一地法院申请执行的同时，可向另一地法院申请查封 | 可据被请求方法律，申请采取保全措施 |
| 澳门 | 认可判决申请的法院为中级法院，有权执行的法院为初级法院 | 同上 | 同上 | 同上 | 同上 |

1. 内地与澳门特别行政区民商事案件（在内地包括劳动争议案件，在澳门特别行政区包括劳动民事案件）判决的相互认可和执行，刑事案件中有关民事损害赔偿的判决、裁定，适用该安排，该安排不适用于行政案件。

2. 内地有权受理认可和执行判决申请的法院为被申请人住所地、经常居住地或者财产所在地的中级人民法院。两个或者两个以上中级人民法院均有管辖权的，申请人应当选择向其中一个中级人民法院提出申请。澳门特别行政区有权受理认可判决申请的法院为中级法院，有权执行的法院为初级法院。

3. 被申请人在内地和澳门特别行政区均有可供执行财产的，申请人可以向一地法院提出执行申请。申请人向一地法院提出执行申请的同时，可以向另一地法院申请查封、扣押或者冻结被执行人的财产。待一地法院执行完毕后，可以根据该地法院出具的执行情况证明，就不足部分向另一地法院申请采取处分财产的执行措施。两地法院执行财产的总额，不得超过依据判决和法律规定所确定的数额。

4. 被请求方法院经审查核实存在下列情形之一的，裁定不予认可：

（1）根据被请求方的法律，判决所确认的事项属被请求方法院专属管辖；

（2）在被请求方法院已存在相同诉讼，该诉讼先于待认可判决的诉讼提起，且被请求方法院具有管辖权；

（3）被请求方法院已认可或者执行被请求方法院以外的法院或仲裁机构就相同诉讼作出的判决或仲裁裁决；

（4）根据判决作出地的法律规定，败诉的当事人未得到合法传唤，或者无诉讼行为能力人未依法得到代理；

（5）根据判决作出地的法律规定，申请认可和执行的判决尚未发生法律效力，或者因再审被裁定中止执行；

（6）在内地认可和执行判决将违反内地法律的基本原则或者社会公共利益；在澳门特别行政区认可和执行判决将违反澳门特别行政区法律的基本原则或者公共秩序。

**【经典真题】**

上海甲公司作为卖方和澳门乙公司订立了一项钢材购销合同，约定有关合同的争议在中国内地仲裁。乙公司在内地和澳门均有营业机构。双方发生争议后，仲裁庭裁决乙公司对甲公司进行赔偿。乙公司未在规定的期限内履行仲裁裁决。关于甲公司对此采取的做法，下列哪些选项是正确的？[1]（2008－1－81）

A. 向内地有管辖权的中级人民法院申请执行该仲裁裁决

B. 向澳门特别行政区中级法院申请执行该仲裁裁决

C. 分别向内地有管辖权的中级人民法院和澳门特别行政区中级法院申请执行仲裁裁决

D. 向澳门特别行政区初级法院申请执行该仲裁裁决

**【解析】**根据最高人民法院《关于内地与澳门特别行政区相互认可和执行仲裁裁决的安排》第2条的规定，内地有权受理认可和执行澳门仲裁裁决申请的法院为中级人民法院，故A正确。如果两地均有财产，则可单独也可以同时在内地和澳门两地分别申请，仲裁地法院先执行，故D正确。上述《安排》第2条第3款规定：“澳门特别行政区有权受理认可仲裁裁决申请的法院为中级法院，有权执行的法院为初级法院。”从该条的字面意思来理解，一般可以理解为应向澳门中级法院提出认可的申请，得到认可后如果需要执行，则向澳门初级法院提出执行的申请，如果按照这一理解，则只能选A、C、D，但官方公布的答案为A、B、C，按照出题人的逻辑，在澳门不管是申请认可还是执行，都只能向澳门中级法院提出申请，但如果这样理解，则“澳门特别行政区有权受理认可仲裁裁决申请的法院为中级法院，有权执行的法院为初级法院”的规定似乎就显得画蛇添足，或者应明确规定由澳门中级法院指令初级法院执行。

[1]【答案】ABC

### （八）2015年最高人民法院《关于认可和执行台湾地区法院民事判决的规定》

| “台湾地区法院民事判决”的界定 | 管辖法院 | 期限 | 起诉与认可申请的冲突处理 |
| --- | --- | --- | --- |
| 台湾地区法院作出的生效民事判决、裁定、和解笔录、调解笔录、支付命令等；台湾地区法院在刑事案件中作出的有关民事损害赔偿的生效判决、裁定、和解笔录；由台湾地区乡镇市调解委员会等出具并经台湾地区法院核定，与台湾地区法院生效民事判决具有同等效力的调解文书。 | 由申请人住所地、经常居住地或者被申请人住所地、经常居住地、财产所在地中级人民法院或者专门人民法院受理。向大陆两个以上有管辖权的法院申请认可的，**先立案的法院管辖**。<br>申请人向被申请人财产所在地人民法院申请认可的，应当提供财产存在的相关证据。 | 受理认可台湾民事判决的申请后，应在立案之日起六个月内审结。有特殊情况需延长的，报请上一级人民法院批准。 | 受理认可申请后审结前，对重新起诉不予受理；已受理起诉后审结前申请认可，**对于认可的申请不予受理**。未申请认可，可直接起诉；作出裁定前，申请人请求撤回申请的，可以裁定准许。<br>大陆法院拒绝认可的，不得再申请认可，但可重新起诉。 |

**其他：**申请人须举证判决真实且已生效。

第9条：“申请人申请认可台湾地区法院民事判决，应当提供相关证明文件，以证明该判决真实并且已经生效。

申请人可以**申请人民法院通过海峡两岸调查取证司法互助途径**查明台湾地区法院民事判决的真实性和是否生效以及当事人得到合法传唤的证明文件；人民法院认为必要时，也可以就有关事项**依职权通过海峡两岸司法互助途径**向台湾地区请求调查取证。”

**根据2015年最高人民法院《关于认可和执行台湾地区法院民事判决的规定》，相关要点总结如下：**

1. 申请人同时提出认可和执行台湾地区法院民事判决申请的，人民法院先按照认可程序进行审查，裁定认可后，由人民法院执行机构执行。申请人直接申请执行的，人民法院应当告知其一并提交认可申请；坚持不申请认可的，裁定驳回其申请。

2. 申请认可台湾地区法院民事判决的案件，由申请人住所地、经常居住地或者被申请人住所地、经常居住地、财产所在地中级人民法院或者专门人民法院受理。**申请人向两个以上有管辖权的人民法院申请认可的，由最先立案的人民法院管辖。申请人向被申请人财产所在地人民法院申请认可的，应当提供财产存在的相关证据。**

3. **对申请认可台湾地区法院民事判决的案件，人民法院应当组成合议庭进行审查。**

4. 申请人申请认可台湾地区法院民事判决，应当提交申请书，并附有台湾地区有关法院民事判决文书和民事判决确定证明书的正本或者经证明无误的副本。台湾地区法院民事判决为缺席判决的，申请人应当同时提交台湾地区法院已经合法传唤当事人的证明文件，但判决已经对此予以明确说明的除外。

5. **申请人申请认可台湾地区法院民事判决，应当提供相关证明文件，以证明该判决真实并且已经生效。**申请人可以**申请人民法院通过海峡两岸调查取证司法互助途径**查明台湾地区法院民事判决的真实性和是否生效以及当事人得到合法传唤的证明文件；人民法院认为必要时，也可以就有关事项**依职权通过海峡两岸司法互助途径**向台湾地区请求调查取证。

6. 人民法院受理认可台湾地区法院民事判决的申请后，当事人就同一争议起诉的，不予受理。**一方当事人向人民法院起诉后，另一方当事人向人民法院申请认可的，对于认可的申请不予受理。**

7. 案件虽经台湾地区有关法院判决，但当事人未申请认可，而是就同一争议向人民法院起诉的，应予受理。

8. 人民法院受理认可台湾地区法院民事判决的申请后，**作出裁定前，申请人请求撤回申请的，可以裁定准许。**

9. 人民法院受理认可台湾地区法院民事判决的申请后，应当在立案之日起6个月内审结。有特殊情况需要延长的，报请上一级人民法院批准。

10. 人民法院经审查能够确认台湾地区法院民事判决真实并且已经生效，而且不具有本规定第15条所列情形的，裁定认可其效力；**不能确认该民事判决的真实性或者已经生效的，裁定驳回申请人的申请。**裁定驳回申请的案件，申请人再次申请并符合受理条件的，人民法院应予受理。

11. 经人民法院裁定认可的台湾地区法院民事判决，与人民法院作出的生效判决具有同等效力。

12. 对人民法院裁定不予认可的台湾地区法院民事判决，申请人再次提出申请的，人民法院不予受理，但申请人可以就同一争议向人民法院起诉。

### （九）2015年最高人民法院《关于认可和执行台湾地区仲裁裁决的规定》

| “台湾地区仲裁裁决”的界定及授权委托书 | 管辖法院 | 期限 | 认可、起诉、审理期限等问题 |
|---|---|---|---|
| 有关常设仲裁机构及临时仲裁庭在台湾地区按照台湾地区仲裁规定就有关民商事争议作出的仲裁裁决，包括仲裁判断、仲裁和解和仲裁调解。<br>代理申请授权委托书应履行公证＋认证或者其他证明手续，但授权委托书在人民法院法官的见证下签署或经中国大陆公证机关公证证明是在中国大陆签署的除外。 | 由申请人住所地、经常居住地或者被申请人住所地、经常居住地、财产所在地中级人民法院或者专门人民法院受理向大陆两个以上有管辖权的法院申请认可的，**由最先立案的法院管辖**。<br>申请人向被申请人财产所在地人民法院申请认可的，应当提供财产存在的相关证据。 | 决定认可的，**应自立案起2个月内作出裁定**；拒绝认可或者驳回申请的，应在作出决定前按有关规定自立案之日起2个月内上报最高人民法院。 | 受理认可申请后审结前，对同一争议的起诉不予受理；**未申请认可，而是就同一争议起诉的，不予受理，但仲裁协议无效的除外。**作出裁定前，申请人请求撤回申请的，可以裁定准许。人民法院裁定不予认可的，当事人可向人民法院起诉。 |

根据2015年最高人民法院《关于认可和执行台湾地区仲裁裁决的规定》，相关要点总结如下：

1. 本规定所称台湾地区仲裁裁决是指，有关常设仲裁机构及临时仲裁庭在台湾地区按照台湾地区仲裁规定就有关民商事争议作出的仲裁裁决，包括仲裁判断、仲裁和解和仲裁调解。

2. 申请认可台湾地区仲裁裁决的案件，由申请人住所地、经常居住地或者被申请人住所地、经常居住地、财产所在地中级人民法院或者专门人民法院受理。申请人向两个以上有管辖权的人民法院申请认可的，由最先立案的人民法院管辖。申请人向被申请人财产所在地人民法院申请认可的，应当提供财产存在的相关证据。

3. 申请人申请认可台湾地区仲裁裁决，应当提供相关证明文件，以证明该仲裁裁决的真实性。

申请人可以申请人民法院通过海峡两岸调查取证司法互助途径查明台湾地区仲裁裁决的真实性；人民法院认为必要时，也可以就有关事项依职权通过海峡两岸司法互助途径向台湾地区请求调查取证。

4. 人民法院受理认可台湾地区仲裁裁决的申请后，当事人就同一争议起诉的，不予受理。当事人未申请认可，而是就同一争议向人民法院起诉的，亦不予受理，但仲裁协议无效的除外。

5. 人民法院受理认可台湾地区仲裁裁决的申请后，作出裁定前，申请人请求撤回申请的，可以裁定准许。

6. 人民法院应当尽快审查认可台湾地区仲裁裁决的申请，决定予以认可的，应当在立案之日起 2 个月内作出裁定；决定不予认可或者驳回申请的，应当在作出决定前按有关规定自立案之日起 2 个月内上报最高人民法院。

7. 人民法院经审查能够确认台湾地区仲裁裁决真实，而且不具有本规定第 14 条所列情形的，裁定认可其效力；不能确认该仲裁裁决真实性的，裁定驳回申请。裁定驳回申请的案件，申请人再次申请并符合受理条件的，人民法院应予受理。

8. 一方当事人向人民法院申请认可或者执行台湾地区仲裁裁决，另一方当事人向台湾地区法院起诉撤销该仲裁裁决，被申请人申请中止认可或者执行并且提供充分担保的，人民法院应当中止认可或者执行程序。申请中止认可或者执行的，应当向人民法院提供台湾地区法院已经受理撤销仲裁裁决案件的法律文书。台湾地区法院撤销该仲裁裁决的，人民法院应当裁定不予认可或者裁定终结执行；台湾地区法院驳回撤销仲裁裁决请求的，人民法院应当恢复认可或者执行程序。

9. 对人民法院裁定不予认可的台湾地区仲裁裁决，申请人再次提出申请的，人民法院不予受理。但当事人可以根据双方重新达成的仲裁协议申请仲裁，也可以就同一争议向人民法院起诉。

### （十）内地与香港相互承认与执行仲裁裁决

| 承认和执行仲裁裁决 | 管辖法院 | 被申请人在两地均有财产的 | 申请期限及程序 | 拒绝执行理由 |
| --- | --- | --- | --- | --- |
| 内地 | 被申请人住所地或财产所在地中院；二者可选择其一，但不得同时分别申请。 | 不能同时分别申请，一地法院执行不足部分，可向另一地法院申请。 | 依据被申请执行地法律。 | 与《纽约公约》第 5 条基本相同。 |
| 香港 | 香港高等法院。 | | | |

根据《关于内地与香港特别行政区相互执行仲裁裁决的安排》以及最高人民法院《关于内地与香港特别行政区相互执行仲裁裁决的补充安排》，在符合下列条件的情况下，香港特区法院同意执行内地仲裁机构的仲裁裁决（内地仲裁机构的名单由国务院法制办公室经国务院港澳事务办公室提供），内地法院同意执行香港仲裁机构的仲裁裁决。

1. 在内地或者香港特区作出的仲裁裁决，一方当事人不履行仲裁裁决的，另一方当事人可以向被申请人住所地或者财产所在地的有关法院申请执行。

2. 上条所述的有关法院，在内地指被申请人住所地或者财产所在地的中级人民法院，在香港特区指香港特区高等法院。

被申请人住所地或者财产所在地在内地不同的中级人民法院辖区的，申请人可以选择其中一个人民法院申请执行裁决，不得分别向两个或两个以上人民法院提出申请。

被申请人在内地和香港特区均有住所地或者可供执行财产的，申请人可以分别向两地法院申请执行。应对方法院要求，两地法院应当相互提供本方执行仲裁裁决的情况。两地法院执行财产的总额，不得超过裁决确定的数额。

3. 申请人向有关法院申请执行在内地或者香港特区作出的仲裁裁决的，应当提交以下文书：（1）执行申请书；（2）仲裁裁决书；（3）仲裁协议。

4. 申请人向有关法院申请执行内地或者香港特区仲裁裁决的期限，依据执行地法律有关时限的规定。

5. 有关法院接到申请人申请后，应当按执行地法律程序处理及执行。

6. 在内地或者香港特区申请执行的仲裁裁决，被申请人接到通知后，提出证据证明有下列情形之一的，经审查核实，有关法院可裁定不予执行：

（1）仲裁协议当事人依对其适用的法律属于某种无行为能力的情形；或者该项仲裁协议依约定的准据法无效；或者未指明以何种法律为准时，依仲裁裁决地的法律是无效的；

（2）被申请人未接到指派仲裁员的适当通知，或者因他故未能陈述意见的；

（3）裁决所处理的争议不是交付仲裁的标的或者不在仲裁协议条款之内，或者裁决载有关于交付仲裁范围以外事项的决定的，但交付仲裁事项的决定或与未交付仲裁的事项划分时，裁决中关于交付仲裁事项的决定部分应当予以执行；

（4）仲裁庭的组成或者仲裁庭程序与当事人之间的协议不符，或者在有关当事人没有这种协议时与仲裁地的法律不符的；

（5）裁决对当事人尚无约束力，或者业经仲裁地的法院或者按仲裁地的法律撤销或者停止执行的。有关法院认定依执行地法律，争议事项不能以仲裁解决的，则可不予执行该裁决。内地法院认定在内地执行该仲裁裁决违反内地社会公共利益，或者香港特区法院认定在香港特区执行该仲裁裁决违反香港特区的公共政策，则可不予执行该裁决；

（6）申请人向有关法院申请执行在内地或者香港特区作出的仲裁裁决，应当根据执行地法院有关诉讼收费的办法交纳执行费用。

### （十一）内地与澳门相互认可和执行仲裁裁决的安排

| 承认和执行仲裁裁决 | 管辖法院 | 被申请人在两地均有财产的 | 适用范围 | 拒绝执行理由 |
|---|---|---|---|---|
| 内地 | 被申请人住所地、经常居住地或财产所在地中院；二者可选择其一，但不得同时分别申请。 | 可单独也可以同时分别申请，仲裁地法院先执行，可向另一地法院就不足部分申请执行。 | 对方的（仲裁机构、仲裁地、仲裁法规）仲裁，三重标准。 | 与《纽约公约》第 5 条基本相同。 |
| 澳门 | 中级法院认可，有权执行的法院为初级法院。 | | | |

2007 年签署的《关于内地与澳门特别行政区相互认可和执行仲裁裁决的安排》的主要内容如下：

1. 双方认可和执行对方的仲裁机构及仲裁员，按照对方的仲裁法规在对方所在地作出的民商事仲裁裁决。在内地或者澳门特别行政区作出的仲裁裁决，一方当事人不履行的，另一方当事人可以向被申请人住所地、经常居住地或者财产所在地的有关法院申请认可和执行。内地有权受理认可和执行仲裁裁决申请的法院为中级人民法院。两个或者两个以上中级人民法院均有管辖权的，当事人应当选择向其中一个中级人民法院提出申请。澳门特别行政区有权受理认可仲裁裁决申请的法院为中级法院，有权执行的法院为初级法院。

2. 被申请人的住所地、经常居住地或者财产所在地分别在内地和澳门特别行政区的，申请人可以向一地法院提出认可和执行申请，也可以分别向两地法院提出申请。当事人分别向两地法院提出申请的，两地法院都应当依法进行审查。予以认可的，采取查封、扣押或者冻结被执行人财产等执行措施。仲裁地法院应当先进行执行清偿；另一地法院在收到仲裁地法院关于经执行债权未获清偿情况的证明后，可以对申请人未获清偿的部分进行执行清偿。两地法院执行财产的总额，不得超过依据裁决和法律规定所确定的数额。

3. 申请人向有关法院申请认可和执行仲裁裁决的，应当提交以下文件或者经公证的副本：申请书、申请人身份证明、仲裁协议、仲裁裁决书或者仲裁调解书。上述文件没有中文文本的，申请人应当提交经正式证明的中文译本。

4. 申请人向有关法院申请认可和执行内地或者澳门特别行政区仲裁裁决的期限，依据认可和执行地的法律确定。申请人依据本安排申请认可和执行仲裁裁决的，应当根据执行地法律的规定，交纳诉讼费用。

5. 对申请认可和执行的仲裁裁决，被申请人提出证据证明有下列情形之一的，经审查核实，有关法院可以裁定不予认可：

（1）仲裁协议一方当事人依对其适用的法律在订立仲裁协议时属于无行为能力的；或者依当事人约定的准据法，或当事人没有约定适用的准据法而依仲裁地法律，该仲裁协议无效的。

（2）被申请人未接到选任仲裁员或者进行仲裁程序的适当通知，或者因他故未能陈述意见的。

（3）裁决所处理的争议不是提交仲裁的争议，或者不在仲裁协议范围之内；或者裁决载有超出当事人提交仲裁范围的事项的决定，但裁决中超出提交仲裁范围的事项的决定与提交仲裁事项的决定可以分开的，裁决中关于提交仲裁事项的决定部分可以予以认可。

（4）仲裁庭的组成或者仲裁程序违反了当事人的约定，或者在当事人没有约定时与仲裁地的法律不符的。

（5）裁决对当事人尚无约束力，或者业经仲裁地的法院撤销或者拒绝执行的。

有关法院认定，依执行地法律，争议事项不能以仲裁解决的，不予认可和执行该裁决。内地法院认定在内地认可和执行该仲裁裁决违反内地法律的基本原则或者社会公共利益，澳门特别行政区法院认定在澳门特别行政区认可和执行该仲裁裁决违反澳门特别行政区法律的基本原则或者公共秩序，不予认可和执行该裁决。

6. 一方当事人向一地法院申请执行仲裁裁决，另一方当事人向另一地法院申请撤销该仲裁裁决，被执行人申请中止执行且提供充分担保的，执行法院应当中止执行。根据经认可的撤销仲裁裁决的判决、裁定，执行法院应当终结执行程序；撤销仲裁裁决申请被驳回的，执行法院应当恢复执行。当事人申请中止执行的，应当向执行法院提供其他法院已经受理申请撤销仲裁裁决案件的法律文书。

### （十二）最高人民法院《关于内地与香港特别行政区法院就民商事案件相互委托提取证据的安排》

| 取证 | 联络机关、时间 | 委托书 | 文字、证据用途 | 法律 | 费用、拒绝 |
|---|---|---|---|---|---|
| 内地 | 各高级人民法院；最高院也可出面委托；自收到委托书之日起6个月内完成，否则应说明原因。 | 应提供加盖最高人民法院或者高级人民法院印章的委托书。 | 中文或中文译本；证据只能用于委托书所述的相关诉讼。 | 受托方应根据本辖区法律规定安排取证。请求按特殊方式取证的，如受托方认为不违反本辖区法律则可同意。 | 一般性开支免费，翻译鉴定、特殊方式取证等非一般性支出不免费；证人拒绝则应书面通知委托方，并退回委托书所附全部材料。 |
| 香港 | 香港特别行政区政府政务司司长办公室辖下行政署；时间要求同上。 | 应提供加盖香港特别行政区高等法院印章的委托书。 | | | |

2016年10月通过的最高人民法院《关于内地与香港特别行政区法院就民商事案件相互委托提取证据的安排》主要内容如下：

1. 双方相互委托提取证据，须通过各自指定的联络机关进行。其中，内地指定各高级人民法院为联络机关；香港特别行政区指定香港特别行政区政府政务司司长办公室辖下行政署为联络机关。最高人民法院可以直接通过香港特别行政区指定的联络机关委托提取证据。

2. 委托书及所附相关材料应当以中文文本提出。没有中文文本的，应当提供中文译本。

3. 委托方获得的证据材料只能用于委托书所述的相关诉讼。

4. 受委托方应当根据本辖区法律规定安排取证。委托方请求按照特殊方式提取证据的，如果受委托方认为不违反本辖区的法律规定，可以按照委托方请求的方式执行。如果委托方请求其司法人员、有关当事人及其诉讼代理人（法律代表）在受委托方取证时到场，以及参与录取证言的程序，受委托方可以按照其辖区内相关法律规定予以考虑批准。批准同意的，受委托方应当将取证时间、地点通知委托方联络机关。

5. 内地人民法院委托香港特别行政区法院提取证据，应当提供加盖最高人民法院或者高级人民法院印章的委托书。香港特别行政区法院委托内地人民法院提取证据，应当提供加盖香港特别行政区高等法院印章的委托书。

6. 受委托方因执行受托事项产生的一般性开支，由受委托方承担。受委托方因执行受托事项产生的翻译费用、专家费用、鉴定费用、应委托方要求的特殊方式取证所产生的额外费用等非一般性开支，由委托方承担。如果受委托方认为执行受托事项或会引起非一般性开支，应先与委托方协商，以决定是否继续执行受托事项。

7. 受委托方应当尽量自收到委托书之日起6个月内完成受托事项。受委托方完成受托事项后，应当及时书面回复委托方。

如果受委托方未能按委托方的请求完成受托事项，或者只能部分完成受托事项，应当向委托方书面说明原因，并按委托方指示及时退回委托书所附全部或者部分材料。

如果证人根据受委托方的法律规定，拒绝提供证言时，受委托方应当以书面通知委托方，并按委托方指示退回委托书所附全部材料。

【经典真题】

澳门甲公司与内地乙公司的合同争议由内地一仲裁机构审理，甲公司最终胜诉。乙公司在广东、上海和澳门均有财产。基于这些事实，下列哪些选项是正确的?[1]（2010－1－82）

A. 甲公司可分别向广东和上海有管辖权的法院申请执行

B. 只有国务院港澳办提供的名单内的仲裁机构作出的裁决才能被澳门法院认可与执行

C. 甲公司分别向内地和澳门法院申请执行的，内地法院应先行执行清偿

D. 两地法院执行财产总额不得超过依裁决和法律规定所确定的数额

【解析】根据《关于内地与澳门特别行政区相互认可和执行仲裁裁决的安排》的规定，两个或者两个以上中级人民法院均有管辖权的，当事人应当选择向其中一个中级人民法院提出申请，故A错误。《关于内地与香港特别行政区相互执行仲裁裁决的安排》规定香港特区法院同意执行内地仲裁机构的仲裁裁决，内地仲裁机构的名单由国务院法制办公室经国务院港澳事务办公室提供。但是内地与澳门之间的上述安排并无此限制性规定，故B错误。根据《关于内地与澳门特别行政区相互认可和执行仲裁裁决的安排》的规定，当事人分别向内地、澳门两地法院提出申请的，两地法院都应当依法进行审查，仲裁地法院应当先进行执行清偿，本题中内地为仲裁裁决地，故内地法院先行执行清偿。两地法院执行财产总额不得超过依裁决和法律规定所确定的数额。因此C、D选项正确。

[1]【答案】CD

# 国际私法附录

| | |
|---|---|
| 一级考点 | 1. 冲突规范（特点、结构和类型）、准据法、适用冲突规范的基本制度（定性、先决问题、反致、外国法的查明、直接适用的法、法律规避） |
| | 2. 法律适用的一般原则、物权（不动产、动产、船舶、民用航空器等）的法律适用、合同的法律适用、侵权行为的法律适用、知识产权的法律适用、婚姻家庭（结婚、离婚、夫妻人身和财产关系、收养、抚养、监护等）的法律适用、涉外继承的法律适用 |
| | 3. 国际商事仲裁：涉外仲裁协议的效力、我国涉外仲裁裁决的撤销与不予执行、《纽约公约》的主要内容 |
| | 4. 国际民事诉讼：外国人委托诉讼代理人、涉外民事诉讼中管辖权的确定、涉外送达、涉外取证、外国法院判决的承认与执行 |
| | 5. 内地（大陆）和香港、澳门、台湾地区的区际司法协助 |
| 二级考点 | 6. 存在积极冲突或消极冲突情况下自然人和法人的住所、国籍及经常居所地的确定、审理涉台民商事案件法律适用 |
| | 7. 自然人及法人能力的法律适用、商事关系（票据、海商、民航、代理、信托）的法律适用 |
| | 8. 我国关于约定不明的涉外仲裁协议的效力的认定 |

# 国际经济法

**国际经济法知识体系结构图**

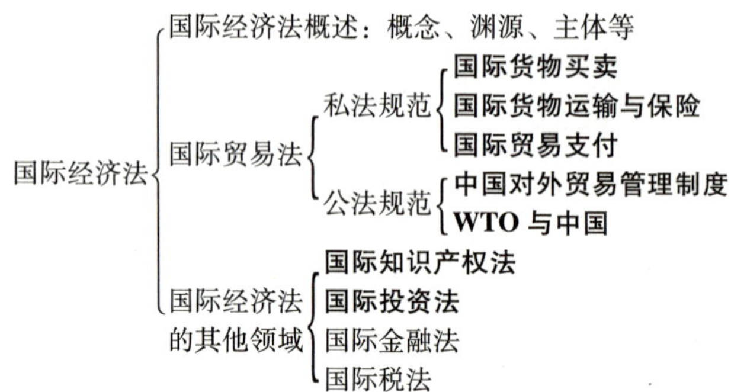

# 第一章
# 导　论

导学

导论部分的内容属于国际经济法的理论基础，掌握国际经济法的调整范围、主体和渊源，有助于我们构建国际经济法的知识框架，为后面的分论部分内容的掌握打下基础。

## 重点知识详解

### 考点 1　国际经济法的概念和调整范围

国际经济法是调整国际经济关系的法律规范的总称。国际经济法的调整范围包括：1. 国际货物贸易的法律规范与制度。包括国际货物买卖、国际货物运输与保险、国际支付与结算，进出口贸易管制的法律规范与制度。2. 国际服务贸易的法律制度和法律规范。世界贸易组织的《服务贸易总协定》为各国的服务贸易发展提供了国际调整的准则。3. 国际投资的法律规范与制度，包括资本输出、资本输入、投资保护等有关的法律规范与制度。其法律规范在国内法方面涉及外国投资法、海外投资保险法等，国际条约方面涉及多边投资保证公约、双边投资保护协定等。4. 有关知识产权国际保护的法律规范与制度，包括与工业产权的国际保护、著作权的国际保护、国际许可证贸易有关的法律规范与制度。5. 有关国际货币与金融的法律规范与制度。6. 有关国际税收的法律规范与制度，包括与国际税收管辖权、国际双重征税和国际重叠征税、国际逃税与避税等有关的法律规范与制度。

### 考点 2　国际经济法的渊源

国际经济法的渊源指国际经济法的主要表现形式，包括国内渊源和国际渊源两个方面。具体而言，国际经济法的渊源包括：1. 国际经济条约。作为国际经济法的渊源包括双边条约和多边条约。2. 国际商业惯例。国际经济法中重要的国际商业惯例有：《国际贸易术语解释通则》《跟单信用证统一惯例》《商业单据托收统一规则》《约克—安特卫普规则》等。国际商业惯例属于任意性的规范，只有在当事人明示选择适用的情况下，才对当事人有约束力。当事人也可以对其选择的商业惯例进行补充和修改。3. 联合国大会的规范性决议。4. 国内立法。国内立法作为国际经济法的渊源，是指各国制定的关于调整涉外经济关系的法律规范文件。如一国的《对外贸易法》《外汇管制法》《合同法》《海商法》《票据法》《海关法》等。

# 第二章 国际货物买卖

**导学**

国际货物买卖关系是运输关系、保险关系和支付关系的基础，其中的国际贸易术语（FOB、CIF、CFR 等为重点）及 1980 年《联合国国际货物销售合同公约》（以下简称《公约》）原则上为每年必考的内容，应重点掌握。

## 重点知识详解

### 考点 1　国际贸易术语★★★★★

★【本部分考点近年真题统计】

| 题型 | 年份 | 考点 | 分值 |
| --- | --- | --- | --- |
| 单项选择题 | 2015 年卷一第 40 题 | 贸易术语 CIF、《公约》的适用及买方的义务 | 1 |
| | 2014 年卷一第 41 题 | CFR | 1 |
| | 2013 年卷一第 40 题 | FOB 及《公约》关于卖方义务的规定 | 1 |
| | 2010 年卷一第 42 题 | FOB、平安险等 | 1 |
| | 2009 年卷一第 40 题 | FOB | 1 |
| | 2008 年卷一第 41 题 | FOB | 1 |
| | 2005 年卷一第 41 题 | CIP | 1 |
| 多项选择题 | 2016 年卷一第 80 题 | DAP、《国际铁路货物联运协定》 | 2 |
| 不定项选择题 | 2012 年卷一第 99 题 | CIF | 2 |
| | 2011 年卷一第 99 题 | FOB | 1 |
| | 2006 年卷一第 95 题 | CFR、CIF、EXW | 2 |

### 一、贸易术语概述

买卖合同作为国际贸易的基础，其内容可以由双方当事人自由约定。长期以来，随着交易数量的不断增加以及简化交易程序的需要，产生了一些交易各方共同遵守的习惯性做法。国际商会对一些习惯性做法予以总结整理，形成内容相对固定的、供交易者选择使用的国际贸易交易方案，这些方案实质上是界定不同的交货条件下，买卖双方在交易中以英文缩写字母表示费用、责任及风险划分的专门用语——贸易术语。国际上使用最为广泛的是国际商会于1936年编纂的《1936年国际贸易术语解释通则》，国际商会每隔一定时间都会结合最新实践对该通则作一些修订，目前最新版本的是《2020年国际贸易术语解释通则》。

概括而言，国际贸易术语主要规范以下五个方面的法律问题：

1. 交货地点。关于交货地点，无外乎有三类，一是在内陆交货，指在卖方（出口方）国家的工厂或仓库交货，在2020年通则中，关于在此地点的交货，只有一个价格术语，即EXW。二是在目的地交货，即在买方国家完成交货。三是在一个相对的“中间地段”交货，即在装运港或装运地交货。在国际贸易中使用最广泛的是FCA、FOB、CIF、CFR四个术语。

2. 买卖双方在运输和保险上的分工。在任何一笔买卖交易中，双方都必须约定由哪一方负责运输或保险，即由买方负责还是卖方负责办理运输、保险事宜及支付运费、保险费。此外，不同的术语适用的运输方式也不完全相同，有些术语只适合于海运或内河运输，如FAS、FOB、CIF、CFR四个术语，其他术语则适用于各种运输方式。

3. 货物的价格构成。货物的价格构成取决于双方关于运输与保险的分工。凡是买方自己负责运输与保险，支付运费与保险费的，货物的价格构成中就不包括运费与保险费。如果卖方负责运输与保险，支付运费与保险费，货物的价格构成就包括三项：货物的成本价、运费和保险费，如CIF。如果卖方负责运输，而买方负责保险，则货物的价格构成就包括两项：货物的成本价和运费。

4. 进出口清关手续的办理。货物进出口清关手续主要包括货物进出海关所应办理的一切通关手续及应交纳的费用与关税。这些手续的办理，最便利的当然是出口人办出口清关，进口人办进口清关。但因为交货地点选择的不同，在有些价格条件下就出现了交叉的情况。依照2020年通则，除EXW与DDP以外，其他价格术语都改变成为买卖双方各自办理进口清关手续和出口清关手续。

5. 风险的转移。货物灭失或损坏的风险在何时何地由出口方转移给进口方，也是买卖交易中很重要的一个法律问题。价格术语中包含了风险转移界限的确定。概括而言，风险在交货时由出口方转给进口方，也就是说交货即转移风险。

和《2010年国际贸易术语解释通则》相比，《2020年国际贸易术语解释通则》用DPU取代了DAT。《2020年国际贸易术语解释通则》取消了“船舷”的概念，卖方承担货物装上船为止的一切风险，买方承担货物自装运港装上船后的一切风险。

## 二、《2010年国际贸易术语解释通则》的主要内容

《2010年国际贸易术语解释通则》按照所适用的运输方式将所有的11个术语划分为两大类：

第一组：适用于任何运输方式的术语共七个：EXW、FCA、CPT、CIP、DPU、DAP、DDP。

| | |
|---|---|
| EXW（ex works） | 工厂交货 |
| FCA（free carrier） | 货交承运人 |
| CPT（carriage paid to） | 运费付至目的地 |

CIP（carriage and insurance paid to）　运费/保险费付至目的地
DPU（delivered at place unloaded）　目的地卸货后交货
DAP（delivered at place）　目的地交货
DDP（delivered duty paid）　完税后交货

第二组：适用于水上运输方式的术语共四个：FAS、FOB、CFR、CIF。
FAS（free alongside ship）　装运港船边交货
FOB（free on board）　装运港船上交货
CFR（cost and freight）　成本加运费
CIF（cost insurance and freight）　成本、保险费加运费

虽然《2010年国际贸易术语解释通则》将贸易术语分为上述两组，但该分类主要是着眼于适合何种运输方式，为方便起见，以下仍然按照字母顺序，对11个术语的主要内容作一说明：

**《2020年国际贸易术语解释通则》主要内容图示如下：**

| 名称 | 交货地点 | 风险转移 | 运输费用 | 运输方式 | 保险 | 出口手续 | 进口手续 |
| --- | --- | --- | --- | --- | --- | --- | --- |
| EXW **工厂交货物** | **卖方工厂** | **卖方工厂交货时** | **买方** | 各种 | **（买方）** | **买方** | **买方** |
| FCA 货交承运人 | 交承运人（**可约定向卖方签发提单**） | 向承运人交货时 | 买方 | **各种（自）** | （买方） | 卖方 | 买方 |
| CPT 运费付至 | 交承运人 | 向承运人交货时 | 卖方 | 各种 | （买方） | 卖方 | 买方 |
| CIP 运费保险费付至 | 交承运人 | 向承运人交货时 | 卖方 | 各种 | **卖方投一切险** | 卖方 | 买方 |
| DAP **目的地交货** | 指定目的地（**不卸货**） | 目的地交货时 | 卖方 | **各种（自）** | （卖方） | 卖方 | 买方 |
| DPU **卸货地交货**（Unloaded） | 指定目的地（**卸货**） | 目的地交货时 | 卖方 | **各种（自）** | （卖方） | 卖方 | 买方 |
| DDP **完税交货** | **指定目的地** | **目的地交货时** | **卖方** | **各种（自）** | **（卖方）** | **卖方** | **卖方** |
| FAS 船边交货 | 装运港船边 | 装运港船边交货时 | 买方 | 水运 | （买方） | 卖方 | 买方 |
| FOB **船上交货** | **装运港船上** | **装运港船上交货时** | **买方** | **水运** | **（买方）** | **卖方** | **买方** |
| CFR **成本加运费** | **装运港船上** | **装运港船上交货时** | **卖方** | **水运** | **（买方）** | **卖方** | **买方** |
| CIF **成本保险费加运费** | **装运港船上** | **装运港船上交货时** | **卖方** | **水运** | **卖方投平安险** | **卖方** | **买方** |

### （一）E组（启运合同）

包括一个贸易术语 EXW［全称 EX Works（named place）］意思是工厂交货（指定地点）。在这一贸易术语中，卖方的责任最小。在E组贸易术语中：

1. 卖方的主要责任是：

（1）在其所在地（工厂或仓库）把货物交给买方，履行交货义务；

（2）承担交货前的风险和费用。

2. 买方的主要责任是：

（1）自备运输工具将货物运至预期的目的地；

（2）承担卖方交货后的风险和费用；

（3）自费办理货物进出口清关手续。

### （二）F组（装运合同）

包括三个贸易术语：FAS［全称 Free along －side Ship（named port of shipment）］意思是船边交货（指定装运港）；FOB［全称 Free on Board（named port of shipment）］意思是船上交货（指定装运港）；FCA［全称 Free Carrier（named place）］意思是货交承运人（指定地点）。在F组的贸易术语中：

1. 卖方的主要责任是：

（1）卖方在出口国承运人所在地（包括港口）将货物交给承运人履行自己的交货义务；

（2）自费办理货物出口清关手续；

（3）自费向买方提交与货物有关的单证或相等的电子单证。

2. 买方的主要责任是：

（1）自费办理货物的运输和保险手续并支付费用；

（2）自费办理货物进口清关手续。

3. 需要注意的是，三种贸易术语中风险和费用划分的界线是不同的，FAS是以货物交至指定装运港买方指定装货地点的指定船边作为界线（货到船边，风险转移）；FOB是以装运港货物是否装上船作为界线；而在FCA中，则是以货物交给承运人的时间和地点作为界线。FOB、FAS只适用于海运和内河运输，FCA可适用于陆地运输、航空运输、集装箱运输、多式联运等任何运输方式。

### （三）C组（装运合同）

包括四个贸易术语：CFR［全称 Cost and Freight（named port of destination）］意思是成本加运费（指定目的港）；CIF［全称 Cost，Insurance and Freight（named port of destination）］意思是成本、保险费加运费；CPT［全称 Carriage Paid to（named place of destination）］意思是运费付至（指定目的地）；CIP［全称 Carriage Insurance Paid to（named place of destination）］意思是运费、保险费付至（指定目的地）。在C组的贸易术语中：

1. 卖方的主要责任是：

（1）自费办理货物的运输手续并交纳运输费用；在CIF和CIP术语中，卖方还要自费办理投保手续并交纳保险费用；

（2）在CFR和CIF术语中，承担货物在装运港装上船以前的风险和费用；在CPT和CIP术语中，则承担货物提交给承运人以前的风险和费用；

（3）自费办理货物出口清关手续；

(4) 向买方提交与货物有关的单据或相等的电子单证。

2. 买方的主要责任是:

(1) 在 CFR 和 CPT 术语中自费投保并支付保险费用;

(2) 在 CFR 和 CIF 术语中,承担货物在装运港装上船以后的风险和费用;在 CPT 和 CIP 术语中,承担货物提交承运人后的风险和费用;

(3) 自费办理货物进口清关手续。

3. C 组中,CFR 和 CIF 贸易术语只适用于海上运输或内河运输;CPT 和 CIP 可以适用于任何方式的运输,包括滚装(滚卸)、集装箱运输、多式联运等。

### (四) D 组(到运合同)

包括三个贸易术语:DPU(Delivered at place unloaded)、DAP(Delivered at Place)和 DDP[全称 Delivered Duty Paid(named place of destination)]意思是完税后交货(指定目的地)。在 D 组贸易术语中:

1. 卖方的主要责任是:

(1) 将货物运至约定的地点或目的地交货;

(2) 承担货物运至目的地前的全部风险和费用;

(3) 由卖方办理出口手续,在 DDP 的情况下,卖方还要办理进口手续。

2. 买方的主要责任是:

(1) 承担货物在目的地交付后的一切风险和费用;

(2) 在 DPU、DAP 贸易术语中自费办理进口清关手续。

3. 在 D 组中,DPU 术语指卖方在指定目的地(包括港口)**卸货后**,将货物交给买方处置,即完成交货。而卖方应承担将货物运至指定的目的地的一切风险和费用(除进口费用外),该术语适用于任何运输方式或多式联运。DAP(Delivered at Place)术语指卖方在指定的目的地(包括港口)交货,**只需做好卸货准备**,但无义务卸货即完成交货。卖方应承担将货物运至指定的目的地的一切风险和费用(除进口费用外),亦适用于任何运输方式、多式联运方式及海运。

4. 值得注意的是,与 E 组的 EXW 术语中卖方承担最小责任相反,在 DDP 术语中,卖方承担的责任最大。

### (五) 国际贸易中最常用的几个术语 FCA、FOB、CIF、CFR 详析

1. FCA(货交承运人)

FCA 术语指卖方只要将货物在指定地点交给由买方指定的承运人,并办理了出口清关手续,即完成交货。该术语适用于各种运输方式,包括多式联运。依据该术语,**如在卖方所在地交货,则卖方应负责装货,如在其他地点交货,则卖方可以在自己的运输工具上完成交货,而不负责将货物从自己的运输工具上卸下**。货物的风险在交货时转移。**卖方义务:卖方必须提供符合销售合同的货物和单据;办理出口手续;在指定的地点和约定的时间将货物交付给买方指定的承运人或其他人;承担交货以前的风险和费用。买方义务:支付货款;办理进口手续;订立运输合同并承担运费;承担交货以后的风险和费用,包括办理保险。**

2. FOB(船上交货)

FOB 术语指当货物在指定的装运港装上船,卖方即完成交货,货物的风险自货物装上船后转移。此术语适用于海运或内河运输。FOB 术语后标出的是装货港的名称,如 FOB 汉堡,表明该批货物的装货港是汉堡。根据该术语,卖方须在指定日期或期限内,在指定的

装运港，按照该港习惯方式，将货物交至买方指定的船只上。**货物的风险自装运港装上船后由卖方转移给买方。卖方的义务是**提供符合合同规定的货物及单证；**办理出口手续；在装运港将货物装上买方指定的船舶并通知买方；承担货物在装运港装上船前的风险和费用。买方的义务包括支付贷款并接受卖方提供的单证；办理进口手续；租船或订舱并将船名和装货地点及时间给予卖方充分通知；承担货物在装运港装上船后的风险和费用。**

**【经典真题】**

A公司和B公司于2011年5月20日签订合同，由A公司将一批平板电脑售卖给B公司。A公司和B公司营业地分别位于甲国和乙国，两国均为《联合国国际货物销售合同公约》缔约国。合同项下的货物由丙国C公司的“潇湘”号商船承运，装运港是甲国某港口，目的港是乙国某港口。在运输途中，B公司与中国D公司就货物转卖达成协议。在贸易术语适用上，A、B公司在双方的买卖合同中仅约定适用FOB术语。对此，下列选项正确的是？[1]（2011－1－99）

A. 该合同应当适用《2010年国际贸易术语解释通则》

B. 货物的风险应自货交C公司时由A公司转移给B公司

C. B公司必须自付费用订立从指定装运港运输货物的合同

D. 因当事人选择了贸易术语，故不再适用《联合国国际货物买卖公约》

**【解析】**《2010年国际贸易术语解释通则》于2011年1月1日正式生效，并与《2000年国际贸易术语解释通则》并存，可由当事人选择适用，但2010年通则规定，当事人如果选择2010年通则，必须在协议中注明，否则视为未选择该版本，本题题干上未说明选择2010年通则，故选项A错误。根据2000年通则，贸易术语FOB术语项下，货物在指定装运港时卖方完成交货，而不是货交第一承运人时履行交货义务，选项B错误。FOB术语项下，买方承担从指定装运港运输货物的费用，选项C正确。在选择贸易术语的情况下，如果也符合《联合国国际货物买卖公约》的适用条件，则术语优先，《公约》构成对术语的补充，选项D错误。

3. CFR（成本加运费）

CFR术语是指在装运港货物装上船卖方即完成交货，卖方须支付将货物运至指定目的港所需的运费。但货物的风险是在装运港装上船后转移的。该术语适合于海运或内河运输。**CFR术语与CIF术语相比，在价格构成中少了保险费，因此，除了保险是由买方办理外，其他的双方义务与CIF术语基本相同。**应该注意的是，在CFR术语下装船是卖方，而买方可以自己决定是否投保，卖方在装船后应给买方以充分的通知，否则，因此而造成买方漏保引起的货物损失应由卖方承担。

4. CIF（成本保险费加运费）

CIF术语指在装运港当货物装上船时卖方即完成交货。但卖方须支付将货物运至指定目的港所需的运费，并办理运输中的保险。此贸易术语适用于海运及内河运输。与FOB不同，CIF术语后标明的是卸货港的名称，如CIF大连，表明该批货物的卸货港是大连。根据该术语，**卖方必须在装运港，在约定日期或期限内，将货物交至船上；货物的风险在装运港装上船后由卖方转移给买方。卖方的义务包括提供符合合同规定的货物和单证；办理出**

---

[1]【答案】C

**口许可证及其他货物出口手续；订立运输合同，将货物运至指定目的港并支付运费；办理货物的保险并交纳保险费；承担在装运港货物装上船前的风险和费用等。买方的义务为支付货款并接受卖方提供的单证；取得进口许可证并办理进口手续；承担在装运港货物装上船以后的风险和除运费和保险费以外的费用。**

**【经典真题】**

甲国A公司向乙国B公司出口一批货物，双方约定适用《2010年国际贸易术语解释通则》中CIF术语。该批货物由丙国C公司“乐安”号商船承运，运输途中船舶搁浅，为起浮抛弃了部分货物。船舶起浮后继续航行中又因恶劣天气，部分货物被海浪打入海中。到目的港后发现还有部分货物因固有缺陷而损失。关于CIF贸易术语的适用，下列选项正确的是：[1]（2012－1－99）

A. 货物的风险在装运港完成交货时由A公司转移给B公司

B. 货物的风险在装运港越过船舷时由A公司转移给B公司

C. 应由A公司负责海运运输

D. 应由A公司购买货物海运保险

**【解析】**根据《2010年国际贸易术语解释通则》的规定，CIF术语下，风险在装运港装上船时发生转移，卖方负责运输和承担运费，购买保险，因此ACD正确。

（六）《2020年国际贸易术语解释通则》相对于以前版本术语的主要特点

1. FCA术语引入了附加选项：买方和卖方可协议买方指定的**承运人在装货后将向卖方签发已装船提单**，然后再由卖方向买方做出交单，但卖方对买方不承担运输合同条款的义务。

2. 有关保险问题的修改：**CIF（仍默认按平安险标准投保）；CIP（默认按一切险标准投保）**

CIF：LMA/IUA《协会货物保险条款》C条款，CIP：LMA/IUA《协会货物保险条款》A条款

3. **将DAT改为DPU（目的地卸货后交货），目的地可以是指包括运输终点站的任何可以卸货的地点**

4. 在FCA、DAP、DPU、DDP术语之下，**卖方或买方可使用自己的运输工具安排运输**

5. 在运输义务和费用中加入与安全有关的要求：每个国际贸易术语项下的A4和A7部分都明确规定了与安全有关的义务的分配规则，为履行安保相关义务所产生费用的承担也在A9/B9部分载明。

**【经典例题】**

法国甲公司（卖方）与中国乙公司（买方）签订货物买卖合同，合同选用了《2020年国际贸易术语解释通则》的CIP术语，下列判断中正确的是？[2]（2020年回忆版真题）

A. 货物风险自装运港装运上船时转移

B. 中国乙公司应负责安排货物的运输

---

〔1〕【答案】ACD

〔2〕【答案】C

C. 如果双方合同约定投保平安险，法国甲公司只需投保平安险

D. 即使双方合同约定保平安险，法国甲公司也应投保一切险

【解析】根据《2020年国际贸易术语解释通则》，CIP术语之下，卖方负责运费和保险费，卖方将货物交给自己所安排的第一承运人时风险转移给买方，故A选项和B选项均错误。《2020年国际贸易术语解释通则》的CIP术语之下，，默认卖方应投保一切险，但买卖双方选择任何贸易术语，都有权利通过协议对《2020年国际贸易术语解释通则》所界定的义务进行修改，因此如果双方合同约定投保平安险，法国甲公司只需投保平安险，故C选项正确而D选项错误。

## 考点2 国际货物买卖合同公约

★【本考点近十年真题统计】

| 题型 | 年份 | 考点 | 分值 |
|---|---|---|---|
| 单项选择题 | 2017年卷一第40题 | 《公约》知识产权担保义务和风险转移；《国际铁路货物联运协定》的承运人责任 | 1 |
| | 2016年卷一第40题 | 《公约》的适用范围、中止履行 | 1 |
| | 2014年卷一第40题 | 《公约》的适用及买方的义务、贸易术语CIF | 1 |
| | 2010年卷一第40题 | 预期违约 | 1 |
| | 2008年卷一第42题 | 合同成立——有效的承诺 | 1 |
| 多项选择题 | 2012年卷一第80题 | 《公约》关于卖方的担保义务及风险转移的规定 | 2 |
| | 2010年卷一第86题 | 《公约》关于宣告合同无效的后果之规定 | 2 |
| | 2010年卷一第87题 | 《公约》关于不可抗力的规定 | 2 |
| | 2008年卷一第84题 | 卖方的交单义务 | 2 |
| | 2007年卷一第83题 | 卖方的知识产权担保义务及其限制 | 2 |
| | 2007年卷一第86题 | 贸易术语CIF及《公约》关于风险转移时间的规定 | 2 |
| | 2006年卷一第84题 | 卖方违约时买方可以采取的救济措施 | 2 |
| | 2006年卷一第86题 | 货物的保全 | 2 |
| | 2005年卷一第86题 | 卖方权利担保义务 | 2 |
| | 2004年卷一第73题 | 贸易术语CIF、合同成立（要约与承诺、反要约） | 2 |
| 不定项选择题 | 2013年卷一第99题 | 《公约》关于货物的检验及风险转移的规定 | 2 |
| | 2011年卷一第100题 | 卖方的知识产权担保义务 | 2 |
| | 2008年延卷一第100题 | 《公约》关于损害赔偿的范围的规定 | 2 |

## 一、《公约》的适用范围★★★

### （一）《公约》适用的前提——符合“营业地标准”或者“扩大适用的标准”

**1. 营业地标准**

**《公约》适用于当事人营业地分处在不同缔约国的合同，当事人如拥有一个以上的营业地，则采取与合同及合同的履行关系最密切的营业地为其营业地。**

**2. 扩大适用的标准**

根据《公约》的规定，即使不满足上述的营业地标准，也可以根据“扩大适用的标准”适用《公约》，即对于当事人双方或一方营业所所在地国不是缔约国，但如果国际私法规则导致适用某一缔约国的法律时，《公约》可以适用于他们之间订立的货物买卖合同。

基于“扩大适用的标准”适用《公约》，须具备三个条件：①货物买卖合同具有国际性，即双方当事人的营业地分处在不同国家；②双方当事人或一方当事人的营业地所在的国家不是公约缔约国；③受理纠纷的法院或仲裁机构，根据国际私法规则认为该合同适用某一缔约国的法律。《公约》这一规定的目的旨在扩大公约的适用范围。中国加入《公约》时对于其扩大适用提出了保留。

### （二）《公约》排除适用的合同

以下合同，由于其自身的特殊性，根据《公约》的规定，属于不适用《公约》的情形：

1. 购买供私人、家人或家庭使用的货物销售，但卖方在订立销售合同前任何时候或订立合同时，不知道也没有理由知道这些货物的销售属于消费者购买货物范畴的除外；
2. 以拍卖的方式进行的销售；
3. 依法律执行令状或其他令状而进行的销售；
4. 公债、股票、投资证券、流通票据或货币的销售；
5. 船舶、船只、气垫船或飞机的销售；
6. 电力的销售；
7. 通过劳务合作方式进行的购买，如补偿贸易；
8. 通过货物买卖方式进行的劳务合作，如技贸结合。

上述第 7 项、第 8 项中，如合同中提供的劳务或服务没有构成供货方的绝大部分义务的，则《公约》适用于其中买卖货物部分的内容。

### （三）《公约》未涉及的法律问题

《公约》并没有对所有涉及国际货物销售的法律问题均进行规定，由于各国法律的规定差异比较大，为了吸纳更多的国家加入《公约》，《公约》对如下三个方面的法律问题未涉及：

1. 有关销售合同的效力或惯例的效力问题；
2. 销售合同对所售出的货物的所有权转移问题；
3. 卖方对货物引起的人身伤亡的责任问题。

### （四）《公约》适用的任意性

1. 满足《公约》适用条件的国际货物买卖合同的双方当事人，可以通过选择一个国家的法律来排除《公约》的适用。但是这种选择必须明示。其要点是：

（1）当事人可以通过选择一个国家的法律作准据法而排除《公约》的适用。

（2）当事人必须通过明示方式选择法律，主要指选择一个国家的国内法。

(3) 对国际贸易术语的选择不构成对《公约》的排除。

(4) 如果没作法律选择，则《公约》就当然适用于他们之间订立的买卖合同。

2. 非缔约国当事人可以选择适用《公约》，可约定部分适用《公约》，可以改变《公约》内容，但有限制，当事人营业地所在国在加入《公约》时已经提出保留的内容，当事人必须遵守，不得排除或改变。

**【经典真题】**

中国甲公司与法国乙公司商谈进口特种钢材，乙公司提供了买卖该种钢材的格式合同，两国均为1980年《联合国国际货物销售合同公约》缔约国。根据相关规则，下列哪一选项是正确的?[1] (2014－1－40)

A. 因两国均为公约缔约国，双方不能在合同中再选择适用其他法律

B. 格式合同为该领域的习惯法，对双方具有约束力

C. 双方可对格式合同的内容进行修改和补充

D. 如双方在合同中选择了贸易术语，则不再适用公约

**【解析】**《公约》并不禁止当事人意思自治，当事人可以选择某一国家的法律，或者选择某一贸易术语，如果当事人选择了贸易术语，则该术语优先适用，对于该术语没有规定的问题，《公约》仍然可以适用，故A、D均错误。一方当事人提供的格式合同并不具有强制性，而是可以作为双方谈判的基础，故B错误，C正确。

(五) 我国加入《公约》的保留

对扩大适用的保留：即我国仅同意对双方的营业地所在国均为缔约国的当事人之间订立的国际货物销售合同，才适用《公约》。

另一方面，我国加入《公约》时还曾经提出过合同形式保留，即国际货物买卖合同应采用书面的方式，但我国已经于2013年撤回了这一保留。

## 二、国际货物买卖合同的订立——要约承诺规则(按国内《合同法》掌握)

(一) 要约★★★

1. 要约的概念及其构成要件

要约是一方当事人以订立合同为目的向对方所作的意思表示。在国际货物买卖中，要约既可以由买方发出，也可以由卖方发出。提出要约的一方称为要约人，要约人的相对人称为受要约人或受约人。要约在我国贸易实践中又称“发价”或“发盘”。

一项有效的要约须具备以下条件：

(1) 要约应向一个或一个以上特定的人提出。

(2) 要约的内容必须十分确定。依《公约》第14条的规定，要约中应至少包含三个基本交易条件：**货物的名称；货物的数量或确定数量的方法；价格或确定价格的方法**。

(3) 表明要约人在得到接受时承受约束的意旨。

(4) 要约必须传达到受要约人。

2. 要约的生效

要约送达受要约人时生效。

---

[1] 【答案】C

3. 要约的撤回与撤销

（1）要约的撤回

要约的撤回，是指要约人在要约生效之前阻止要约生效的行为。因为要约在到达受要约人之前尚未产生法律效力，因此要约人可以撤回要约。只要撤回要约的通知先于要约到达受要约人或者与要约同时到达受要约人，即可撤回要约。即要约人撤回要约的条件是，撤回要约的通知必须于要约到达受要约人之前或同时送达受要约人。

（2）要约的撤销

要约人在要约送达受要约人后取消要约的行为，称为要约的撤销。要约分为可撤销的要约和不可撤销的要约。对于不可撤销的要约，只有撤回的问题。依《公约》第 16 条的规定，在未成立合同之前，也就是受要约人没有承诺之前，要约可以撤销，但是撤销的通知必须在受要约人发出接受通知之前送达受要约人。

★特别提示 在下列两种情况下，要约不得撤销：①要约写明接受要约的期限或以其他方式表示要约是不可撤销的。②受要约人有理由信赖该项要约是不可撤销的，而且受要约人已本着对该要约的信赖行事。

**4. 要约的失效**

在要约失效后，无论是要约人或受要约人，均不再受要约的拘束，要约失效的原因主要有以下几种情况：

（1）要约因**有效期已过而失效**，即要约因受要约人没有在要约规定的期间内作出有效的承诺而失去效力。

（2）要约因**要约人的撤销而失效**。

（3）要约因**受要约人的拒绝而失效**。拒绝要约有两种方式，一种是明确拒绝，即受要约人表示不接受要约的任何条件。另一种是反要约。这是指受要约人表示接受要约，但在接受通知中对要约的内容作了扩张、限制或变更，以致实质性地改变了要约的条件。这种实质性改变要约内容的接受，在法律上称为反要约。如果原要约人不接受受要约人提出的反要约，那么，受要约人提出的反要约实际上就是对要约的拒绝。

（二）承诺★★★

承诺是受要约人按照要约所规定的方式，对要约的内容表示同意的一种意思表示。要约一经承诺，合同即告成立。承诺又被称为“接受”。

**1. 有效承诺须具备的条件**

（1）须由受要约人作出，依《公约》第 18 条的规定，承诺的作出可以声明或行为表示，但缄默或不作为本身不等于承诺。

（2）承诺须在要约规定的有效期间或合理的期间内作出。理论上迟到的承诺或逾期的承诺，不是有效的承诺，而是新的要约，一般须经原要约人承诺后才能成立合同。

（3）承诺须与要约的内容一致。如果受要约人所表示的对要约的内容有变更即是反要约，或称为还价，反要约是对要约的拒绝，不能发生承诺的效力，它必须经原要约人承诺后才能成立合同。

**2. 公约规定的“实质性变更”和“非实质性变更”**

《公约》将受要约人对要约内容的改变分为“实质性变更”和“非实质性变更”两种。如果对要约内容的改变属于非实质性变更，原则上可视为承诺，也就是说，只要要约人在合理时间内没有以口头或书面通知提出异议，那么对要约内容做了非实质性改变的接受，即构成承诺。然而，如果承诺对要约内容做了实质性改变，则这种接受就不能构成承诺，而是一项新要约或反要约。**《公约》规定，关于货物价格、付款、货物质量和数量、交货地点和时间、一方当事人对另一方当事人的赔偿责任及解决争端等**的添加或不同条件，均视**为在实质上变更要约的条件**。

**3. 逾期的承诺**

逾期承诺又称迟延的承诺，是指承诺通知到达要约人的时间已超过了要约规定的有效期，或在要约未规定有效期的情况下而超过合理时间。关于逾期承诺的效力，《公约》第21条并没有一概地否定，而是分两种情况，做了灵活的处理。

（1）因受要约人自己的迟延而造成的逾期承诺。该逾期承诺原则上无效，但如果要约人毫不迟延地用口头或书面通知受要约人其接受该项承诺，则该逾期的承诺仍为有效的承诺。合同成立。

（2）因为传递中的延误而使一项承诺逾期。该项逾期承诺产生法律上的效力，是一项有效的承诺，除非要约人毫不迟延地用口头或书面通知受要约人，他认为其要约已经失效。

**4. 承诺生效的时间**

承诺一旦生效，合同即告成立，对于承诺生效的时间，英美法系国家和大陆法系国家分别采用不同的原则：

（1）发信主义（投邮生效主义）：英美法系认为，在以书信、电报作出承诺时，承诺的通知一经投邮立即生效，合同即告成立。

（2）收信主义（到达生效主义）：大陆法系认为，承诺的通知必须于到达相对人时才生效，合同才成立。

**《公约》采纳了收信主义。依《公约》第18条第2款的规定，对要约所作的承诺，应于表示同意的通知送达要约人时生效。**

**5. 承诺的撤回**

依《公约》第22条的规定，承诺可以撤回，只要撤回的通知在承诺生效之前或与其同时送达要约人。

**【经典真题】**

2008年8月11日，中国甲公司接到法国乙公司出售某种设备的发盘，有效期至9月1日。甲公司于8月12日电复："如能将每件设备价格降低50美元，即可接受"。对此，乙公司没有答复。甲公司于8月29日再次致电乙公司表示接受其8月11日发盘中包括价格在内的全部条件。根据1980年《联合国国际货物销售合同公约》，下列哪一选项是正确的？[1]（2008-1-42）

A. 乙公司的沉默表明其已接受甲公司的降价要求

B. 甲公司8月29日的去电为承诺，因此合同已成立

C. 甲公司8月29日的去电是迟到的承诺，因此合同没有成立

D. 甲公司8月29日的去电是新要约，此时合同还没有成立

**【解析】**关于承诺，根据《公约》的规定，含有实质性变更的承诺是无效的承诺，相当于反要约或者新要约。本题中，作为受要约人的中国甲公司在收到要约后，于该要约有

---

〔1〕【答案】D

效期内作出了承诺，但是由于该承诺变更了原要约的价格，属于实质性变更，在性质上属于无效的承诺、反要约或者新的要约。由于法国乙公司对该新要约并未作出承诺，沉默并不表明其已接受甲公司的降价要求，因此合同没有成立。因此A、B选项错误。虽然甲公司于8月29日再次致电乙公司，表示接受其8月11日发盘中包括价格在内的全部条件，但法国乙公司2008年8月11日的要约，已经因为甲公司于8月12日发出含有实质性变更的承诺（相当于对原要约的拒绝）而归于失效，因此，甲公司于8月29日再次致电所作的表示，充其量也只能相当于一个新的要约，故C选项错误，而D选项正确。

## 三、国际货物买卖合同双方的义务

1. 卖方的主要义务★★★★

- 卖方义务
  - 交货，交单
    - 地点
    - 时间
  - 担保
    - 质量担保
    - 权利担保
      - 所有权担保
      - 知识产权担保

<table>
<tr><td>地点</td><td colspan="2">（1）当国际货物买卖合同涉及货物的运输，则交货地点即为货交第一承运人的地点；<br>（2）如果合同指的是特定货物、从特定存货中提取的或还在生产中未经特定化，而双方当事人在订立合同时已知道这些货物的特定地点，则卖方应在该地点交货；<br>（3）在其他情况下，卖方应在其订立合同时的营业地交货。</td></tr>
<tr><td>时间</td><td colspan="2">（1）如果合同规定有交货的日期，或从合同中可以确定交货的日期，应在该日期交货；<br>（2）如果合同规定有一段时间，或从合同中可以确定一段时间，除非情况表明应由买方选定一个日期外，应在该段时间内任何时候交货；<br>（3）在其他情况下，应在订立合同后一段合理时间内交货。</td></tr>
<tr><td rowspan="2">担保</td><td>质量担保</td><td>货物的质量担保义务是指卖方必须保证其交付的货物与合同规定的相符。具体是指卖方交付的货物必须与合同规定的数量、质量和规格相符，并须按照合同所规定的方式装箱或包装。在合同没有对数量、质量、规格和包装作出明确规定的情况下，则应满足下列条件：<br>（1）适用于通常使用目的；（2）适用于特定目的；（3）与样品样式相符；<br>（4）达到同类货物通用的包装要求或是以保全和保护货物的方式包装。</td></tr>
<tr><td>权利担保</td><td>所有权担保指卖方保证对其出售的货物享有完全的所有权或合法的处分权，必须是第三方不能提出任何权利或要求的货物，如不存在任何未向买方透露的担保物权等。<br>知识产权担保指卖方所交付的货物，必须是第三方不能依工业产权或其他知识产权主张任何权利或要求的货物。<br>卖方的知识产权担保义务受到以下限制：<br>第一，地域限制。第三方只有依据以下法律提出有关知识产权的权利或要求，卖方才承担责任：①依据货物的预期转售地法律；②依据买方营业地所在国法律。<br>第二，其他限制：①买方在订立合同时已知道或不可能不知道此项权利或要求；②此项权利或要求的发生，是由于卖方要遵照买方所提供的技术图样、图案、款式或其他规格；③买方在知道第三人的权利或要求后，未在合理时间内通知卖方。</td></tr>
</table>

**★特别提示** 买方对货物质量是否符合合同的检验

关于买方对货物质量是否符合合同的检验，《公约》第38条规定：“（1）买方必须在按情况实际可行的最短时间内检验货物或由他人检验货物。（2）如果合同涉及货物的运输，检验可推迟到货物到达目的地后进行。（3）如果货物在运输途中改运或买方须再发运货物，没有合理机会加以检验，而卖方在订立合同时已知道或理应知道这种改运或再发运的可能性，检验可推迟到货物到达新目的地后进行。”

2. 买方的主要义务

买方的主要义务：支付货款（地点、时间）；接收货物

| 支付货款 | 地点 | 依《公约》的规定，支付的地点首先应以当事人在合同中的约定为准，在合同对此没有规定的情况下，《公约》对支付地点进行了下列补充规定：①卖方营业地（即合同成立时卖方的营业地）为支付地，若有一个以上营业地时，依卖方与合同及合同的履行关系密切的营业地确定支付地；②如凭移交货物或单据支付货款，则移交货物或单据的地点为支付地。 |
|---|---|---|
| | 时间 | 双方当事人未在合同中具体约定付款的时间，则买方应依《公约》规定的下列时间支付货款：①在卖方将货物或单据置于买方控制下时付款；②在买卖合同涉及运输时，在收到银行的付款通知时付款；③在买方没有机会检验货物前，可以拒绝支付货款。 |
| 接收货物 | | 依《公约》的规定，买方接收货物的义务由两部分组成：①为“采取一切理应采取的行动”；②为“提取货物”，特别是按时提取。 |

## 【经典真题】

**1.** 甲公司从国外进口一批货物，根据《联合国国际货物销售合同公约》，关于货物检验和交货不符合合同约定的问题，下列说法正确的是：[1]（2013－1－99）

A. 甲公司有权依自己习惯的时间安排货物的检验

B. 如甲公司须再发运货物，没有合理机会在货到后加以检验，而卖方在订立合同时已知道再发运的安排，则检验可推迟到货物到达新目的地后进行

C. 甲公司在任何时间发现货物不符合同均可要求卖方赔偿

D. 货物不符合合同情形在风险转移时已经存在，在风险转移后才显现的，卖方应当承担责任

**【解析】** 根据上述《公约》第38条的规定，可知A、C错误，B正确。此外，货物不符合合同情形在风险转移时已经存在，在风险转移后才显现的，属于货物质量问题，卖方应承担责任，故D也正确。

**2.** 甲公司的营业所在甲国，乙公司的营业所在中国，甲国和中国均为《联合国国际货物销售合同公约》的当事国。甲公司将一批货物卖给乙公司，该批货物通过海运运输。货物

---

〔1〕【答案】BD

运输途中，乙公司将货物转卖给了中国丙公司。根据该公约，下列哪些选项是正确的：[1]（2012－1－80）

A. 甲公司出售的货物，必须是第三方依中国知识产权不能主张任何权利的货物

B. 甲公司出售的货物，必须是第三方依中国或者甲国知识产权均不能主张任何权利的货物

C. 乙公司转售的货物，自双方合同成立时风险转移

D. 乙公司转售的货物，自乙公司向丙公司交付时风险转移

【解析】根据《公约》的规定，卖方须担保在预期的货物使用地或无此种地点的情况下买方的营业地，货物不侵犯第三人的知识产权。关于运输途中的货物，原则上风险自合同成立时发生转移。故AC项正确。

## 四、违反合同的补救方法★★★★

1. 补救方法
   - 卖方违反合同时适用于买方的补救方法
     - 要求实际履行；
     - 交付替代物；
     - 修理；
     - 减价；
     - 宣告合同无效。
   - 买方违反合同时适用于卖方的补救方法
     - 要求履行义务；
     - 宣告合同无效。

2. 其他有关补救方法

| 分类 | 内容 |
| --- | --- |
| 中止履行义务或称预期违约 | 1. 其适用条件必须是被中止方当事人在履行合同的能力或信用方面存在严重缺陷；<br>2. 被中止方当事人必须在准备履行或履行合同的行为方面表明他将不能履行合同中的大部分重要义务；<br>3. 中止履行的一方应给予对方以**通知**，如果对方**及时提供充分的担保**，则应继续履行，**否则**可以进一步宣布**解除**合同。 |
| 损害赔偿 | 是《公约》违约补救制度中运用最广泛的一种补救方法，买方或卖方所进行的其他补救，并不妨碍其同时提出损害赔偿。如宣告合同无效，虽已终止了买卖双方当事人在合同中的义务，但其中受损害一方当事人请求损害赔偿的权利，并不受此影响。 |
| 支付利息 | 是指拖欠价款或其他金额的一方当事人应向另一方当事人支付上述款项的利息。支付利息有两种，一种是货款的利息，另一种是拖欠金额的利息。采用了支付利息的补救办法后，仍然可以要求损害赔偿。 |

3. 宣告合同无效的效果

依《公约》的规定，宣告合同无效的效果主要有三方面：

（1）解除买卖双方在合同中的义务，但并不解除违约一方损害赔偿的责任，以及合同中有关解决争议和合同中有关双方在合同无效后的权利义务的规定。

---

〔1〕【答案】AC

（2）买方必须按实际收到货物的原状归还货物。买方如果不可能按实际收到货物的原状归还货物，他就丧失宣告合同无效或要求卖方交付替代货物的权利，除非：①如果不可能归还货物或不可能按实际收到货物的原状归还货物，并非由于买方的行为或不行为所造成；或者②如果货物或其中一部分的毁灭或变坏，是由于按照《公约》第38条规定进行检验所致；或者③如果货物或其中一部分，在买方发现或理应发现与合同不符以前，已为买方在正常营业过程中售出，或在正常使用过程中消费或改变。

（3）买卖双方必须归还因接受履行所获得的收益。

**【经典真题】**

甲公司（卖方）与乙公司于2007年10月签订了两份同一种农产品的国际贸易合同，约定交货期分别为2008年1月底和3月中旬，采用付款交单方式。甲公司依约将第一份合同项下的货物发运后，乙公司以资金周转困难为由，要求变更付款方式为货到后30天付款。甲公司无奈同意该变更。乙公司未依约付款，并以资金紧张为由再次要求延期付款。甲公司未再发运第二个合同项下的货物并提起仲裁。根据《联合国国际货物销售合同公约》，下列哪一选项是正确的？[1]（2010－1－40）

A. 乙公司应以付款交单的方式支付货款

B. 甲公司不发运第二份合同项下货物的行为构成违约

C. 甲公司可以停止发运第二份合同项下的货物，但应及时通知乙公司

D. 如乙公司提供了付款的充分保证，甲公司仍可拒绝发货

**【解析】**对于第一个合同，乙公司未依约付款，构成预期违约，故甲公司可以停止发运第二份合同项下的货物，但应及时通知乙公司。如乙公司提供了付款的充分保证，则甲公司应继续履行第二个合同，故C正确。

## 五、国际货物买卖合同风险转移★★★

<table>
<tr><td rowspan="2">正常情形</td><td>合同涉及运输</td><td>1. 若卖方无义务在某一特定地点交付货物，自货物按销售合同交付给第一承运人以转交给买方时起，风险转移给买方。<br>2. 若卖方有义务在某一特定地点把货物交付给承运人，在货物于该地点交付给承运人时起风险转移。<br>3. 运输途中的货物，从订立合同时起，风险就转移由买方承担。</td></tr>
<tr><td>合同不涉及运输</td><td>从买方接受货物或货物交由买方处置时起，风险由买方承担。</td></tr>
<tr><td>违约情形</td><td colspan="2">1. 如果买方不依《公约》或合同规定的时间接收货物，则自货物交其处置而其不收取从而违反合同时起，风险转移到买方承担；<br>2. 对于在运输途中的货物，在订立合同时，如果卖方已知道或理应知道货物已经遗失或损坏，而又不将这一事实告知买方，则这种风险由卖方承担；<br>3. 货物在风险移转到买方承担后遗失或损坏，买方支付价款的义务并不因此解除，除非这种遗失或损坏是由于卖方的行为或不行为造成；<br>4. 如果卖方已根本违反合同，则虽有上述风险转移的规定，但买方仍然有权向卖方提出索赔，采取因此种违反合同而可以采取的各种补救办法。</td></tr>
</table>

〔1〕【答案】C

【经典真题】

国际货物买卖合同的履行会涉及货物风险的转移。根据1980年《联合国国际货物销售合同公约》的规定，在有关货物销售合同已经按照公约要求的方式被注明的前提下，关于风险转移，下列表述错误的是：[1]（2008延-1-100）

A. 如果双方对需要运输的货物没有约定特定的交货地点，则自货物按照合同交付给第一承运人以转交给买方时起，风险就转移到买方

B. 对于在运输途中销售的货物，风险自买方收到货物时转移到买方

C. 卖方经授权保留控制货物处置权的单据，不影响风险的转移

D. 如卖方有义务在某一特定地点把货物交付给承运人，在货物于该地点交付给承运人以前，风险不转移到买方

【解析】根据《公约》第67条第1款的规定，ACD项说法正确。《公约》第68条规定，对于在运输途中销售的货物，从订立合同时起，风险就移转到买方承担。但是，如果情况表明有此需要，从货物交付给签发载有运输合同单据的承运人时起，风险就由买方承担。尽管如此，如果卖方在订立合同时已知道或理应知道货物已经遗失或损坏，而他又不将这一事实告知买方，则这种遗失或损坏应由卖方负责。因此，B项说法错误。

## 六、保全货物★★★

保全货物是指在一方当事人违约时，另一方当事人仍持有货物或控制货物的处置权时，该当事人有义务对他所持有的或控制的货物进行保全。保全货物的目的是为了减少违约一方当事人因违约而给自己带来的损失。

保全货物的方式：
- 将货物寄放于仓库
- 将易坏货物出售

**1. 卖方应保全货物的情形**

《公约》第85条规定："如果买方推迟收取货物，或在支付价款和交付货物应同时履行时，买方没有支付价款，而卖方仍拥有这些货物或仍能控制这些货物的处置权，卖方必须按情况采取合理措施，以保全货物。他有权保有这些货物，直至买方把他所付的合理费用偿还给他为止。"

**2. 买方应保全货物的情形**

《公约》第86条规定："如果买方已收到货物，但打算行使合同或本公约规定的任何权利，把货物退回，他必须按情况采取合理措施，以保全货物。他有权保有这些货物，直至卖方把他所付的合理费用偿还给他为止。

如果发运给买方的货物已到达目的地，并交给买方处置，而买方行使退货权利，则买方必须代表卖方收取货物，除非他这样做需要支付价款而且会使他遭受不合理的不便或需承担不合理的费用。如果卖方或受权代表他掌管货物的人也在目的地，则此一规定不适用。如果买方根据本款规定收取货物，他的权利和义务与上一款所规定的相同。"

---

[1]【答案】B

**3. 保全货物的方式**

有义务采取措施以保全货物的一方当事人，可以把货物寄放在第三方的仓库，由另一方当事人担负费用，但该项费用必须合理。

《公约》第 88 条规定："如果另一方当事人在收取货物或收回货物或支付价款或保全货物费用方面有不合理的迟延，按照第 85 条或第 86 条规定有义务保全货物的一方当事人，可以采取任何适当办法，把货物出售，但必须事前向另一方当事人发出合理的意向通知。

如果货物易于迅速变坏，或者货物的保全牵涉到不合理的费用，则按照第 85 条或第 86 条规定有义务保全货物的一方当事人，必须采取合理措施，把货物出售。在可能的范围内，他必须把出售货物的打算通知另一方当事人。

出售货物的一方当事人，有权从销售所得收入中扣回为保全货物和销售货物而付的合理费用。他必须向另一方当事人说明所余款项。"

**【经典真题】**

中国甲公司与德国乙公司签订了进口设备合同，分三批运输。两批顺利履约后乙公司得知甲公司履约能力出现严重问题，便中止了第三批的发运。依《国际货物销售合同公约》，下列哪一选项是正确的?[1]（2016－1－40）

A. 如已履约的进口设备在使用中引起人身伤亡，则应依公约的规定进行处理

B. 乙公司中止发运第三批设备必须通知甲公司

C. 乙公司在任何情况下均不应中止发运第三批设备

D. 如甲公司向乙公司提供了充分的履约担保，乙公司可依情况决定是否继续发运第三批设备

**【解析】** 本题考点为《公约》的适用范围及中止履行。根据《公约》的规定，以下问题为公约未涉及的问题：（1）有关销售合同的效力或任何惯例的效力；（2）合同对所售货物所有权可能产生的影响；（3）卖方对货物所引起的人身伤亡责任。故 A 错误。本案中，甲公司的履约能力出现严重问题，符合中止履行的前提条件，故乙公司在通知甲公司之后可以中止履行，故 B 选项正确，C 选项错误。如果甲公司提供了充分的担保，则中止履行的一方必须继续履行，否则即构成违约，故 D 选项错误。

## 七、分批交货合同

分批交付的货物无效的处理：1. 在一方当事人不履行任何一批货物的义务构成对该批货物的根本违约时，只能宣告合同对该批货物无效。2. 如有充分理由断定对今后各批货物将会发生根本违反合同，则可在一段合理时间内宣告合同今后无效。3. 当买方宣告合同对任何一批货物的交付为无效，而各批货物又是相互依存的情况下，可宣告对已交付的或今后交付的各批货物均无效。

**【经典真题】**

甲国瑞尼尔公司从乙国绿地公司进口三批粮食，合同选用《2020 年国际贸易术语解释通则》的 CIF 术语。第一批粮食正常发货后，乙国遭遇台风，致使后两批粮食不能发运，

---

〔1〕【答案】B

存放在仓库。绿地公司认为其遭遇了不可抗力，可以免责。两国均为《联合国国际货物销售合同公约》的成员国，下列说法正确的是哪项？[1]（2021年回忆版真题，单选）

A. 若后两批货物无法交付，甲国瑞尼尔公司可宣告合同无效

B. 若后两批货物无法交付，乙国绿地公司通知甲国瑞尼尔公司后，即可解除合同

C. 保险人应承担后两批粮食不能交付的赔偿责任

D.《联合国国际货物销售合同公约》规定了遭遇不可抗力一方的通知义务

【解析】根据《联合国国际货物销售合同公约》，对于分批交付货物的合同，如果一方当事人不履行对任何一批货物的义务，便对该批货物构成根本违反合同，则另一方当事人可以宣告合同对该批货物无效。买方宣告合同对任何一批货物的交付为无效时，可以同时宣告合同对已交付的或今后交付的各批货物均为无效，如果各批货物是互相依存的，不能单独用于双方当事人在订立合同时所设想的目的。本题中货物为粮食，各批货物不属于相互依存的关系，故买方甲国瑞尼尔公司可以宣布合同对后两批货物无效，而不能宣布整个合同无效，故A选项错误。卖方因不可抗力无法履行，可以宣布合同对后两批货物无效，也无理由解除已经交付的第一批货物，故B选项错误。不可抗力所造成的无法交货风险，并非CIF术语中保险人在平安险之下的保险范围，故无须赔付，C选项错误。根据《联合国国际货物销售合同公约》第79条，不履行义务的一方必须将障碍及其对他履行义务能力的影响通知另一方。如果该项通知在不履行义务的一方已知道或理应知道此一障碍后一段合理时间内仍未为另一方收到，则他对由于另一方未收到通知而造成的损害应负赔偿责任。简而言之，遭遇不可抗力的一方有义务向另一方当事人及时发出通知，故D选项正确。

## 八、免责

| | |
|---|---|
| 条件 | 《公约》所称的“不能控制的障碍”实际上就是“不可抗力”。<br>1. 不履行必须是由于当事人不能控制的障碍所致。<br>2. 这种障碍是不履行一方在订立合同时不能预见的。<br>3. 这种障碍是当事人不能避免或不能克服的。 |
| 后果 | 免责一方所免除的是对另一方损害赔偿的责任，但受损方依《公约》采取其他补救措施的权利不受影响。 |

〔1〕【答案】D

# 第三章 国际货物运输与保险

导学

买卖关系通常也涉及运输关系，除国际海运涉及的基本概念，如提单、保函外，调整国际货物运输关系的几个国际公约，如《海牙规则》《维斯比规则》《汉堡规则》，特别是《海牙规则》中承运人的责任和免责应予重点掌握。海运保险方面，应理解共同海损、附加险、除外责任等概念，重点掌握主要险别平安险、水渍险、一切险的承保范围。

## 重点知识详解

### 考点1 班轮运输（提单运输）

★【本部分考点近年真题统计】

| 题型 | 年份 | 考点 | 分值 |
| --- | --- | --- | --- |
| 单项选择题 | 2017 年卷一第 41 题 | 提单的种类、《海牙规则》承运人的免责、水渍险 | 1 |
| | 2016 年卷一第 41 题 | 《海牙规则》、UCP600、平安险 | 1 |
| | 2015 年卷一第 41 题 | 《海牙规则》关于承运人免责的规定、一切险 | 1 |
| | 2010 年卷一第 40 题 | 无正本提单交付货物的民事责任 | 1 |
| | 2010 年卷一第 45 题 | 无正本提单交付货物的民事责任 | 1 |
| | 2009 年卷一第 41 题 | 无正本提单交付货物的民事责任 | 1 |
| | 2007 年卷一第 44 题 | 海运单的法律性质 | 1 |
| | 2007 年卷一第 46 题 | 《海牙规则》、贸易术语 CFR、平安险、信用证 | 1 |
| | 2006 年卷一第 46 题 | 三个提单公约关于承运人迟延交货责任的规定 | 1 |
| | 2004 年卷一第 41 题 | 《海牙规则》关于承运人免责的规定 | 1 |

续表

| 题型 | 年份 | 考点 | 分值 |
|---|---|---|---|
| 多项选择题 | 2014 年卷一第 81 题 | 《海牙规则》关于承运人免责的规定、承运人无正本提单放货的责任、平安险的承保范围 | 2 |
| | 2013 年卷一第 81 题 | 无正本提单交付货物的民事责任 | 2 |
| | 2004 年卷一第 75 题 | 《海牙规则》关于承运人义务和免责的规定 | 2 |
| 不定项选择题 | 2004 年卷一第 94 题 | 卖方的义务、清洁提单、承运人的免责 | 2 |

班轮运输是指轮船公司将船舶按事先制定的船期表在特定海上航线的若干个固定挂靠的港口之间，定期为非特定的众多货主提供货物运输服务，并按事先公布的费率或协议费率收取运费的一种船舶经营方式。班轮运输的主要特点是：有固定船期、固定费率、固定航线、固定的挂靠港口，并由船方制定标准交易条件。

## 一、班轮运输的当事人

班轮运输的当事人为承运人和托运人。承运人即承担运输的航运公司，托运人即与承运人订立运输合同的当事人，在国际货物运输关系中，通常是买卖合同中的卖方。承运人包括与托运人订立运输合同的船舶所有人或租用船舶的承租人。实际承运人和收货人不是运输合同的当事人。

1. 实际承运人。在有的情况下承运人在订约后不是自己去运输，而是将全程运输或部分运输转由他人进行，实际完成运输的人就被称为“实际承运人”或“履约承运人”。依据《汉堡规则》的规定，实际承运人对其承运的那一段运输期间货物的损坏承担责任。实际承运人有运费的请求权。

2. 收货人。收货人是从托运人手中受让提单的第三人。货物在运输中受损，收货人可以依据提单向承运人索赔；此外，在运费到付的情况下，收货人有支付运费的义务。

## 二、提单

**提单是指用以证明海上货物运输合同的订立和货物已由承运人接管或者装船，以及承运人保证据以交付货物的单证。**提单具有如下法律特征：

**1. 提单的法律性质★★**

（1）**运输合同证明**

提单不是运输合同本身，从理论上，提单只是由当事人一方签发的，从时间上，运输合同是在提单签发之前成立的。承运人签发提单仅属履行合同过程中的一个环节，故提单是合同的一种证明。当提单转让给善意的第三方时，这时提单就成了约束承运人和提单持有人的运输合同。

（2）**货物收据**

提单在托运人手中时只是初步证据。所谓初步证据，是指如承运人有确实的证据证明其收到的货物与提单上的记载不符，承运人可以向托运人提出异议。但在托运人将提单背书转让给第三人的情况下，对于提单的受让人来说，提单就成了终结性的证据。

（3）物权凭证

提单是承运人保证向收货人交付货物的物权凭证。提单持有人对提单内的货物享有所有权，并有权向承运人提货。一定条件下，提单可以转让、抵押、结汇。

**2. 提单的种类★★★★**

| 分类 | 内容 |
|---|---|
| 按货物是否已装船 | 已装船提单和收货待运提单<br>（1）**已装船提单**，是指由船长或者承运人的代理人在货物装上指定的船舶后签发的提单；<br>（2）收货待运提单，又称备运提单，是承运人在收到托运人托运的货物后，应托运人的请求，于货物装船前签发的提单。 |
| 按收货人的抬头 | 记名提单、不记名提单和指示提单<br>（1）记名提单，是指在提单正面收货人一栏内载明特定的收货人名称的提单。它是一种非流通的提单，一般以运输个人或特殊的货物为主；<br>（2）不记名提单，又称空白提单，是指在提单正面一栏内不记载任何收货人的名称，而通常只注明“持有人”或“交与持有人”字样的提单。不记名提单无须背书即可转让，因而风险较大，使用较少；<br>（3）指示提单，指提单上正面收货人一栏内载明“凭指示”或“凭某某人指示”字样的提单。这种提单可以经背书后转让，实践中使用较广。 |
| 按提单上有无批注 | 清洁提单和不清洁提单<br>（1）清洁提单，是指提单上没有任何有关货物外表状态不良的批注；<br>（2）不清洁提单，是指承运人在提单上对货物的表面状况加以不良批注的提单。在信用证等支付方式中，银行原则上不接受不清洁提单。 |
| 其他各类特殊提单 | 倒签提单、预借提单<br>（1）倒签提单，是指货物装船后，承运人签发一种早于货物实际装船日期的提单。承运人签发这种提单主要是应托运人的要求，以符合信用证规定的装运日期，使其能达到顺利结汇的目的。有些国家把这种行为作为刑事欺诈案件处理；<br>（2）预借提单，是指货物尚未全部装完，或货物已在承运人的接管下，但尚未开始装船的情况下签发的已装船提单。预借提单风险很大，通常会威胁到善意的第三方，一旦发生纠纷，承运人和托运人将会因合谋欺诈行为而受到制裁。 |

提单的内容
- 提单的正面内容：船名、承运人、托运人、收货人、通知人、货物名称、标志、件数、体积或重量、运费支付方式
- 提单背面的主要条款：包括管辖权、承运人责任、赔偿责任额制、共同海损等条款

**3. 承运人无正本提单交付货物的法律责任问题★★★★★**

2021 年 1 月 1 日起施行的最高人民法院《关于审理无正本提单交付货物案件适用法律若干问题的规定》（2020 修正）对承运人无正本提单交付货物的法律责任问题作了规定：

（1）承运人因无正本提单交付货物造成正本提单持有人损失的，正本提单持有人可以要求承运人承担违约责任，或者承担侵权责任。

（2）承运人因无正本提单交付货物承担民事责任的，不适用《海商法》第 56 条关于限制赔偿责任的规定。

（3）提货人凭伪造的提单向承运人提取了货物，持有正本提单的收货人可以要求承运

人承担无正本提单交付货物的民事责任。

(4) 承运人因无正本提单交付货物造成正本提单持有人损失的赔偿额，按照货物装船时的价值加运费和保险费计算。

(5) 承运人依照提单载明的卸货港所在地法律规定，必须将承运到港的货物交付给当地海关或者港口当局的，不承担无正本提单交付货物的民事责任。

(6) 承运人按照记名提单托运人的要求中止运输、返还货物、变更到达地或者将货物交给其他收货人，持有记名提单的收货人要求承运人承担无正本提单交付货物民事责任的，人民法院不予支持。

(7) 正本提单持有人可以要求无正本提单交付货物的承运人与无正本提单提取货物的人承担连带赔偿责任。

(8) 正本提单持有人以承运人无正本提单交付货物为由提起的诉讼，适用《海商法》第257条的规定，时效期间为1年，自承运人应当交付货物之日起计算。

**4. 保函★★★★**

在装运港可能出现的保函是指由托运人出具的用以担保承运人签发清洁提单而产生一切法律后果的一种担保文件。关于保函，我国《海商法》并无规定，主要是参照《汉堡规则》之规定，可概括为两点内容：①善意保函有效，此有效也仅限于托运人与承运人之间，并不能对抗第三人；②恶意保函无效，即承运人向收货人承担责任后不得再依保函向托运人索赔。

倒签提单是指提单中注明的装船日期早于实际装船的日期。预借提单是指当信用证规定的有效期即将届满，而货物还未装船时，托运人为了使提单上的装船日期与信用证规定的日期相符，要求承运人在货物装船前签发的已装船提单。预借提单与倒签提单一样，都是掩盖了货物的实际装船日期，从而避开了迟延交货的责任，属于对收货人的欺诈行为，日后须对因此而引起的损失负责。而且，为预借提单和倒签提单而出具的保函均为无效保函。

保函
- 善意保函（双方无恶意串通）：在承运人和托运人间有效，不能对抗第三人
- 恶意保函（绝对无效）
  - 双方恶意串通换取清洁提单的保函
  - 倒签提单保函
  - 预借提单保函

**【经典真题】**

1. 中国甲公司从国外购货，取得了代表货物的单据，其中提单上记载“凭指示”字样，交货地点为某国远东港，承运人为中国乙公司。当甲公司凭正本提单到远东港提货时，被乙公司告知货物已不在其手中。后甲公司在中国法院对乙公司提起索赔诉讼。乙公司在下列哪些情形下可免除交货责任？[1]（2013－1－81）

A. 在甲公司提货前，货物已被同样持有正本提单的某公司提走

B. 乙公司按照提单托运人的要求返还了货物

C. 根据某国法律要求，货物交给了远东港管理当局

D. 货物超过法定期限无人向某国海关申报，被海关提取并变卖

〔1〕【答案】ACD

【解析】承运人签发一式数份正本提单，向最先提交正本提单的人交付货物后，承运人无须向其他持有正本提单的人承担赔偿责任，故在甲公司提货前，货物已被同样持有正本提单的某公司提走，乙公司可以免除责任，A 正确。对于“记名提单”，如果承运人按照托运人的要求返还了货物，则不承担责任。B 选项为“指示提单”而非“记名提单”，前述规定不适用，故 B 错误。承运人依照提单载明的卸货港所在地法律规定，必须将承运到港的货物交付给当局的，不承担责任，故 C 正确。承运到港的货物超过法律规定期限无人向海关申报，被海关提取并依法变卖处理的，承运人也不承担责任，故 D 正确。

**2.** 中国甲公司通过海运从某国进口一批服装，承运人为乙公司，提单收货人一栏写明“凭指示”。甲公司持正本提单到目的港提货时，发现货物已由丙公司以副本提单加保函提取。甲公司与丙公司达成了货款支付协议，但随后丙公司破产。甲公司无法获赔，转而向乙公司索赔。根据我国相关法律规定，关于本案，下列哪一选项是正确的?[1]（2011－1－40）

A. 本案中正本提单的转让无须背书

B. 货物是由丙公司提走的，故甲公司不能向乙公司索赔

C. 甲公司与丙公司虽已达成货款支付协议，但未得到赔付，不影响甲公司要求乙公司承担责任

D. 乙公司应当在责任限制的范围内承担因无单放货造成的损失

【解析】指示提单的转让必须背书，故 A 错误。承运人将货物交给副本提单持有人，正本提单持有人甲公司有权要求承运人乙公司赔偿，故 B 错误。正本提单持有人与无正本提单提取货物的人就货款支付达成协议，在协议款项得不到赔付时，仍然可以向承运人索赔，故 C 正确。承运人因无正本提单交付货物承担民事责任的，应全额赔偿，故 D 错误。

## 三、关于提单运输的国际公约★★★★

目前调整提单运输的国际公约，主要有 1924 年的《海牙规则》、1968 年的《维斯比规则》及 1978 年的《汉堡规则》。我国没有加入上述三个国际公约，但在我国 1993 年 7 月 1 日实施的《海商法》和我国航运公司制定的提单中，吸纳了《海牙规则》中关于承运人责任和豁免的规定，《维斯比规则》中关于提单对善意第三者的最终证据作用的规定、承运人的责任限制和赔偿额的规定适用其代理人及雇员的规定、拼装货的计算，以及关于诉讼时效的修改等。在我国《海商法》的规定中，还吸纳了《汉堡规则》关于货物、实际承运人、恶意保函、延迟交货的概念，并对承运人责任期间进一步具体化。

| | 《海牙规则》 | 《维斯比规则》 | 《汉堡规则》 |
|---|---|---|---|
| 通过时间 | 1924 年 | 1968 年 | 1978 年 |
| 承运人的基本义务 | **适航义务、管货义务、不做不合理绕航的义务** | | 无明确规定，但应不低于前二者 |
| 责任制度 | **不完全过失责任** | | **完全过失责任** |
| 承运人的责任期间 | **钩至钩** | | **收到交** |

[1] 【答案】C

续表

| | 《海牙规则》 | 《维斯比规则》 | 《汉堡规则》 |
|---|---|---|---|
| 承运人的免责 | 包括“航行过失”免责在内的**17项免责** | | **取消了“航行过失”免责** |
| 延迟交货的责任 | 未规定 | | 限额为迟交货物应付运费的2.5倍，但不应超过所有货物应付运费的总额 |
| 承运人赔偿限额 | 每件或每单位100英镑 | （1）每件或每单位666.67特<br>（2）毛重每公斤2特<br>二者以高者为准 | （1）每件或每单位835特别提款权<br>（2）毛重每公斤2.5特别提款权<br>二者以高者为准 |
| 保函 | **未规定** | **未规定** | **善意有效/恶意无效** |

**【经典真题】**

关于海上货物运输中的迟延交货责任，下列哪一表述是正确的？[1]（2006－1－46）

A.《海牙规则》明确规定承运人对迟延交付可以免责

B.《维斯比规则》明确规定了承运人迟延交付的责任

C.《汉堡规则》只规定了未在约定时间内交付为迟延交付

D.《汉堡规则》规定迟延交付的赔偿为迟交货物运费的2.5倍，但不应超过应付运费的总额

**【解析】**《海牙规则》和《维斯比规则》都没有规定延迟交货的责任，《汉堡规则》规定：承运人对延迟交货的赔偿责任限额为迟交货物应付运费的2.5倍，但不应超过应付运费的总额。因此，本题中A、B选项显然均为错误表述，D选项正确。关于C选项，《汉堡规则》还规定延迟交货指未在约定的时间内交付，或在无约定的情况下，未在合理的时间内交付，故C选项称“《汉堡规则》只规定了未在约定时间内交付为迟延交付”的说法错误。

### 考点2　其他国际货物运输制度

| 题型 | 年份 | 考点 | 分值 |
|---|---|---|---|
| 单项选择题 | 2017年卷一第40题 | 《国际货物销售合同公约》知识产权担保义务和风险转移；《国际铁路货物联运协定》的承运人责任 | 1 |
| 多项选择题 | 2016年卷一第80题 | DAP、《国际铁路货物联运协定》 | 2 |

## 一、国际航空货物运输

国际航空货物运输合同是由航空运输公司或其代理人与托运人签订的关于由航空公司将托运人的货物由一国的航空站运至另一国的航空站而由托运人支付约定运费的运输合同。当事人为承运人和托运人。运输的方式主要有班机运输、包机运输和集中托运。

[1]【答案】D

目前有关国际航空货物运输的国际公约主要有：《华沙公约》《海牙议定书》《瓜达拉哈拉公约》。我国是前两个公约的参加国。《瓜达拉哈拉公约》规定了“缔约承运人”和“实际承运人”的概念和责任，是对《华沙公约》的补充。此外，我国还加入了1999年的《蒙特利尔公约》。

现以《华沙公约》为主线，介绍一下《华沙公约》和《海牙议定书》的基本内容：

1. 航空货运单

依《华沙公约》的规定，**航空货运单是订立合同、接受货物和运输条件的初步证据**。航空运单的缺失、不合规定或灭失，不影响运输合同的存在和有效。货物承运人有权要求托运人填写航空货运单，托运人有权要求承运人接受这项凭证。《海牙议定书》对《华沙公约》在航空运单上的修改主要有两点：其一，将航空**货运单**（Air Consignment Note）改为**空运单**（Air Waybill）；其二，对《华沙公约》规定的航空运单应记载的事项进行了删减。

2. 承运人的责任

依《华沙公约》的规定，承运人应对货物在航空运输期间发生的因毁灭、遗失或损坏而产生的损失负责。航空运输期间包括货物在承运人保管下的整个期间，不论在航空站内、在航空器上或在航空站外降停的任何地点。航空运输期间不包括在航空站以外的任何陆运、海运或河运，但如果该项运输是为了履行航空运输合同而进行的装载、交货或转运空运货物的运输，如发生损失，也应视为是在航空运输期间发生的，除非有相反的证据，承运人也应对该损失负责。承运人还应对在航空运输中因延误而造成的货物的损失负责。

3. 承运人责任的免除与减轻

依《华沙公约》的规定，承运人在下列情况下可以免除或减轻其责任：

（1）如承运人能证明他和他的代理人或雇用人为了避免损失，已经采取了一切必要的措施，或不可能采取这种措施时，承运人对货物的损失可不负责任。

（2）如承运人证明损失的发生是由于驾驶中、航空器的操作中或航行中的过失引起的，并证明他和他的代理人已经在其他一切方面采取了必要的措施以避免损失时，承运人对货物的损失可不负责任。

（3）如承运人证明受害人自己的过失是造成损失的原因或原因之一，则法院可依法免除或减轻承运人的责任。

4. 承运人的责任限额

《华沙公约》规定的承运人对货物灭失、损害或延迟交货的责任，以每公斤250金法郎为限，但托运人特别声明货物价值并已缴付必要的附加费的不在此限。同时又规定，如货物损失的发生是由于承运人或其代理人的故意的不当行为或过失引起的，则承运人无权免除或限制其责任。《海牙议定书》将“故意的不当和行为”改为“故意造成或明知可能造成而漠不关心的行为或不行为”。

5. 索赔期限和诉讼时效

依《华沙公约》的规定，在货物损坏、灭失的情况下，收货人应在收到货物后7日内提出异议，在延迟交付的情况下，应在货物由收货人支配起14日内提出异议。《海牙议定书》延长了索赔期限，将前者延长为14日，后者延长为21日。《华沙公约》规定的诉讼时效是自航空器到达目的地或应该到达之日起2年。

## 二、国际铁路货物运输

国际铁路运输是指使用统一的国际铁路联运单据，由铁路部门经过两个或两个以上国家的铁路进行的运输。铁路运输比海上运输的风险小，时间短，但比航空运输时间长。我国同周边国家的进出口货物，多数采用铁路货物运输方式。

关于国际铁路货物运输的公约主要有两个，即1961年《关于铁路货物运输的国际公约》（以下简称《国际货约》）和1951年《国际铁路货物联运协定》（以下简称《国际货协》），中国是《国际货协》的参加国。

《国际货协》的主要内容：

1. 运输合同的订立

在进行国际铁路货物运输时，发货人应对每批货物按规定的格式填写**运单**，由发货人签字后向始发站提出，从始发站承运货物时起，运输合同即成立。在发货人提交全部货物和付清费用后，发站在运单上加盖发站日期戳记，加盖了戳记的运单就成了运输合同的证明。运单随货物从始发站附送至终点站，最后交给收货人。**运单是铁路承运货物的凭证，也是铁路在终点向收货人核收有关费用和交付货物的依据。运单不具有物权凭证的作用，不能流通。**

2. 承运人的责任及责任期间

承运人应依货物运输合同的规定将货物安全地运至目的地。依《国际货协》的规定，按运单承运货物的铁路部门应对货物负连带责任。承运人的**责任期间为从签发运单时起至终点交付货物时止**。"每一继续运送的铁路，自接收附有运单的货物时起，即认为参加了这项运输合同，并承担由此而产生的连带责任义务。"在此期间，承运人对货物因全部或部分灭失、毁损或逾期造成的损失负赔偿责任。

3. 承运人的留置权

依《国际货协》的规定，为了保证核收运输合同项下的一切费用，铁路当局对货物可行使留置权。留置权的效力以货物交付地国家的法律为依据。

4. 承运人的免责

《国际货协》第22条规定了承运人可以免责的情况，主要包括铁路不能预防和不能消除的情况；货物的自然性质引起的货损；货方的过失；铁路规章许可的敞车运送；承运时无法发现的包装缺点；发货人不正确地托运违禁品；规定标准内的途耗等。

5. 承运人的赔偿责任

《国际货协》在货损的赔偿上基本采用了**足额赔偿**的方法，依《国际货协》的规定，铁路对货物损失的赔偿金额在任何情况下，不得超过货物全部灭失时的金额。在货物受损时，铁路的赔偿应与货价减损金额相当。在逾期交付的情况下，铁路应按逾期长短，以运费为基础向收货人支付规定的逾期罚金。

6. 发货人和收货人的权利和义务

（1）支付运费的义务；
（2）收货人有收受货物的义务；
（3）变更合同的权利。

7. 诉讼时效

依《国际货协》的规定，当事人依运输合同向铁路提出的赔偿请求和诉讼，以及铁路对发货人和收货人有关支付运费、罚款和赔偿损失的要求和诉讼应在9个月内提出；有关货物逾期的赔偿请求和诉讼应在 2 个月内提出。

## 三、国际货物多式联运

国际货物多式联运是**联运经营人以一张联运单据，通过两种以上的运输方式将货物从一个国家运至另一个国家的运输**。这种运输是在集装箱运输的基础上产生并发展起来的新型运输方式，它以集装箱为媒介，将海上运输、铁路运输、公路运输、航空运输和内河运输等传统的运输方式结合在一起，形成了一体化的门到门运输。1980 年在联合国贸易与发展会议的主持下，制定并通过了《联合国国际货物多式联运公约》（以下简称《联运公约》，我国在会议后的文件上签了字），其内容主要包括：

1.《联运公约》的适用范围

《联运公约》适用于两国境内各地之间的所有多式联运合同，条件是：

（1）多式联运合同规定的多式联运经营人接管货物的地点是在一个缔约国境内；

（2）多式联运合同规定的多式联运经营人交付货物的地点是在一个缔约国境内。

依《联运公约》的定义，“国际多式联运”指由多式联运经营人以至少两种以上运输方式，将货物从一国境内接管货物的地点运至另一国指定交付货物的地点的运输。“多式联运经营人”指其本人或通过其代表订立多式联运合同的人，他是合同的当事人，而不是发货人的代理人或代表或参加多式联运的承运人的代理人或代表，并负有履行合同义务的责任。“多式联运合同”指多式联运经营人凭以收取运费、负责完成或组织完成国际多式联运的合同。

2. 多式联运单据

多式联运单据是多式联运合同的证明，是多式联运经营人收到货物的收据及凭其交货的凭证。

多式联运单据应是该单据所载货物由多式联运经营人接管的初步证据。但当多式联运单据以可转让方式签发，而且转给正当地信赖该单据所载明的货物状况的，包括收货人在内的第三方时，该单据就成了最终证据。如果多式联运经营人意图诈骗，在多式联运单据上列有有关货物的不实资料，则该联运人不得享有公约规定的责任限制权利。

3. 多式联运经营人赔偿责任的基础

《联运公约》采用统一责任制。《联运公约》规定，多式联运经营人应对货物在其掌管期间发生的灭失、损坏或延迟交货而造成的损失负赔偿责任，而不论该损失发生在哪个运输区段。多式联运经营人对其受雇人或代理人在其受雇范围内行事时的行为或不行为而造成的损失，也应负赔偿责任。《联运公约》在赔偿责任上采用了完全推定责任原则，即除非经营人证明其一方为避免事故的发生已采取了一切合理的措施，否则，即推定损坏是由经营人一方的过错所致，并由其承担赔偿责任。

4. 多式联运经营人的责任期间

《联运公约》规定的多式联运经营人的责任期间为从其接管货物之时起至交付货物时止的期间。

5. 多式联运经营人的赔偿责任限额

《联运公约》规定多式联运经营人的赔偿责任限额为每件 920 特别提款权，或货物毛重每公斤 2.75 特别提款权，以较高者为准。因延迟交付造成损失的赔偿限额，为延迟交付货物的应付运费的 2.5 倍，但不得超过多式联运合同规定的应付运费的总额。在确知发生货损的区段时，如该区段适用的公约或国家法律规定的赔偿责任限额高于本公约的规定，则适用该公约或国家法律的规定。

6. 索赔与诉讼时效

对于货物一般性的灭失或损坏通知，收货人应在货物交给他的次一工作日提出，否则此种货物的交付即为多式联运经营人交付多式联运单据所载货物的初步证据。当货物的损坏不明显时，收货人应在货物交付后连续6日内提出索赔通知。对于延迟交付的货物，收货人应在货物交付后连续60日内提出索赔通知。公约规定的诉讼时效为2年，但如果在货物交付之日或应交付之日起6个月内，没有提出书面索赔通知，则在此期限届满后即失去诉讼时效。即公约规定的2年诉讼时效是以在6个月内提出书面索赔通知为条件的。

7. 管辖

《联运公约》规定，原告可选择在下列之一法院进行诉讼：

（1）被告主要营业所，或者无主要营业所的被告的经常居所；

（2）订立多式联运合同的地点，而且合同是通过被告在该地的营业所、分支或代理机构订立；

（3）接管国际多式联运货物的地点或交付货物的地点；

（4）多式联运合同中为此目的所指定并在多式联运单据中载明的任何其他地点。

8. 仲裁

当事人可用书面方式约定将根据公约发生的有关国际多式联运的任何争议交付仲裁。

**【经典真题】**

中国甲公司向波兰乙公司出口一批电器，采用DAP术语，通过几个区段的国际铁路运输，承运人签发了铁路运单，货到目的地后发现有部分损坏。依相关国际惯例及《国际铁路货物联运协定》，下列哪些选项是正确的？[1]（2016－1－80）

A. 乙公司必须确定损失发生的区段，并只能向该区段的承运人索赔

B. 铁路运单是物权凭证，乙公司可通过转让运单转让货物

C. 甲公司在指定目的地运输终端将仍处于运输工具上的货物交由乙公司处置时，即完成交货

D. 各铁路区段的承运人应承担连带责任

**【解析】** 本题考点为《国际铁路货物联运协定》及贸易术语DAP。根据《国际铁路货物联运协定》，负责联运的承运人对于货损应承担连带责任，故A错误而D正确。铁路运单在性质上属于收据或者运输合同的证明，并非物权凭证，故B错误。根据DAP术语，卖方应负责将货物运至目的地，将尚处于运输工具上的货物交给买方处置即可，并无义务卸货，故C正确。答案应为CD。

---

〔1〕【答案】CD

## 考点3 国际海上货物运输保险

### ★【本部分考点近年真题统计】

| 题型 | 年份 | 考点 | 分值 |
| --- | --- | --- | --- |
| 单项选择题 | 2017 年卷一第 42 题 | 无正本提单放货、一切险、信用证的独立性 | 1 |
| | 2016 年卷一第 41 题 | 《海牙规则》、UCP600、平安险 | 1 |
| | 2010 年卷一第 43 题 | 平安险、一般附加险 | 1 |
| | 2009 年卷一第 43 题 | 平安险、CIF、承运人的免责 | 1 |
| | 2004 年卷一第 45 题 | 平安险的承保范围 | 1 |
| | 2002 年卷一第 25 题 | 平安险的承保范围 | 1 |
| 多项选择题 | 2013 年卷一第 82 题 | 水渍险、一般附加险 | 2 |
| | 2011 年卷一第 80 题 | 一切险的承保范围、保险人的除外责任 | 2 |
| | 2003 年卷一第 72 题 | 平安险、《海牙规则》 | 1 |
| | 2000 年卷一第 74 题 | 委付与代位求偿 | 1 |
| 不定项选择题 | 2012 年卷一第 100 题 | 平安险 | 2 |

国际货物运输保险合同是指以进行国际运输的货物为保险标的而在保险人和被保险人之间达成的合同。在国际货物运输保险合同中，作为货主的被保险人按一定金额向保险人投保一定险别并缴纳保险费，保险人对被保险货物遭遇承保责任范围内的风险而受到的损失负赔偿责任。

## 一、基本概念

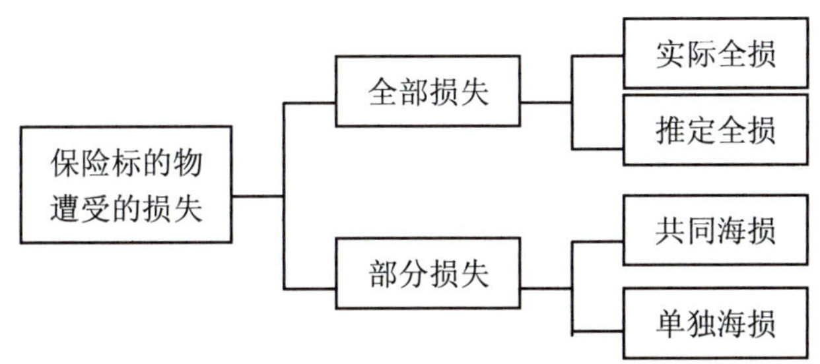


### （一）实际全损与推定全损★★

海损从损失程度上来说可分为全部损失和部分损失，部分损失又可分单独海损和共同海损。

1. “实际全损”，是指保险标的发生保险事故后灭失，或者受到严重损坏完全失去原有形体、效用，或者不能再归被保险人所拥有的损失状态。

2. “推定全损”，是指货物发生保险事故后，认为实际全损已经不可避免，或者为避免发生实际全损所需要支付的费用与继续将货物运抵目的地的费用之和超过保险价值的损失状态。

### （二）共同海损与单独海损★★★★★

1. **“共同海损”是指在同一海上航程中，船舶、货物和其他财产遭遇共同危险，为了共同安全，有意地和合理地采取措施所直接造成的特殊牺牲，支付的特殊费用**。具体说来，共同海损应具备以下特点：

（1）船舶、货物和其他财产必须遭遇共同危险。

（2）采取的措施必须是有意而合理的。

（3）共同海损的牺牲和费用必须是特殊的。特殊费用是指超出船舶正常营运情况外所承担的责任，也可以理解为是在船舶和货物面临共同危险的情况下，采取的正常航行所需要以外的特殊费用。

（4）共同海损的措施必须有效果。在非常情况下，船方所采取的措施，达到了全部或部分地保全船舶和货物的目的。

（5）“共同海损”应当是为应对共同危险所采取的合理措施造成的直接损失，而非间接损失。

2. “单独海损”，是指货物由于风险直接造成的部分损失。

★特别提示

共同海损的要件之一是有人为的因素，是指明知采取措施会导致标的物的损失，但是为了共同的安全，仍有意采取该措施而引起的损失。而单独海损纯粹是意外事故直接造成的货物的损失，无人为的因素。单独海损是由风险直接造成的损失，其损失由受损方和过失方自行负担。共同海损则完全相反，其损失是有意地按照人的安排作出的，例如，船舶搁浅了，船长安排船员将某个货主的货物抛到海中。这一损失是为了共同利益所作出的牺牲，应当由获救各方按比例分摊，一般由船舶、货物和运费三方来分摊。

## 二、国际海上货物运输保险条款

### （一）我国海洋货物运输保险的主要险别★★★★★

我国海上货物运输保险的主要险别指可以独立承保，不必附加在其他险别项下的险别。中国人民保险公司海洋运输货物保险的主要险别有三种，即平安险、水渍险和一切险。

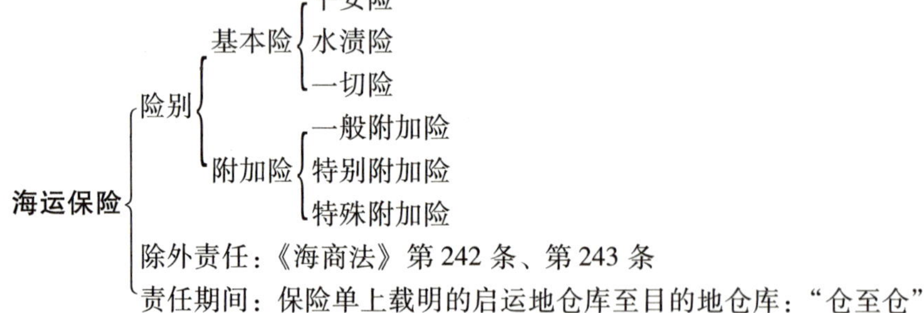

| | |
|---|---|
| 平安险 | 平安险的英文意思为“单独海损不赔”。其责任范围主要包括：<br>1. 被保险货物在运输途中由于恶劣气候、雷电、海啸、地震、洪水等**自然灾害造成的整批货物的全部损失或推定全损；**<br>2. 由于运输工具遭受搁浅、触礁、沉没、互撞、与流冰或其他物体碰撞以及失火、爆炸等**意外事故造成货物的全部或部分损失；**<br>3. 在运输工具已经发生搁浅、触礁、沉没、焚毁等**意外事故**的情况下，货物**在此前后**又在海上遭受恶劣气候、雷电、海啸等**自然灾害**所造成的**部分损失**；<br>4. 在装卸或转运时由于一件或数件**整件货物落海**造成的全部或部分损失；<br>5. 被保险人对遭受承保责任内危险的货物采取**抢救**、防止或减少货损的措施而支付的**合理费用**，但以不超过该批被救货物的保险金额为限；<br>6. 运输工具遭遇海难后，在避难港由于**卸货**所引起的损失以及在中途港、避难港由于**卸货、存仓以及运送货物所产生的特别费用**；<br>7. **共同海损**的牺牲、分摊和**救助费用**；<br>8. 运输合同中订有“船舶互撞责任”条款，根据该条款规定应由货方偿还船方的损失。 |
| 水渍险 | 该险的责任范围除平安险的各项责任外，还包括被保险货物由于恶劣气候、雷电、海啸、地震、洪水等**自然灾害所造成的部分损失**。 |
| 一切险 | 该险除包括水渍险的责任范围外，还负责赔偿被保险货物在运输途中**由于外来原因所致的全部或部分损失**。外来原因指偷窃、提货不着、淡水雨淋、短量、混杂、沾污、渗漏、串味异味、受潮受热、包装破裂、钩损、碰损破碎、锈损等原因。 |

**【经典真题】**

中国长诚公司与西班牙甲公司签订合同进口一批货物，合同选用了《2020 年国际贸易术语解释通则》中的 CIF 术语，同时约定甲公司应为该批货物投保水渍险。甲公司将货物交承运人装船后，承运人签发了清洁提单（选用《海牙规则》）。后在海运途中货物因遭遇恶劣天气部分毁损，下列哪些判断是正确的？[1]（2021 年回忆版真题，单选）

A. 甲公司应为该批货物投保一切险

B. 承运人应赔偿货物损失

C. 保险公司应赔偿货物损失

D. 因货物部分毁损，中国长诚公司有权要求减价

**【解析】**《2020 年国际贸易术语解释通则》中的 CIF 术语默认的是平安险，当事人约定甲公司应为该批货物投保水渍险，这一约定有效，故 A 选项错误。根据《海牙规则》，承运人对于自然灾害造成的损失可以免责，故 B 选项错误。本题中投保的是水渍险，保险人对自然灾害造成的部分损失也应赔偿，故 C 选项正确。CIF 术语之下，货物的风险在装运港完成装船时转移，本题中承运人签发了清洁提单，说明卖方在装运港所交货物的表面状况良好，故卖方无需承担运输途中的风险，D 选项错误。

（二）我国海洋货物运输保险的附加险别

海洋运输货物保险的附加险别是投保人在投保主要险别时，为补偿因主要险别范围以外可能发生的某些危险造成的损失所附加的保险。附加险又可分为一般附加险、特别附加险和特殊附加险三类。

---

〔1〕【答案】C

| 一般附加险 | 一般附加险承保**各种外来原因造成的货物全损或部分损失**。外来原因指不必与海水的因素或运输工具联系起来的原因。附加险别不能单独承保，它必须附于主险项下。一般附加险包括：（1）偷窃、提货不着险；（2）淡水雨淋险；（3）短量险；（4）混杂、沾污险；（5）渗漏险；（6）碰损、破碎险；（7）串味异味险；（8）受潮受热险；（9）钩损险；（10）包装破裂险；（11）锈损险。 |
|---|---|
| 特别附加险 | 特别附加险指必须附属于主要险别项下，对因特殊风险造成的保险标的的损失负赔偿责任的附加险。特别附加险与一般附加险的区别在于，一般附加险属于一切险的范围，保了一切险，就不必再附加任何一般附加险；而特别附加险所承保的责任已超出了一切险的范围。特别附加险包括：（1）交货不到险；（2）进口关税险；（3）舱面险；（4）拒收险；（5）黄曲霉素险；（6）出口货物到香港或澳门存仓火险。 |
| 特殊附加险 | 特殊附加险包括海洋运输货物战争险和货物运输罢工险。 |

**【经典真题】**

关于海洋运输货物保险，下列哪一选项是正确的？[1]（2010－1－43）

A. 平安险项下赔偿的因自然灾害造成的全部损失只包括实际全损

B. 保险人的责任期间自保险合同订立时开始

C. 与平安险相比，水渍险的保险范围还包括因自然灾害造成的保险标的的部分损失

D. 附加险别可独立承保

**【解析】** 平安险项下赔偿的因自然灾害造成的全部损失既包括实际全损，也包括推定全损，故A错误。保险合同的责任期间以当事人的约定为准，故B错误。水渍险比平安险的承保范围宽，还包括了因自然灾害造成的保险标的的部分损失，故C正确。附加险不能独立投保或承保，须附加在某一主险之上，故D错误。

（三）我国海洋运输货物保险的除外责任

除外责任是保险单中规定的保险人不负责赔偿的海洋运输货物损失。中国人民保险公司海洋运输货物保险的除外责任包括：

1. 被保险人的故意行为或过失所造成的损失；
2. 属于发货人责任引起的损失；
3. 在保险责任开始前，被保险货物已存在的品质不良或数量短差所造成的损失；
4. 被保险货物的自然损耗、本质缺陷、特性以及市价跌落、运输迟延引起的损失和费用；
5. 海洋运输货物战争条款和货物运输罢工险条款规定的责任范围和除外责任。

**【经典真题】**

青田轮承运一批啤酒花从中国运往欧洲某港，货物投保了一切险，提单上的收货人一栏写明“凭指示”，因生产过程中水分过大，啤酒花到目地港时已变质。依《海牙规则》及相关保险规则，下列哪一选项是正确的？[2]（2015－1－41）

A. 承运人没有尽到途中管货的义务，应承担货物途中变质的赔偿责任

---

〔1〕【答案】C

〔2〕【答案】D

B. 因货物投保了一切险，保险人应承担货物变质的赔偿责任

C. 本提单可通过交付进行转让

D. 承运人对啤酒花的变质可以免责

【解析】本题考点是一切险、《海牙规则》关于承运人免责的规定。本题中啤酒花的变质是因为生产过程中水分过大，是货物固有的缺陷引起的损失，该损失承运人可以免责，保险人也可以以除外责任为由拒绝理赔，故选项 AB 均错误。本题中的提单为指示提单，须经背书方可转让，故选项 C 错误。根据《海牙规则》关于承运人免责的具体规定，货物固有的性质或缺陷引起的损失承运人可以免责，故应选项 D。

（四）我国海洋运输货物保险的保险期限与索赔时效

保险期限是保险人承担对海洋运输货物赔偿责任的期间，通常以当事人的协议为准。中国人民保险公司海洋货物保险条款主要以“仓至仓条款”、“扩展责任条款”、“航程终止条款”和“驳运条款”来确定保险人的责任起讫。

海洋运输货物保险的索赔时效为 2 年，从被保险货物在最后卸货港全部卸离运输工具后起算。

# 第四章

# 国际贸易支付

本章国际贸易支付的方式中，托收和信用证需重点掌握。托收的主要考点内容为托收的种类、托收各方当事人的法律关系、托收中银行的责任与免责。信用证的主要考点内容为信用证的种类、信用证所涉各方当事人的法律关系、信用证中银行的责任和免责、信用证欺诈等。

★【本部分考点近年真题统计】

| 题型 | 年份 | 考点 | 分值 |
|---|---|---|---|
| 单项选择题 | 2017 年卷一第 42 题 | 无正本提单放货、一切险、信用证的独立性 | 1 |
| | 2016 年卷一第 41 题 | 《海牙规则》、UCP600、平安险 | 1 |
| | 2015 年卷一第 42 题 | 信用证欺诈 | 1 |
| | 2009 年卷一第 46 题 | 信用证欺诈 | 1 |
| | 2008 年卷一第 44 题 | 《托收统一规则》托收行的义务和免责 | 1 |
| | 2006 年卷一第 45 题 | 信用证欺诈与中止支付信用证项下款项 | 1 |
| | 2005 年卷一第 43 题 | 信用证严格相符原则、信用证修改 | 1 |
| 多项选择题 | 2014 年卷一第 80 题 | 信用证项下银行的责任和免责 | 2 |
| | 2012 年卷一第 81 题 | 信用证欺诈及欺诈例外 | 2 |
| | 2008 年卷一第 87 题 | 《跟单信用证统一惯例》（UCP600）开证行应承担的承付责任 | 2 |
| | 2007 年卷一第 85 题 | 《跟单信用证统一惯例》（UCP600）的特点 | 2 |
| | 2005 年卷一第 85 题 | 可撤销的信用证之撤销 | 2 |
| | 2004 年卷一第 76 题 | 《托收统一规则》托收中银行的地位 | 2 |
| 不定项选择题 | 2013 年卷一第 100 题 | 信用证欺诈 | 2 |
| | 2009 年卷一第 46 题 | 信用证、信用证项下汇票 | 2 |

## 重点知识详解

### 考点1　汇付

#### 一、汇付的概念、当事人及种类

汇付是由国际货物买卖合同的买方委托银行主动将货款支付给卖方的结算方式。一般有四方当事人：汇款人或付款人，一般是买方；收款人或受益人，一般是卖方；汇出行，受买方委托汇出货款的银行，通常与买方同地；汇入行或解付行，受汇出行委托将汇款解付给卖方的银行，通常与卖方同地。

汇付的种类包括电汇、信汇和票汇三种。

（一）电汇

电汇指汇出行受汇款人的委托，以电报或电传通知汇入行向收款人解付汇款的汇付方式。电汇是速度最快的一种汇付方式，但电汇汇费较高。

（二）信汇

信汇指汇出行受汇款人的委托，用邮寄信汇委托书授权汇入行向收款人解付汇款的汇付方式。在信汇的情况下，汇款人须填写汇款申请书，取得信汇回执，汇出行依汇款人的委托向汇入行邮寄信汇委托书，汇入行收到信汇委托书后，通知收款人取款。信汇的汇费比电汇便宜，汇款速度也比电汇慢。

（三）票汇

1. 票汇是汇出行受汇款人的委托，开立以汇入行为付款人的银行即期汇票，由汇款人自行寄交收款人凭以向汇入行提取汇款的汇付方式。

2. 票汇的程序是由汇款人填写票汇申请书并向汇出行交款付费取得银行即期汇票后，由汇款人将汇票寄收款人，汇出行同时向汇入行发出汇票通知书，收款人收到汇票后向汇入行提示汇票请求付款。

3. 票汇是用邮寄银行即期汇票方式付款，因此不必加注密押，只需由汇出行有权签字的人签字证实即可。票汇是由汇款人自行邮寄，所以时间比电汇长，汇费则比电汇和信汇都低。

★特别提示 汇付是国际结算的当事人通过两地银行了结双方债权债务关系的一种方式，两地银行既不保证买方向卖方付款，也不保证自己首先付款，因此**在汇付中没有银行信用的介入**。

### 考点2　托收

#### 一、托收的概念、当事人及法律关系

托收是由收款人开立汇票，委托银行向付款人收取货款的结算方式。

国际贸易中，托收都是通过银行进行的，是出口方在发货后开给进口方或付款人汇票，委托出口地银行（委托行）通过它在进口地银行（代收行）代其向进口方收取货款的方式。

托收一般涉及委托人（卖方）、托收行、代收行、买方这四方当事人。根据国际商会1996年1月1日付诸实施的《托收统一规则》的规定，托收之中四方当事人的法律关系

如下：

1. 委托人（卖方）与托收行的关系是委托代理关系；
2. 托收行与代收行的关系是委托代理关系；
3. 买卖双方之间显然是买卖关系；
4. 代收行和买方之间并不存在法律关系。

## 二、托收的种类★★

在托收方式下，依汇票是否附有单据可以分为光票托收和跟单托收。

1. 光票托收（Clean Bill for Collection）

光票托收指委托人开立不附货运单据的汇票，仅凭汇票委托银行向付款人收款的托收方式。光票托收的汇票依付款时间的不同，又可分为即期和远期两种，对于即期汇票，代收行应立即向付款人提示并要求付款。对于远期汇票，代收行则先要向付款人提示汇票要求承兑。光票托收的风险较大，因此，一般只用于样品费、佣金、货款尾数等的结算。

2. 跟单托收（Documentary Bill for Collection）

跟单托收指委托人开立附货运单据的汇票，凭跟单汇票委托银行向付款人收款的托收方式。跟单托收又可分为付款交单和承兑交单。

（1）付款交单（Documents against Payment，简称 D/P）指代收行在买方付清货款后才将货运单据交给买方的付款方式。

（2）承兑交单（Documents against Acceptance，简称 D/A）指在开立远期汇票的情况下，代收行在接到跟单汇票后，要求买方对汇票承兑，在买方承兑后即将货运单据交付买方的托收方式。承兑交单的风险大于付款交单。

## 三、跟单托收流程图★★★

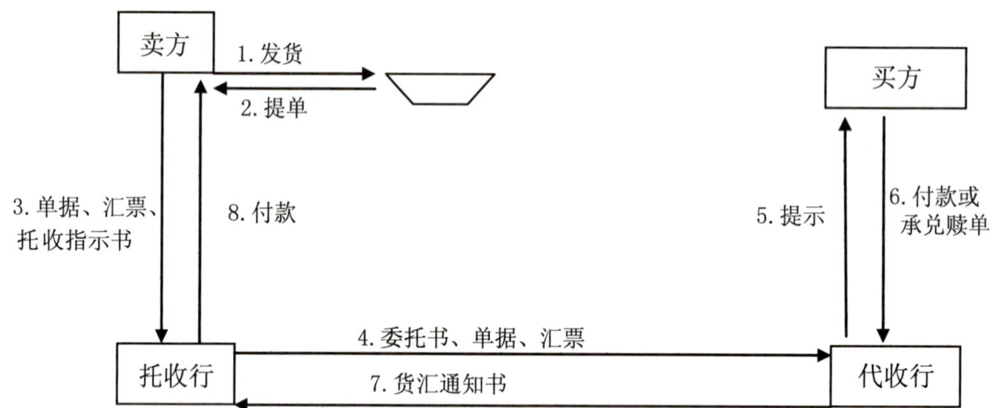


## 四、托收中银行的责任★★★★

根据《托收统一规则》，托收行、代收行的职责是按照委托人的指示办事，应对所收到的单据作表面审查，并及时向汇款人提示汇票，将收到的货款及时转交委托人，或在汇票遭拒付时，及时通知委托人，由委托人出面向付款人或进口方进行追偿。

从信用性质看，托收之中银行对货款能否支付不承担任何责任，全凭买方信誉，托收属商业信用而非银行信用。

## 五、托收中银行的免责★★★★

根据《托收统一规则》，银行可享有如下几项免责：

1. 代收行对承兑人签名的真实性或签名人是否有签署承兑的权限概不负责；

2. 与托收有关的银行对由于任何通知、信件或单据在寄送途中发生延误或失落所造成的一切后果，或对电报、电传、电子传送系统在传送中发生延误、残缺和其他错误，或对专门性术语在翻译上和解释上的错误，概不负责；

3. 与托收有关的银行对由于天灾、暴动、骚乱、叛乱、战争或银行无法控制的任何其他原因，或者由于罢工或停工致使银行营业间断所造成的一切后果，概不负责；

4. 事先未征得银行同意，货物不应直接运交银行或以银行为收货人，银行对于跟单托收项下的货物无义务提取或采取任何其他措施；

5. 在汇票被拒绝承兑或拒绝付款时，若托收指示书上无特别指示，银行没有作出拒绝证书的义务；

6. 对受指示方的行为免责，即托收行对选择代收行的风险、其选择的代收行未执行托收指示而造成的损失免责。

**【经典真题】**

修帕公司与维塞公司签订了出口200吨农产品的合同，付款采用托收方式。船长签发了清洁提单。货到目的港后经检验发现货物质量与合同规定不符，维塞公司拒绝付款提货，并要求减价。后该批农产品全部变质。根据国际商会《托收统一规则》，下列哪一选项是正确的？[1]（2008－1－44）

A. 如代收行未执行托收行的指示，托收行应对因此造成的损失对修帕公司承担责任

B. 当维塞公司拒付时，代收行应当主动制作拒绝证书，以便收款人追索

C. 代收行应无延误地向托收行通知维塞公司拒绝付款的情况

D. 当维塞公司拒绝提货时，代收行应当主动提货以减少损失

**【解析】** 根据《托收统一规则》的规定，托收行对委托人，代收行对托收行负有及时提示、及时通知、及时转交货款，以及对单据进行表面审查的义务，故C正确。《托收统一规则》还规定了银行免责的情况，包括：①托收行对受指示方（如代收行）违反托收行的指示而实施的行为造成的损失，可以免责；②在汇票被拒绝承兑或拒绝付款时，若托收指示书上无特别指示，银行没有作出拒绝证书的义务；③银行对于跟单托收项下的货物无义务采取任何措施等等，故A、B、D项错误。

### 考点3　信用证

## 一、信用证的含义及特点

UCP600第2条对信用证（Letter of Credit）（L/C）的定义是："信用证意指一项约定，无论其如何命名或描述，该约定不可撤销并因此构成开证行对于相符提示予以兑付的确定承诺。"具体含义包括：是银行签发的一种对受益人的约定；受益人依此约定取得信用证项

---

〔1〕【答案】C

下权利，即要求开证行支付，但这种权利的实现是有条件的，受益人必须满足信用证所规定的要求；如果受益人满足了信用证所规定的要求，开证行将依约定支付受益人约定的金额。信用证特点如下：

1. **以银行信用取代商业信用**。在信用证交易中，银行根据信用证取代买方承担了作为第一付款人的义务，日后只要卖方提供符合信用证的单据，即使买主破产，卖方也能从银行得到付款保证。这样，银行提供了远优于进口商个人信誉的银行信用，较之托收或直接付款方式来说，使卖方风险大为减少。

2. **信用证具有独立性。开立信用证的基础是买卖合同，但银行与买卖合同无关，也不受其约束。因此，一家银行作出的付款、承兑、支付汇票或议付或履行信用证项下其他义务的承诺，不受申请人与开证行或申请人与受益人之间关系而提出的索赔或抗辩的约束。**

3. **信用证交易的标的物是单据。对于出口商来说，只要按信用证规定条件提交了单据，在单单一致、单证一致的情况下，即可从银行得到付款；对进口商来说，只要在申请开证时，保证收到符合信用证规定的单据即行付款并交付押金，便可从银行取得代表货物所有权的单据。因此，银行开立信用证实际是进行单据的买卖。**

## 二、信用证的种类

按信用证的性质、付款期限、流通方式等不同特点，可分为以下几种：

**1. 可撤销信用证与不可撤销信用证**

可撤销信用证，是指无须征求受益人同意或事先通知受益人，开证行在议付前可随时修改或撤销的信用证；该信用证对受益人收款没有保障，故在国际贸易中极少使用。UCP600 **明确规定，该惯例不适用于可撤销信用证**。不可撤销信用证，是指在信用证有效期内，未经受益人、开证行、保兑行（如有的话）同意，不得加以修改和撤销的信用证。这种信用证对受益人收款有保障，故在国际贸易中得到广泛使用。

**2. 保兑信用证与不保兑信用证★★★**

保兑是指一家银行开出的信用证由另一家银行加以保证兑付。经保兑的信用证称为保兑信用证；未经另一家银行保兑的信用证称为不保兑信用证。保兑信用证有两家银行——保兑行和开证行——对其负责，保兑行的付款责任相当于其本身是开证行。即使开证行倒闭，保兑行也应承担兑付责任，因此保兑信用证对受益人更为有利。

**3. 可转让信用证、不可转让信用证**

经受益人申请，银行在信用证特别加注“可转让”字样，将信用证金额全部或部分转让给一个或一个以上受益人（第二受益人）使用，但已转让的信用证不得应第二受益人的要求转让给任何其后受益人（第一受益人除外）。根据 UCP600 规定，只有在信用证上注明“可转让”的，信用证才可转让，“可分割”“可分开”“可过户”和“可转移”等术语不意味着信用证可转让。**未加注“可转让”的信用证为不可转让信用证**。不可转让的信用证是指受益人不能将信用证的权利转让给他人的信用证。

**4. 即期信用证与远期信用证**

**即期信用证指允许受益人开立即期汇票，开证行或议付行于见票后即付款的信用证。**远期信用证指受益人仅可开立远期汇票，开证行或议付行在汇票指定的付款到期日支付货款的信用证。

**【经典真题】**

中国甲公司与法国乙公司订立了服装进口合同，信用证付款，丙银行保兑。货物由“铂丽”号承运，投保了平安险。甲公司知悉货物途中遇台风全损后，即通知开证行停止付款。依《海牙规则》、UCP600号及相关规则，下列哪一选项是正确的？[1]（2016－1－41）

A. 承运人应承担赔偿甲公司货损的责任

B. 开证行可拒付，因货已全损

C. 保险公司应赔偿甲公司货物的损失

D. 丙银行可因开证行拒付而撤销其保兑

**【解析】** 本题为涉及《海牙规则》、UCP600及平安险的综合性考题。根据《海牙规则》，承运人对于自然灾害造成的货损免责，故A错误。信用证支付过程中，银行只能审查单据，而不能以货物为理由拒付，故B错误。本案投的是平安险，对于自然灾害造成的实际全损，保险公司应予以赔偿，故C正确。保兑行负有第一位的、相当于开证行的付款责任，即使开证行拒付，也不能成为保兑行拒付或撤销保兑的理由，故D错误。

## 三、信用证的当事人

信用证的基本当事人有四个：开证申请人、开证行、通知行与受益人。此外，还有保兑行、议付行、付款行等。

1. 开证申请人（Applicant）。开证申请人即申请银行开立信用证的人，通常是买方。开证申请人开出信用证后，享有改证及验单、退单的权利及凭单付款的义务。

2. 开证行（Issuing Bank）。开证行意指应申请人要求或代表其自身开立信用证的银行。

3. 通知行（Advising Bank）。通知行是受开证行委托将信用证通知受益人的银行，通常与受益人在同一地方。

4. 受益人（Beneficiary）。受益人是享有信用证规定的金额或利益的人，通常是卖方。

5. 议付行（Negotiation Bank）。是被授权买入或贴现受益人交来的跟单汇票的银行，可以是通知行，也可以是指定的其他银行。

6. 保兑行（Confirming Bank）。保兑行意指应开证行的授权或请求对信用证加具保兑（confirm）的银行。

7. 付款行或承兑行（Paying or Accepting Bank）。根据信用证的指定对受益人付款或承兑的银行，可以是开证行、通知行、保兑行。

8. 偿付行或结算行（Reimbursement or Settlement Bank）。是信用证指定的代理开证行向付款行或议付行偿付款项的银行。

## 四、信用证运转的基本程序★★★★★

信用证运转的基本程序较为复杂，假设买卖双方约定采用CIF术语，且在买卖合同中约定采用信用证方式付款，则信用证的运转基本程序可见下面图示：

---

[1]【答案】C

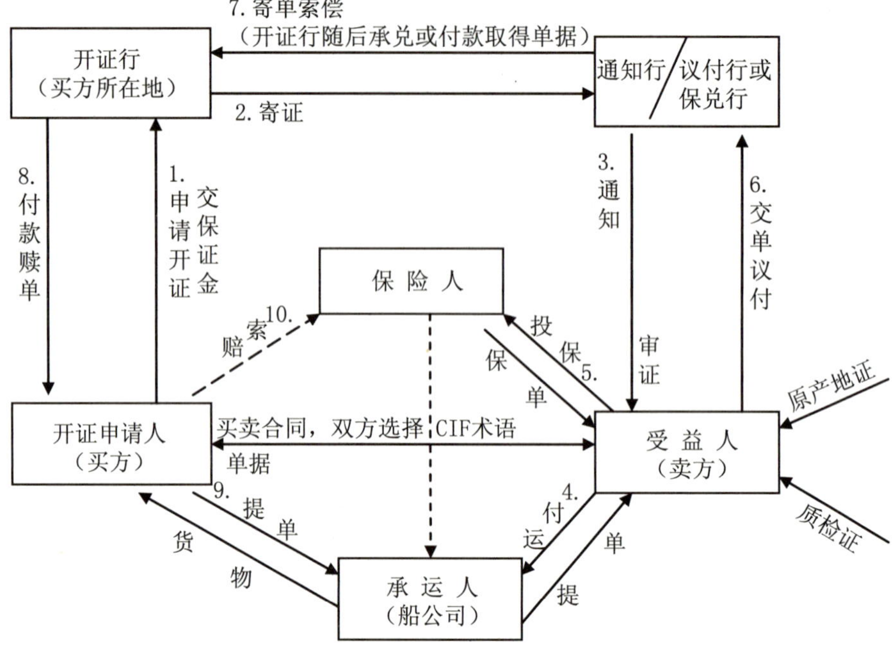


## 五、信用证当事人之间的关系

1. 开证申请人与受益人之间为买卖合同关系；

2. 开证行与开证申请人之间是基于开证申请书及其他文件形成的委托合同关系；

3. 通知行与开证行之间是委托代理关系；

4. 通知行与受益人之间不存在合同关系；

5. 开证行与受益人之间为附条件的合同关系，即如果受益人能够在信用证规定的时间内提交符合要求的单据，银行就应履行付款义务。

## 六、银行的责任和免责★★★★★

1. 银行的责任范围

在信用证方式下，银行处理的是单据，而不是与单据有关的货物、服务或（和）其他行为。根据信用证独立原则，银行有审单的义务。银行必须按照国际标准银行惯例，合理谨慎地审核信用证规定的所有单据，以确定其表面是否与信用证条款相符合。银行在审单时须坚持单证相符、单单相符的原则。受益人提交的单据必须在表面上符合信用证条款的要求，而且单据在彼此之间也应相互一致，不能相互矛盾，否则银行有权拒绝接受受益人提交的单据，并拒绝付款、承兑或议付。付款行、承兑行和议付行也不应接受单证之间或单单之间不符的单据，否则开证行有权拒绝偿付上述银行。如果开证行接受了不符的单据，开证申请人有权拒绝到开证行付款赎单。

为了促使银行提高工作效率，保护受益人利益，UCP600 限定银行的审单期限为 5 个银行工作日。

2. 银行的免责事由

（1）银行对任何单据的形式、完整性、准确性、真实性、伪造或法律效力，以及对单据上所载的或附加的一般或特殊条件，概不负责；

（2）银行对由于任何消息，信函或单据在传递过程中发生延误或遗失而引起的后果，或任何电讯在传递过程中发生延误、残缺或其他错误，概不负责；

（3）银行对由于天灾、暴动、骚乱、叛乱、战争或本身无法控制的其他原因或任何罢工或停工而中断营业所引起的后果，概不负责；

（4）银行不受买卖合同的约束或影响，不负责买卖合同的履行情况及买卖当事人的资信等；

（5）对受指示方的行为免责，即开证行对选择通知行的风险、其选择的通知行未执行指示而造成的损失免责。

## 七、信用证欺诈及例外★★★★★

信用证欺诈主要是指利用跟单信用证机制中单证相符即予以支付的规定，提供表面记载与信用证要求相符，但实际上不能代表真实货物的单据，骗取货款支付的商业欺诈行为。UCP600对信用证欺诈问题未作规定，实践中由各国法院对该问题予以处理。鉴于信用证欺诈频频发生，屡屡得手，有些国家的法律和判例认为，在承认信用证独立于基础合同的同时，也允许有例外，如果受益人确有欺诈行为，买方可以要求法院下令禁止银行对信用证付款。

1. 信用证欺诈及例外原则

信用证欺诈的种类主要有：开立假信用证、开立软条款信用证、伪造单据、以保函换取与信用证相符的提单（包括倒签提单、预借提单及以保函换取清洁提单）等。

信用证中的“软条款”指信用证中规定一些限制性条款，或信用证的条款含糊不清，使信用证的不可撤销性大大降低，开证银行的付款承诺缺乏确定性，开证申请人因而很容易控制整笔交易，而受益人处于受制于他人的被动地位。买方在信用证中加列一些使信用证实际无法生效或卖方无法执行的“软条款”，目的是买方骗得履约金、佣金或质保金之后，不通知装船、不签发检验证书，使卖方公司（受益人）拿不到装船通知和检验证书，不能发货及向开证行交单索汇。对于含有“软条款”的信用证，受益人应立即以最快的通讯方式与卖方协商，要求删除或修改该信用证中的“软条款”。

2. 最高人民法院《关于审理信用证纠纷案件若干问题的规定》

最高人民法院《关于审理信用证纠纷案件若干问题的规定》对不符点、信用证欺诈例外、信用证欺诈例外的例外等问题作了比较明确的规定：

（1）不符点的认定

最高人民法院《关于审理信用证纠纷案件若干问题的规定》第6条第2款规定：“信用证项下单据与信用证条款之间、单据与单据之间在表面上不完全一致，但并不导致相互之间产生歧义的，不应认定为不符点。”

第7条规定：“开证行有独立审查单据的权利和义务，有权自行作出单据与信用证条款、单据与单据之间是否在表面上相符的决定，并自行决定接受或者拒绝接受单据与信用证条款、单据与单据之间的不符点。开证行发现信用证项下存在不符点后，可以自行决定是否联系开证申请人接受不符点。开证申请人决定是否接受不符点，并不影响开证行最终决定是否接受不符点。开证行和开证申请人另有约定的除外。开证行向受益人明确表示接受不符点的，应当承担付款责任。开证行拒绝接受不符点时，受益人以开证申请人已接受不符点为由要求开证行承担信用证项下付款责任的，人民法院不予支持。”

（2）信用证欺诈例外

最高人民法院《关于审理信用证纠纷案件若干问题的规定》第8条规定：“凡有下列情形之一的，应当认定存在信用证欺诈：（一）受益人伪造单据或者提交记载内容虚假的单据；（二）受益人恶意不交付货物或者交付的货物无价值；（三）受益人和开证申请人或者其他第三方串通提交假单据，而没有真实的基础交易；（四）其他进行信用证欺诈的情形。”

（3）信用证欺诈例外的例外

最高人民法院《关于审理信用证纠纷案件若干问题的规定》第10条规定：“人民法院认定存在信用证欺诈的，应当裁定中止支付或者判决终止支付信用证项下款项，但有下列情形之一的除外：（一）开证行的指定人、授权人已按照开证行的指令善意地进行了付款；（二）开证行或者其指定人、授权人已对信用证项下票据善意地作出了承兑；（三）保兑行善意地履行了付款义务；（四）议付行善意地进行了议付。”

（4）信用证项下款项的中止支付

最高人民法院《关于审理信用证纠纷案件若干问题的规定》第9条规定，开证申请人、开证行或者其他利害关系人发现信用证欺诈的情形，并认为将会给其造成难以弥补的损害时，可以向有管辖权的人民法院申请中止支付信用证项下的款项。第12条第1款规定：“人民法院接受中止支付信用证项下款项申请后，必须在48小时内作出裁定；裁定中止支付的，应当立即开始执行。”

**【经典真题】**

**1.** 中国企业采购国外货物，合同约定采用信用证的方式付款，并卖方的交货时间不得晚于2021年6月1日。卖方实际交货时间是2021年6月15日，卖方出具保函换取了承运人签发的注明2021年6月1日完成装船的提单。买方因此主张信用证欺诈，向中国有管辖权的法院申请止付令。下列哪些判断是正确的？[1]（2021年回忆版真题，多选）

A. 本案提单属于预借提单

B. 本案提单属于倒签提单

C. 买方如果发现提单记载的发货日期不真实，则可以向法院申请对信用证项下付款发布支付令

D. 如果买方申请止付，即使议付行已经付款，法院也可以发布支付令

【解析】货物已经装船，但船公司签比实际日期更早的装船日期，属于倒签提单，故A选项错误而B选项正确。受益人提交记载内容虚假的单据，构成信用证欺诈行为，开证申请人承担举证责任并提供担保的情况下可以向法院申请发布止付令，故C选项正确。《最高人民法院关于审理信用证纠纷案件若干问题的规定》第十条规定：“人民法院认定存在信用证欺诈的，应当裁定中止支付或者判决终止支付信用证项下款项，但有下列情形之一的除外：（一）开证行的指定人、授权人已按照开证行的指令善意地进行了付款；（二）开证行或者其指定人、授权人已对信用证项下票据善意地作出了承兑；（三）保兑行善意地履行了付款义务；（四）议付行善意地进行了议付。”故D选项错误。

---

〔1〕【答案】BC

**2.** 中国甲公司从某国乙公司进口一批货物，委托中国丙银行出具一份不可撤销信用证。乙公司发货后持单据向丙银行指定的丁银行请求付款，银行审单时发现单据上记载内容和信用证不完全一致。乙公司称甲公司接受此不符点，丙银行经与甲公司沟通，证实了该说法，即指示丁银行付款。后甲公司得知乙公司所发货物无价值，遂向有管辖权的中国法院申请中止支付信用证项下的款项。下列说法正确的是?[1]（2013－1－100）

A. 甲公司已接受不符点，丙银行必须承担付款责任

B. 乙公司行为构成信用证欺诈

C. 即使丁银行已付款，法院仍应裁定丙银行中止支付

D. 丙银行发现单证存在不符点，有义务联系甲公司征询是否接受不符点

【解析】根据最高人民法院《关于审理信用证纠纷案件若干问题的规定》，不符点的接受之最终决定权在于开证行，故 A 错误。本案中，乙公司所发货物无价值，构成欺诈，故 B 正确。如果开证行指定的银行已经善意付款，则法院不能再裁定中止支付，故 C 错误。开证行发现不符点，可以而不是必须联系开证申请人征询是否接受不符点，故 D 错误。

## 八、UCP600 对 UCP500 的修改★★★

国际商会每隔一段时间，会根据信用证实践的最新发展，对惯例作出必要的修改和调整，相比较而言，UCP600 对 UCP500 的修改主要内容如下：

1. 结构上的变化。UCP600 在结构上的重要变化表现为集中归纳了概念和一些词语在本惯例下的特定解释。使原本散落在各个条款中的解释定义归集在一起使全文变得清晰。UCP600 结构上的另一个变化是按照业务环节对条款进行了归结。依环节将通知、修改、审单、偿付、拒付等涉及的条款在原来的基础上集中，使规定更加明确和系统化。

2. 删除了某些条款。UCP600 删除 UCP500 中某些过时或超出 UCP 范围的条款。例如，删除第 6 条关于可撤销信用证的内容，由于可撤销信用证对受益人缺乏保障，被使用的机会也很小，因此，UCP600 将该条删除。而在第 2 条关于信用证的定义中，规定信用证是不可撤销的。

3. 新增了某些条款。例如，新增了一些定义，包括银行日、保兑、兑付、交单等。鉴于以前在信用证的交单地点上有矛盾的规定，如规定自由议付的信用证交单地点是在开证行所在地。

4. 进行了某些内容的修改。UCP600 对 UCP500 的某些条款有实质变动。主要有下列几点：

（1）关于议付，新的定义明确了议付是对票据及单据的一种买入行为，并明确是对受益人的融资，即预付或承诺预付。定义上的改变承认了有一定争议的远期议付信用证的存在，同时将议付行对受益人的融资纳入了惯例保护的范围。明确了在议付过程中开证行的授权，明确了开证行对于指定行进行承兑、作出延期付款承诺的授权，同时包含允许指定行进行提前买入的授权。这项规定旨在保护指定行在信用证下对受益人进行融资的行为。

（2）关于单据处理的天数，UCP500 规定开证行、保兑行、指定行在收到单据后的处理时间为“合理时间，不超过收单翌日起第 7 个工作日”，UCP600 中改为了“最多为收单翌日起第 5 个银行工作日”。这样可以消灭业务中经常出现处理时间是否“合理”的争议。

[1]【答案】B

UCP600 把单据处理时间的双重判断标准简化为单纯的天数标准，使得判断依据简单化。

（3）拒付后对单据的处理。UCP600 细化了拒付电中对单据处理的几种选择，包括了一直以来极具争议的条款，即“拒付后，如果开证行收到申请人放弃不符点的通知，则可以释放单据。”UCP600 把这种条款纳入合理的范围内，符合了现实业务的发展，减少了因此产生纠纷的可能，并可缩短不符点单据处理的周期。

（4）关于转让信用证。UCP600 明确了第二受益人的交单必须经过转让行。其目的是为了避免第二受益人绕过第一受益人直接交单给开证行，损害第一受益人的利益；同时，这条规定也与其他关于转让行操作的规定相符。

## 第五章
# 对外贸易管理制度

导学

我国对外贸易管理法律法规中，《对外贸易法》《反倾销条例》《反补贴条例》《保障措施条例》的相关规定属于高频考点，其中反倾销制度最为重要，建议复习时将“两反一保”这三个制度进行横向比较，弄清其联系与区别，以便更准确地把握。

★【本部分考点近年真题统计】

| 题型 | 年份 | 考点 | 分值 |
| --- | --- | --- | --- |
| 单项选择题 | 2017 年卷一第 43 题 | 反倾销调查启动的条件、价格承诺、反倾销税的征收 | 1 |
| | 2016 年卷一第 42 题 | 反倾销制度中的调查、反倾销税、价格承诺、征收期限等 | 1 |
| | 2015 年卷一第 43 题 | 保障措施和反倾销之比较——前提条件、价格承诺 | 1 |
| | 2014 年卷一第 42 题 | 《反倾销条例》的有关规定 | 1 |
| | 2013 年卷一第 44 题 | 《保障措施条例》所规定的保障措施程序的特点 | 1 |
| | 2012 年卷一第 41 题 | 《反倾销条例》的有关规定 | 1 |
| | 2011 年卷一第 41 题 | 《保障措施条例》所规定的保障措施程序的特点 | 1 |
| | 2011 年卷一第 42 题 | 《反倾销条例》反倾销程序的特点 | 1 |
| | 2010 年卷一第 44 题 | 《反倾销条例》 | 1 |
| | 2009 年卷一第 45 题 | 《反补贴条例》价格承诺、出境调查、反补贴税税额及纳税人 | 1 |
| | 2007 年卷一第 42 题 | 《反倾销条例》反倾销的价格承诺 | 1 |
| | 2006 年卷一第 44 题 | 《反倾销条例》关于征收反倾销税问题的规定 | 1 |
| | 2005 年卷一第 42 题 | 《反倾销条例》反倾销措施的种类 | 1 |
| | 2004 年卷一第 42 题 | 《对外贸易法》对外贸易管制 | 1 |

续表

| 题型 | 年份 | 考点 | 分值 |
| --- | --- | --- | --- |
| 多项选择题 | 2014 年卷一第 82 题 | 《反补贴条例》关于补贴的认定 | 2 |
| | 2010 年卷一第 85 题 | 反倾销措施中保障措施 | 2 |
| | 2008 年卷一第 83 题 | 反倾销措施中反倾销税的追溯征收 | 2 |
| | 2008 年卷一第 85 题 | 《对外贸易法》关于对外贸易经营者的规定 | 2 |
| | 2005 年卷一第 87 题 | 《对外贸易法》的适用范围 | 2 |
| | 2004 年卷一第 74 题 | 《对外贸易法》的进出口管理规定 | 2 |
| 不定项选择题 | 2007 年卷一第 95 题 | 反倾销与保障措施的区别 | 2 |
| | 2005 年卷一第 97 题 | 《反补贴条例》关于补贴的认定 | 2 |
| | 2004 年卷一第 93 题 | 《反倾销条例》征收反倾销税的条件 | 2 |

## 重点知识详解

### 考点 1　外贸法律制度——《对外贸易法》★★

我国对外贸易管理制度是指我国通过制定法律、法规，对货物进出口、技术进出口和国际服务贸易进行管理和控制的制度。

2004 年 7 月 1 日生效，2016 年 11 月 7 日修订的《对外贸易法》作为调整对外贸易关系的基本法，对我国对外贸易关系的法律调整作了原则性的规定。该法共有 11 章 70 条，主要内容如下：

| | |
| --- | --- |
| 1. 适用范围 | 适用于：货物进出口、技术进出口、国际服务贸易、与对外贸易有关的知识产权保护（第 2 条）<br>不适用于：（1）特殊物质或产品的进出口（第 67 条）；（2）边境地区贸易（第 68 条）；（3）单独关税区（港澳台）（第 69 条） |
| 2. 外贸经营者 | （1）外贸经营主体：依法从事对外贸易经营活动的法人、其他组织或者个人（第 8 条）；（2）外贸经营权的获得：采取备案登记制（第 9 条） |
| 3. 货物和技术的进出口 | （1）进出口监管（第 15 条）；（2）进出口限制和禁止（第 16 条）；（3）配额、许可证管理（第 19 条） |
| 4. 国际服务贸易 | 服务贸易的限制和禁止（第 26 条） |
| 5. 知识产权保护 | （1）进口货物侵犯知识产权的处理（第 29 条）<br>（2）知识产权权利人在对外贸易中滥用其专有权或优势地位（第 30 条）<br>（3）他国或地区在知识产权保护方面未能给予我国当事人相应待遇和保护的处理（第 31 条） |
| 6. 对外贸易秩序 | （1）外贸中的垄断行为（第 32 条）<br>（2）外贸中的不正当竞争行为（第 33 条）<br>（3）外贸中的禁止行为（第 34 条） |
| 7. 对外贸易调查 | （1）调查事项（第 37 条）；（2）调查手段（第 38 条） |
| 8. 对外贸易救济 | （1）反倾销（第 41 条、第 42 条）；（2）反补贴（第 43 条）；（3）保障措施（第 44 条、第 45 条、第 46 条） |

## 一、适用范围

《对外贸易法》适用于对外贸易以及与对外贸易有关的知识产权保护，其中，对外贸易是指货物进出口、技术进出口和国际服务贸易。

中华人民共和国的单独关税区如香港、澳门、台湾，不适用《对外贸易法》。单独关税区是指一个国家之中的某一部分在贸易上保持单独税率或特别贸易规范的领土。

## 二、对外贸易管理机构

国务院对外贸易主管部门依照《对外贸易法》主管全国对外贸易管理工作。

各省、自治区、直辖市、计划单列市对外贸易经济合作委员会（厅、局）是国务院对外贸易主管部门授权负责管理本地区外经贸事务的地方外经贸行政管理机关，受国务院对外贸易主管部门和同级人民政府的双重领导。

## 三、对外贸易经营者

根据《对外贸易法》第 8 条的规定："本法所称对外贸易经营者，是指依法办理工商登记或者其他执业手续，依照本法和其他有关法律、行政法规的规定从事对外贸易经营活动的法人、其他组织或者个人。"

修正后的《对外贸易法》从几个方面进行了规定：

1. 关于货物贸易、技术贸易。依我国有关"入世"后 3 年内取消贸易权的审批制的承诺，**从原来的许可制改为登记制**。该法第 9 条规定："从事货物进出口或者技术进出口的对外贸易经营者，应当向国务院对外贸易主管部门或者其委托的机构办理备案登记；但是，法律、行政法规和国务院对外贸易主管部门规定不需要备案登记的除外。备案登记的具体办法由国务院对外贸易主管部门规定。"

2. 关于国际服务贸易。第 10 条第 1 款规定："从事国际服务贸易，应当遵守本法和其他有关法律、行政法规的规定。"

3. 关于对外工程承包和劳务合作。第 10 条第 2 款仅规定："从事对外劳务合作的单位，应当具备相应的资质。具体办法由国务院规定。"

4. **外商投资企业则继续依现行管理体制，并免于登记。**

**【经典真题】**

根据我国 2004 年修订的《对外贸易法》的规定，关于对外贸易经营者，下列哪些选项是错误的?[1]（2008－1－85）

A. 个人须委托具有资格的法人企业才能办理对外贸易业务

B. 对外贸易经营者未依规定办理备案登记的，海关不予办理报关验放手续

C. 有足够的资金即可自动取得对外贸易经营的资格

D. 对外贸易经营者向国务院主管部门办妥审批手续后方能取得对外贸易经营的资格

**【解析】** 根据《对外贸易法》第 8 条的规定，个人在依法备案的情况下，也可以办理对外贸易业务，因此，A 项说法错误。《对外贸易法》第 9 条规定，对外贸易经营者未按照

[1] 【答案】ACD

规定办理备案登记的，海关不予办理进出口货物的报关验放手续。B项说法正确。根据《对外贸易法》第8条的规定，成为对外贸易经营者需要依法办理工商登记或其他执业手续并依法备案即可，而非是有足够的资金即可自动取得对外贸易经营的资格。另一方面，取得对外贸易经营的资格并不需要向国务院主管部门办理审批手续。因此，CD项说法错误。

## 四、对外贸易管理措施

1. 外贸代理制度

根据《对外贸易法》规定，对外贸易经营者可以接受他人的委托，在经营范围内代为办理对外贸易业务。

2. 进出口货物的监管——目录管理

《对外贸易法》第15条规定："国务院对外贸易主管部门基于监测进出口情况的需要，可以对部分自由进出口的货物实行进出口自动许可并公布其目录。实行自动许可的进出口货物，收货人、发货人在办理海关报关手续前提出自动许可申请的，国务院对外贸易主管部门或者其委托的机构应当予以许可；未办理自动许可手续的，海关不予放行。进出口属于自由进出口的技术，应当向国务院对外贸易主管部门或者其委托的机构办理合同备案登记。"

3. 限制或禁止进出口的货物和技术

| 采取的措施 | 对货物或技术进出口采取措施的依据：《对外贸易法》第16条、第17条 |
| --- | --- |
| 限制或禁止进口或出口 | 1. 为维护国家安全、社会公共利益或者公共道德，需要限制或者禁止进口或者出口的；2. 为保护人的健康或者安全，保护动物、植物的生命或者健康，保护环境，需要限制或者禁止进口或者出口的；3. 为实施与黄金或者白银进出口有关的措施，需要限制或者禁止进口或者出口的；4. 依照法律、行政法规的规定，其他需要限制或者禁止进口或者出口的；5. 根据我国缔结或者参加的国际条约、协定，其他需要限制或者禁止进口或者出口的。 |
| 限制或者禁止出口 | 国内供应短缺或者为有效保护可能用竭的自然资源，需要限制或者禁止出口的。 |
| 限制出口 | 1. 输往国家或者地区的市场容量有限，需要限制出口的；<br>2. 出口经营秩序出现严重混乱，需要限制出口的。 |
| 限制进口 | 1. 为建立或者加快建立国内特定产业，需要限制进口的；<br>2. 对任何形式的农业、牧业、渔业产品有必要限制进口的；<br>3. 为保障国家国际金融地位和国际收支平衡，需要限制进口的。 |
| 采取任何必要的措施 | 国家对与裂变、聚变物质或者衍生此类物质的物质有关的货物、技术进出口，以及与武器、弹药或者其他军用物资有关的进出口，可以采取任何必要的措施，维护国家安全。在战时或者为维护国际和平与安全，国家在货物、技术进出口方面可以采取任何必要的措施。 |

**【经典真题】**

依我国2004年修订的《中华人民共和国对外贸易法》的规定，基于保障国家国际金融地位和国际收支平衡的原因，国家可以对货物贸易采取下列哪一项措施?[1]（2004－1－42）

A. 禁止进口　　B. 禁止出口　　C. 限制进口　　D. 限制出口

[1]【答案】C

**【解析】**《对外贸易法》第16条规定：“国家基于下列原因，可以限制或者禁止有关货物、技术的进口或者出口：……（九）为保障国家国际金融地位和国际收支平衡，需要限制进口的……”。故C项限制进口为正确选项。

4. 实行有限的配额和许可证制度

（1）《对外贸易法》第19条第1款规定：“国家对限制进口或者出口的货物，实行配额、许可证等方式管理；对限制进口或者出口的技术，实行许可证管理。”

（2）《对外贸易法》第20条规定：“进出口货物配额、关税配额，由国务院对外贸易主管部门或者国务院其他有关部门在各自的职责范围内，按照公开、公平、公正和效益的原则进行分配。具体办法由国务院规定。”

5. 发展国际服务贸易

《对外贸易法》第24条规定，国家促进国际服务贸易的逐步发展，在国际服务贸易方面，根据所缔结或者参加的国际条约、协定中所作的承诺，给予其他缔约方、参加方市场准入和国民待遇。

6. 保护与对外贸易有关的知识产权

国务院对外贸易主管部门可对下列侵犯知识产权的行为**采取必要措施**：

（1）进口货物侵犯知识产权，并危害对外贸易秩序的；

（2）**知识产权权利人有阻止被许可人对许可合同中的知识产权的有效性提出质疑、进行强制性一揽子许可、在许可合同中规定排他性返授条件等行为之一，并危害对外贸易公平竞争秩序的；**

（3）其他国家或者地区在知识产权保护方面未给予中华人民共和国的法人、其他组织或者个人国民待遇，或者不能对来源于中华人民共和国的货物、技术或者服务提供充分有效的知识产权保护的。

**7. 强化对外贸易秩序**

《对外贸易法》第34条规定：“在对外贸易活动中，不得有下列行为：

（1）伪造、变造进出口货物原产地标记，伪造、变造或者买卖进出口货物原产地证书、进出口许可证、进出口配额证明或者其他进出口证明文件；

（2）骗取出口退税；

（3）走私；

（4）逃避法律、行政法规规定的认证、检验、检疫；

（5）违反法律、行政法规规定的其他行为。”

**8. 进行对外贸易调查**

《对外贸易法》第37条规定：为了维护对外贸易秩序，国务院对外贸易主管部门可以自行或者会同国务院其他有关部门，依照法律、行政法规的规定对下列事项进行调查：

（1）货物进出口、技术进出口、国际服务贸易对国内产业及其竞争力的影响；

（2）有关国家或者地区的贸易壁垒；

（3）**为确定是否应当依法采取反倾销、反补贴或者保障措施等对外贸易救济措施，需要调查的事项；**

（4）规避对外贸易救济措施的行为；

（5）对外贸易中有关国家安全利益的事项；

（6）其他国家针对中国的歧视性措施，侵犯知识产权、滥用知识产权，或者未能对中国知识产权提供充分有效的保护的事项；

（7）其他影响对外贸易秩序，需要调查的事项。

注意：国务院对外贸易主管部门和国务院其他有关部门及其工作人员进行对外贸易调查，对知悉的国家秘密和商业秘密负有保密义务。

**9. 贸易救济措施**

《对外贸易法》第40条规定："国家根据对外贸易调查结果，可以采取适当的对外贸易救济措施。"对外贸易救济措施包括反倾销措施、反补贴措施、保障措施。

## 考点2　中国的出口管制法

根据《中华人民共和国出口管制法》，归纳主要内容如下：

### 一、一般规定

《出口管制法》第2条：国家对**两用物项、军品、核以及其他**与维护国家安全和利益、履行防扩散等国际义务相关的**货物、技术、服务等物项**（以下统称管制物项）的出口管制，适用本法。

前款所称管制物项，包**括物项相关的技术资料等数据**。

本法所称出口管制，是指国家对从中华人民共和国境内向境外转移管制物项，以及中华人民共和国公民、法人和非法人组织向外国组织和个人提供管制物项，采取禁止或者限制性措施。

本法所称**两用物项，是指既有民事用途，又有军事用途或者有助于提升军事潜力**，特别是可以用于设计、开发、生产或者使用大规模杀伤性武器及其运载工具的货物、技术和服务。

本法所称军品，是指用于军事目的的装备、专用生产设备以及其他相关货物、技术和服务。

本法所称核，是指核材料、核设备、反应堆用非核材料以及相关技术和服务。

《出口管制法》第4条：国家实行统一的出口管制制度，**通过制定管制清单、名录或者目录（以下统称管制清单）、实施出口许可等方式进行管理**。

《出口管制法》第5条：国务院、中央军事委员会承担出口管制职能的部门（以下统称国家出口管制管理部门）按照职责分工负责出口管制工作。国务院、中央军事委员会其他有关部门按照职责分工负责出口管制有关工作。

国家建立出口管制工作协调机制，统筹协调出口管制工作重大事项。国家出口管制管理部门和国务院有关部门应当密切配合，加强信息共享。

《出口管制法》第12条：**国家对管制物项的出口实行许可制度**。

出口管制清单所列**管制物项或者临时管制物项，出口经营者应当向国家出口管制管理部门申请许可。**

出口管制清单所列管制物项以及临时管制物项**之外的货物、技术和服务，**出口经营者知道或者应当知道，或者得到国家出口管制管理部门通知，相关货物、技术和服务可能存在以下风险的，**应当向国家出口管制管理部门申请许可**：

（一）危害国家安全和利益；

（二）被用于设计、开发、生产或者使用大规模杀伤性武器及其运载工具；

（三）被用于恐怖主义目的。

出口经营者无法确定拟出口的货物、技术和服务是否属于本法规定的管制物项，向国家出口管制管理部门提出咨询的，国家出口管制管理部门应当及时答复。

《出口管制法》第 14 条：出口经营者建立出口管制内部合规制度，且运行情况良好的，国家出口管制管理部门可以对其出口有关管制物项给予**通用许可等便利措施**。具体办法由国家出口管制管理部门规定。

《出口管制法》第 15 条：**出口经营者应当向国家出口管制管理部门提交管制物项的最终用户和最终用途证明文件，有关证明文件由最终用户或者最终用户所在国家和地区政府机构出具**。

《出口管制法》第 16 条：管制物项的**最终用户应当承诺，未经国家出口管制管理部门允许，不得擅自改变相关管制物项的最终用途或者向任何第三方转让。**

出口经营者、进口商发现**最终用户或者最终用途有可能改变的，应当按照规定立即报告国家出口管制管理部门。**

《出口管制法》第 17 条：国家出口管制管理部门建立管制物项**最终用户和最终用途风险管理制度**，对管制物项的最终用户和最终用途进行**评估、核查，加强最终用户和最终用途管理**。

《出口管制法》第 18 条：国家出口管制管理部门对有下列情形之一的进口商和最终用户，**建立管控名单：**

（一）违反最终用户或者最终用途管理要求的；

（二）可能危害国家安全和利益的；

（三）将管制物项用于恐怖主义目的的。

对**列入管控名单**的进口商和最终用户，国家出口管制管理部门**可以采取禁止、限制有关管制物项交易，责令中止有关管制物项出口等必要的措施**。

出口经营者**不得违反规定与列入管控名单的进口商、最终用户进行交易**。出口经营者在特殊情况下确需与列入管控名单的进口商、最终用户进行交易的，可以向国家出口管制管理部门提出**申请**。

列入管控名单的进口商、最终用户经采取措施，不再有第一款规定情形的，可以向国家出口管制管理部门申请**移出管控名单**；国家出口管制管理部门可以根据实际情况，决定将列入管控名单的进口商、最终用户**移出**管控名单。

## 二、两用物项出口管理

《出口管制法》第 21 条：出口经营者向国家两用物项出口管制管理部门申请出口两用物项时，应当依照法律、行政法规的规定如实提交相关材料。

## 三、军品出口管理

《出口管制法》第 23 条：国家实行军品出口专营制度。从事军品出口的经营者，应当获得军品出口专营资格并在核定的经营范围内从事军品出口经营活动。

军品出口专营资格由国家军品出口管制管理部门审查批准。

《出口管制法》第 25 条：军品出口经营者在出口军品前，应当向国家军品出口管制管理部门申请领取军品出口许可证。

军品出口经营者出口军品时，应当向海关交验由国家军品出口管制管理部门颁发的许可证件，并按照国家有关规定办理报关手续。

《出口管制法》第 28 条：国家出口管制管理部门依法对管制物项出口活动进行监督检查。

## 四、监督管理

《出口管制法》第 30 条：**为加强管制物项出口管理，防范管制物项出口违法风险，国家出口管制管理部门可以采取监管谈话、出具警示函等措施**。

《出口管制法》第 32 条：国家出口管制管理部门根据缔结或者参加的国际条约，或者按照平等互惠原则，与其他国家或者地区、国际组织等开展出口管制合作与交流。

**中华人民共和国境内的组织和个人向境外提供出口管制相关信息，应当依法进行；可能危害国家安全和利益的，不得提供**。

### 【经典真题】

中国云海公司向某国的哈瑞公司出口一批与两用物项相关的精密设备，合同选用《2020 年国际贸易术语解释通则》的 CIF 术语，信用证支付，信用证中注明“暂不生效，待进口许可证签发后生效”。根据《中华人民共和国出口管制法》与信用证规则，下列哪一选项符合要求？[1]（2021 年回忆版真题，单选）

A. 因为是精密设备，故云海公司有义务投保最高险种

B. 信用证为云海顺利结汇提供了充分的保证

C. 若该设备被列入出口管制清单，则未经中国相关部门许可，作为最终用户的哈瑞公司不得擅自改变该设备的最终用途或向第三方转让

D. 若中国云海公司未在出口管制清单中查到该设备，则可以直接出口

【解析】根据《贸易术语解释通则 2020》，CIF 术语默认的是平安险，故 A 选项错误。本题中的信用证含有软条款，即信用证中注明“暂不生效，待进口许可证签发后生效”，因此，受益人能否基于该信用证得到付款受制于买方公司所申请的进口许可证的签发，有很大的不确定性，故 B 选项错误。根据中国《出口管制法》，管制物项的最终用户应当承诺，未经国家出口管制管理部门允许，不得擅自改变相关管制物项的最终用途或者向任何第三方转让，故 C 选项正确。中国《出口管制法》第十二条规定，出口管制清单所列管制物项以及临时管制物项之外的货物、技术和服务，出口经营者知道或者应当知道，或者得到国家出口管制管理部门通知，相关货物、技术和服务可能存在以下风险的，应当向国家出口管制管理部门申请许可：（一）危害国家安全和利益；（二）被用于设计、开发、生产或者使用大规模杀伤性武器及其运载工具；（三）被用于恐怖主义目的。根据前述规定，可知 D 选项的表述过于绝对，因而错误。

---

〔1〕【答案】C

## 考点3 反倾销★★★★★

### 一、采取反倾销措施的前提条件

进口产品以倾销方式进入中国市场，并对已经建立的国内产业造成实质损害或者产生实质损害威胁，或者对建立国内产业造成实质阻碍的，依照《反倾销条例》进行调查，采取反倾销措施。

### 二、倾销与损害的确定

进口产品存在倾销、对国内产业造成损害、二者之间有因果关系，是采取反倾销措施的必要条件。

1. 倾销是指在正常贸易过程中进口产品以低于其正常价值的出口价格进入中国市场。确定倾销的关键是比较正常价值和出口价格。出口价格低于其正常价值的幅度，为倾销幅度。

2. 损害是指倾销对已经建立的国内产业造成实质损害或者产生实质损害威胁，或者对建立国内产业造成实质阻碍。

3. 倾销进口与国内产业损害间的因果关系。倾销进口必须是造成国内产业损害的原因。另一方面，非倾销因素对国内产业造成的损害，不得归因于倾销。

### 三、反倾销调查

1. 反倾销调查有两种发起方式。主要是基于国内产业或者代表国内产业的自然人、法人或者有关组织向商务部提出反倾销调查的书面申请。特殊情况下，商务部可以自主决定立案调查。

2. 反倾销调查的申请应特别包括下述两个方面：第一，申请调查的进口产品倾销、对国内产业造成损害、二者之间存在因果关系的证据；第二，有足够的国内生产者的支持，在支持和反对申请的生产者中，支持者占的产量占二者总产量的50%以上，同时不得低于国内同类产品总产量的25%。

3. 商务部进行调查时，利害关系方（申请人、已知的出口经营者和进口经营者、出口国或地区政府以及其他有利害关系的组织、个人）应当如实反映情况，提供有关资料。利害关系方不如实反映情况、提供有关资料的，或者没有在合理时间内提供必要信息的，或者以其他方式严重妨碍调查的，商务部可以根据已经获得的事实和可获得的最佳信息作出裁定，即基于现有事实作出裁定。

4. 进行损害调查时的累积评估。根据《反倾销条例》第9条的规定：“倾销进口产品来自两个以上国家（地区），并且同时满足下列条件的，可以就倾销进口产品对国内产业造成的影响进行累积评估：（1）来自每一国家（地区）的倾销进口产品的倾销幅度不小于2%，并且其进口量不属于可忽略不计的；（2）根据倾销进口产品之间以及倾销进口产品与国内同类产品之间的竞争条件，进行累积评估是适当的。

可忽略不计，是指来自一个国家（地区）的倾销进口产品的数量占同类产品总进口量的比例低于3%；但是，低于3%的若干国家（地区）的总进口量超过同类产品总进口量7%的除外。”

5. 反倾销调查分为初步裁定和终局裁定两个阶段。初步裁定倾销、损害二者之间的因果关系成立的，继续调查，作出终局裁定。

6. 下列情形下，终止反倾销调查：（1）申请人撤销申请；（2）没有足够证据证明存在倾销、损害或者二者之间有因果关系；（3）倾销幅度低于2%；（4）倾销进口产品实际或者潜在的进口量或者损害可忽略不计；（5）商务部认为不适宜继续进行反倾销调查。

## 四、反倾销措施

反倾销措施：
- 临时反倾销措施
- 价格承诺
- 反倾销税

1. 初步裁定倾销成立并由此对国内产业造成损害，可以采取临时反倾销措施。临时反倾销措施方式包括征收临时反倾销税、提供保证金、保函或其他形式的担保。其数额不得超过初步裁定确定的倾销幅度。临时反倾销措施自公告实施之日起不得超出4个月，特殊情形下不得超出9个月。在公告反倾销立案调查之日起的60天内，不得采取临时反倾销措施。

2. 倾销进口产品的出口经营者在反倾销调查期间，可以向商务部作出改变价格或者停止以倾销价格出口的价格承诺。商务部可以建议但不得强迫出口经营者作出价格承诺。出口经营者不作出价格承诺或不接受价格承诺建议，不妨碍反倾销案件的调查和确定。是否接受价格承诺，由商务部决定。商务部接受价格承诺，可以中止或终止反倾销调查。商务部在初步裁定前不得寻求或者接受价格承诺。接受价格承诺后继续进行调查并作出否定的倾销或损害的终局裁定，价格承诺自动失效。

3. 终局裁定确定倾销成立并由此对国内产业造成损害的，可以征收反倾销税。反倾销税的纳税人为倾销进口产品的进口经营者。反倾销税税额不得超过终局裁定确定的倾销幅度。反倾销税对终局裁定公告之日后进口的产品适用，但在特殊情况下也可以追溯征收。对实施临时反倾销税的期间追溯征收的，采取多退少不补的原则。

### 【经典真题】

甲乙丙三国企业均向中国出口某化工产品，2010年中国生产同类化工产品的企业认为进口的这一化工产品价格过低，向商务部提出了反倾销调查申请。根据相关规则，下列哪一选项是正确的？[1]（2014－1－42）

A. 反倾销税税额不应超过终裁决定确定的倾销幅度

B. 反倾销税的纳税人为倾销进口产品的甲乙丙三国企业

C. 商务部可要求甲乙丙三国企业作出价格承诺，否则不能进口

D. 倾销进口产品来自两个以上国家，即可就倾销进口产品对国内产业造成的影响进行累积评估

【解析】反倾销税税额不应超过终裁决定确定的倾销幅度，故A正确。反倾销税的纳税人为进口经营者而非出口商，故B错误。价格承诺以自愿为原则，故C错误。根据《反倾销条例》第9条的规定，“倾销进口产品来自两个以上国家（地区），并且同时满足下列条件的，可以就倾销进口产品对国内产业造成的影响进行累积评估：（1）来自每一国家（地区）的倾销进口产品的倾销幅度不小于2%，并且其进口量不属于可忽略不计的；（2）根

〔1〕【答案】A

据倾销进口产品之间以及倾销进口产品与国内同类产品之间的竞争条件，进行累积评估是适当的。”故D错误。

## 五、反倾销措施的期限和复审

1. 反倾销税的征收期限和价格承诺的履行期限**不超过5年；但是经复审确定**终止征收反倾销税有可能导致损害的继续或者再度发生的，**可以适当延长反倾销税的征收期限**。

2. 对反倾销税和价格承诺，商务部可以决定对其必要性进行复审，经利害关系方申请，商务部也可以对反倾销税和价格承诺的必要性进行复审。根据复审结果，商务部作出保留、修改或者取消反倾销税或价格承诺的决定。

3. 对终局裁定、是否征收反倾销税的决定以及追溯征收、退税、对新出口经营者征税的决定，对复审决定，利害关系人不服的可以依法申请行政复议，或依法向人民法院提起诉讼。

## 考点4 反补贴★★★

## 一、采取反补贴措施的前提条件

根据《反补贴条例》的规定，采取反补贴措施，须满足三个前提条件，即首先须存在专向性补贴，其次，受补贴产品给进口国国内产业造成实质性损害（或者实质性损害的威胁或实质性阻碍），第三，补贴和损害之间存在因果关系。

1. 存在补贴且为出口国专向补贴

补贴，是指出口国（地区）政府或者其任何公共机构提供的并为接受者带来利益的财政资助以及任何形式的收入或者价格支持。

上面所称财政资助，包括：

(1) 出口国（地区）政府以拨款、贷款、资本注入等形式直接提供资金，或者以贷款担保等形式潜在地直接转让资金或者债务；

(2) 出口国（地区）政府放弃或者不收缴应收收入；

(3) 出口国（地区）政府提供除一般基础设施以外的货物、服务，或者由出口国（地区）政府购买货物；

(4) 出口国（地区）政府通过向筹资机构付款，或者委托、指令私营机构履行上述职能。

依照《反补贴条例》进行调查、采取反补贴措施的补贴，必须具有专向性。具有下列情形之一的补贴，具有专向性：

(1) 由出口国（地区）政府明确确定的某些企业、产业获得的补贴；

(2) 由出口国（地区）法律、法规明确规定的某些企业、产业获得的补贴；

(3) 指定特定区域内的企业、产业获得的补贴；

(4) 以出口实绩为条件获得的补贴，包括《反补贴条例》中所附出口补贴清单列举的各项补贴；

(5) 以使用本国（地区）产品替代进口产品为条件获得的补贴。

2. 须造成国内产业的损害

损害是指补贴对已经建立的国内产业造成实质损害或者产生实质损害威胁，或者对建立国内产业造成实质阻碍。对损害的调查和确定，由商务部负责；其中，涉及农产品的反补贴国内产业损害调查，由商务部会同农业部进行。

3. 补贴进口产品与国内产业损害间有因果关系

补贴进口产品必须是国内产业损害的原因。同时，非补贴进口产品因素对国内产业造成的损害，不得归因于补贴。

**【经典真题】**

根据《中华人民共和国反补贴条例》，下列哪些选项属于补贴?[1]（2014－1－82）

A. 出口国政府出资兴建通向口岸的高速公路

B. 出口国政府给予企业的免税优惠

C. 出口国政府提供的贷款

D. 出口国政府通过向筹资机构付款，转而向企业提供资金

【解析】根据《反补贴条例》，出口国政府给予企业的免税优惠，出口国政府提供的贷款，出口国政府通过向筹资机构付款，转而向企业提供资金等行为，都属于政府直接或者政府主导给予补贴的情形。故应选 BCD。

## 二、反补贴调查及反补贴措施

反补贴调查的程序与反倾销调查的程序相同。反补贴调查的申请主体、调查主体、调查方法和反倾销调查基本相同。商务部根据调查结果，分别就补贴、损害作出初裁决定，并就二者之间的因果关系是否成立作出初裁决定后予以公告。初裁决定确定补贴、损害以及二者之间的因果关系成立的，商务部应当对补贴及补贴金额、损害及损害程度继续进行调查，并根据调查结果分别作出终裁决定后予以公告。

反补贴措施与反倾销措施类似，包括临时反补贴措施、价格承诺及反补贴税。实施条件也基本与反倾销措施实施的条件相同。

1. 采取临时反补贴措施

初裁决定确定补贴成立，并由此对国内产业造成损害的，可以采取临时反补贴措施。临时反补贴措施采取以现金保证金或者保函作为担保的征收临时反补贴税的形式。临时反补贴措施实施的期限，自临时反补贴措施决定公告规定实施之日起，不超过 4 个月。但自反补贴立案调查决定公告之日起 60 天内，不得采取临时反补贴措施。

2. 作出承诺

在反补贴调查期间，出口国（地区）政府提出取消、限制补贴或者其他有关措施的承诺，或者出口经营者提出修改价格的承诺的，商务部应当予以充分考虑。

商务部也可以向出口经营者或者出口国（地区）政府提出有关价格承诺的建议，但不得强迫出口经营者作出承诺。

商务部认为承诺能够接受的，可以决定中止或者终止反补贴调查，不采取临时反补贴措施或者征收反补贴税。不接受承诺的，应当向有关出口经营者说明理由。

调查机关对补贴以及由补贴造成的损害作出肯定的初裁决定前，不得寻求或者接受承诺。在出口经营者作出承诺的情况下，未经其本国（地区）政府同意的，调查机关不得寻求或者接受承诺。

［1］【答案】BCD

依照前述规定，基于承诺中止或者终止调查后，应出口国（地区）政府请求或者调查机关认为有必要，调查机关可以对补贴和损害继续进行调查。根据调查结果，作出补贴或者损害的否定裁定的，承诺自动失效；作出补贴或者损害的肯定裁定的，承诺继续有效。对违反承诺的，商务部可以立即决定恢复反补贴调查；根据可获得的最佳信息，可以决定采取临时反补贴措施，并可以对实施临时反补贴措施前90天内进口的产品追溯征收反补贴税，但违反承诺前进口的产品除外。

3. 征收反补贴税

在为完成磋商的努力没有取得效果的情况下，终裁决定确定补贴成立，并由此对国内产业造成损害的，可以征收反补贴税。反补贴税适用于终裁决定公告之日后进口的产品，但属于追溯征收反补贴税情形的除外。反补贴税的纳税人为补贴进口产品的进口经营者。反补贴税税额不得超过终裁决定确定的补贴金额。

终裁决定确定存在实质损害，并在此前已经采取临时反补贴措施的，反补贴税可以对已经实施临时反补贴措施的期间追溯征收。下列三种情形并存的，必要时可以对实施临时反补贴措施之日前90天内进口的产品追溯征收反补贴税：（1）补贴进口产品在较短的时间内大量增加；（2）此种增加对国内产业造成难以补救的损害；（3）此种产品得益于补贴。

终裁决定确定的反补贴税，高于现金保证金或者保函所担保的金额的，差额部分不予收取；低于现金保证金或者保函所担保的金额的，差额部分应当予以退还。

**【经典真题】**

中国某产业认为甲国出口到中国的某商品构成政府补贴，侵害了中国企业的利益，提出反补贴调查申请。商务部终局裁定采取反补贴措施，下列选项正确的有哪些？[1]（2021年回忆版真题，多选）

A. 该项政府补贴应具有专向性

B. 对于甲国出口商在行政诉讼中提供的在反补贴调查中拒不提供的证据，人民法院不予采纳

C. 甲国出口商对商务部的终局裁定不服，可以提交WTO的争端解决程序

D. 甲国出口商对商务部的终局裁定，可以申请复议，也可以向法院提起诉讼

**【解析】** 根据《反补贴协议》，作为条件之一，出口国所提供的政府补贴必须具有专向性，故A选项正确。根据《最高人民法院关于审理反补贴行政案件应用法律若干问题的规定》的第八条规定，被告在反补贴行政调查程序中依照法定程序要求原告提供证据，原告无正当理由拒不提供、不如实提供或者以其他方式严重妨碍调查，而在诉讼程序中提供的证据，人民法院不予采纳，故B选项正确。当事人对中国商务部的裁定不服的，可以提起行政复议或行政诉讼，但如果诉诸WTO的争端解决程序，只有该外国政府才可以出面，故C选项错误。外国出口商对中国商务部的终局裁定，可以申请复议，也可以向法院提起诉讼，故D选项正确。

〔1〕【答案】ABD

## 考点5　保障措施★★★★

### 一、采取保障措施的前提条件

根据《保障措施条例》的规定，我国采取保障措施的前提条件如下：

1. 进口产品数量增加；
2. 生产同类产品或直接竞争产品的国内产业受到严重损害或严重损害威胁；
3. 进口数量增加与损害二者之间存在因果关系。

★特别提示

1. 进口数量绝对增加指外国产品进口的数量相对于以前有所增加，而相对增加是指进口产品的绝对数量虽然没有增加，但其占据的市场份额有所增加。

2. 适用保障措施要求的产业损害程度重于反倾销或反补贴要求的损害程度，即“严重损害”而不是“实质损害”。

### 二、保障措施调查的立案

保障措施调查案件的立案方式有两种：1. 国内产业或者代表国内产业的自然人、法人或者有关组织，可以依照《保障措施条例》的规定向商务部提出保障措施调查的书面申请；2. 商务部没有收到采取保障措施的书面申请，但有充分证据认为国内产业因进口产品数量增加而受到损害的，可以决定立案调查。

### 三、初裁和终裁

商务部根据调查结果作出初裁决定后公告。初裁决定确定进口产品数量增加和损害成立并且二者之间有因果关系的，商务部应当继续进行调查，根据调查结果作出终裁决定后公告。

### 四、临时保障措施和保障措施

1. 临时保障措施

有明确证据表明进口产品数量增加，在不采取临时保障措施将对国内产业造成难以补救的损害的紧急情况下，可以作出初裁决定，并采取临时保障措施。临时保障措施采取提高关税的形式。

2. 保障措施终裁决定确定进口产品数量增加，并由此对国内产业造成损害的，可以采取保障措施。保障措施可以采取提高关税、数量限制等形式。

3. 实施保障措施，必须遵循“无歧视原则”，即对于来自所有世界贸易组织成员方的同类产品，一视同仁地采取同样的限制措施。

| 措施 | 适用条件 | 具体方式 |
| --- | --- | --- |
| **临时保障措施** | 有明确证据表明进口产品数量增加，在不采取临时保障措施将对国内产业造成难以补救的损害的紧急情况下，可以作出初裁决定，并采取临时保障措施。 | 提高关税 |
| **保障措施** | 终裁决定确定进口产品数量增加，并由此对国内产业造成损害的，可以采取保障措施。 | 提高关税、数量限制 |

## 五、实施期限与复审

保障措施的实施期限不超过4年，符合特定条件的，可以适当延长，但一项保障措施的实施期限及其延长期限，最长不超过10年。对同一进口产品再度采取保障措施的，与前次采取保障措施的时间间隔应当不短于前次采取保障措施的实施期限，并且至少为2年。保障措施实施期限超过1年的，应当在实施期间内按固定时间间隔逐步放宽。保障措施实施期限超过3年的，商务部应当在实施期间内对该项措施进行中期复审。

### 【经典真题】

**1.** 根据《中华人民共和国保障措施条例》，下列哪一说法是不正确的？[1]（2013－1－44）

A. 保障措施中“国内产业受到损害”，是指某种进口产品数量增加，并对生产同类产品或直接竞争产品的国内产业造成严重损害或严重损害威胁

B. 进口产品数量增加指进口数量的绝对增加或与国内生产相比的相对增加

C. 终裁决定确定不采取保障措施的，已征收的临时关税应当予以退还

D. 保障措施只应针对终裁决定作出后进口的产品实施

【解析】A选项关于保障措施中“国内产业受到损害”的表述正确。进口产品数量增加指进口数量的绝对增加或与国内生产相比的相对增加，故B正确。终裁决定确定不采取保障措施的，已征收的临时关税应当予以退还，C正确。保障措施原则上针对终裁决定作出后进口的产品实施，但也可以追溯征收，故D错误。

**2.** 进口中国的某类化工产品2015年占中国的市场份额比2014年有较大增加，经查，两年进口总量虽持平，但仍给生产同类产品的中国产业造成了严重损害。依我国相关法律，下列哪一选项是正确的？[2]（2015－1－43）

A. 受损害的中国国内产业可向商务部申请反倾销调查

B. 受损害的中国国内产业可向商务部提出采取保障措施的书面申请

C. 因为该类化工产品的进口数量并没有绝对增加，故不能采取保障措施

D. 该类化工产品的出口商可通过价格承诺避免保障措施的实施

【解析】本题满足申请保障措施的条件，题干中并未提及存在倾销，故应申请保障措施而非申请反倾销调查，A错误，B正确。采取保障措施的前提条件之一是进口的数量增加，包括绝对增加，也包括相对增加，故C错误。在保障措施之中，不存在出口经营者作出承诺这一制度安排，故D错误。

---

[1]【答案】D

[2]【答案】B

★特别提示

**提示1　"两反一保"的比较**

| 贸易救济措施 | | | |
|---|---|---|---|
| | 反倾销 | 反补贴 | 保障措施 |
| 前提条件 | 存在倾销 | 存在专向性补贴 | 进口数量增加 |
| | 造成损害（实质性损害、实质性损害的威胁、实质性阻碍） | 同左 | 造成严重损害或严重损害的威胁 |
| | 倾销和损害存在因果关系 | 补贴和损害存在因果关系 | 进口增加和损害存在因果关系 |
| 措施 | 临时反倾销措施（公告起4个月，最长不超过9个月）、价格承诺（出口经营者作出）、反倾销税（向进口经营者征收） | 临时反补贴措施、承诺（出口国政府或出口经营者作出）、反补贴税（向进口经营者征收） | 临时保障措施（提高关税）、保障措施（提高关税或者数量限制） |
| 实施期限 | 5年，经复审有必要可适当延长 | 5年，经复审有必要可适当延长 | 4年，最长不超过10年 |
| 特点 | 针对特定国家 | 针对特定国家 | 针对所有WTO成员方法（无歧视） |

**提示2　贸易救济措施争议的多边救济程序**

对于反倾销措施、反补贴措施或保障措施，除利害关系人通过国内程序申请行政复议或者向法院提起诉讼外，产品的出口商或者生产商还可以通过本国政府，针对这些贸易救济措施**向世界贸易组织提起争端解决程序，即所谓的多边救济程序**。

# 第六章 世界贸易组织

**导学** 本部分的基本考点包括世界贸易组织的基本原则、争端解决机制以及世界贸易组织的基本法律制度等。核心考点是世界贸易组织的最惠国待遇原则、《服务贸易总协定（GATS)》、争端解决机制的特点等。近年来，法考对争端解决机制的考查逐渐升温，在这里要再次强调它的重要性。

★【本部分考点近年真题统计】

| 题型 | 年份 | 考点 | 分值 |
|---|---|---|---|
| 单项选择题 | 2013 年卷一第 42 题 | 《服务贸易总协定》关于最惠国待遇、国民待遇原则的规定 | 1 |
| | 2013 年卷一第 43 题 | WTO 的争端解决程序 | 1 |
| | 2012 年卷一第 40 题 | 《服务贸易总协定》规定的服务贸易的类别 | 1 |
| | 2012 年卷一第 42 题 | WTO 的争端解决程序的特点 | 1 |
| | 2012 年卷一第 44 题 | 中国与世贸组织 | 1 |
| | 2011 年卷一第 43 题 | 中国在世贸组织中承担的特殊义务 | 1 |
| | 2009 年卷一第 44 题 | WTO 的争端解决程序的特点 | 1 |
| | 2006 年卷一第 42 题 | WTO 的最惠国待遇原则 | 1 |
| | 2005 年卷一第 44 题 | WTO 的争端解决程序的特点 | 1 |
| | 2004 年卷一第 43 题 | TRIMs 的适用范围 | 1 |
| | 2004 年卷一第 44 题 | WTO 的争端解决程序 | 1 |
| 多项选择题 | 2017 年卷一第 80 题 | 世界贸易组织的最惠国待遇原则及争端解决机制 | 1 |
| | 2016 年卷一第 82 题 | 《服务贸易总协定》关于商业存在的界定；国际居民税收管辖权、来源地税收管辖权、双重征税的基本概念 | 2 |
| | 2015 年卷一第 80 题 | WTO 的争端解决程序的特点 | 2 |
| | 2009 年卷一第 84 题 | TRIMs 禁止的措施 | 2 |

续表

| 题型 | 年份 | 考点 | 分值 |
| --- | --- | --- | --- |
| | 2007 年卷一第 84 题 | 《中国加入世界贸易组织议定书》及其附件的性质和内容 | 2 |
| | 2006 年卷一第 83 题 | 贸易救济措施争议的国内和多边救济程序之比较 | 2 |
| | 2003 年卷一第 73 题 | 《关税与贸易总协定》的关税减让 | 1 |
| | 2003 年卷一第 69 题 | TRIMs 禁止的措施 | 1 |
| | 2002 年卷一第 68 题 | TRIMs 禁止的措施 | 1 |
| 不定项选择题 | 2014 年卷一第 100 题 | WTO 的最惠国待遇原则 | 2 |
| | 2004 年卷一第 95 题 | 争端解决机构解决的争端类型 | 2 |
| | 2002 年卷一第 98 题 | WTO 的争端解决程序的特点 | 1 |

## 重点知识详解

### 考点 1　世界贸易组织的一般制度

世界贸易组织于 1995 年 1 月 1 日成立，其前身是关税与贸易总协定。世界贸易组织享有执行其职能所必要的法律能力；世界贸易组织享有为履行其职能所必要的优惠和豁免权；及世界贸易组织官员和各参加方代表应享有的其在履行世界贸易组织有关职能时所必要的特权和豁免权。

### 一、机构设置

世界贸易组织有**部长级会议、总理事会、（3 个部门贸易）理事会、（6 个综合）委员会、下属机构、秘书处等机构组成**。其中秘书处负责人为总干事。决策机制可概括为两点：

1. 协商一致优先，投票表决第二；
2. 决策事项不同，投票要求不同。

### 二、基本原则

**1. 最惠国待遇原则★★★★★**

最惠国待遇是指，WTO 任一成员方在货物、服务贸易和知识产权领域给予任何其他国家（无论是否是世贸组织成员）的优惠待遇，应立即和无条件地给予其他各成员方。

最惠国待遇原则具有以下几个特点：自动性、同一性、相互性、普遍性。普遍性是指最惠国待遇适用于一切符合规定的产品的贸易，即适用于全部进出口产品、服务贸易的各个部门和所有种类的知识产权的所有者和持有者；互惠性是指任何一成员既是受惠方，又是给惠方，最惠国待遇是贸易条约成员方之间相互给予的，不是单方面提供或享受的；自动性是指当一成员国给予其他国家的优惠超过其他成员享有的优惠时，其他成员便自动享有这种优惠；同一性是指当一成员给予其他国家的某种优惠自动的转给其他成员方时，受惠标的必须相同。

最惠国待遇义务也存在 WTO 允许的例外。这些例外情形主要包括：边境贸易；发达国家对发展中国家给予优惠的“普遍优惠制”；关税同盟或自由贸易区成员方之间相互给予的优惠等。此外，还允许以维持收支平衡、征收反倾销税或反补贴税为理由偏离最惠国待遇义务；允许对某一成员方或某些成员方豁免最惠国待遇；允许基于一般例外或安全例外偏离最惠国待遇。

**【经典真题】**

甲乙丙三国为世界贸易组织成员，丁国不是该组织成员。关于甲国对进口立式空调和中央空调的进口关税问题，根据《关税与贸易总协定》，下列违反最惠国待遇的做法是?[1]（2014－1－100）

A. 甲国给予来自乙国的立式空调和丙国的中央空调以不同的关税

B. 甲国给予来自乙国和丁国的立式空调以不同的进口关税

C. 因实施反倾销措施，导致从乙国进口的立式空调的关税高于从丙国进口的

D. 甲国给予来自乙丙两国的立式空调以不同的关税

**【解析】**根据最惠国待遇原则的“同一性”原则，优惠所给予的对象应是相同的，立式空调和中央空调属于不同的产品，其进口关税自当允许有别，故A选项不违反最惠国待遇原则。丁国不是世贸组织的成员，因此理论上甲国给予丁国和乙国的立式空调不同，也是允许的，故B选项不违反最惠国待遇原则。反倾销措施属于世界贸易组织允许的最惠国待遇原则的例外，故C选项的做法不违反最惠国待遇原则。甲乙丙三国均为世界贸易组织成员国，因此，甲国给予乙国和丙国同一产品即立式空调同样的关税待遇，故D选项的做法违反了最惠国待遇原则。

**2. 国民待遇原则★★★**

WTO中的国民待遇是指，对其他成员方的产品、服务或服务提供者及知识产权所有者和持有者所提供的待遇，不低于本国相同产品、服务或服务提供者及知识产权所有者和持有人所享有的待遇。

国民待遇在货物贸易领域中适用包括：

（1）不对进口产品征收超过对本国相同产品所征收的国内税或其他国内费用；

（2）在本国产品与进口产品具有直接竞争或可替代竞争关系时，不以保护国内生产的方式对两者不同征税；

（3）在影响产品的国内销售、购买、运输、分销与使用的所有法律、法规、规章和要求，包括影响进口产品在国内销售、分销与使用的投资管理措施等方面，进口产品所享受的待遇不得低于本国相同产品；

（4）成员方对产品的混合、加工或使用实施国内数量管制时，不能强制要求生产者必须使用特定数量或比例的国内产品。

国民待遇的例外包括：

国民待遇原则是WTO的基本原则，WTO的每一协定中国民待遇义务的具体适用条件也不完全相同。根据《关税与贸易总协定》第3条和第20条，货物贸易国民待遇的例外包括：①政府采购例外；②仅针对某种产品的国内生产商提供的补贴例外；③一般例外。

---

[1] 【答案】D

**3. 禁止数量限制原则**

数量限制是指对进出口产品采取除关税、国内税和其他费用之外的禁止或限制措施，根据《关税与贸易总协定》，对进出口产品原则上禁止一切数量限制。但在下列情况下允许例外：（1）为防止或缓解出口成员的粮食或其他必需品的严重短缺而临时实施的出口禁止或限制；（2）为实施国际贸易中的商品归类、分级和销售标准或法规而必须实施的进出口禁止或限制；（3）为了限制国内产品数量或消除国内产品的过剩而对农产品或渔业产品进口实施的限制；（4）为了保障其对外金融地位和国际收支平衡而对进口产品进行的限制。

**4. 约束关税措施原则**

WTO各成员方在关税减让表中公布的税率是它们可以适用的税率的最高限，此即为约束关税，但它们可以适用比约束关税更低的税率。

**5. 市场准入原则**

所谓市场准入，是指一成员方允许另一成员方的货物、劳务与资本参与本国市场的程度。“准入”体现了国家法律上的一种含义，是国家通过实施各种法律和规章制度对本国市场对外开放程度的一种宏观掌握和控制。在市场准入原则的实施中，对于开放市场所作的时间安排至关重要，不可能要求各成员在同一时间、同一项目下作同样的开放程度，而要由各成员政府根据本国的实际情况确定市场准入的规模、程度和时间，特别是对于服务贸易市场的开放。

**6. 透明度原则**

透明度原则（Transparency）是指，WTO成员方应公布所制定和实施的贸易措施及其变化情况（如修改、增补或废除等），没有公布的措施不得实施，同时还应将这些贸易措施及其变化情况通知世贸组织。此外，成员方所参加的有关影响国际贸易政策的国际协定，也应及时公布和通知WTO。

**7. 公平贸易原则**

公平贸易原则又叫公平竞争原则，是指WTO成员方应避免采取扭曲市场竞争的措施，努力纠正不公平贸易行为。

## 三、文件体系

1. 《世界贸易组织协定》与任何多边贸易协议（包括诸边贸易协议）条款冲突时，以《世界贸易组织协定》为准。

2. 货物贸易规则、服务贸易规则、与贸易有关的知识产权规则，是相互独立的、并行的三类规则，某一事项可能同时受三类规则的调整。某一项贸易措施受其中一个协议的调整，并不表明就因此而不受其他协议的支配。

3. 就货物贸易规则而言，12个货物协议在适用上优先于1994年《关税与贸易总协定》。

4. 在争端解决的实践中，关于不同协议、不同规则的适用，争端解决机制遵循协调一致的解释方法，可以共同适用和累积适用。

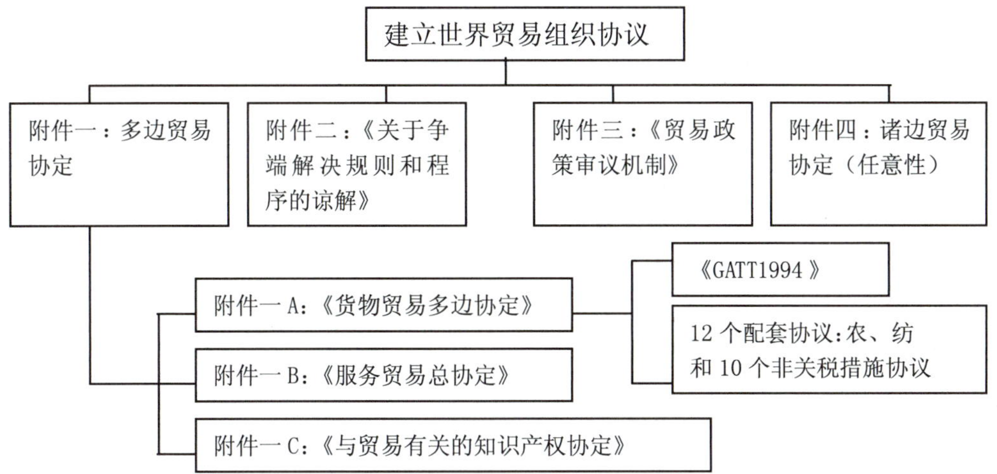


### 考点 2　服务贸易总协定★★★★

《服务贸易总协定》（GATS）是第一个调整国际服务贸易的多边性、具有法律强制力的规则。它规定了服务贸易的一般原则和义务，及各成员的具体承诺。协定适用于各成员影响服务贸易的措施，包括成员的中央、地区或地方政府的措施，以及它们授权行使权力的非政府机构采取的措施。

## 一、服务贸易的界定

《服务贸易总协定》没有对服务贸易下一个定义，而是规定了服务贸易的四种方式：

1. 跨境供应。从一国境内直接向其他国境内提供服务——服务产品的流动（不需要提供者和消费者的实际流动）；

2. 境外消费。在一国境内向其他国的服务消费者提供服务——消费者的流动；

3. 商业存在。外国实体在另一国境内设立附属公司或分支机构，提供服务，即外国服务提供者通过在其他国境内设立的机构提供商业服务，例如在当地设立银行、保险等服务机构；

4. 自然人移动。一国的服务提供商通过自然人到其他国境内提供服务——自然人流动，如工程承包。

## 二、服务贸易领域的最惠国待遇原则

《服务贸易总协定》第 2 条第 1 款规定，“在本协定所涉及的任何措施方面，每一成员给予任何其他国家服务和服务提供者的优惠待遇，应立即和无条件地给予任何其他成员相同的服务和服务提供者。”

《服务贸易总协定》关于最惠国待遇的主要内容如下：（1）最惠国待遇不仅适用于服务产品，而且还包括服务的提供者，这与 GATT 所规定的最惠国待遇不同，GATT 的最惠国待遇只及于其他成员方的产品，而不及于产品的提供者；（2）GATS 关于最惠国待遇的规定属于“普遍义务”（General Obligation），也就是说，最惠国待遇原则是适用于服务贸易的各个部门，不论成员方是否开放这些服务贸易部门，在采取有关的管理措施时，都必须遵循最惠国待遇原则；（3）参照标准是以成员方对“任何其他国家”（any other country）的服务和服务提供者的待遇，这里任何其他国家应理解为包括非GATS成员，这样最惠国待遇实际上不允许对来自不同国家的服务和服务提供者予以区别对待；（4）允许成员方对最惠国待遇提出保留。

## 三、服务贸易领域的国民待遇和市场准入

1. 服务贸易领域国民待遇和市场准入的限制

在服务贸易领域，与最惠国待遇不同的是，各成员应给予其他成员的市场准入和国民待遇是有条件的，即以成员方在减让表中承诺的条件和范围为前提作出具体承诺，换言之，成员方只有作出了相关的承诺，才有义务给予其他成员方以国民待遇和市场准入。

2. WTO服务贸易各成员的减让表

（1）减让表的性质——义务清单。

（2）“肯定式清单”方式及其内容。

与最惠国待遇义务的例外式清单（原则上有义务，除非列入例外清单）相反，减让表采取肯定式清单方法，即原则上无义务，除非在清单上列明。

清单列明下述内容：①市场准入的规定、限制和条件；②国民待遇的条件和资格；③有关附加承诺的承诺；④适当情况下，实施这类承诺的时间表；⑤这类承诺的生效日期。

3. 减让表的结构

由水平承诺和部门承诺两大部分组成，每一部分包括“部门或分部门”“市场准入限制”“国民待遇原则”和“附加承诺”四个方面。水平承诺适用于减让表的所有部门，部门承诺仅适用于所列出的服务部门或分部门，部门承诺能够最具体地确定承诺的范围。

4. 具体承诺的三种表达方式

（1）不作承诺：表明不承担任何义务；

（2）没有限制：表明承担了不实施任何限制的全部义务；

（3）具体列明限制：表明承担义务时所附带的要求。

## 四、透明度原则

GATS第3条从以下三个方面规定了成员方透明度的基本义务；

1. 立即公布相关法规；

2. 每年向服务贸易理事会报告新的或更改的措施；

3. 设立咨询点（inquiry points）。

此外，任何成员方如认为某一成员所采取的措施影响《服务贸易总协定》的实施，可通知服务贸易理事会。

### 【经典真题】

根据世界贸易组织《服务贸易总协定》，下列哪一选项是正确的？[1]（2013－1－42）

A. 协定适用于成员方的政府服务采购

B. 中国公民接受国外某银行在中国分支机构的服务属于协定中的境外消费

C. 协定中的最惠国待遇只适用于服务产品而不适用于服务提供者

---

〔1〕【答案】D

D. 协定中的国民待遇义务，仅限于列入承诺表的部门

【解析】根据《服务贸易总协定》，服务贸易总协定不适用于为履行政府职能而提供的服务，故A错误。中国公民接受国外某银行在中国分支机构的服务属于商业存在而不是境外消费，故选项B错误。协定中的最惠国待遇适用于服务提供者和服务产品，但不适用于货物产品，故选项C错误。《服务贸易总协定》中的国民待遇义务，仅限于列入承诺表的部门，并且要遵循其中所列的条件和资格，故选项D正确。应注意服务贸易领域的最惠国待遇是无条件的，即应无条件给予世贸组织所有其他成员方的服务产品和服务提供者以最惠国待遇。但是另一方面，服务贸易领域的国民待遇和市场准入是有条件的，即世界贸易组织成员方是否给予其他成员方国民待遇和市场准入，以其作出的承诺为前提条件。故本题应选D。

## 考点3　世界贸易组织争端解决机制★★★★★

乌拉圭回合签署的、构成世界贸易组织多边贸易制度一部分的《关于争端解决规则与程序的谅解》（DSU），在世界贸易组织框架下，建立了统一的多边贸易争端解决制度。《关于争端解决规则与程序的谅解》适用于依据下列协议提起的争端：《世界贸易组织协定》、附件1A、附件1B、附件1C、附件2（《关于争端解决规则与程序的谅解书》）、附件4（诸边贸易协议）其唯一不适用的协议为附件3（贸易政策评审机制）。

根据《关于争端解决规则和程序的谅解》的规定，该谅解附录2中明确列出的相关协议中的特殊或额外规定，如果与DSU本身的规定不同，则优先适用这些特殊或额外规定。

### 一、争端机构解决的争端类型

1. 违反性申诉。这是争端的主要类型。申诉方须证明被诉方违反了有关协议的条款。在确立了存在违反有关协议条款的行为后，推定申诉方的利益受损或丧失。对这种争端的裁定，被诉方往往需要废除或修改有关措施。

2. 非违反性申诉。对这种申诉的审查，不追究被诉方是否违反了有关协议条款，而只处理被诉方的措施是否使申诉方根据有关协议享有的利益受损或丧失。申诉方需要证明其根据有关协议享有合理的预期利益，该合理预期利益因为被诉方的措施受损或丧失。被诉方没有取消有关措施的义务，只需作出补偿。

3. 其他情形。

## 二、争端解决程序

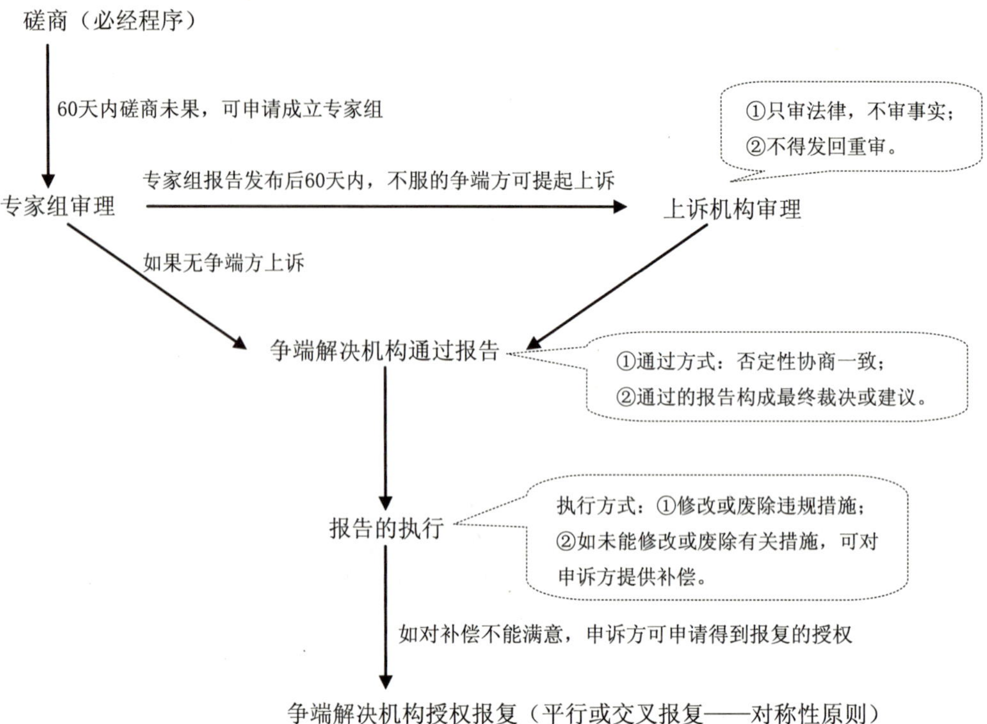


## 三、专家组和上诉机构的职能

**1. 专家组**

专家组是争端解决机构的非常设性机构。

专家组是世界贸易组织争端解决机制的核心程序，世贸组织成员方提出磋商请求日起60天内磋商没有解决争端时，申诉方可以申请成立专家组。专家组的任务是帮助争端解决机构履行其争端解决职能，对提交审理的争议提出客观的报告，包括有关事实和法律的适用问题，帮助DSB作出裁决或者建议。

（1）专家组成员的产生：专家组的成员一般由争端成员双方磋商后从世界贸易组织秘书处存有的专家名单选定。只有在双方不能达成一致时，才由世界贸易组织总干事任命。由3人组成，如果各方同意也可以由5人组成。专家组成员应以其个人身份任职，既不作为政府代表，也不作为任何组织的代表，争端当事方本国的公民不得在与该争端有关的专家组中任职，除非争端各方另有约定。当争端发生在发展中国家和发达国家之间，经发展中国家提出要求，专家组应当包括至少一名成员来自于发展中国家。

（2）专家组的权限范围：专家组的权限范围仅限于申请设立专家组的申请书中所指明的具体争端和法律依据。未在申请书中指明的诉求，不属于专家组处理的权限范围。对申诉方根据不同规则提出的数个申诉请求，专家组可以根据有效解决争端的原则，决定对其中的某些诉求不进行审查，这就是所谓的“司法经济原则”。专家组可以向其视为适当的任何个人或机构寻求信息和技术建议。对主动提供的信息，专家组有权决定是否接受或采纳。

（3）**专家组是争端解决程序中既对审查案件事实进行审查又对法律进行审查的机构**。

（4）专家组原则上在6个月（最长不超过9个月）内提交最后报告。在专家组提出报告，在报告散发给各成员后60天内，争端一方有权提出上诉，如无上诉，对于专家组报告的审查，争端解决机构实行“反向协商一致”的表决原则，即争端解决机构没有一致反对采纳此报告，该报告即视为通过。

**2. 上诉机构**

**上诉机构是争端解决机构中的常设机构。**

（1）上诉机构的职责：负责对被提起上诉的专家组报告中的**法律问题和专家组进行的法律解释进行审查**。上诉机构可以推翻、修改或撤销专家组的调查结果和结论，但**没有将案件发回专家组重新审理的权力**。

（2）上诉案件由上诉机构7名成员中的3人组成合议庭审理。但上诉庭的最后报告由上诉机构集体审查、讨论。对于上诉机构报告的审查，争端解决机构同样实行“反向协商一致”的表决原则。

**3. 报告的通过和裁定的监督执行**

争端解决机构并不亲自审理案件，只在专家组和上诉机构的协助下提出建议、作出裁定。实际上，争端解决机构只是决定是否通过专家组或上诉机构的结论报告或建议，如前所述，除非争端解决机构一致同意不通过相关争端解决的报告，否则该报告即得到通过，此为“反向协商一致原则”。

裁决和建议经争端解决机构通过后即成为其正式建议或裁定，被裁定违反WTO有关协议的一方，应在合理期限内履行裁定或建议。

**4. 补偿与减让的中止以及“交叉报复”**

被诉方如认为争端解决机构已经通过的报告无法履行，可以自愿给申诉方以补偿，如果被诉方既不愿意履行裁定，又不愿意给予补偿，则原申诉方可以向争端解决机构申请授权报复，对被诉方中止减让或其他义务。

中止减让或其他义务，首先应在被认定为违反义务或造成利益损失的部门的相同部门实施，此为“平行报复”；当“平行报复”措施不可行或没有效果时，可以对同一协议项下的其他部门实施，如果仍不可行或无效果，则可以寻求中止另一协议项下的减让或其他义务，此即为“交叉报复”。

**5. 斡旋、调解与调停程序**

在争端解决的过程中，世界贸易组织总干事等可以就争端解决进行斡旋、调解与调停。

## 【经典真题】

关于世界贸易组织争端解决机制的表述，下列哪一选项是不正确的？[1]（2013－1－43）

A. 磋商是争端双方解决争议的必经程序

B. 上诉机构为世界贸易组织争端解决机制中的常设机构

C. 如败诉方不遵守争端解决机构的裁决，申诉方可自行采取中止减让或中止其他义务的措施

---

〔1〕【答案】C

D. 申诉方在实施报复时，中止减让或中止其他义务的程度和范围应与其所受到损害相等

【解析】根据世界贸易组织争端解决机制，磋商是世贸组织争端双方解决争议唯一的必经程序，故A正确。上诉机构为世界贸易组织争端解决机制中的常设机构，故B正确。对于世贸组织争端解决机构的裁决，如果败诉方不履行也拒绝给予补偿，则申诉方只有在获得授权的情况下才可以进行报复。故C不正确。申诉方在实施报复时应符合相称性原则，即中止减让或中止其他义务的程度和范围应与其所受到损害相等，故D表述正确。不正确的表述只有C选项。

### 考点4　中国在世界贸易组织中的权利义务★★★

中国于2001年12月11日加入世界贸易组织后，在世界贸易组织中的权利义务，与其他成员一样，由两个部分组成：一部分是各成员都承担的规范性义务，也就是多边协议条款规定的义务；另一部分是《中国加入世界贸易组织议定书》及作为其附件的《中国入世工作组报告》中中国作出的承诺，这是中国承担的独特义务。《中国加入世界贸易组织议定书》及其附件，构成《世界贸易组织协定》的一部分，中国与其他成员在加入谈判中作出的具体承诺，也构成该议定书的组成部分。

## 一、中国在WTO中的特殊义务

中国加入世贸组织时签署了《中国加入世界贸易组织议定书》及其附件《中国加入工作组报告书》，并根据前述文件承担了一些特殊的义务。前述文件构成世贸组织协议的一部分，相应地，中国不仅根据世贸组织的其他协议承担一般的义务，享有一般的权利，也根据前述文件承担特殊的义务，其主要内容如下：

### （一）承诺“入世”后3年内放开外贸经营权

《中国加入世界贸易组织议定书》中，中国承诺放开对外贸易经营权，即在中国“入世”后3年内，除国家专营商品外，中国和外国的法人、自然人和企业都有权在中国进行货物进出口活动。

《中国加入世界贸易组织议定书》还要求中国的专营企业的进口程序充分透明，政府不应在商品的质量、价值和产地方面采取措施施加影响或直接指示。

### （二）非市场经济地位问题

WTO的其他成员可以在中国“入世”后15年内，将中国视为非市场经济国家，并相应地在针对中国产品的反倾销、反补贴调查中采取特定方法：

1. 反倾销调查中“正常价值”的确定方法

WTO的其他成员可以在中国“入世”后15年内，基于中国是“非市场经济国家”而要求在对中国的产品进行反倾销调查时，选择采用下列两种方法之一来确定受调查的中国产品的“正常价值”：（1）使用中国受调查产品的国内价格或成本作为正常价值；（2）使用不严格依据与中国的国内价格或成本比较的方法，即使用“替代国价格或成本”作为正常价值。（这一方法由于其任意性，显然对中国不利）

在某一产业或方面，如果中国一旦根据某一WTO成员国内法而达到市场经济标准，则该成员方在该产业领域就无权再使用“替代国价格或成本”，无论如何，“替代国价格或成本”的方法在中国“入世”15年后终止。

2. 对给予国有企业的补贴的定性

根据《中国加入世界贸易组织议定书》，如果中国政府提供的补贴的主要接受者为国有企业，或者国有企业接受了补贴中不成比例的大量数额，则其他成员方可以基于中国的非市场经济地位，将该补贴视为专向性补贴。

**【经典真题】**

关于中国在世贸组织中的权利义务，下列哪一表述是正确的?[1]（2011－1－43）

A. 承诺入世后所有中国企业都有权进行货物进出口，包括国家专营商品

B. 对中国产品的出口，进口成员在进行反倾销调查时选择替代国价格的做法，在《中国加入世界贸易组织议定书》生效15年后终止

C. 非专向补贴不受世界贸易组织多边贸易体制的约束，包括中国对所有国有企业的补贴

D. 针对中国产品的过渡性保障措施，在实施条件上与保障措施的要求基本相同，在实施程序上相对简便

【解析】我国《对外贸易法》第11条规定：“国家可以对部分货物的进出口实行国营贸易管理。实行国营贸易管理货物的进出口业务只能由经授权的企业经营；但是，国家允许部分数量的国营贸易管理货物的进出口业务，由非授权企业经营的除外。”我国在《中国加入世界贸易组织议定书》中，并没有承诺国家专营商品任何企业都可以经营。故A选项错误。在《中国加入世界贸易组织议定书》中，我国承诺在“入世”后15年内，其他成员方可以把我国视为非市场经济国家，相应地，其他国家在该期限内，对中国产品发动反倾销调查需要确定正常价值时，可以采用替代国价格；在对中国发动反补贴调查时，可以把主要受补贴对象为国有企业的补贴视为专向性补贴。故B选项正确，C选项错误。在《中国加入世界贸易组织议定书》中，在中国“入世”后15年内，其他国家对中国产品采取过渡性保障措施，以“市场扰乱”“市场扰乱的威胁”或者“贸易转移”为前提，与一般保障措施以“严重损害”或者“严重损害的威胁”为前提不同，故D选项错误。

---

〔1〕【答案】B

# 第七章 国际经济法领域的其他法律制度

本部分内容较多，包括知识产权保护、国际投资法、国际融资法和国际税法。其中，国际知识产权保护的重点是《巴黎公约》《伯尔尼公约》《与贸易有关的知识产权协议》三大公约。国际投资法的重点是《多边投资担保机构公约》《解决国家与他国国民间投资争端公约》《与贸易有关的投资措施协议》三个公约。上述六个公约为常考考点，需要重点掌握。国际融资法和国际税法的知识点考查出现的频率较低，掌握其涉及的基本概念即可。

## 重点知识详解

### ★【国际知识产权法部分考点十年真题统计】

| 题型 | 年份 | 考点 | 分值 |
|---|---|---|---|
| 单项选择题 | 2017 年卷一第 44 题 | 《保护文学和艺术作品伯尔尼公约》的双国籍国民待遇原则、自动保护原则及独立性原则 | 1 |
| | 2016 年卷一第 43 题 | 涉外技术许可协议的独占许可 | 1 |
| | 2014 年卷一第 43 题 | 《伯尔尼公约》自动保护原则、独立性原则 | 1 |
| | 2013 年卷一第 41 题 | 《巴黎公约》关于优先权、临时性保护、独立性原则等 | 1 |
| | 2010 年卷一第 41 题 | 《与贸易有关的知识产权协议》与《伯尔尼公约》之比较 | 1 |
| | 2009 年卷一第 42 题 | 《巴黎公约》关于优先权的规定 | 1 |
| | 2008 年卷一第 43 题 | 《与贸易有关的知识产权协定》关于商标的规定 | 1 |
| | 2007 年卷一第 45 题 | 《巴黎公约》《伯尔尼公约》《与贸易有关的知识产权协议》 | 1 |
| | 2006 年卷一第 43 题 | 《巴黎公约》关于保护知识产权的规定 | 1 |
| | 2004 年卷一第 46 题 | 《伯尔尼公约》 | 1 |

续表

| 题型 | 年份 | 考点 | 分值 |
| --- | --- | --- | --- |
| 多项选择题 | 2015 年卷一第 81 题 | 《与贸易有关的知识产权协议》（TRIPs）关于地理标志的保护之规定 | 2 |
| | 2012 年卷一第 82 题 | 《伯尔尼公约》的国民待遇原则 | 2 |
| | 2009 年卷一第 86 题 | 《知识产权海关保护条例》 | 2 |
| | 2006 年卷一第 85 题 | 《与贸易有关的知识产权协议》关于知识产权保护客体的规定 | 2 |

### 考点 1　知识产权的国际保护——《保护工业产权的巴黎公约》★★★★

《巴黎公约》于 1883 年在法国首都巴黎缔结，1884 年正式生效，是知识产权领域第一个世界性多边公约，中国于 1985 年 3 月 19 日正式成为巴黎公约的成员国，根据中国政府的声明，对该公约第 28 条（即有关争议提交国际法院解决）予以保留。《巴黎公约》保护的对象为工业产权，如专利、商标、服务标记。

## 一、《巴黎公约》的基本原则

| | |
| --- | --- |
| 国民待遇原则 | （1）享有国民待遇的主体：包括**公约缔约国的国民和在一个缔约国领域内设有住所或真实有效的工商营业所的非缔约国国民**。<br>（2）国民待遇原则的例外：各成员国在关于司法和行政程序、管辖以及选定送达地址或指定代理人的法律规定等方面，凡《工业产权法》有所要求的，可以明确地予以保留。 |
| 优先权原则 | （1）**优先权原则**适用的范围：《巴黎公约》的优先权原则并不是对一切工业产权均适用，它**只适用于发明专利、实用新型、外观设计和商品商标**。<br>（2）优先权原则适用的**条件**：已在一个成员国正式提出申请发明专利权、实用新型、外观设计或商标注册的人或其权利的合法继受人（继承人和受让人），在规定的期限内（发明专利和实用新型专利为 12 个月，外观设计专利和商标为 6 个月）享有在其他成员国提出申请的优先权。<br>（3）优先权原则的效力：在优先权期限内每一个在后申请的申请日均为第一次申请的申请日（优先权日）。在规定的申请优先权期限届满之前，任何后来在公约其他成员国内提出的申请，都不因在此期间内他人所做的任何行为而失效。 |
| 临时性保护原则 | （1）缔约国**应对在任何一个成员国内举办的或经官方承认的国际展览会上展出的商品中可以取得专利的发明、实用新型、外观设计和可以注册的商标给予临时保护**。<br>（2）如果展品所有人在临时保护期内申请了专利或商标注册，则申请案的优先权日不再从第一次提交申请案时起算，而从展品公开展出之日起算。 |
| 保护的独立性原则 | 《巴黎公约》要求：关于外国人的专利申请或商标注册，**应由各成员国根据本国法律作出决定，不应受原属国或其他任何国家就该申请作出的决定的影响**。 |
| 最低标准原则 | 《巴黎公约》规定了各成员国在保护工业产权（专利权、商标权、工业品外观设计、原产地证明、厂商名称等）方面应遵守的最低标准，各成员方的保护力度不得低于公约所规定的这些标准。 |

## 二、《巴黎公约》关于驰名商标特殊保护的规定

1. 驰名商标的认定不以注册为前提，使用亦可成为认定的依据；

2. 对于商标注册国或使用国主管机关认为一项商标构成已属享有公约利益的人所有并在该国驰名的商标的复制、模仿或翻译图案，用于相同或类似商品上，易于造成混乱者，应依职权或应当事人的请求，拒绝或取消注册，并禁止使用；

3. 自注册之日起至少5年内，应允许提出取消这种商标的要求，允许提出禁止使用的期限可由各成员国规定；

4. 对以不诚实手段取得注册或使用的商标提出取消注册或禁止使用的要求的，不应规定时间限制。

**【经典真题】**

2011年4月6日，张某在广交会上展示了其新发明的产品，4月15日，张某在中国就其产品申请发明专利（后获得批准）。6月8日，张某在向《巴黎公约》成员国甲国申请专利时，得知甲国公民已在6月6日向甲国就同样产品申请专利。下列哪一说法是正确的?[1]（2013－1－41）

A. 如张某提出优先权申请并加以证明，其在甲国的申请日至少可以提前至2011年4月15日

B. 2011年4月6日这一时间点对张某在甲国以及《巴黎公约》其他成员国申请专利没有任何影响

C. 张某在中国申请专利已获得批准，甲国也应当批准他的专利申请

D. 甲国不得要求张某必须委派甲国本地代理人代为申请专利

【解析】根据《巴黎公约》，发明专利的优先权期限为12个月，故A正确。根据临时性保护原则，2011年4月6日这一时间点可以作为申请日期，故B错误。根据独立性原则，在一国获得专利，并不自动在其他缔约国获得专利，故C错误。《巴黎公约》允许各缔约国在国内法中就委派代理人作出相关规定，故D错误。

### 考点2　知识产权的国际保护——《保护文学艺术作品伯尔尼公约》★★★★

《伯尔尼公约》是著作权领域第一个世界性多边国际条约，其于1886年9月9日在瑞士首都伯尔尼正式签订，1887年正式生效。我国于1992年10月15日正式加入《伯尔尼公约》，适用公约1971年巴黎文本。

## 一、《伯尔尼公约》保护的客体和权利

1. 根据《伯尔尼公约》的规定，应当予以保护的权利包括精神权利（署名权、保护作品完整权）和经济权利。

2. 《伯尔尼公约》保护的客体。

---

[1]【答案】A

客体：
- 必须保护：文学艺术作品、演绎作品、实用艺术作品、工业品外观设计。
- 选择保护：官方文件、讲演、演说、民间文学艺术作品。
- 不予保护：日常新闻、纯属报刊消息性质的社会新闻。

## 二、《伯尔尼公约》的其他规定

1. 双国籍国民待遇原则

《伯尔尼公约》规定了双国籍国民待遇原则，首先是作者国籍标准，即公约成员国国民和在成员国有惯常居所的非成员国国民均享有国民待遇。

其次是作品国籍标准，是指非公约成员国国民，其作品只要是在任何一个成员国首次出版，或在一个成员国和非成员国同时首次出版，则该作品因取得成员国国籍而在公约所有成员国享有国民待遇。

2. 自动保护原则

作者在其他缔约国享有和行使该国国民所享有的版权不需要履行任何手续，作者在作品完成时自动享有版权，不需向其他缔约国提出请求或履行任何手续。

3. 版权独立原则

作者在其他缔约国享有和行使该国国民的版权以及公约特别规定的权利，不依赖于作品起源国是否存在保护。作品在起源国的保护和在其他缔约国的保护是相互独立的。

4. 最低标准原则

《伯尔尼公约》规定，各成员国在版权的客体范围、权利内容、权利限制、保护期限等方面给予的保护，只能高于而不得低于公约规定的标准。

5. 保护期限

对作品的保护期限，《伯尔尼公约》作了如下规定：一般作品的保护期限是作者有生之年及其死后 50 年；电影作品的保护期限是在作者同意下自作品公之于众后 50 年。如自作品完成后 50 年内尚未公开于众，则自作品完成后 50 年期满。不具名作品和假名作品的保护期，自其合法公之于众之日起 50 年；如在公之于众后 50 年内作者身份公开或确定，则保护期为作者有生之年及其死后 50 年内。摄影作品和作为艺术作品保护的实用艺术作品的保护期限，不应少于自该作品完成之后算起的 25 年。

6. 《伯尔尼公约》适用的追溯力

《伯尔尼公约》还规定，它适用于所有在该公约开始生效时尚未因保护期届满而在其来源国进入公有领域的版权作品。

### 【经典真题】

李伍为惯常居所地在甲国的公民，满成为惯常居所地在乙国的公民。甲国不是《保护文学艺术作品伯尔尼公约》缔约国，乙国和中国是该公约的缔约国。关于作品在中国的国民待遇，下列哪些选项是正确的?[1]（2012－1－82）

A. 李伍的文章在乙国首次发表，其作品在中国享有国民待遇

B. 李伍的文章无论发表与否，其作品在中国享有国民待遇

C. 满成的文章无论在任何国家首次发表，其作品在中国享有国民待遇

---

〔1〕【答案】ACD

D. 满成的文章无论发表与否，其作品在中国享有国民待遇

【解析】根据《伯尔尼公约》的“双国籍国民待遇原则”，非成员国国民的作品在成员国首次发表，应享有国民待遇。根据“自动保护原则”，成员国的国民之作品自创作完成时起，无须履行特定手续，即在成员国享有国民待遇。但自动保护针对的是成员国国民或者在成员国有惯常居所的非成员国国民的作品，对在成员国并无惯常居所的非成员国国民并不适用。ACD 正确。

### 考点 3　知识产权的国际保护——《与贸易有关的知识产权协议》（TRIPs）★★★★

《与贸易有关的知识产权协议》（TRIPs）是关贸总协定乌拉圭回合谈判的 21 个最后文件之一，于 1994 年 4 月 15 日起由各国代表签字，并于 1995 年 1 月 1 日起生效，由同时成立的世界贸易组织管理。2001 年 12 月 11 日中国正式加入世界贸易组织时对我国生效。

## 一、主要的基本原则

| 国民待遇原则 | 协议规定，在知识产权的保护方面，缔约国向其他缔约国国民提供的待遇不得低于该国对本国国民提供的待遇。但是已规定在《巴黎公约》（1967 年文本）、《伯尔尼公约》（1971 年文本）、《罗马公约》和《有关集成电路知识产权条约》中的例外情况除外。 |
|---|---|
| 最惠国待遇原则 | 依照协议，在知识产权保护方面，任何缔约国对给予其他国国民的利益、优惠、特权及豁免，应立即无条件地给予其他缔约国的国民。 |
| 透明度原则 | 凡是有关知识产权保护的法规应予以公布，或可以让人得到这些法规，并将这些法规通知给世界贸易组织或由世贸组织与世界知识产权协议成立的共同登记机构。 |

## 二、对各种形式知识产权的保护标准

**1. 版权及相关权利**

在版权保护问题上，TRIPs 主要在保护客体和权利内容两个方面对《伯尔尼公约》进行了补充。在保护客体方面，将计算机程序和有独创性的数据汇编明确列为版权保护的对象；在权利内容方面增加了计算机程序和电影作品的出租权。在版权相关权利（著作邻接权）方面，TRIPs 在《罗马公约》的基础上增加了以下两个方面的内容：其一，延长了权利保护期限。规定了对表演者和录制者的保护期限，应从录制或节目表演当年年底算起至少持续 50 年，对广播组织的保护期限，应为广播开始之年年底算起至少持续 20 年。其二，将《伯尔尼公约》关于追溯力的规定，比照适用于表演者权及录音制品制作者权。

**2. 商标权**

TRIPs **第一次给商标下了一个明确的定义**，与《巴黎公约》相比，TRIPs 扩大了对驰名商标的特殊保护，具体表现在两方面：一方面，《巴黎公约》关于驰名商标的保护原则**可以扩大适用于服务标记**，确认某一商标是否驰名，要看相关公众对其的知晓程度，包括在该成员地域内因宣传而使公众知晓的程度；另一方面，**将相对保护扩大为绝对保护，即驰名商标特殊保护的规定，还应比照适用与该商标核准使用的商品或服务不相类似的商品或服务。**

**3. 产地标志（地理标志）**

对产地标志，缔约国应提供法律保护。禁止在商品标记或说明中，以非真实原产地的

地理名称作为其原产地标记加以使用，禁止采用违反《巴黎公约》的不正当竞争手段使用原产地标志。协议还对保护酒类的原产地标志作了特别规定。

★特别提示 应注意 TRIPs 协议禁止字面真实但有误导的地理标志，即如果地理标志虽然逐字真实指明商品之来源地域、地区或地方，但仍误导公众以为该商品来源于另一地域，则成员亦应禁止其使用。

**4. 工业品外观设计**

应保护那些具有新颖性或独创性的外观设计，保护期为 10 年。特别是纺织品的外观设计，可以通过工业设计法或版权法予以保护。

**5. 专利**

TRIPs 规定，专利保护适用于所有技术领域的发明创造；不论是产品发明还是方法发明。专利应具有新颖性、创造性、工业实用性。缔约国可以出于保护公共秩序或公共道德的目的，对某些发明不授予专利权。**依协议规定，缔约国不授予专利的情况有二：一是疾病的诊断方法、治疗方法和外科手术方法；二是动植物新品种。**

**6. 集成电路布图设计**

TRIPs 对《关于集成电路知识产权条约》保护水平的提高，表现为以下几个方面：第一，扩大了权利保护范围。集成电路条约只保护布图设计和含有受保护布图设计的集成电路，但不保护含有受保护集成电路的物品，**TRIPs 将保护对象扩大到了含有受保护集成电路的物品**。第二，**将《集成电路条约》8 年的保护期延长为 10 年**。此外，TRIPs 还允许成员将布图设计的保护期限规定为自创作完成之日起 15 年。第三，对善意侵权作出了补充规定。即规定善意侵权人在收到该布图设计系非法复制的明确通知后，仍可以就其现有存货或订单继续实施其行为，但有责任向权利持有人支付报酬。

**7. 对未泄露信息的保护**

TRIPs 规定，缔约国应对未泄露的信息和呈送给政府机构的未公开的数据提供保护。这种信息应是**秘密的，具有商业价值**并且**信息的拥有者采取了合理的保密措施**。

## 三、WTO 成员方应采取的保护知识产权的执法措施

《与贸易有关的知识产权协议》规定的关于知识产权的执法措施有以下内容：

1. 民事和行政措施：（1）提供公平、公正的程序，原被告享有及时获得详细通知的权利，各方有权证明其权利请求并提供相关证据；（2）禁令，司法机关有权命令一方当事人停止侵权，特别是在货物结关后立即制止涉及侵权的进口产品进入国内商业渠道；（3）赔偿费，对于已知或者有理由知道自己从事侵权活动的人，司法机关有权责令侵权人向权利人支付足以补偿因侵权所受损害的赔偿，以及律师费用；（4）其他补救，在不给予任何补偿的情况下，司法机关有权责令以避免对权利人造成损害的方式，将被认定侵权的货物清除出流通渠道，或只要不违反宪法，责令销毁侵权货物。此外成员方还应规定申请人滥用程序应赔偿，公共机构或官员非善意执法时，应给予受损失当事人以适当救济。

2. 刑事措施：成员方应制定刑事程序和处罚，至少将其适用于具有商业规模的、故意假冒商标或盗版的案件。

3. 临时措施：为制止侵权的发生，特别是阻止货物（包括结关后的进口货物）进入成员方管辖区域的商业渠道，为保存侵权指控的相关证据，司法机关有权采取迅速有效的临时措施。为在侵权发生之初制止其继续及防止销毁证据而应申请人请求采取临时措施时，

有权责令申请人提供担保，在采取临时措施后的合理期限内没有发起案件审理程序（合理期限20个工作日或31个自然日），则应被申请人的请求，临时措施应予以撤销或终止。

4. 边境措施：成员方的海关有权中止放行有证据被怀疑的侵权商品，边境措施期满而未进入案件进一步审理程序的，则被申请人提交保证金可放行，但假商标或盗版除外。如果存在侵犯知识产权的初步证据，主管机关也可以主动采取措施，中止货物的放行。对假冒商标的货物，不得允许该侵权货物以未作改变的状态再出口。

## 四、中国的边境措施

1. 收货人或发货人可向海关申报知识产权备案，备案10年有效，每次届满前6个月内可申请续展备案。

2. 权利人充分举证并提供担保，可请求海关扣留侵权嫌疑货物，也可申请诉前财产保全。

**【经典真题】**

1. 关于版权保护，下列哪一选项体现了《与贸易有关的知识产权协议》对《伯尔尼公约》的补充？[1]（2010－1－41）

A. 明确了摄影作品的最低保护期限

B. 将计算机程序和有独创性的数据汇编列为版权保护的对象

C. 增加了对作者精神权利方面的保护

D. 无例外地实行国民待遇原则

**【解析】**《伯尔尼公约》明确了摄影作品的最低保护期限，规定对作者给予精神权利方面的保护，实行有例外的国民待遇原则。《与贸易有关的知识产权协定》将计算机程序和有独创性的数据汇编列为版权保护的对象，体现了《与贸易有关的知识产权协定》对《伯尔尼公约》的补充，故答案为B选项。

2. 香槟是法国地名，中国某企业为了推广其葡萄酒产品，拟为该产品注册“香槟”商标。依《与贸易有关的知识产权协议》，下列哪些选项是正确的？[2]（2015－1－81）

A. 只要该企业有关“香槟”的商标注册申请在先，商标局就可以为其注册

B. 如该注册足以使公众对该产品的来源误认，则应拒绝注册

C. 如该企业是在利用香槟这一地理标志进行暗示，则应拒绝注册

D. 如允许来自法国香槟的酒产品注册“香槟”的商标，而不允许中国企业注册该商标，则违反了国民待遇原则

**【解析】**《与贸易有关的知识产权协议》（TRIPs）禁止使用虚假地理标志和误导性的地理标志，故A、D错误，B、C正确。

### 考点4　知识产权的国际保护——国际技术转让

国际技术转让是指位于一国的许可方（知识产权的所有人）与另一国的被许可方签订许可证协议，允许后者在支付酬金等条件下使用其专利、商标、著作权、专有制造技术、销售产品或提供服务。

---

〔1〕【答案】B

〔2〕【答案】BC

国际技术转让的主要特点表现为：1. 转让的客体是无形的技术；2. 转让方一般提供的是技术的使用权，而非所有权；3. 具有较强的时间性和地域性；4. 内容复杂，一般履行期较长。

## 一、国际技术转让的分类

国际技术转让最常见的分类，是按被许可方获得权利的大小和权利的地域范围，划分为以下三类：

1. 独占性许可证协议；
2. 排他性许可证协议；
3. 普通性许可证协议。

国际许可协议被许可方、许可方和第三方对知识产权的使用权限，参见下表：

| | 独占性许可 | 排他性许可 | 普通许可 |
|---|---|---|---|
| 被许可方 | √ | √ | √ |
| 许可方 | × | √ | √ |
| 第三方 | × | × | √ |

**【经典真题】**

中国甲公司与德国乙公司签订了一项新技术许可协议，规定在约定期间内，甲公司在亚太区独占使用乙公司的该项新技术。依相关规则，下列哪一选项是正确的？[1]（2016－1－43）

A. 在约定期间内，乙公司在亚太区不能再使用该项新技术

B. 乙公司在全球均不能再使用该项新技术

C. 乙公司不能再将该项新技术允许另一家公司在德国使用

D. 乙公司在德国也不能再使用该项新技术

**【解析】**本题考点为涉外技术许可协议的独占许可。独占许可意味着，在约定的期间和约定的空间范围内，只有被许可方才可以使用该技术。因此，只有A选项正确，其他选项显然错误。

## 二、国际许可证协议中的限制性商业条款

限制性商业条款是指在国际许可证协议中由技术许可方向被许可方施加的，法律所禁止的，造成不合理限制的合同条款。

根据我国的《技术进出口管理条例》（2011年修订）第29条的规定，我国技术进口合同不得含有下列限制性条款：

1. 要求受让人接受并非技术进口必不可少的附带条件，包括购买非必需的技术、原材料、产品、设备或者服务；

2. 要求受让人为专利权有效期限届满或者专利权被宣告无效的技术支付使用费或者承

〔1〕【答案】A

担相关义务；

3. 限制受让人改进让与人提供的技术或者限制受让人使用所改进的技术；

4. 限制受让人从其他来源获得与让与人提供的技术类似的技术或者与其竞争的技术；

5. 不合理地限制受让人购买原材料、零部件、产品或者设备的渠道或者来源；

6. 不合理地限制受让人产品的生产数量、品种或者销售价格；

7. 不合理地限制受让人利用进口的技术生产产品的出口渠道。

### 考点 5　国际投资法——概述

★【国际投资法部分考点十年真题统计】

| 题型 | 年份 | 考点 | 分值 |
|---|---|---|---|
| 单项选择题 | 2016 年卷一第 44 题 | 《多边投资担保机构公约》所承保的政府违约险、战争和内乱险、货币汇兑险、征收征用险 | 1 |
| | 2015 年卷一第 44 题 | 《与贸易有关的投资措施协议》——国民待遇原则 | 1 |
| | 2012 年卷一第 43 题 | 《解决国家和他国国民之间投资争端公约》 | 1 |
| | 2011 年卷一第 44 题 | 《多边投资担保机构公约》 | 1 |
| | 2008 年卷一第 45 题 | 《多边投资担保机构公约》 | 1 |
| | 2007 年卷一第 47 题 | 《解决国家和他国国民之间投资争端公约》 | 1 |
| | 2005 年卷一第 46 题 | 海外投资保证制度的特点 | 1 |
| 多项选择题 | 2017 年卷一第 81 题 | 《巴黎公约》及《解决国家和他国国民之间投资争端公约》 | 2 |
| | 2013 年卷一第 80 题 | 《多边投资担保机构公约》和《解决国家和他国国民之间投资争端公约》 | 2 |
| | 2011 年卷一第 81 题 | 《解决国家和他国国民间投资争端公约》 | 2 |
| | 2004 年卷一第 77 题 | 《多边投资担保机构公约》和《解决国家和他国国民之间投资争端公约》 | 2 |
| 不定项选择题 | 2014 年卷一第 99 题 | 《多边投资担保机构公约》承保的险别、代位求偿 | 2 |
| | 2009 年卷一第 100 题 | 《多边投资担保机构公约》承保的险别 | 2 |

## 一、国际投资法的调整对象和渊源

国际投资法是指调整跨国私人直接投资关系的有关国内法规范和国际法规范的总称。跨国私人直接投资的法律形式通常包括：合资经营、外资企业、国际合作开发与建设［例如包括国际合作开发自然资源和 BOT（建设——经营——移交）合作方式］等。

国际投资法的渊源包括有关国内规范和有关国际法规范：有关国内法规范，即资本输入国的外资法和资本输出国鼓励和保护海外投资的规范；有关国际法规范则主要是指相关国际条约和国际习惯规则，前者主要是指发达国家和发展中国家基于投资促进和保护而签订的双边投资协定、区域性多边投资条约、普遍性投资公约，后者则是指在国际实践中形成的用尽当地救济原则等。

## 二、资本输出国的海外投资保险制度

资本输出国的投资保护措施主要体现为海外投资保险制度。资本输出国政府对本国的私人海外投资者在国外可能遇到的政治风险，提供保证或保险。政府以某种形式参与这种保险关系，使海外投资保险基本上成为一种政府保证，因此，它与一般民间保险具有实质上的区别。通常由政府专门机构或由国家控股的专业保险公司接受投保，负责实施海外投资保险业务。

## 考点 6　国际投资法——《建立多边投资担保机构公约》★★★★

《建立多边投资担保机构公约》（the Convention Establishing the Multilateral Investment Guarantee Agency），又称"汉城公约"，根据该公约建立了多边投资担保机构（MIGA）。该机构的宗旨是通过针对非商业风险的担保和非担保业务的活动，促进以生产为目的的资金和技术流入发展中国家。

公约的主要内容包括 MIGA 的建立及地位、宗旨和定义、成员国资格和资本、MIGA 的业务、财务条款、组织与管理、投票、认股权的调整和代表权、特权和豁免、争端的解决、公约的修订等。重点内容是 MIGA 担保的风险，MIGA 担保的投资应符合的条件和被担保的投资者所应具备的条件。

MIGA 的主要作用是补充国家、区域性和私人投资保险活动的不足，并以此补充世界银行集团其他机构的活动，促进国际投资的发展。

## 一、承保的险别

依照《多边投资担保机构公约》的规定，多边投资担保机构主要承保下列四种政治风险：

1. 货币汇兑险。东道国政府采取任何措施，限制投资人将其货币兑换成可自由使用货币或被保险人可接受的另一种货币。如果出现东道国政府**拖延**汇兑的情形，也视为投资者遭遇该风险。

2. 征收和类似措施险。该险包括：东道国政府采取立法或行政措施，或懈怠行为，实际上剥夺了被保险人对其投资和收益的所有权或控制权。但政府为管理其境内的经济活动而通常采取的普遍适用的非歧视性措施不在此列。

3. 政府违约险。该违约险是指：东道国政府不履行或违反与被保险人签订的特许权协议，如果投资人又不能求助于司法或仲裁秩序时，机构对因此而造成的投资人的损害予以补偿。

4. 战争和内乱险。适用于东道国**境内**的军事行动或内乱。此外，主要发生于东道国**境外**的军事行为或内乱，如果损害位于该东道国境内的投资项目的有形资产或妨害该投资项目的业务，也视为遭遇该风险。

此外，机构在一定条件下，还承保其他非商业风险。

## 二、合格的投资

公约对承保的对象——外国投资在条件、内容、形式、时间上作了种种限制，只有满足这些要求的投资，才具有合格性，才可在机构进行投保。

1. 合格的投资应是符合东道国的法律的投资。

2. 还应是直接投资（包括股权投资和董事会确定的其他形式的直接投资）。董事会经特别多数票通过，还可将合格的投资扩大到其他任何中长期形式的投资。股权投资和股权持有人发放或担保的中长期贷款是多边投资机构的重点承保对象。出口信贷被排除在担保范围之外。

3. "合格的投资"还限于在多边投资担保机构对所收到的担保申请予以注册之后才开始执行的那些新投资。

## 三、合格的投资者

公约第13条从投资者的国籍、类型及经营性质几方面，规定了合格投资者应满足的条件：

1. 自然人：**不具有东道国国籍的任何一个会员国的国民，均可成为合格的投资者。**

2. 法人：(1) **在东道国以外的会员国登记并在该国设有主要营业点的公司。** (2) 在东道国以外的某一缔约国注册并设有主要营业点的法人；或者其多数股本为东道国以外一个或几个缔约国所有或其国民所有的法人。(3) 如果东道国同意，且用于投资的资本来源于东道国境外，则在东道国和投资者联合申请，得到多边投资担保机构董事会特别多数票通过的情况下，还可以将合格的投资者扩大到东道国的自然人、在东道国注册的法人以及其多数资本为东道国国民所有的法人。

## 四、合格的东道国

依照公约的规定，合格东道国必须符合如下条件：

1. 是一个发展中缔约国；
2. 是一个同意多边机构担保特定风险的国家；
3. 是一个经机构查明，投资可以得到公正平等待遇和法律保护的国家。

## 五、代位求偿权

风险发生后，投资者即可根据与机构订立的担保合同向机构求偿。多边投资担保机构一经向投保人支付或同意支付赔偿，即**代位取得投保人对东道国或其他债务人所拥有的有关承保投资的各种权利或索赔权**。机构作为投资者的代位权人所取得的财产的待遇，应等同于这些财产在投资者手中的待遇，因而不能享受机构的特权与豁免，但在税收和关税方面可例外。

**【经典真题】**

甲国公司在乙国投资建成地热公司，并向多边投资担保机构投了保。1993年，乙国因外汇大量外流采取了一系列的措施，使地热公司虽取得了收入汇出批准书，但仍无法进行货币汇兑并汇出，甲公司认为已发生了禁兑风险，并向投资担保机构要求赔偿。根据相关

规则，下列选项正确的是：[1]（2014－1－99）

A. 乙国中央银行已批准了货币汇兑，不能认为发生了禁兑风险

B. 消极限制货币汇兑也属于货币汇兑险的范畴

C. 乙国应为发展中国家

D. 担保机构一经向甲公司赔付，即代位取得向东道国的索赔权

【解析】根据《多边投资担保机构公约》，东道国拖延汇兑的情形也属于货币汇兑险的承保范围，故A错误，B正确。多边投资担保机构只承保向发展中缔约国的投资，故C正确。公约规定，在对被保险人支付或同意支付赔偿后，多边投资担保机构应代位取得被保险人对东道国和其他债务人所拥有的有关承保投资的权利或索赔权。故D正确。

### 考点7　国际投资法——《解决国家和他国国民之间投资争端公约》★★★★

《解决国家与他国国民之间投资争端的公约》又称为《华盛顿公约》，据此成立的解决投资争端国际中心（ICSID），是世界银行集团的成员。公约的目的和宗旨，是在东道国、投资国、投资者相互关系之间维持一定的利益平衡。公约有134个成员国，分布地区广泛，ICSID受案的数量却很少，与其说ICSID是解决投资争端的中心，不如说ICSID是促进东道国改善投资环境的威慑性力量。中心作为世界银行的一个下属独立机构，为各缔约国和其他缔约国国民之间的投资争端的解决提供调解或仲裁的便利。

公约的主要内容如下：

## 一、管辖

依照公约提交中心主持下的调解和仲裁，须符合三项主要条件：

**1. 主体资格的条件**

争端当事人一方须是缔约国或其下属机构及代理机构，另一方须是另一缔约国的国民。“另一缔约国国民”包括自然人和法人。受外国投资者控制的东道国法人和东道国之间的争端中心，也可管辖。东道国可以要求用尽当地各种行政或司法补救办法，作为其同意根据公约交付仲裁的一个条件。当然，东道国也可以不提出此项要求。

**2. 客体的条件**

争端必须属于“法律争端”性质，并且是“直接由于国际投资而引起”。

**3. 主观要件**

需要争端双方出具同意中心管辖的书面文件。

《执行董事会报告书》指出，“当事人各方同意”是中心管辖权的基石。依据公约，“同意”具有严格的法律后果，具体如下：

（1）中心管辖为排他性救济；

（2）当事人不能单方面撤回或改变已同意提交中心管辖的争议事项；

（3）在一方拒绝参加仲裁时实行缺席审理程序；

（4）胜诉方可以在任何一个缔约国的国内法院或机构请求执行仲裁裁决；

（5）缔约国对于它本国的一个国民和另一缔约国根据公约已同意交付或已交付中心仲裁的争端，不得给予外交保护或提出国际要求，除非该另一缔约国未能遵守和履行对此项

---

[1]【答案】BCD

争端所作出的裁决。

## 二、法律适用

《华盛顿公约》第42条对中心仲裁应适用的法律作了规定，具体规则如下：

1. 适用双方共同选择的法律。可供当事人选择的法律，包括东道国法律、外国投资者本国法律或第三国法律。当事人还可约定适用国际法或一般法律原则。从实践看，大部分同意提交中心仲裁的协议都约定适用东道国法律。

2. 适用作为争端的一方缔约国的国内法或者可能适用的国际法规则。在当事人对法律适用未作选择的情况下，可以适用两个法律：首先，应适用争议一方缔约国的法律，即投资所在地缔约国（东道国）的国内法（包括冲突规则），其次是可以适用有关的国际法规则。两者的关系如何，公约没有明确，实践中也多歧义。但一般认为，应首先适用东道国法律，在东道国法律不健全或单纯适用不足以正确处理争端时，可适用国际法规则，以对东道国法律的适用起到补充或修正的作用。

3. 适用一般法律原则。《华盛顿公约》第42条第2款规定："法庭不得借口法律无明文规定或含义不清而暂不作出裁决"。这就是所谓的"禁止拒绝裁决规则"。根据这一规则，一般认为法庭在应适用的法律缺少相应的规定或规定含义不清时，为了使裁决有法可依，可以从其他法律体系中抽出一般原则和规则，即一般法律原则，予以适用。

4. 适用公平与善意原则。法庭在双方特别授权时，可以根据公平与善意的原则，而不是根据法律作出裁决。

### 【经典真题】

甲国惊奇公司的创新科技产品经常参加各类国际展览会，该公司向乙国的投资包含了专利转让，甲、乙两国均为《巴黎公约》和《华盛顿公约》（公约设立的解决国际投资争端中心的英文简称为ICSID）的成员。依相关规定，下列哪些选项是正确的[1]？（2017-1-81）

A. 惊奇公司的新产品参加在乙国举办的国际展览会，产品中可取得专利的发明应获得临时保护

B. 如惊奇公司与乙国书面协议将其争端提交给ICSID解决，ICSID即对该争端有管辖权

C. 提交ICSID解决的争端可以是任何与投资有关的争端

D. 乙国如对ICSID裁决不服的，可寻求向乙国的最高法院上诉

**【解析】** 根据《巴黎公约》的临时性保护原则，对于在缔约国境内举办的展览会上展出的产品，应给予临时性保护，故A正确。根据《华盛顿公约》公约，双方将争端提交仲裁的必要条件之一是签订书面仲裁协议，故B正确。解决投资争端国际中心（ICSID）只解决直接因投资引起的法律争端，不解决政治争端等其他争端，因此C错误。解决投资争端国际中心（ICSID）的仲裁为终局性的，具有法律拘束力，当事方并无权利上诉，故D错误。

---

[1] **【答案】** AB

## 考点8 国际投资法——与贸易有关的投资措施协议（TRIMs）★★★★

《与贸易有关的投资措施协议》（TRIMs）是世界贸易组织的协议之一，该协议主要规定了禁止成员方实施的投资限制措施类型，分为违反国民待遇原则的措施和违反取消数量限制原则的措施两大类。

### 一、禁止实施的违反一般国民待遇的投资措施

1. 当地成分要求——要求企业购买或使用国内产品或任何来自国内来源的产品；

2. 贸易平衡要求——要求企业购买或使用的进口产品限制在与其出口的当地产品的数量或价值相关的水平。

### 二、禁止实施的违反一般取消数量限制规则的措施

1. 普遍限制企业用于当地生产或与当地生产相关的产品的出口；
2. 限制企业使用外汇，从而限制进口产品；
3. 限制企业产品出口或供出口产品的销售。

| 类型 | 《与贸易有关的投资措施协议》（TRIMs）禁止的措施 |
| --- | --- |
| 违反国民待遇原则 | 1. 当地成分要求——要求企业购买或使用国内产品或任何来自国内来源的产品；<br>2. 要求企业将购买或使用的进口产品限制在与其出口的当地产品的数量或价值相关的水平。 |
| 违反一般取消数量限制原则 | 1. 普遍限制企业用于当地生产或与当地生产相关的产品的进口；<br>2. 限制企业使用外汇，从而限制进口产品；<br>3. 限制企业产品出口或供出口产品的销售。 |

### 【经典真题】

针对甲国一系列影响汽车工业的措施，乙、丙、丁等国向甲国提出了磋商请求。四国均为世界贸易组织成员。关于甲国采取的措施，下列哪些是《与贸易有关的投资措施协议》禁止使用的？[1]（2009-1-84）

A. 要求汽车生产企业在生产过程中必须购买一定比例的当地产品

B. 依国产化率对汽车中使用的进口汽车部件减税

C. 规定汽车生产企业的外资股权比例不应超过60%

D. 要求企业购买进口产品的数量不能大于其出口产品的数量

【解析】A选项属于“当地成分要求”，B选项属于间接限制进口措施，均为禁止措施。C选项属于“当地股权要求”，是各国调整外商投资的常用手段，尽管属于投资措施，但对国际贸易的流向没有直接的或间接的扭曲作用，因此，不属于《与贸易有关的投资措施协议》禁止的与贸易有关的投资措施。A选项属于限制进口，也属于违反数量限制的措施。唯独C选项不属于被《与贸易有关的投资措施协议》禁止的措施，答案应为A、B、D选项。

[1]【答案】ABD

## 考点 9　国际投资法——中国外商投资法的相关内容

### 一、中国《外商投资法》

1. **外商投资、外商投资企业的界定及管理制度**

《外商投资法》所称**外商投资**，是指**外国的自然人、企业或者其他组织**（以下称外国投资者）**直接或者间接**在**中国境内**进行的投资活动，包括下列情形：（1）外国投资者单独或者与**其他投资者**共同在中国境内**设立外商投资企业**；（2）外国投资者**取得**中国境内企业的**股份、股权、财产份额或者其他类似权益**；（3）外国投资者单独或者与**其他投资者**共同**在中国境内投资新建项目**；（4）法律、行政法规或者国务院规定的其他方式的投资。

《外商投资法》所称**外商投资企业**，是指**全部或者部分由外国投资者投资**，依照中国法律**在中国境内经登记注册设立的企业**。**定居在国外的中国公民**在中国境内投资，参照外商投资法和本条例执行；法律、行政法规或者国务院另有规定的，从其规定。

《外商投资法》第四条规定，国家对外商投资实行**准入前国民待遇加负面清单管理制度**。准入前国民待遇，是指在投资**准入阶段**给予外国投资者及其投资**不低于本国投资者及其投资的待遇**；负面清单，是指国家规定**在特定领域对外商投资实施的准入特别管理措施**。国家**对负面清单之外的外商投资，给予国民待遇**。

中华人民共和国缔结或者参加的国际条约、协定对外国投资者准入待遇有**更优惠规定的，可以按照相关规定执行**。

2. **对外商投资的促进**

《外商投资法》规定，外商投资企业**依法平等适用**国家支持企业发展的**各项政策**。国际制定与外商投资有关的法律、法规、规章，应当采取适当方式**征求**外商投资企业的意见和建议。与外商投资有关的规范性文件、裁判文书等，应当依法及时公布。

在标准制定和适用方面，国家保障外商投资企业依法**平等参与标准制定工作**，强化标准制定的信息公开和社会监督。国家制定的强制性标准**平等适用**于外商投资企业。

在政府采购方面，国家保障外商投资企业依法通过公平竞争参与政府采购活动。**政府采购依法**对外商投资企业在中国境内生产的产品、提供的服务**平等对待**。

在融资方面，外商投资企业可以**依法通过公开发行股票、公司债券等证券以及其他方式**进行**融资**。

3. **对外商投资的保护**

**（1）征收、资金自由汇入、汇出**

在征收方面，《外商投资法》规定，国家对外国投资者的投资不实行征收。在特殊情况下，国家为了**公共利益的需要**，可以依照法律规定对外国投资者的投资实行征收或者征用。征收、征用应当依照法定程序进行，并**及时给予公平、合理的补偿**。

在资金的汇入、汇出方面，外国投资者在中国境内的出资、利润、资本收益、资产处置所得、知识产权许可使用费、依法获得的补偿或者赔偿、清算所得等，可以依法以人民币或者外汇自由汇入、汇出。

**（2）知识产权保护**

在知识产权保护方面，国家保护外国投资者和外商投资企业的知识产权，保护知识产权权利人和相关权利人的合法权益；对知识产权侵权行为，严格依法追究法律责任。国家鼓励在外商投资过程中基于自愿原则和商业规则开展技术合作。技术合作的条件由投资各方遵循公平原则平等协商确定。行政机关及其工作人员不得利用行政手段强制转让技术。

行政机关及其工作人员对于履行职责过程中知悉的外国投资者、外商投资企业的商业秘密，应当依法予以保密，不得泄露或者非法向他人提供。

（3）各级政府制定规范性文件之限制

各级人民政府及其有关部门制定涉及外商投资的**规范性文件**，应当符合法律法规的规定；没有法律、行政法规依据的，**不得减损外商投资企业的合法权益或者增加其义务，不得设置市场准入和退出条件，不得干预外商投资企业的正常生产经营活动。**

（4）各级政府应履约守诺

地方各级人民政府及其有关部门应当履行向外国投资者、外商投资企业**依法作出的政策承诺以及依法订立的各类合同。**因国家利益、社会公共利益需要改变政策承诺、合同约定的，应当依照法定权限和程序进行，并依法对外国投资者、外商投资企业因此受到的损失予以补偿。

（5）救济渠道——投诉工作机制之协调、行政复议、行政诉讼

《外商投资法》规定国家建立外商投资企业**投诉工作机制**，及时处理外商投资企业或者其投资者反映的问题，协调完善相关政策措施。外商投资企业或者其投资者认为行政机关及其工作人员的行政行为侵犯其合法权益的，可以通过外商投资企业投诉工作机制**申请协调解决**。

外商投资企业援引前述投诉工作机制并不影响其申请行政复议或提起行政诉讼。外商投资企业或者其投资者认为行政机关及其工作人员的行政行为侵犯其合法权益的，除依照前款规定通过外商投资企业投诉工作机制申请协调解决外，还可以依法**申请行政复议、提起行政诉讼。**

4. 对外商投资的管理

（1）负面清单之管理

外商投资准入负面清单规定禁止投资的领域，外国投资者不得投资。外商投资准入负面清单规定限制投资的领域，外国投资者进行投资应当符合负面清单规定的条件。

外商投资准入**负面清单以外的领域**，按照内外资一致的原则实施管理。

（2）外商投资企业的组织形式

外商投资企业的**组织形式、组织机构及其活动准则**，适用《中华人民共和国公司法》、《中华人民共和国合伙企业法》等法律的规定。

外国投资者**并购**中国境内企业或者以其他方式**参与经营者集中**的，应当依照《中华人民共和国反垄断法》的规定接受经营者集中审查。

（3）外商投资信息报告制度及外商投资安全审查

国家建立**外商投资信息报告制度**。外国投资者或者外商投资企业应当通过**企业登记系统**以及**企业信用信息公示系统**向商务主管部门报送投资信息。

国家建立**外商投资安全审查制度**，对影响或者可能影响国家安全的外商投资进行安全审查。依法作出的安全审查决定为最终决定。

（4）对等限制

任何国家或者地区在投资方面对中华人民共和国**采取歧视性的禁止、限制或者其他类似措施**的，中华人民共和国可以根据实际情况对该国家或者该地区采取**相应的措施**。

**（5）对中国境内的金融行业或金融市场之投资应遵守相关规定**

对外国投资者在中国境内投资**银行业、证券业、保险业等金融行业，或者在证券市场、外汇市场等金融市场进行投资的管理，国家另有规定的，依照其规定**。

## 二、中华人民共和国外商投资法实施条例

**1. 对外商投资的促进**

**（1）制定有关的行政法规、规章、规范性文件应听取外商投资企业的意见并予以反馈**

制定与外商投资有关的行政法规、规章、规范性文件，或者政府及其有关部门起草与外商投资有关的法律、地方性法规，应当根据实际情况，采取书面征求意见以及召开座谈会、论证会、听证会等多种形式，听取外商投资企业和有关商会、协会等方面的意见和建议；对反映集中或者涉及外商投资企业重大权利义务问题的意见和建议，应当通过适当方式**反馈采纳的情况**。

**（2）透明度要求**

与外商投资有关的**规范性文件**应当依法及时公布，**未经公布的不得作为行政管理依据**。与外商投资企业生产经营活动密切相关的规范性文件，应当结合实际，合理确定公布到施行之间的时间。

政府及其有关部门**应当通过政府网站、全国一体化在线政务服务平台集中列明**有关外商投资的法律、法规、规章、规范性文件、政策措施和投资项目信息，并通过多种途径和方式加强宣传、解读，为外国投资者和外商投资企业提供咨询、指导等服务。

**（3）强制性标准的适用及政府采购的市场准入**

国家制定的**强制性标准**对外商投资企业和内资企业**平等适用**，不得专门针对外商投资企业适用高于强制性标准的技术要求。

政府及其有关部门**不得阻挠和限制外商投资企业自由进入**本地区和本行业的**政府采购市场**。政府采购的采购人、采购代理机构不得在政府采购信息发布、供应商条件确定和资格审查、评标标准等方面，对外商投资企业实行差别待遇或者歧视待遇，不得以所有制形式、组织形式、股权结构、投资者国别、产品或者服务品牌以及其他不合理的条件对供应商予以限定，不得对外商投资企业在中国境内生产的产品、提供的服务和内资企业区别对待。

**（4）融资方式**

外商投资企业可以依法在中国境内或者境外通过公开**发行股票、公司债券**等证券，以及**公开或者非公开发行其他融资工具、借用外债等方式**进行融资。

**2. 对外商投资的保护**

**（1）征收和资金自由汇出、汇入**

国家对外国投资者的投资不实行征收。在特殊情况下，国家为了公共利益的需要依照法律规定对外国投资者的投资实行征收的，应当依照法定程序、以非歧视性的方式进行，并按照**被征收投资的市场价值**及时给予补偿。外国投资者对征收决定不服的，可以依法申请行政复议或者提起行政诉讼。

外国投资者在中国境内的出资、利润、资本收益、资产处置所得、取得的知识产权许可使用费、依法获得的补偿或者赔偿、清算所得等，可以依法以人民币或者外汇自由汇入、汇出，任何单位和个人**不得违法对币种、数额以及汇入、汇出的频次等进行限制**。

（2）禁止强制技术转让、依法保护商业秘密

行政机关及其工作人员**不得利用实施行政许可、行政检查、行政处罚、行政强制以及其他行政手段，强制或者变相强制外国投资者、外商投资企业转让技术。**

行政机关依法履行职责，确需外国投资者、外商投资企业提供涉及商业秘密的材料、信息的，应当限定在履行职责所必需的范围内，并严格控制知悉范围，与履行职责无关的人员不得接触有关材料、信息。行政机关应当建立健全内部管理制度，采取有效措施保护履行职责过程中知悉的外国投资者、外商投资企业的商业秘密；依法需要与其他行政机关共享信息的，应当对信息中含有的商业秘密进行保密处理，防止泄露。

（3）各级政府制定规范性文件的限制

政府及其有关部门制定涉及外商投资的规范性文件，应当按照国务院的规定进行合法性审核。外国投资者、外商投资企业认为行政行为所依据的国务院部门和地方人民政府及其部门制定的规范性文件**不合法**，在依法对行政行为申请行政复议或者提起行政诉讼时，可以**一并请求对该规范性文件进行审查**。

（4）各级政府应履约守诺

外商投资法第二十五条所称**政策承诺**，是指地方各级人民政府及其有关部门在法定权限内，就外国投资者、外商投资企业在本地区投资所适用的**支持政策、享受的优惠待遇和便利条件等作出的书面承诺**。政策承诺的内容应当符合法律、法规规定。

地方各级人民政府及其有关部门应当履行向外国投资者、外商投资企业依法作出的政策承诺以及依法订立的各类合同，**不得以行政区划调整、政府换届、机构或者职能调整以及相关责任人更替等为由违约毁约**。因国家利益、社会公共利益需要改变政策承诺、合同约定的，应当依照法定权限和程序进行，并依法对外国投资者、外商投资企业因此受到的损失及时予以公平、合理的补偿。

（5）救济渠道——外商投资企业投诉工作机制、行政复议、行政诉讼

县级以上人民政府及其有关部门应当按照公开透明、高效便利的原则，建立健全**外商投资企业投诉工作机制**，及时处理外商投资企业或者其投资者反映的问题，协调完善相关政策措施。

国务院商务主管部门会同国务院有关部门建立**外商投资企业投诉工作部际联席会议制度**，协调、推动中央层面的外商投资企业投诉工作，对地方的外商投资企业投诉工作进行指导和监督。县级以上地方人民政府**应当指定部门或者机构负责受理本地区外商投资企业或者其投资者的投诉**。

外商投资企业或者其投资者认为行政机关及其工作人员的行政行为侵犯其合法权益，通过外商投资企业投诉工作机制申请协调解决的，有关方面进行协调时可以向被申请的行政机关及其工作人员了解情况，被申请的行政机关及其工作人员应当予以配合。协调结果应当以书面形式及时告知申请人。

外商投资企业或者其投资者依照**投诉工作机制申请协调解决有关问题的**，不影响其依法申请行政复议、提起行政诉讼。

3. 对外商投资的管理

负面清单规定禁止投资的领域，外国投资者不得投资。负面清单规定限制投资的领域，外国投资者进行投资应当符合负面清单规定的股权要求、高级管理人员要求等**限制性准入特别管理措施**。

4. **有关过渡期的规定**

外商投资法施行前依照《中华人民共和国中外合资经营企业法》、《中华人民共和国外资企业法》、《中华人民共和国中外合作经营企业法》设立的外商投资企业，**在外商投资法2020年起施行后5年内**，可以依照《中华人民共和国公司法》、《中华人民共和国合伙企业法》等法律的规定**调整其组织形式、组织机构等**，并依法办理变更登记，也可以继续保留原企业组织形式、组织机构等。

**自2025年1月1日起，对未依法调整组织形式、组织机构等并办理变更登记的现有外商投资企业，市场监督管理部门不予办理其申请的其他登记事项，并将相关情形予以公示。**

## 三、最高人民法院《关于适用〈中华人民共和国外商投资法〉若干问题的解释》

1. **对“投资合同”的解释**

**投资合同**，是指外国投资者即外国的自然人、企业或者其他组织因直接或者间接在中国境内进行投资而形成的相关协议，包括**设立外商投资企业合同、股份转让合同、股权转让合同、财产份额或者其他类似权益转让合同、新建项目合同等协议**。外国投资者因赠与、财产分割、企业合并、企业分立等方式取得相应权益所产生的合同纠纷，适用本《解释》。

2. **“投资合同”的效力之认定**

对外商投资法第四条所指的**外商投资准入负面清单之外**的领域形成的**投资合同**，当事人以合同未经有关行政主管部门批准、登记为由主张合同无效或者未生效的，人民法院不予支持。

外国投资者投资外商投资准入负面清单规定**禁止投资的领域**，当事人主张投资**合同无效**的，人民法院应予支持。

外国投资者投资外商投资准入负面清单规定**限制投资**的领域，当事人以**违反限制性准入特别管理措施**为由，主张投资合同**无效**的，人民法院应予支持。人民法院作出**生效裁判前**，当事人采取必要措施**满足**准入特别管理措施的要求，当事人主张前款规定的投资合同**有效**的，应予支持。

在**生效裁判作出前**，因外商投资**准入负面清单调整**，外国投资者投资**不再属于禁止或者限制**投资的领域，当事人主张投资合同**有效**的，人民法院应予支持。

3. **对港澳台投资者及定居国外的中国公民在内地投资的适用**

人民法院审理香港特别行政区、澳门特别行政区投资者、定居在国外的中国公民在内地、台湾地区投资者在大陆投资产生的相关纠纷案件，可以**参照适用本《解释》**。

## 考点10 国际融资法

★【本部分考点近年真题统计】

| 题型 | 年份 | 考点 | 分值 |
| --- | --- | --- | --- |
| 单项选择题 | 无 | | |
| 多项选择题 | 2017年卷一第82题 | 《最高人民法院关于审理独立保函纠纷案件若干问题的规定》 | 2 |
| | 2016年卷一第81题 | 备用信用证 | 2 |
| | 2011年卷一第82题 | 见索即付保函的特点 | 2 |
| | 2009年卷一第85题 | 特别提款权 | 2 |
| | 2008年卷一第86题 | 国际融资担保的方式 | 2 |
| | 2005年卷一第84题 | 避免国际重复征税的方法 | 2 |

国际融资法是调整不同国家的主体之间国际资金融通关系的各种法律规范的总和。资金融通关系不同于国际直接投资关系。它主要是指国际借贷法律关系、国际证券融资法律关系和国际融资租赁法律关系。

### 一、国际贷款协议的种类及共同性条款

国际贷款又称国际借贷或国际信贷，是指不同国家当事人之间基于信用授受而进行的货币资金的有偿让渡，是资金使用权的跨国交易活动。国际贷款一般是通过订立国际贷款协议进行的。

#### （一）政府贷款

政府贷款是指一国政府利用财政资金向另一国政府及其机构和公司企业提供的优惠性贷款，是贷款国与借款国之间进行国际经济合作的重要形式，也是援助国向受援国提供经济发展援助的重要形式。政府贷款一般具有如下特点：

1. 贷款期限长，利率低，贷款条件优惠，且具有援助性质。政府贷款的期限一般都长达20年～30年，而且还有一定年限的宽限期。利率一般较低，有的为无息或含有一定比例的赠予成分。

2. 政府贷款一般都对贷款的使用目的有明确规定，如规定贷款只能用于特定的项目工程，或规定贷款的全部或一部分只能用于购买贷款国的商品、技术和劳务等。

3. 政府贷款的程序较复杂。一般先由借款国提出有关贷款的计划建议书，经过贷款国专家实地考察、评估后，才开始谈判。谈判成功后再签订贷款协议书。

4. 有关争议的解决以协商和仲裁为主，很少采用诉讼的方式。

#### （二）国际金融机构贷款

国际金融机构贷款是指国际金融机构对成员国政府、政府机构或公私企业的贷款。其主要特点如下：

1. 各国际金融机构都按照其组织章程和有关贷款方面的专门规定和规则提供贷款；

2. 各国际金融机构都只向其成员国政府或成员国的公私机构发放贷款；

3. 贷款审批程序较为严格，但条件比较优惠；

4. 贷款目的大多为解决成员国，特别是发展中成员国国际收支失衡或建设资金的不足。

### （三）国际商业银行贷款

国际商业银行贷款是指一国借款人为了某种目的或用途而在国际金融市场上向外国银行借款的行为。其主要特点如下：

1. 提供贷款的银行为商业银行，即以营利为目的的银行；
2. 借款人可以较自由地支配所借资金，不受贷款人的限制；
3. 贷款利率比较高，还款期限比较短，往往要求借款人提供担保；
4. 贷款规模和数额比较大。

### （四）国际银团贷款

国际银团贷款，是指由数家国际性银行组成一个银行集团，按一定贷款条件向同一借款人提供贷款所签订的协议。该贷款一般具有金额大、期限长、风险分担、实行特殊的浮动利率等特点。国际银团贷款分为直接参与式和间接参与式的国际银团贷款：

1. 直接参与式的国际银团贷款是在牵头行的组织下，各参与行直接与借款人签订贷款协议，按照一份共同的协议所规定的统一条件贷款给借款人，参与行与借款人之间存在直接的债权债务关系。

2. 间接参与式的国际银团贷款则是先由牵头行向借款人提供或承诺提供贷款，然后由牵头行把已提供的或将要提供的贷款以一定的方式转让给参与行，参与行与借款人之间一般不存在直接的债权债务关系，某些情况下借款人甚至不知道参与行的存在。

### （五）国际项目贷款

国际项目贷款又称项目融资，是指专为建设特定的项目工程而发放的贷款，以项目完成后所产生的收益作为偿还资金来源。项目贷款有如下特点：

1. 贷款人把资金贷给专门为完成该项目而成立的公司（项目公司），而不是直接把资金贷给项目的主办人；

2. 项目贷款以项目完成后的收益作为主要的还款来源，项目主办人一般仅仅以其投入该项目公司中的资产承担偿还责任；

3. 传统的贷款方式中，以银行或政府提供的信用担保居多，但是项目贷款中一般以项目本身的资产和收益为贷款人设定担保；

4. 项目贷款可以分为无追索权的项目贷款和有限追索权的项目贷款。无追索权的项目贷款是指当项目不能完工或经营失败，项目本身的资产或收益不足以清偿债务时，贷款人不可向项目主办人追索。有限追索权的项目贷款是指除以项目完成后的收益作为偿还贷款的来源外，还要求与该项目有利害关系的第三人提供担保，但项目主办人和担保人仅以贷款合同和担保合同所约定的金额为限承担责任，而非无限责任。目前，国际上一般都采取有限追索权的项目贷款方式。

★特别提示

**项目贷款与传统贷款的区别**

| 区别项 | 传统贷款 | 项目贷款 |
|---|---|---|
| 贷款方式 | 传统的贷款方式是贷款人把资金直接贷给借款人。 | 项目主办人一般都专门为该项目的筹资和经营成立一家新的公司（项目公司），贷款人把资金贷给项目公司，由该项目公司承担偿还贷款的义务，而不是直接贷给该项目的主办人。 |
| 还款来源 | 在传统的贷款方式中，贷款人看重的是借款人的信用，而不是贷款所兴建的项目的成败。虽然项目的成败会影响借款人的还债能力，但对贷款人来说，借款人的其他资产也可还债。 | 项目贷款是以项目建成并投入营运以后所得的收益作为还款来源，因此项目的成败对于贷款人是否能收回贷款具有决定性的意义。即使项目的日后收益不足以还清贷款，项目主办人也不承担从其所有的其他资产和收益中偿还该全部贷款的义务，而仅以其投在该项目公司中的资产偿还。 |
| 贷款担保 | 在传统的贷款方式中，以银行或政府提供的信用担保居多。 | 在项目贷款中，通常是以主办项目的资产和收益为贷款人设定担保。 |

### （六）国际贷款协议的共同性标准条款

国际贷款协议所具有的共同性标准条款一般包括：

1. 陈述和保证条款，即陈述借款人及与贷款协议有关的事项，并保证其真实性和完整性。

2. 先决条件条款，即贷款人发放贷款前借款人必须满足的那些约定的前提条件。

3. 约定事项条款，即为保证借款人如期还款，要求借款人承诺在融资期间的作为和不作为的义务，以监督和控制借款人的经营活动，降低贷款人的风险。约定事项条款比较典型的有：(1) 消极担保条款，是指要求借款人保证在偿还贷款之前，不得在自己的资产或收益上设立任何抵押权、质权、留置权或其它担保物权。(2) 位次平等条款，是指借款人保证贷款人享有和其他无担保权益的债权人一样平等的地位，各类无担保权益的债权人必须处于按比例平等受偿的地位。(3) 财务约定事项条款，是指要求借款人定期向贷款人报告自己的财务状况和经营状况，并遵守各项财务指标，其目的在于监督和控制借款人的财务状况；并在借款人违反财务约定事项时，贷款人可以及时采取行动，要求加快偿还贷款。(4) 贷款用途条款，即具体规定贷款的用途，例如禁止用于非法目的等。(5) 保持资产条款，是指意在防止借款人减少自己的资产，从而使贷款人遭受因借款人资产减少所造成的无力还本付息的风险的条款。

4. 违约事件条款，即约定一些可能出现的情形，如果出现此类情形就视为借款人违约，贷款人有权采取相应的必要措施。违约事件条款一般包括对预期违约和实际违约情形的规定。

## 二、国际融资租赁

国际融资租赁是指由一国的出租人依据另一国的承租人的要求购买租赁物并出租给承

租人使用的租赁方式。国际融资租赁一般由三方当事人和两个合同组成，即出租人和卖方之间的买卖合同，出租人与承租人之间的租赁合同。国际融资租赁合同的特点是，由承租人在承租期间负责对租赁物的保养和维修，租期一般比较长，租金较高，租赁期满时承租人可以选择返还租赁物或按残值予以购买。

## 三、国际融资担保

国际融资担保是借款人以本人或第三人的财物或信用，对贷款人作出的承诺，当借款人不履行或不能履行偿债义务时，以担保标的偿还债务。国际融资担保主要可分为信用担保（人的担保）和物权担保（物的担保）两大类，但具体形式很多，可以单独采用，也可合并采用。

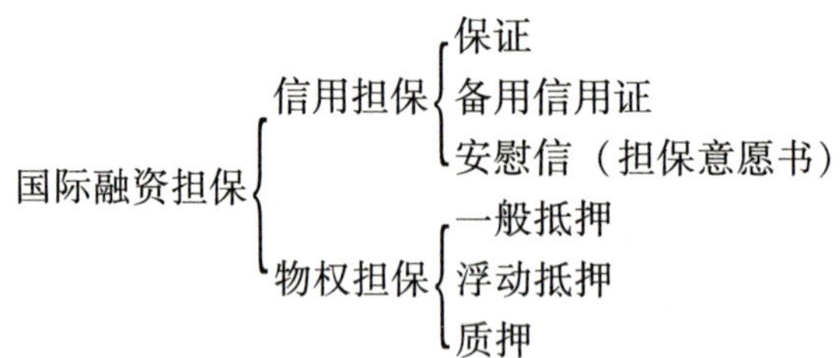


### （一）国际融资的信用担保

**1. 保证**

保证是指由借款人以外的第三人以自己的信用作为借款人的还款保证，当借款人不履行债务偿还责任时，由保证人承担还款责任。

保证是信用担保中最为普遍的担保方式，在保证之中又以见索即付保证（又称独立保证）最为常用。与传统的保证相比，见索即付保证有以下特点：

（1）无条件性，指保证人对受益人（一般是指贷款人）承担的是第一位的、独立的还款义务，即如果借款人违约，则受益人可立即直接要求保证人承担还款责任。只要受益人向保证人提出的付款要求符合保证合同约定的手续，则不论其付款要求有无合理依据，保证人都应履行付款责任。

（2）独立性，指保证人承担的担保义务独立于基础合同，保证人无权以根据基础合同所产生的抗辩权，对抗贷款人来撤销其保证义务。

（3）单一性，指保证人承担的只是在借款人违约时的付款义务，而不是替借款人实际履行的义务。保证人承担付款责任后，有权向借款人追偿。

**2. 备用信用证**

备用信用证是保证人（开证行）应借款人（开证申请人）要求向贷款人开出的以贷款人为受益人的付款凭证。当受益人出示信用证所规定的违约证明时，保证人即向受益人付款。备用信用证主要有如下特点：

（1）保证人为银行；

（2）贷款人只要出具借款人违约证明，保证人就应当付款，而不必对违约事实进行审查；

（3）开证行作为保证人承担第一位的付款责任，无权主张贷款人先向借款人追索未果后再付款；

（4）备用信用证独立于该国际借贷合同这一基础交易，即便该国际借贷合同被认定无效，作为保证人的开证行仍须承担保证责任。

**3. 意愿书**

意愿书则是指政府或母公司为其下属机构或子公司的借款向贷款人出具的愿意帮助其还款的书面文件。该书面文件一般不具有法律效力，而且在法律上难以执行。由于意愿书一般由注重信誉的大公司或者政府组织出具，实践中出具意愿书的主体，往往很有可能履行其所作的承诺。

**4. 最高人民法院《关于审理独立保函纠纷案件若干问题的规定》**

最高人民法院2016年发布的《关于审理独立保函纠纷案件若干问题的规定》（以下简称《规定》）主要内容如下：

**（1）独立保函的界定、特点**

根据该《规定》的第1条："本规定所称的独立保函，是指银行或非银行金融机构作为开立人，以书面形式向受益人出具的，同意在受益人请求付款并提交符合保函要求的单据时，向其支付特定款项或在保函最高金额内付款的承诺。

前款所称的单据，是指独立保函载明的受益人应提交的付款请求书、违约声明、第三方签发的文件、法院判决、汇票、发票表明发生付款到期事件的书面文件。

独立保函可以依保函申请人的申请而开立，也可以依另一金融机构的指示而开立。开立人依指示开立独立保函的，可以要求指示人向其开立用以保障追偿权的独立保函。"

根据该《规定》的第3条："保函具有下列情形之一，当事人主张保函性质为独立保函的，人民法院应予支持，但保函未载明据以付款的单据和最高金额的除外：（一）保函载明见索即付；（二）保函载明适用国际商会《见索即付保函统一规则》等独立保函交易示范规则；（三）根据保函文本内容，开立人的付款义务独立于基础交易关系及保函申请法律关系，其仅承担相符交单的付款责任。当事人以独立保函记载了对应的基础交易为由，主张该保函性质为一般保证或连带保证的，人民法院不予支持。当事人主张独立保函适用担保法关于一般保证或连带保证规定的，人民法院不予支持。"

根据该《规定》的第4条："独立保函的开立时间为开立人发出独立保函的时间。独立保函一经开立即生效，但独立保函载明生效日期或事件的除外。独立保函未载明可撤销，当事人主张独立保函开立后不可撤销的，人民法院应予支持。"

**（2）独立保函的审单标准、不符点**

根据该《规定》的第6条、第7条："受益人提交的单据与独立保函条款之间、单据与单据之间表面相符，受益人请求开立人依据独立保函承担付款责任的，人民法院应予支持。开立人以基础交易关系或独立保函申请关系对付款义务提出抗辩的，人民法院不予支持，但有本规定第12条情形的除外。

人民法院在认定是否构成表面相符时，应当根据独立保函载明的审单标准进行审查；独立保函未载明的，可以参照适用国际商会确定的相关审单标准。

单据与独立保函条款之间、单据与单据之间表面上不完全一致，但并不导致相互之间产生歧义的，人民法院应当认定构成表面相符。"

根据该《规定》的第8条："开立人有独立审查单据的权利与义务，有权自行决定单据与独立保函条款之间、单据与单据之间是否表面相符，并自行决定接受或拒绝接受不符点。开立人已向受益人明确表示接受不符点，受益人请求开立人承担付款责任的，人民法院应予支持。开立人拒绝接受不符点，受益人以保函申请人已接受不符点为由请求开立人承担付款责任的，人民法院不予支持。”

根据该《规定》的第9条：“开立人依据独立保函付款后向保函申请人追偿的，人民法院应予支持，但受益人提交的单据存在不符点的除外。”

**（3）独立保函的欺诈**

根据该《规定》的第12条：“具有下列情形之一的，人民法院应当认定构成独立保函欺诈：（一）受益人与保函申请人或其他人串通，虚构基础交易的；（二）受益人提交的第三方单据系伪造或内容虚假的；（三）法院判决或仲裁裁决认定基础交易债务人没有付款或赔偿责任的；（四）受益人确认基础交易债务已得到完全履行或者确认独立保函载明的付款到期事件并未发生的；（五）受益人明知其没有付款请求权仍滥用该权利的其他情形。”

根据该《规定》的第14条：“人民法院裁定中止支付独立保函项下的款项，必须同时具备下列条件：（一）止付申请人提交的证据材料证明本规定第12条情形的存在具有高度可能性；（二）情况紧急，不立即采取止付措施，将给止付申请人的合法权益造成难以弥补的损害；（三）止付申请人提供了足以弥补被申请人因止付可能遭受损失的担保。止付申请人以受益人在基础交易中违约为由请求止付的，人民法院不予支持。开立人在依指示开立的独立保函项下已经善意付款的，对保障该开立人追偿权的独立保函，人民法院不得裁定止付。”

根据该《规定》的第15条、第16条：“因止付申请错误造成损失，当事人请求止付申请人赔偿的，人民法院应予支持。人民法院受理止付申请后，应当在**四十八小时内**作出书面裁定。裁定应当列明申请人、被申请人和第三人，并包括初步查明的事实和是否准许止付申请的理由。裁定中止支付的，**应当立即执行**。止付申请人在止付裁定作出后三十日内未依法提起独立保函欺诈纠纷诉讼或申请仲裁的，人民法院应当解除止付裁定。”

根据该《规定》的第18条：“人民法院审理独立保函欺诈纠纷案件或处理止付申请，可以就当事人主张的本规定**第12条的具体情形，审查认定基础交易的相关事实**。”

根据该《规定》的第20条：“人民法院经审理独立保函欺诈纠纷案件，能够**排除合理怀疑地认定**构成独立保函欺诈，**并且不存在本规定第14条第3款情形的**，应当判决开立人终止支付独立保函项下被请求的款项。”

**（4）依法确认开立保证金的金钱质权性质，规范针对开立保证金的强制措施**

根据该《规定》的第24条：“对于按照特户管理并移交开立人占有的独立保函开立保证金，**人民法院可以采取冻结措施，但不得扣划**。保证金账户内的款项**丧失开立保证金的功能时**，人民法院可以依法采取**扣划措施**。开立人已履行对外支付义务的，根据该开立人的申请，人民法院应当解除对开立保证金相应部分的冻结措施。”

**（5）独立保函应适用的规则**

根据该《规定》的第5条：“独立保函**载明适用《见索即付保函统一规则》**等独立保函交易示范规则，或开立人和受益人在**一审法庭辩论终结前一致援引**的，人民法院应当认定交易示范规则的内容构成独立保函条款的组成部分。**不具有前款情形**，当事人主张独立保函适用相关交易示范规则的，人民法院**不予支持**。”

根据该《规定》的第23条：“当事人约定在国内交易中适用独立保函，一方当事人以独立保函不具有涉外因素为由，主张保函独立性的约定无效的，人民法院不予支持。”

### （二）国际融资的物权担保

国际物权担保是指借款人或第三方以其拥有的资产（包括物和权利）向外国贷款人所

作的偿还贷款的担保。物权担保主要包括动产物权担保、不动产物权担保和浮动抵押等几种形式。

浮动抵押又称浮动担保，是指借款人以其全部财产或某类财产向贷款人提供保证，于约定事件发生时，担保标的物的价值才能确定的法律形式。浮动抵押的主要特点在于，首先，抵押财产并非某一特定的不动产或动产或权利，而往往是一个不确定的整体，范围较广；其次，抵押财产不转移占有是规范人对物的实际上的领管、支配和控制；第三，浮动担保中用于担保的财产的价值是随着借款人经营活动的进行而不断变化的，直至贷款人事实上行使抵押权时，才冻结、扣押和处分设置了抵押的财产。

**【经典真题】**

**1.** 中国甲公司在承担中东某建筑工程时涉及一系列分包合同和买卖合同，并使用了载明适用《见索即付保函统一规则》的保函。后涉及保函的争议诉至中国某法院。依相关司法解释，下列哪些选项是正确的?[1]（2017－1－82）

A. 保函内容中与《见索即付保函统一规则》不符的部分无效

B. 因该保函记载了某些对应的基础交易，故该保函争议应适用我国《担保法》有关保证的规定

C. 只要受益人提交的单据与独立保函条款、单据与单据之间表面相符，开立人就须独立承担付款义务

D. 单据与独立保函条款之间表面上不完全一致，但并不导致相互之间产生歧义的，仍应认定构成表面相符

**【解析】** 当事人在保函中的明示约定，应视为其效力高于国际惯例，例如《最高人民法院关于审理独立保函纠纷案件若干问题的规定》第7条规定："人民法院在认定是否构成表面相符时，应当根据独立保函载明的审单标准进行审查；独立保函未载明的，可以参照适用国际商会确定的相关审单标准。"故A错误。《最高人民法院关于审理独立保函纠纷案件若干问题的规定》第3条规定，"当事人以独立保函记载了对应的基础交易为由，主张该保函性质为一般保证或连带保证的，人民法院不予支持。当事人主张独立保函适用担保法关于一般保证或连带保证规定的，人民法院不予支持"，故B错误。《最高人民法院关于审理独立保函纠纷案件若干问题的规定》第6条规定："受益人提交的单据与独立保函条款之间、单据与单据之间表面相符，受益人请求开立人依据独立保函承担付款责任的，人民法院应予支持。"故C正确。《最高人民法院关于审理独立保函纠纷案件若干问题的规定》第7条第2款规定："单据与独立保函条款之间、单据与单据之间表面上不完全一致，但并不导致相互之间产生歧义的，人民法院应当认定构成表面相符。"故D正确。

**2.** 在一国际贷款中，甲银行向贷款银行乙出具了备用信用证，后借款人丙公司称贷款协议无效，拒绝履约。乙银行向甲银行出示了丙公司的违约证明，要求甲银行付款。依相关规则，下列哪些选项是正确的?[2]（2016－1－81）

A. 甲银行必须对违约的事实进行审查后才能向乙银行付款

B. 备用信用证与商业跟单信用证适用相同的国际惯例

---

〔1〕【答案】CD

〔2〕【答案】CD

C. 备用信用证独立于乙银行与丙公司的国际贷款协议

D. 即使该国际贷款协议无效，甲银行仍须承担保证责任

【解析】本题考点为备用信用证。在信用证支付的情况下，银行只对单据进行形式审查，并无义务或权利对违约事实进行审查，备用信用证本身也独立于作为基础合同的贷款合同，基础合同是否有效，也并不影响备用信用证开证行的付款责任，故 A 错误而 C、D 正确。普通信用证主要适用的国际惯例为《跟单信用证统一惯例》（UCP600），备用信用证适用的国际惯例主要是《国际备用信用证惯例》（ISP98），故 B 错误。

### 考点 11 国际税法

★【本部分考点近年真题统计】

| 题型 | 年份 | 考点 | 分值 |
|---|---|---|---|
| 单项选择题 | 2014 年卷一第 44 题 | 居民税收管辖权、国际重叠征税 | 1 |
| 多项选择题 | 2016 年卷一第 82 题 | 《服务贸易总协定》关于商业存在的界定；国际居民税收管辖权、来源地税收管辖权、重叠征税的基本概念 | 2 |
| | 2015 年卷一第 82 题 | 居民税收管辖权与来源地税收管辖权 | 2 |
| | 2010 年卷一第 84 题 | 对非居民营业所得的纳税普遍采用常设机构原则 | 2 |
| | 2009 年卷一第 87 题 | 国际税法中对于法人居民身份的认定 | 2 |

国际税法是调整国家间税收分配关系，以及国家与跨国纳税人之间的税收关系的各种法律规范的总称。

国际税法的渊源分为国际法渊源和国内法渊源两种。国际税法的国际法渊源主要是国际税收协定，为数不多的国际税收惯例也是国际税法的渊源之一。国际税法的国内法渊源表现为各国的涉外税法，即各国的涉外所得税法和财产税法。

## 一、国家税收管辖权及其表现形式

国家税收管辖权是一国政府对一定的人或对象征税的权力，是国家主权在税收关系中的体现。国家管辖权的原则主要表现为属地管辖权和属人管辖权，主权国家一般都是根据属地原则和属人原则行使其税收管辖权的。目前世界上绝大多数国家按照属地原则和属人原则实行的税收管辖权，大致可以分为居民税收管辖权、收入来源地税收管辖权两个类别。

### （一）居民税收管辖权

居民税收管辖权，是指一国对于本国税法上居民纳税人在本国国内和国外的全部财产收入实行征税的权力。关于“居民”的认定标准，不同国家有不同的规定。

1. 自然人居民身份的认定

自然人居民身份的认定通常有住所标准、居所标准、住所和居所相结合的标准、国籍标准、意向标准等。

（1）住所标准，即一自然人在一国拥有住所，即认为其为该国的居民纳税人。各国在

判断何为住所时，其标准也可能存在差异。

（2）居所标准，居所一般是指非永久的居住场所。依居所标准，一个人在一国拥有居所便是该国的居民纳税人。

（3）居留时间标准，即规定自然人在征税国境内停留或居留的时间达到一定期限的，即视为本国纳税居民。采取这一标准的国家在居留的时间期限方面规定不尽相同，如有的要求居住满一年，有的则规定满半年。我国采用了一年的标准。

（4）国籍标准，即规定只要自然人具有该国国籍，无论是否在该国居住，均为该国的纳税居民。

（5）住所和居留时间的复合标准，实践中，有些国家采用的是复合标准，如我国就是同时采用住所和居留时间的标准。

2. 法人居民身份的认定

法人居民身份的认定通常有以下标准：法人实际管理控制中心所在地标准、法人登记注册地标准、法人总机构所在地标准、控制选举权标准、主要营业活动所在地标准等。

（1）法人登记注册地标准，即以法人登记注册成立地作为判断法人纳税居民身份的依据。

（2）实际控制与管理中心所在地标准，即以法人的实际控制与管理中心所在地作为判断纳税居民身份的依据，董事会或股东大会所在地一般是作出前述判断的重要标志。

（3）总机构所在地标准，即以法人的总机构设立地作为其纳税居民身份的判断依据，总机构通常指负责管理和控制企业日常营业活动的中心机构。

有些国家在确定法人居民身份时采用两个标准，例如根据我国《企业所得税法》第2条的规定，我国实际采用的是法人注册地和实际管理机构所在地两个标准。

3. 居民税收管辖权冲突的协调

由于各国在确定居民身份上采取了不同的标准，因此就可能出现两个以上的国家同时认定某一自然人或法人为本国纳税居民的情形。从实践来看，解决该问题的协调方式主要是通过双边税收协定。此类协定的内容大多参考《经济合作组织范本》和《联合国范本》的规定。

## 【经典真题】

**1.** 在国际税法中，对于法人居民身份的认定，各国有不同标准。下列哪些属于判断法人纳税居民身份的标准？[1]（2009－1－87）

A. 依法人的注册成立地判断

B. 依法人的股东在征税国境内停留的时间判断

C. 依法人的总机构所在地判断

D. 依法人的实际控制与管理中心所在地判断

【解析】法人居民身份的认定一般有以下标准：法人实际管理控制中心所在地标准、法人登记注册地标准、法人总机构所在地标准、控制选举权标准、主要营业活动所在地标准。法人的股东之行为并不等同于法人的行为，不存在依法人的股东在征税国境内停留的时间长短确定法人居民身份的做法，故B选项错误。

---

〔1〕【答案】ACD

2. 目前各国对非居民营业所得的纳税普遍采用常设机构原则。关于该原则，下列哪些表述是正确的?[1]（2010－1－84）

A. 仅对非居民纳税人通过在境内的常设机构获得的工商营业利润实行征税

B. 常设机构原则同样适用于有关居民的税收

C. 管理场所、分支机构、办事处、工厂、油井、采石场等属于常设机构

D. 常设机构必须满足公司实体的要求

【解析】根据非居民营业所得的常设机构原则，该原则只针对非居民，仅对非居民纳税人通过在境内的常设机构获得的工商营业利润实行征税，管理场所、分支机构、办事处、工厂、油井、采石场等属于常设机构，而不是必须满足公司实体的要求。故A、C选项正确。

（二）所得来源地税收管辖权

所得来源地税收管辖权是指征税国对非居民纳税人在本国境内的所得行使征税的权力，它是属地原则在国际税法上的体现。

1. 所得来源地税收管辖权的征税对象

征税对象
- 营业所得：通过常设机构进行工商业经营
- 劳务所得：纳税人（个人）提供劳动服务的所得
- 投资所得：股息、利息、特许权使用费、租金收益
- 财产所得：转让财产所有权收益

2. 各项所得来源地的确认

| | |
|---|---|
| 营业所得来源地的确认 | 国际上一般采用常设机构原则，即征税国只能对非居民设在本国境内的常设机构来源于本国的营业所得征税。常设机构指外国法人在收入来源国境内设立的一个企业进行全部或部分营业的固定营业场所，一般来说，管理场所、分支机构、办事处、工厂、油井、采石场等属于常设机构。 |
| 劳务所得来源地的确认 | 纳税人如为企业，其所取得的劳务所得在各国税法上通常认定为营业所得。个人所获得的劳务报酬可以分为独立劳务所得和非独立劳务所得两类。各国确认独立劳务所得的来源地有以下标准：固定基地标准、停留期间标准、收入支付地标准；各国确认非独立劳务所得来源地的标准，包括停留时间标准和收入支付地标准等。 |
| 投资所得来源地的确认 | 各国主要采用以下两种原则来确认投资所得的来源地：一是投资权利发生地原则，即以这类权利的提供人的居住地为所得的来源地；另一是投资权利使用地原则，即以权利或资产的使用或实际负担投资所得的债务人居住地为所得来源地。 |
| 财产所得来源地的确认 | 对转让不动产所得的来源地认定，各国税法一般都以不动产所在地为所得来源地。但在转让不动产以外的其他财产所得的来源地认定上，各国主张的标准不一。 |

## 二、国际双重征税及其解决方式

两个以上的国家各自依据其税收管辖权，对同一纳税主体或同一纳税客体在同一征税期间征收同样或类似的税收。

[1]【答案】AC

1. 国际双重征税的种类

| | 概念 | 区别 | |
|---|---|---|---|
| | | 纳税主体不同 | 税种不同 |
| **国际重复征税** | 指两个或两个以上的国家，对同一纳税人就同一征税对象，在同一时期课征相同或类似的税收。 | 国际重复征税是对同一纳税人的同一所得重复征税。 | 国际重复征税适用的税种始终相同。 |
| **国际重叠征税** | 指两个或两个以上的国家对同一笔所得在具有某种经济联系的不同纳税人手中各征一次税的现象，通常发生在公司和股东之间。 | 国际重叠征税是对不同纳税人的同一所得多次征税。 | 国际重叠征税适用的税种有可能不同。 |

**2. 国际重复征税的解决方式**

居住国对本国居民来自非居住国境内已纳税的所得，或因享受税收优惠未缴纳而视为已纳税的所得，采取以下免除或减轻重复征税的方法：

（1）通过双边协议划分征税权

两国之间可通过签订双边税收协定解决税收管辖权的冲突，将某一征税对象的征税权完全划归一方或分配给双方，从而在一定程度上避免国际双重征税。

（2）免税法

免税法是指居住国对其居民纳税人来源于境外的并已向来源国纳税的所得，应允许从其应税所得（跨国所得）中扣除，免予征税。免税法的实质是居住国对居民的境外所得放弃行使居民税收管辖权，等于承认来源国税收管辖权独占，使居住国财政收入减少。因此，虽然免税法对纳税人有利，但实践中很少国家采用。

（3）扣除法

扣除法是指居住国对居民纳税人征税时，允许从应税所得（跨国所得）额中扣除已向来源国缴纳的税款，其余额适用居住国所得税税率。采用扣除制并不能真正地彻底避免国际重复征税，因此实行这种制度的国家不多。

（4）抵免法

抵免法是指居住国对其居民来自世界范围内的所得征税时，允许居民把已经向来源国缴纳的税额从应向本国缴纳的总税额中扣除。世界上大多数国家的国内法和税收协定都以互惠为前提条件，以个人所得税和公司所得税等直接税为抵免范围，采用抵免制避免国际重复征税。按照抵免制中的纳税人是否同一，可以将抵免制区分为下列两种：①直接抵免，是指适用于个人和同一经济实体内部的税收抵免，属于避免国际重复征税的方法。②间接抵免，是指适用于母公司与子公司之间的税收抵免，属于避免国际重叠征税的方法。

按照抵免数额不同，可以将直接抵免区分为下列两种：

①全额抵免

全额抵免是指居住国允许居民纳税人已经向来源国缴纳的税款从居住国应纳税额（跨国所得）中全部予以抵免。在全额抵免中，并不考虑纳税人已经向来源国缴纳的税款是否超过了按居住国税率计算的数额。

②限额抵免

限额抵免是指居住国对居民纳税人在所得来源国已缴纳的税款所允许抵免的数额，仅限于取自来源国的所得按居住国的税法规定的税率计算的应纳税额。如果来源国税率高于居住国税率，税收抵免额不得超过国外所得额按居住国税率计算的应纳税额。如果来源国税率低于居住国，则只能按纳税人实际已向来源国缴纳的税款抵免。当前大多数国家采用限额抵免法，我国《个人所得税法》规定了采用限额抵免法。

（5）税收饶让抵免

税收饶让抵免又称税收饶让，是指居住国对其居民因享受来源国税收减免等优惠待遇而未实际缴纳的税额视同已纳税额给予抵免的制度。一般要通过双方国家签订税收协定加以明确规定。发达国家为了鼓励本国资本到国外投资，大多同意实行税收饶让。

## 三、国际逃税与避税

国际逃税与避税
- 1. 逃税（不报送纳税资料、谎报所得额、虚构成本、伪造账目）
- 2. 避税
  - （1）纳税主体的跨国移动
  - （2）征税对象的转移
    - ①利用关联企业转移定价
    - ②利用避税港避税

国际逃税是指跨国纳税人不遵守征税国国内法或国际税收协定的规定，采取某种隐蔽的非法手段，以减少或躲避就其跨国所得应该承担的纳税义务的行为。

国际避税是指跨国纳税人利用各国税法规定的差异和国际税收协定的漏洞，采取某种公开的合法手段安排自己的事务，以减少或躲避就其跨国所得应该承担的纳税责任的行为。

纳税人进行避税的主要方式包括：

1. 通过纳税主体的跨国移动、流动进行国际避税。作为纳税人的自然人往往通过移居来控制在某国的居住时间，使得自己不符合该国的纳税居民的条件（一般以特定的居留时间为确定纳税人的条件），从而避税。

2. 通过征税对象的跨国移动进行国际避税，主要包括两种方法：

（1）跨国公司通过跨国联属企业的转移定价避税。

跨国公司不是基于市场价格标准，而是人为操纵价格，以达到使利润从税率高的国家向税率低的国家转移的目的。对于转移定价的做法，各国主要通过正常交易原则和总利润原则进行防治。正常交易原则是对关联企业相互间的交易活动，不按实际成交价格，而是均按照正常情况下的市场交易价格来计算应纳税额。总利润原则是不审核联属企业相互间的转让价格，而是直接按照一定的标准，将跨国公司的总利润分配给各联属企业并相应征税。

（2）通过避税港避税。

通过在避税港（税率极低的国家或地区）设立基地公司，将在其他各地的所得和财产汇集于该基地公司的账户下，从而达到规避税收的目的。对于纳税人利用避税港避税的做法，各国防治的主要方法有：立法禁止纳税人在避税港设立基地公司；禁止非正常的利润转移；取消境内股东在基地公司未分配股息所得的延期纳税待遇等，从而使得纳税人丧失在基地公司积累利润的积极性。

3. 国际逃税和避税的防止——《金融账户涉税信息自动交换标准》中的共同申报准则（CRS，Common Reporting Standard）

经合组织（OECD）于2014年7月发布了《金融账户涉税信息自动交换标准》（Standard for Automatic Exchange of Financial Information in Tax Matters，AEOI 标准)，旨在各国加强国际税收合作，打击跨境逃税及维护诚信的纳税税收体制，提高全球税收的透明度。AEOI 标准包括《主管当局协议》（Competent Authority Agreement，CAA）范本、《共同申报准则》（Common Reporting Standard，CRS）及其释义。中国承诺成为第二批实施 CRS 的国家（地区)，于 2018 年进行第一次信息交换。

（1）CRS 规定了金融机构收集和报送外国税收居民个人和企业金融账户信息的相关要求和程序。CRS 是根据账户持有人的税收居住地而不仅仅依账户持有人的国籍来作为识别的依据的。原则上持有人应当在哪国纳税，则其信息就被发送到该国。确定信息是否需要交换取决于账户持有人及受益人是哪国的税收居民。如果一国的税收居民在另一国或地区持有银行户口，由于账户持有人不是后者本地税收居民，那么开户银行应定期将有关的应报资料申报至本地税务当局，并最终交换给账户持有人的税收居民国的税务当局。

（2）金融资产信息交换的自动性。目前世界上现有的大约 3000 多个避免双重征税的协定的情报交换是根据申请进行，而非自动完成，申请时需要提供涉税的证明材料，CRS 则是自动的、无需提供理由的信息交换。

（3）金融资产信息交换的常态化。采纳“共同申报准则”之后，一国税收居民在另一国金融机构拥有账户，则该居民的个人信息以及账户收入所得会被后者的金融机构收集并上报其相关政府部门，并与前者的相关政府部门进行信息交换，这种交换每年定期进行，从而使前者的税务部门将掌握其税收居民海外资产的收入状况。

（4）金融资产信息申报的主体。负责申报的主体并非个人，而是各成员方的金融机构，包括存款机构、托管机构、投资机构、特定的保险机构及其分支机构，如银行、证券公司、期货公司、证券投资基金管理公司、私募基金管理公司、开展有现金价值的保险或者年金业务的保险公司、保险资产管理公司、信托公司等。

（5）金融资产信息申报的内容。申报的内容为非纳税居民的有关金融资产信息，即非居民金融账户中的金融资产信息。非居民金融账户是指在一国境内的金融机构开立或者保有的、由非居民持有或者有非居民控制人的消极非金融机构持有的金融账户。金融账户包括存款账户、托管账户、某些投资实体中的股权权益或债权权益、有现金解约价值的保险业务和年金业务。金融资产则包括证券、合伙权益、大宗商品、掉期、保险合同、年金合同或者上述资产的权益，前述权益包括期货、远期合约或者期权等，但不包括实物商品或者不动产非债直接权益。对于已有的个人账户，无论账户金额多少，均在申报的范围。对于已有的公司客户，金额在 25 万美元以下的可以不在情报交换的范围之内。新开设的个人或者公司账户，无论金额大小均需进行申报。应予申报的信息包括但不限于相关账户的利息收入、股息收入、保险产品收入、相关金融资产的交易所得。还包括账户的一系列基本信息，如姓名、出生日期、国别等，以及年度付至或记入该账户的总额等。

（6）不受 CRS 影响或影响较小的情形。境外税务居民所控制的公司拥有的金融账户金额在 25 万美元以下的，不动产的非债务性直接权益和具体的商品实物不属于金融资产的范畴，所以无需申报。换言之，只有产生现金流的资产、有现金价值的金融资产才须申报，不产生现金流的资产，如投资海外房产、珠宝、艺术品、贵金属等，均不需要申报。

# 国际经济法附录

| | |
|---|---|
| 一级考点 | 1.《2010年国际贸易术语解释通则》（FCA/FOB/CFR/CIF）、《联合国国际货物买卖合同公约》（公约的适用、合同的成立、买卖双方的主要义务、违约的补救措施、风险的转移、货物的保全等） |
| | 2. 提单的性质和种类、承运人无正本提单放货的处理、《海牙规则》关于承运人的责任和免责的规定 |
| | 3. 共同海损和单独海损、三大主险（平安险、水渍险、一切险）及附加险的承保范围、除外责任 |
| | 4. 托收（种类、当事人的法律关系、银行的责任和免责）、信用证（种类、当事人的法律关系、银行的责任和免责、不符点的认定标准、不符点的接受、信用证欺诈例外等） |
| | 5. “两反一保”（反倾销、反补贴、保障措施）的基本制度及其比较 |
| | 6. 世界贸易组织的最惠国待遇原则及其例外、世界贸易组织的争端解决机制 |
| 二级考点 | 7. 保函、三大海运公约（《海牙规则》《维斯比规则》《汉堡规则》）的比较 |
| | 8. 国际投资法（《多边投资担保机构公约》《解决国家和他国国民间投资争端公约》《与贸易有关的投资措施公约》的主要内容） |
| | 9. 国际知识产权保护制度（《巴黎公约》《伯尔尼公约》《与贸易有关的知识产权协议》） |
| | 10.《对外贸易法》关于对外贸易经营者及对外贸易管理的规定、《服务贸易总协定》、中国在世界贸易组织中的特殊义务 |